AF898011

BIBLIOTECA DE DERECHO COMERCIAL

Mario Stella Richter
(Director)

Carlos Antonio Agurto Gonzáles
Sonia Lidia Quequejana Mamani
Benigno Choque Cuenca
(Coordinadores Generales)

ROLF SERICK
Profesor de la Universidad de Heidelberg
(Alemania)

APARIENCIA Y REALIDAD EN LAS SOCIEDADES MERCANTILES

EL ABUSO DE DERECHO POR MEDIO DE LA PERSONA JURÍDICA

Edición al cuidado de
Carlos Antonio Agurto Gonzáles
Sonia Lidia Quequejana Mamani
Benigno Choque Cuenca

Ediciones Olejnik

Título: Apariencia y realidad en las sociedades mercantiles
El abuso de derecho por medio de la persona jurídica

© Rolf Serick

Traducción y comentarios de José Puig Brutau

© Ediciones Olejnik
Huérfanos 611, Santiago - Chile
E-mail: contacto@edicionesolejnik.com
Web site: http://www.edicionesolejnik.com

Primera edición en Ediciones Olejnik: 2020

ISBN: 978-956-392-773-3

Diseño de Carátula: Ena Zuñiga
Diagramación: Luis A. Sierra Cárdenas

Reservados todos los derechos. Ni la totalidad ni parte de este libro puede reproducirse o transmitirse por ningún procedimiento electrónico ni mecánico, incluyendo fotocopia, grabación magnética o cualquier almacenamiento de información y sistema de recuperación, sin permiso expreso del editor.

Impreso en Argentina 2020 Printed in Argentina

ÍNDICE

LIBRO SEGUNDO
SELECCIÓN DE PROBLEMAS CONCRETOS SOBRE LA RELACIÓN DE LA NORMA CON LA PERSONA JURÍDICA

PARTE I
PROBLEMAS DE APLICACIÓN DE LA NORMA

PARTE II
PROBLEMAS DE INTERPRETACIÓN

LIBRO TERCERO
RECAPITULACIÓN DE LOS RESULTADOS

COMENTARIO DEL TRADUCTOR
José Puig Brutau

ÍNDICE DE ABREVIATURAS

PREÁMBULO

La idea de escribir este libro debo agradecérsela al Profesor doctor Konrad Zweigert, que me hizo notar la importancia para este trabajo del artículo de Martín Wolff, *On the Nature of Legal Persons,* publicado en Law Quarterly Review (1938) págs. 494 y ss., y que siempre me ayudó con su consejo en el estudio de difíciles problemas. También he de manifestar la más sincera gratitud al Director del Instituto Max Planck para el Derecho Privado Extranjero e Internacional, Profesor Hans Dölle, por su valioso apoyo en la preparación y publicación de esta obra. Igualmente he de agradecer el estímulo que en diversas conversaciones obtuve del Profesor Dr. Ernst Rabel y del Profesor Dr. Arwed Blomeyer. Debo especial agradecimiento a mi colega del Instituto, el Asesor Hans Georg Gottheiner por sus numerosas indicaciones informativas. La redacción fue revisada por la Srta. Lucía Schottländer, a la que también debo la preparación de los índices. Finalmente, debo expresar mi gratitud a todos los científicos que en Alemania y en el extranjero me favorecieron con sus consejos en relación con problemas concretos.

Este estudio fue presentado a la Facultad de Derecho y de Ciencias Económicas de la Universidad de Tubinga en el semestre de invierno de 1952/53, como trabajo de oposición. Pudo ser realizado gracias a la importante ayuda económica de la Universidad de Tubinga, del Centro de Investigaciones Alemanas del Instituto Max Planck para el Derecho Privado Extranjero e Internacional y de la Sociedad para el Estudio del Derecho Comparado.

Tubinga, primero de mayo de 1955.

ROLF SERICK

INTRODUCCIÓN

La jurisprudencia ha de enfrentarse continuamente con los casos extremos en que resulta necesario averiguar cuándo puede prescindirse de la estructura formal de la persona jurídica para que la decisión penetre hasta su mismo substrato y afecte especialmente a sus miembros. Este problema no se plantea por casualidad. El hecho de que los tribunales le hayan prestado atención demuestra que si no se admiten excepciones al respeto que merece la forma con que el Derecho reconoce a la persona jurídica pueden darse resultados injustos en casos que ofrecen circunstancias especiales.

Pero no deja de suscitar muchas dudas la determinación de cuándo será posible prescindir de dicha estructura formal, pues el ordenamiento jurídico considera que las personas colectivas gozan de independencia y están configuradas como un sujeto de derecho que ha de ser radicalmente distinguido de las personas que lo componen. Por ello, los acreedores de la persona jurídica solo pueden dirigirse contra el patrimonio de la misma, mientras que los acreedores de los socios, por su parte, solo pueden dirigirse contra éstos. La radical separación entre la persona jurídica y sus miembros componentes constituye, por todo ello, un rasgo distintivo y cabe ciertamente preguntar si en definitiva es admisible que se quebrante este principio. La jurisprudencia no ha vacilado en dar una respuesta afirmativa. Pero todavía no está en claro cuál es el fundamento teórico que lo justifica. Al propio tiempo, es muy discutible la determinación de los casos en que será posible alcanzar el resultado señalado. Estas dudas responden al peligro de que el hecho de prescindir de la forma de la persona jurídica se generalice demasiado y con ello quede sin valor la misma figura de la persona jurídica. El peligro especialmente existe cuando se trata de justificar dicho resultado por la fuerza de los hechos o fundándose en cláusulas generales como el principio de la buena fe *(Treu und Glauben)*, como hasta ahora ha sucedido con frecuencia.

Con el presente trabajo intentamos una presentación de conjunto de todo el material procedente de la jurisprudencia alemana que se refiere al indicado problema y prestamos atención a las concepciones que ha sostenido la ciencia del Derecho: al mismo tiempo, trataremos de articular dicho material desde ciertos puntos de vista y procuraremos determinar los límites dentro de los cuales es admisible prescindir de la forma de la persona jurídica. Para ello será preciso ante todo plantear el problema de si la persona jurídica, por ser una creación con la que el Derecho trata de alcanzar determinados fines, se encuentra con ciertos límites trazados de antemano, más allá de los cuales no puede actuar. Por otra parte, esta cuestión parece presuponer la de que dentro de estos límites la persona jurídica siempre ha de ser respetada, sin que pueda recibir un tratamiento que desmerezca del que se concede a la persona natural. Esto es lo que tendrá que averiguarse detalladamente.

En esta tarea no podemos olvidar los resultados obtenidos por otros ordenamientos jurídicos en la misma materia y bajo supuestos equivalentes. De manera especialmente adecuada se manifiesta el Derecho de los Estados Unidos porque los tribunales americanos se han ocupado de este problema desde hace varios decenios. De ahí que merezca detenida atención su jurisprudencia. Por supuesto que con ello no pueden evitarse del todo algunas repeticiones en relación con las investigaciones muchas veces paralelas del Derecho alemán.

Este trabajo se ocupa de problemas de muy diversa naturaleza. Cuando se habla de adoptar medidas que afecten a los hombres situados detrás de la persona jurídica, se piensa primordialmente en casos en que la forma de la persona jurídica ha sido aplicada a fines ilegales, por lo que en tal supuesto cabría hablar de abuso de la forma de la persona jurídica. Junto a este problema se halla el de la posibilidad de aplicar a la persona jurídica los preceptos de Derecho que han sido formulados pensando en el hombre porque suponen, o parecen suponer, la existencia de seres de carne y huesos (véase, por ejemplo, el § 530 del Código civil, que habla de la revocación de donaciones por causa de ingratitud). En otros casos es evidente que la norma legal puede aplicarse a las personas jurídicas por no referirse exclusivamente a las personas naturales (por ejemplo, el § 892 del mismo Código civil). Pero también aquí puede suscitarse la duda de si las circunstancias que concurren exigen que en determinados casos queden afectados los hombres que se hallan detrás de la persona jurídica (por ejemplo, en el caso del § 892 del Código civil, la enajenación de un inmueble realizada por una persona jurídica a su único socio).

Cabe formular algunas objeciones contra el método empírico elegido por el autor de buscar la solución de los problemas en vista de los casos y de tratar de la formulación de reglas generales partiendo de aquéllos. Ante todo podría sostenerse el criterio de que solo cabe esperar soluciones satisfactorias después de haber tratado de poner en claro la esencia de la persona jurídica. Podría argumentarse diciendo que la respuesta a la pregunta acerca de los límites dentro de los cuales puede actuar y de las cualidades que debe tener depende de que deba considerarse, tal vez, como una persona colectiva real o como un ser ficticio. Sin embargo, con la determinación de la esencia de la persona jurídica se trata de la explicación de fenómenos que se dan en la esfera de los hechos, entre los cuales también se hallan los casos que examinamos, pues cabe tomar como punto de partida, por lo menos en el ámbito del Derecho privado, que la persona jurídica no es un fenómeno previamente dado, sino una creación del ordenamiento jurídico. Pero éste la ha creado para fines determinados. Por ello deben ser tenidos en cuenta al tratar de resolver el problema. Por otra parte, no debe perderse de vista que al práctico apenas le serviría para nada una solución que se fundara en determinada concepción sobre la esencia de la persona jurídica, pues casi no es posible alcanzar un criterio unitario acerca de la misma. También cabría objetar que una investigación de los fenómenos aquí tratados presupone una penetrante investigación de su fondo sociológico. El autor está completamente convencido del peso de un argumento semejante. Pero ha de tenerse en cuenta que para el Derecho solo tienen importancia ciertos aspectos sociológicos. A ellos cree el autor haber prestado la debida atención. Finalmente, cabría oponer que con las medidas que afectan a los hombres que se hallan detrás de la persona jurídica, especialmente tratándose de casos en que se comete un abuso, no se trata de ninguna manera de un problema específicamente del Derecho de sociedades, sino de los que también pueden surgir cuando aparece la figura del testaferro (*Strohmann:* hombre de paja). No negaremos que con semejante supuesto existe una íntima conexión. Está igualmente justificado por la índole peculiar de los problemas suscitados el tratamiento separado de las medidas que afectan a quienes componen las personas jurídicas. Consiste primordialmente su peculiaridad en que los miembros de la persona jurídica desempeñan un doble papel. Por un lado son personas privadas que han de ser distinguidas de la persona jurídica; por otro, constituyen el mismo substrato de la persona jurídica.

Cuando en este trabajo se emplea la frase «desestimación de la forma de la persona jurídica» *(Missachtung der Rechtsform der juristischen Person)* o la de «negación de la persona jurídica» *(Leugnung der juristischen Person)*, debe entenderse que con ello solo se trata de la desestimación de la forma de la persona jurídica en el caso particular, sin negar su personalidad de una manera general. Si se incluyera también en la valoración jurídica la realidad social de dicha persona, se manifestaría como el examen de su auténtica realidad lo que ahora, desde un punto de vista puramente jurídico, parece incomprensible y como si fuera la negación de la persona jurídica.

Es cierto que los casos que van a ser objeto de nuestra investigación representan fenómenos excepcionales. Pero, a pesar de todo, no pueden pasar desapercibidos y deben ser referidos al concepto de persona jurídica. Sobre este fondo resulta posible, tal vez, hablar precavidamente de una crisis del concepto normativo de la persona jurídica. Por cierto que no en el sentido de poner en duda el principio legislativo de la rigurosa separación entre la persona jurídica y sus miembros, sino tan solo en el de que requiere cierta modificación. Contra ello no cabe oponer que de la misma manera que una norma no queda alterada por una sola decisión que se aparte de ella en atención al criterio de la buena fe *(Treu und Glauhen)*, tampoco se modifica el concepto de persona jurídica cuando en algún caso hay que penetrar en su interior y quedan afectados sus miembros componentes. No hay que olvidar, en efecto, que se trata de la determinación de los límites ya impuestos en la estructura fundamental de la persona jurídica.

Es indudable que el material objeto de nuestra investigación no es suficiente para dar una nueva formulación al concepto de la persona jurídica. Por ello, al final de este trabajo vamos a resumir en una visión de conjunto los diversos criterios que se habrán manifestado en el curso de la investigación, sin que por ello pueda hablarse todavía de resultados seguros. Tanto menos cabe esperar que con esta labor quede precisada la esencia de la persona jurídica. Esto no es posible sin que el estudio se haga extensivo al Derecho público, aparte de que exigiría entrar a discutir todas las doctrinas hasta ahora sostenidas en relación con este problema. El presente trabajo, por tanto, se limita a ordenar con un criterio comparativo los casos en que la decisión alcanza a los miembros de la persona jurídica y a deducir de ellos algunas reglas fundamentales para la solución de esos problemas. Tal vez pueda contribuir a preparar el terreno para que más adelante se realice una investigación sobre el concepto y la esencia de la persona jurídica.

LIBRO PRIMERO

MEDIDAS EFICACES EN CASO DE HACERSE MAL USO DE LA FORMA QUE EN DERECHO PUEDEN REVESTIR LAS PERSONAS JURÍDICAS

PARTE I

IMPORTANCIA DEL PROBLEMA EN LA JURISPRUDENCIA Y EN LA DOCTRINA CIENTÍFICA ALEMANAS

§1. *Ejemplos y razones del actual estado de inseguridad jurídica en el tratamiento de los casos que exigen intervención*

Aunque conceptualmente la persona jurídica está rigurosamente separada de la personalidad de sus miembros,[1] [2] la jurisprudencia alemana demuestra que continuamente es preciso penetrar hasta alcanzar a los hombres que se hallan tras ella, a su peculiar substrato. Sin embargo, no se trata en manera alguna de una jurisprudencia unitaria, firmemente establecida y con la que por tanto se pueda contar. Más bien se manifiesta vacilante, en parte muy precavida y muchas veces incluso contradictoria.

---

1 Por supuesto que lo dicho no solo rige en la esfera del Derecho civil, sino también en las demás materias jurídicas. Por ejemplo, en el procedimiento arbitral, la decisión puede ser dictada por terceros. Los miembros de una asociación no están excluidos de la posibilidad de ser árbitros ni en un Litigio de la misma asociación, a consecuencia de la radical separación que media entre ellos y la persona jurídica. Cfr. STEIN-JONAS-SCHÖNKE, *Kommentar zur Zivilprozessordnung*» II (1951) § 1025 II b; RG 25.1.1910; RGZ 90, 306 y s.; RGZ 113, 321 y s.; pero sobre ello véase también *infra* pág. 238. Otro ejemplo: en relación con el § 81a de la ley de sociedades de responsabilidad limitada, el tercer Senado de lo Criminal del Tribunal Federal tuvo que decidir si podía formularse el cargo de quiebra fraudulenta por irregularidades en la contabilidad contra un comerciante que era el titular único y al mismo tiempo el administrador de una sociedad de responsabilidad limitada. Con razón afirmó el Senado de lo Criminal que concurrían los supuestos que permitían calificar el fraude porque la forma jurídica de la sociedad de responsabilidad limitada implica, como consecuencia, la exclusiva responsabilidad del patrimonio social. Por ello, el demandado no podía maniobrar a su arbitrio en perjuicio de los acreedores de la sociedad de responsabilidad limitada con su patrimonio independizado. *Frankfurter Allgemeine Zeitung*, 24 marzo 1954, núm. 70, pág. 10 (BGH 18.3.1954, AktZ 3 StR 934/52). Ejemplos del Derecho extranjero: en Suiza, el Tribunal Superior de Lucerna resolvió en 4.8.1954 que el accionista y director de una sociedad anónima que era parte en un proceso podía ser oído como testigo, *Zeitschrift d. Bern. Juristenvereins* 90 (1954) 472. Con respecto a Austria puede tener interés OGH 9.6.1954.

2 Sobre esto véase nuevamente BayObLG, acuerdo del 15 de junio de 1954; además, RG 7.4.1930; también lo que se expone *infra* pág. 40.

Hasta la actualidad la consideración de esta jurisprudencia es ciertamente poco satisfactoria.[3] En parte suscita críticas moderadas y otras veces, en cambio, es admitida sin una crítica adecuada. Le hace falta quedar refundida sobre una base teórica firme,[4] como pueden demostrar algunos ejemplos.

Después de la reforma monetaria se ha discutido muchas veces el problema de si los créditos contra el *Reich* también podían ser compensados contra créditos de aquellas personas jurídicas cuyas acciones o participaciones sociales se encontrasen por completo o en su mayoría en poder del *Reich*. Que pueda admitirse la compensación depende de que en este caso la persona jurídica pueda quedar identificada con el *Reich*, o de si no obstante sigue siendo exactamente una persona jurídica privada, como si las personas privadas A, B o C se hallasen detrás de ella como accionistas o socios.

Decisiones judiciales contradictorias[5] y criterios científicos que se contradicen han dado lugar en este punto a una extraordinaria inseguridad jurídica.

---

[3] A no ser que existan disposiciones de Derecho positivo que permitan la adopción de medidas contra los socios, como sucede en el Derecho fiscal; cfr., por ejemplo, § 1 (3) *Grunderwerbsteuergesetz* de 29.3.1940 (RGB1 I 585) [antes § 3 *Grunderwerbsteuergesetz* de 12.9.19Í9 (RGB1 1617)]; cfr. sobre ello BFH 27.1.1954 y JANBERG, *Grunderwerbsteuer bei Anteilsvereinigung in einer Hand*, GmbH-Rdsch. 1954, 69; WOLTERS, *Anteilsvereinigung und Übergang aller Anteile innerhalb eines Konzerns*, Betrieb 1954, 529; BORUTTAU-WETTER-WENNRICH, *Übersicht über die Rechtsprechung des Bundesfinanzhofs in Grunderwerbsteuer-, Erbschaftsteuer- und Gesellschaftsteuersachen*, DNZ 1954, 633; además, la autorización general contenida en el § 6 de la ley de reajuste fiscal del 16.10.1934 (RGB1 I 925) [antes el § 10 de la ley de impuestos del *Reich* de 22.5.1931 (RGB1 I 161), derogada por el § 21 de la ley de reajuste fiscal del 16.10.1934]. Con ello no quedan, sin embargo, disipadas las dudas dogmáticas y lo único que sucede es que en lugar de quedar relacionadas con una decisión particular se enlazan con una ley.

[4] HACHENBURG § 13 anot. 1. Después de haber esbozado el problema de si en el tráfico jurídico con terceros puede quedar realizada la separación entre la sociedad unipersonal y el socio único, estima HACHENBURG: «Con ello la jurisprudencia deja —tal vez injustamente— que las necesidades económicas... retrocedan ante las construcciones jurídicamente formales»; KEGEL 410; GADOW § 15, 8: «Esta jurisprudencia (en la que la identidad de la sociedad unipersonal con el único socio fue el objeto de la decisión judicial, explicación del autor) todavía requiere una labor de construcción».

[5] Cfr., por ejemplo, LG Hagen (Tribunal para asuntos de comercio) 3.10.1950, en la que la admisión de una compensación con créditos contra el *Reich* de un crédito de una sociedad del *Reich* ha sido denegada; igualmente en el caso *Rüstungskontor-GmbH*, BB 1950, 745; además, en igual sentido, LG Berlín 20.2.1951, hasta ahora no publicada y que cita GUTBROD, *Einbruch in das Gesellschaftsrecht?* JB. 1951, 363; OLG Braunschweig 11.3.1952; OLG Karlsruhe 30.7.1952 (expresamente contra la decisión del BGH 30.10.1951); OLG Oldenburg 19.3.1952; *en contra:* LG Hagen (Cámara de lo civil) 5.10.1950 (afirma la admisibilidad de la compensación *(Rüstungskontor-GmbH)*, igualmente LG Hamburg 25.7.1950; LG Bremen 2.8.1950; cfr. LG Frankfurt 8.4.1952; OLG Hamburg 27.2.1951; BGHZ 3, 316; BGH 28.3.1952; BGHZ 10, 205; BGH 23.1.1953 no resuelve el problema en este caso; BGH 8.10.1954 rechaza que la compensación sea admisible. Sobre el estado de la controversia en la jurisprudencia del año 1952: *Forderungen der Rüstungskontor-GmbH gegen Reichsglaubiger* (zona occidental), BB 1952, 994, con numerosas referencias a decisiones en las que se deniega la compensación. En el año 1954: OLG Hamburg 18.5.1954. Sigue la jurisprudencia del BGH y con tal motivo discute los argumentos del criterio opuesto con examen de numerosas sentencias y trabajos científicos.

Algunos autores[6] y tribunales estiman que la persona jurídica de Derecho privado pierde su carácter de persona jurídica autónoma y debe ser considerada — en todo caso tratándose del problema de la compensación— identificada con el *Reich*, cuando éste es el único o el más destacado miembro componente de la persona jurídica. Según ello, quien sea deudor de una sociedad de tal clase puede liberarse, después de la reforma monetaria, de una deuda a base de compensarla con un crédito en marcos que le asista contra el *Reich* alemán.[7] Es posible formular las consideraciones que pueden justificar un quebrantamiento tan grave de la forma que el ordenamiento legal atribuye a la persona jurídica, aunque solo de una manera fragmentaria: SIEVEKING es el primero que ha hecho constar como base para que se admita la compensación[8] el hecho de que, según el § 14 n.° 5.° de la Ley de Conversión *(Umstellungsgesetz)*,[9] no fueron objeto de la misma los créditos contra las sociedades del *Reich*, como tampoco lo fueron los créditos contra el mismo *Reich*. De ello se sigue que tales créditos no deben ser tratados de manera distinta que los créditos contra el *Reich* y que, por ello, un crédito contra éste debe ser equiparado a un crédito contra una de sus sociedades que por la razón expresada sean sus filiales. Así, pues, debe estar permitido al deudor de una sociedad perteneciente al *Reich*, oponer la compensación al crédito correspondiente aunque solo tenga una pretensión contra el *Reich*. En la indicada disertación esta consecuencia se apoya en la consideración de que durante la guerra nunca se ha visto en tales sociedades otra cosa que departamentos del *Reich*, un argumento que GÖLLER[10] hace suyo y que está puesto de relieve en la conocida cita que contiene la decisión del Tribunal del *Reich* del tomo 129, págs. 53/54. Lo que ciertamente expresa en este caso el Tribunal del *Reich* es que la independencia jurídica que fundamentalmente posee la sociedad de responsabilidad limitada unipersonal frente a su único socio, no excluye que, «bajo determinadas circunstancias la especialidad del caso concreto pueda dar lugar a un tratamiento diferente, si la realidad de la vida, las necesidades económicas y la fuerza de los hechos imponen al juez postergar la construcción jurídica».[11]

Contra esta manera de argumentar se ha alegado[12] que significa un formal quebrantamiento de las reglas jurídicas fundamentales que se refieren al propio ser

6 Especialmente ha sido KEGEL 410 y s. quien ha afirmado la identidad del *Reich* y las sociedades estatales creadas por el mismo en los problemas de compensación (buena fe, ponderación de intereses); asiente sin reservas RÖMER, *Aufrechnung mit Forderungen gegenüber dem Reich*, BB 1951, 873 y s. (875); a favor de que se admita la compensación BUFE, *Aufrechnung gegen Reichsgesellschaften mit Forderungen gegen das Reich oder andere Reichsgesellschaften*, JR 1953, 325; cfr. también CREIFELDS, *Neue Probleme um alte Verbindlichkeiten aus Rüstungskrediten*, JZ 1951, 705 (708) (casi sin fundamentos).

7 Es opinión actual que también después de la reforma monetaria pueden compensarse entre sí créditos existentes en la moneda anterior, o sea en marcos del *Reich*; cfr. G. y D. REINICKE, *Aufrechnung und Währungsreform*, MDR 1949, 663; SIEVEKING, *Währungsumstellung und Aufrechnung, insbesondere mit Forderungen gegen das Reich*, NJW 1950, 84; GUTBROD, *Aufrechnung mit Forderungen gegen das Reich*, NJW 1950, 84; GUTBROD, *Aufrechnung mit Forderungen gegen das Reich*, BB 1950, 440; LG Essen 23.2.1949; a. A. LG Düsseldorf 26.7.1949.

8 SIEVEKING, NJW 1950, 84 (88). Exposición general y resumen de las opiniones en Deutsche Rechtsprechung I (128) *8b-d;* además, KEINATH, Betrieb 1950, 214, y Niedersächsische Wirtschaft 1949, 629; 1950, 334.

9 § 14 Ley de Conversión (WiGBl 1948, apéndice 5, pág. 13).

10 GÖLLER, *Aufrechnungen gegen Forderungen von Reichsgesellschaften*, BB 1950, 489.

11 Polemiza con esta decisión LG Hagen 3.10.1950.

12 GUTBROD, *Aufrechnungen mit Forderungen gegen das Reich*, BB 1950, 440; el mismo, *Einbruch in das Gesellschaftsrecht?* JR 1951, 363.

de la persona jurídica, la admisión de que ésta puede ser responsable de obligaciones del accionista o del socio. No resulta además objetivamente exacto que las sociedades del *Reich* no fuesen más que dependencias del mismo, puesto que sus tareas no eran de carácter administrativo sino económico.[13] Incluso con referencia a la empresa «Autopistas del *Reich*» *(Reichsautobahnen)*, una persona jurídica de Derecho público cuyas oficinas eran consideradas como organismos del *Reich*, a tenor del § 1, prop. 2 de la ley de 27 de junio de 1933,[14] el *Bank Deutscher Länder* hizo constar en un dictamen[15] que no se trataba de una autoridad del *Reich* en el sentido de la ley de conversión *(Umstellungsgesetz)*. Tanto menos deben por tanto ser consideradas como dependencias del *Reich* personas jurídicas de Derecho privado.[16] Contra el argumento fundado en el § 14, n.° 5, de la Ley de conversión se puede hacer constar: se trata en este caso de un precepto excepcional que las oficinas aliadas y alemanas siempre han interpretado en sentido restrictivo.[17] Cabe añadir que es una inadmisible conclusión errónea, aunque frecuente, deducir de la igualdad de consecuencias la de los supuestos de que dependen. Lo único que *puede* admitirse es que, cuando los créditos contra el *Reich y* los que son procedentes contra una clase determinada de sociedades del *Reich* reciben un tratamiento unitario en circunstancias especiales, también ha de mantenerse la equiparación entre el *Reich* y tales sociedades en relaciones diferentes. Pero no es necesario que sea así. Incluso tratándose de acontecimientos regidos por un orden causal sucede que causas diferentes provocan resultados iguales por completo.[18] Las razones que se han alegado en pro y en contra de la admisibilidad de una compensación pueden ser fácilmente aumentadas.[19] Pero ya que no afectan propiamente al problema de Derecho de sociedades [20] relativo a cuándo se puede prescindir de la forma social, y por otra parte son demasiado débiles para servir de base a los actos de enérgica intromisión en la forma jurídica de las sociedades, es necesario renunciar a una ulterior apreciación crítica de tales argumentos.

El problema de si han de quedar equiparados el *Reich y* sus sociedades filiales tiene gran significación más allá del problema especial de la compensación.[21] [22] Si

---

13 MÜLLER 494 y ss.; el mismo, *Reichsgesellschaften und Reichsgläubiger,* MDR 1951, 541 (indicaciones de bibliografía y jurisprudencia, incluso de decisiones no publicadas).

14 Ley sobre creación de una empresa de autopistas del *Reich,* de 27.6.1933 (RGB1 II 509).

15 MBDL 50 núm. 2, citado por MÜLLER 495.

16 Así MÜLLER 495.

17 MÜLLER 495, recurriendo a MBDL 48 núm. 15, 3; además, niegan la posibilidad de compensación BINDER-WETTER-REEMBOTHE, *Die Währungsreform* (1949) II, 2, ley de conversión § 14 nota 3; KRAEMER, *Die Rechtslage der westdeutschen Reichsgläubiger,* Südd.JZ 1950, 801; SCHILLING, *Die Einmanngesellschaft und das Einzelunternehmen m. b. H.,* JZ 1953, 161 (162). HACHENBURG-SCHILLING § 13 apéndice nota 5. Sobre los problemas que sugieren las decisiones del BGH de 30.10.1951 y 28.3.1952; H. MÜLLER, *Zur Aufrechnung von Reichsgläubigern gegenüber Reichsgesellschaften,* MDR 1952, 722; RECKE, anotación a OLG Hamburg 28.1.1952, NJW 1952, 1217.

18 Sobre este conjunto de problemas, H. A. FISCHER, *Fiktionen und Bilder in der Rechtswissenschaft,* AcP 117 (1919), 151.

19 Cfr. sobre ello OLG Hamburg 18.5.1954.

20 En este sentido cabe citar la polémica suscitada por el § 14 de la ley de conversión en relación con el art. 134 IV GG y el § 5 de la ley para la regulación provisional de las relaciones jurídicas del patrimonio del *Reich* y de las participaciones prusianas de 27.7.1951 (BGB1 467), porque tal vez estas normas prohibitivas *(Sperrvorschriften)* permiten deducir algo contra la admisibilidad de la compensación como tal, pero no por lo que se refiere a la identificación entre el *Reich* y la sociedad estatal creada por el mismo.

se afirma en sentido general, con ello se incide en una postergación de la posición que en Derecho tiene formalmente reconocida la persona jurídica, pues no es posible hacer compatible con su configuración la decisión del juez de alcanzar al accionista o al socio a través de la persona jurídica.

El problema también se planteó en relación con el Derecho de ocupación: si una persona jurídica de Derecho privado pudiese quedar identificada con el *Reich* por la participación predominante de éste, en la zona de ocupación americana de Alemania sería posible que la potencia de ocupación confiscara la propiedad inmueble de dicha sociedad y la utilizara sin indemnización.[23] Por el contrario, si tal persona jurídica debiera recibir el tratamiento que corresponde a las de Derecho privado, su propiedad solo hubiese podido ser requisada, en cuyo caso, según normas generales de Derecho de gentes, las autoridades de ocupación quedarían obligadas al pago de una indemnización en concepto de arrendamiento.[24] Un caso resuelto por la jurisprudencia sirve para aclararlo: [25]

La sociedad X, una sociedad de responsabilidad limitada, fue fundada en Berlín en 1941 con la finalidad de fabricar elementos que componen la estructura de los aviones. Las participaciones correspondían en 3/4 partes al Banco Y, una sociedad por acciones, y en 1/4 parte a la sociedad limitada interesada Z. La propiedad inmueble de la sociedad limitada X fue confiscada después de la guerra, como propiedad del *Reich*, por las autoridades de los Estados Unidos en Alemania con el siguiente fundamento: todas las participaciones del Banco Y pertenecían al *Reich*, por lo que dicho Banco y el *Reich* debían quedar identificados. Con ello resultaba que, en realidad, 3/4 partes de las participaciones correspondían al *Reich y* no al Banco Y. Pero debido a que pertenecían al *Reich* 3/4 partes de las participaciones de la limitada X, la propiedad inmobiliaria de

---

21 Los problemas de compensación adquieren más importancia en relación con la insolvencia y los problemas del concurso; cfr. sobre ello KEGEL 410 y s.

22 Además, en el Derecho laboral cuando se trata de resolver si una ocupación con una sociedad anónima cuyas participaciones se hallan en poder de la Hacienda pública, equivale a un servicio público. (En sentido negativo: LAG Hamm 26.4.1951.) La independencia jurídica de las sociedades unipersonales de Derecho público muchas veces ha sido quebrantada incluso por la ley, por ejemplo, en los problemas de salarios, cfr. v. g. el Decreto de emergencia núm. 3 de fecha 6.10.1931 (RGB1 I 537, 3.ª parte, V, 1 § 15) o el§ H (1) del Decreto sobre la actividad secundaria de los funcionarios del 6.7.1937 (RGB1 I 753); otros ejemplos de esta clase se encuentran en GROHNERT, *Die Tochtergesellschaften der Deutschen Bundesbahn in der Trennung von Ost und West,* AcP 152 (1952), 17 (21 N. 9). Cfr. sobre ello el caso discutido por FRIEDLÄNDER, *Konzernrecht unter Berücksichtigung der amerikanischen Praxis*[2] (1954) 80 (identidad del *Reich* con la VIAG-Vereinigte Industrie-Unternehmungs-Aküengesellschaft).

23 En todo caso todavía así en el año 1950. Cfr. Circular 37 pos. 13d 3, en relación con pos. 19i 1, reproducido por RENTROP, *Requisitionen, Besatzungsschaden und ihre Bezahlung* (1950) 242 y s.

24 Cfr. Convenio de La Haya sobre la guerra terrestre. El convenio sobre las leyes y usos de la guerra terrestre del 18.10.1907 (RGB1 1910, 107 y s., 132 y s., anexo al acuerdo): arts. 46, 52 (para la propiedad privada) y el art. 55 (para la propiedad estatal). Para la zona de ocupación americana, cfr. el art. 335 de las *Rules of Land Warfare,* publicadas por el Departamento de Guerra de los Estados Unidos (1.10.1940), coincidente con el art. 52 HLKO.

25 Véase sobre ello el dictamen no publicado de DÖLLE-ZWEIGERT en el caso Elma-GmbH del 8.1.1951.

ésta podía ser calificada como propiedad del *Reich* sometida a confiscación. Por tanto, el verdadero propietario es el *Reich.*[26] [27]

El problema de si una sociedad del *Reich* puede ser equiparada a éste, y en su caso cuándo, todavía no puede ser objeto de una exposición adecuada y de una fundamentación decisiva. Pero en este trabajo se demostrará que la desestimación de la forma de la persona jurídica debe quedar limitada a casos concretos verdaderamente excepcionales. Entonces aparecerá claramente que la identidad entre la persona jurídica y el socio no puede afirmarse por la simple razón de ocupar éste una posición dominante en la persona jurídica, como, por ejemplo, cuando le pertenecen todas las acciones. Pero el juicio sin duda varía cuando a la participación dominante se añade un abuso de la forma de la persona jurídica. Por supuesto que ahora solo se trata de anticipar este criterio como una tesis provisional.

En una decisión muy atendida,[28] el Tribunal Federal estima procedente la compensación que el deudor de una sociedad del *Reich* opone por razón de los créditos que ostenta contra el mismo *Reich,* en atención a que dicha sociedad carecía de una voluntad autónoma, de medios propios, dirigía el negocio en interés del *Reich* sin asumir el riesgo por su propia cuenta y la otra parte en el negocio había tenido conocimiento de que trataba con lo que en realidad era una dependencia del *Reich,* supeditada a lo que éste ordenaba y que la personalidad independiente con

---

26 Contra semejante estructuración en pirámide en el caso concreto: dictamen Dölle-Zweigert, lugar citado; escrito del Ministerio de Hacienda Wurttemberg-Baden del 25.6.1947; H. A. VI; Oficina Territorial para el Control patrimonial y reparación, Munich (1.12.1948); Banco de la Navegación Aérea Alemana, sociedad anónima, Munich (11.11.1948); igualmente, contra una argumentación correspondiente en el caso del aeródromo de Stuttgart, Sieber, *Gutachten für den Stuttgarter Flughafen,* no publicado; con carácter general sobre este problema: *Reichsgesellschaften und Besatzungsmacht - Requisition oder Konfiskation?* (zona americana), BB 1950, 656 y s., que en este caso niega igualmente que la participación del *Reich* en una persona jurídica justifique por sí sola la confiscación de su patrimonio, pero se remite al dictamen de la *Legal Division* del HICOG de 30.8.1949, en el que se adoptó un punto de vista opuesto. Por lo demás, véase también la decisión mejicana de la Corte Suprema de 8.6.1950, en la que se trata del problema de hasta qué punto una persona jurídica en la que el Estado mejicano tiene una participación esencial puede ser considerada identificada con el Estado mejicano. Esto se niega en la citada decisión con invocación de ideas de la teoría del control.

27 Después del dictamen Dölle-Zweigert de 8.1.1950, este criterio ha sido legalmente ratificado en el núm. *4e* de la Circular núm. 37 del Cuartel General del Mando Europeo de 28.5.1952: «Propiedad confiscada. La propiedad que las fuerzas americanas han ocupado para su aprovechamiento y que antes había pertenecido ... al anterior *Reich* alemán ... o (a una) persona jurídica que era de la propiedad o estaba bajo el control del anterior *Reich* alemán»; de la misma manera, en el artículo *4h* (1) de la ley núm. 47 del AHK sobre la indemnización de los daños causados por la ocupación (AHK-Amtsbl. núm. 47 del 14.2.1951, pág. 767) se determina que no procederá el pago de una indemnización en el caso de pérdida, daño o utilización de objetos patrimoniales que pertenecían a la República federal, al *Reich,* etc., como tampoco si correspondían a personas jurídicas que pertenecían al *Reich* alemán o estaban bajo su control.

28 BGHZ 3, 316; pero cfr. también BGH 28.3.1952, donde - de manera excesivamente amplia — solo se busca apoyo en la buena fe («injusticias graves») y el concepto de abuso queda completamente rechazado; además, BGH 3.7.1953 en el BGHZ 10, 205, concretamente pág. 49 y ss.

que obraba solo era una apariencia jurídica.[29] ¿Puede hablarse en este caso de un abuso de la forma de la persona jurídica[30] o deben concurrir todavía otras circunstancias? ¿Existe un abuso cuando una sociedad del *Reich* apela a su independencia jurídica cuando antes siempre puso de relieve que no era más que un centro de compensación del *Reich* que carecía de independencia, como sucedía en el caso de la sociedad limitada *Rüstungskontor,* resuelto por el Tribunal Territorial de Hamburgo?[31] Solo más adelante podrá contestarse a estas preguntas.[32]

En la decisión de un Tribunal Territorial podemos ver claramente los peligros que amenazan cuando la forma de la persona jurídica queda negada en un caso particular sin que antes hayan sido fijados los límites dentro de los cuales puede hacerse.[33] Los fundamentos de la sentencia en la parte que es esencial para lo que ahora interesa, son como sigue: «Con la expresión técnica en Derecho de persona jurídica se trata, pues, de un concepto cuyo substrato real debe ser admisible y prácticamente aprovechable, por lo que su aplicación desaparece cuando resulta claramente irracional y superflua»;[34] y añade después: «El concepto auxiliar 'persona jurídica' resulta indudablemente inútil, porque ya no cabe imaginar como posible para la misma un substrato cuando una persona natural llega a reunir en sus manos todas las participaciones en el negocio. En este caso, la voluntad de la sociedad es la voluntad de la persona singular», etc.

Por otra parte, en las sentencias que con razón han desestimado la forma de la persona jurídica se encuentra a faltar una firme fundamentación dogmática.[35] Por lo general solo están fundadas en consideraciones de equidad. Lo que de tal modo con ello se logra en el terreno de la justicia material es a costas de la seguridad jurídica. De ahí que, en definitiva, la aprobación o repudiación de esas sentencias parece que solo depende de que pueda o no colocarse el valor del Derecho como un elemento de previsión por encima de la justicia del caso.[36] Desde semejante punto de vista, el problema de saber cuándo podrán adoptarse medidas que afecten a los hombres que se hallan detrás de la persona jurídica parece que depende de manera primordial de la concepción que se tenga del mundo. La solución jurídica estaría determi-

---

[29] De manera resumida BREITHAUPT, *Aufrechnung mit Forderungen gegen das Reich,* JR 1952, 196, y LEHMANN, *Zur Aufrechnung der Reichsgäubiger gegen Reichsgesellschaften,* JZ 1952, 289 (292), que de manera convincente previene contra la admisión de la compensación a base de las más generales consideraciones de equidad. Cfr. también allí porque RGZ 129, 50 no puede ser invocado para la solución de los presentes problemas (lugar citado 291).

[30] Cfr. sobre ello BGH 8.10.1954, que rechazó una compensación porque no existía abuso de la forma de la persona jurídica.

[31] LG Hamburg 25.7.1950; LG Hagen 5.10.1950; cfr. también OLG Hamburg 27.2.1951.

[32] Cfr. sobre ello lo que exponemos *infra* pág. 77 y s.

[33] Reproducida en la decisión del OLG Hamm de 25.6.1925, citado según FRIEDLÄNDER 139.

[34] De manera parecida en Austria el ORK en una decisión del 25.11.1950 citada por WAHLE en: *Kommentar zum ABGB* V (publicado por KLANG y GSCHNITZER (Viena 1954) 527 núm. 222: «Cuando esa ficción deja de tener sentido, también debe cesar el tratamiento de la sociedad como un sujeto de derecho distinto de los socios».

[35] Cfr. MÜLLER-ERZBACH, *Reichsgericht und Interessenjurisprudenz,* en: «Die Reichsgerichtspraxis im deutschen Rechtsleben» II (1929) 175 y ss.

[36] Un problema con el que, por lo demás, muchas veces el juez ha de enfrentarse, por ejemplo, en el del quebrantamiento de la fuerza de cosa juzgada y otros; cfr., por ejemplo, OLG Stuttgart 29.3.1950; o bien G. y D. REINICKE, *Formvorschrift, Treu und Glauben und Schadensersatz,* MDR 1954, 641 y ss.

nada por una actitud metajurídica. La íntima contradicción y la inseguridad que resultan de semejante manera de considerar el problema se reflejan en los fundamentos con los que en ocasiones trata de justificarse la negación de la persona jurídica. Para ello se recurre ampliamente a cláusulas generales y a flexibles giros del lenguaje,[37] como «poder de los hechos», «buena fe» («*Treu und Glauben*»), etc.,[38] con cuyas fórmulas todo puede recibir un fundamento sin que por ello se logre convencer a nadie.

§2. *Observación dogmática y sistemática*

Si se presta atención a los casos en que la forma de la persona jurídica ha sido desestimada por los tribunales, apartándose con ello de la regla fundamental de la independencia de la persona jurídica frente a sus socios, llama en seguida la atención que la jurisprudencia alemana ha prescindido con mucha frecuencia de la personalidad del ente social tratándose de sociedades unipersonales. Según la doctrina dominante, las sociedades de un solo hombre son jurídicamente admisibles.[1] Lo que en todo caso se exige es que en la fundación de la persona jurídica concurra el número de fundadores que exige la ley.[2] Por tanto, solo después cabe que todas las participaciones se reúnan

---

37 Sobre ello véase, por ejemplo, RGZ 99, 232 (234); RGZ 103, 64 (66); RGZ 129, 50 y s.; RGZ 156, 271 (277); WIELAND, *Handelsrecht* II (1931) 394, donde se dice: «No debe exagerarse la capacidad jurídica independiente y de actuar como parte que corresponde a la persona colectiva, ni debe llevarse hasta sus últimas consecuencias, pues, a pesar de la independencia normativa, son los mismos intereses los que están bajo la dirección del titular único, tanto como titular del patrimonio social como del patrimonio libre. La misma voluntad domina en ambas esferas patrimoniales. Acerca de si la separación jurídica aparece objetivamente justificada y en qué medida, es cuestión que debe comprobarse en cada caso en atención al criterio de la buena fe»; y SCHILLING, *Die Einmanngeselschaft und das Einzelunternehmen mit beschänkter Haftung*, JZ 1953, 161: «Este principio de la separación ha de ser excepcionalmente abandonado en la sociedad unipersonal cuando lo exijan la buena fe o la seguridad del tráfico jurídico». SEYDEL, *Reichsgesellschaften in der Rechtsform der GmbH*, GmbH-Rdsch. 1953, 188, señala igualmente el carácter excepcional de las medidas que afectan al substrato de la persona jurídica y las admite cuando la apelación de la sociedad de responsabilidad limitada a su posición jurídica formal no pueda considerarse de buena fe en atención a las especiales circunstancias del caso, por lo que sería contrario a una conducta leal *(Treu und Glauben)*. Además, sobre lo mismo SOERGEL-SIEBERT, anotación al § 21, I, 4.

38 «Conciencia popular dominante», RG 17.4.1939. Sobre ello *infra* pág. 69, nota 26.

1 BAUMBACH-HUECK, *Aktiengesetz*, consideración fundamental previamente al § 1, 1 B y apéndice al § 15; GIERKE 234; VOGEL 11 y en muchos otros lugares; LEHMANN 406; FRIEDLÄNDER 22 y s.; BRÖNNER, *Die Einmanngeselhchaft mit beschränkter Haftung im Handels- und Steuerrecht*, GmbH-Rdsch. 1952, 81 y s. (142 y s.); no podemos entrar en el examen de las opiniones adversas o tal vez escépticas, cfr. sobre ello FEINE 435; BRODMANN, GmbH § 2, 8a; pero, sin embargo, véase la concesión de BRODMANN, *Aktienrecht*, § 292, 6 y s. De la jurisprudencia (afirmación de la sociedad de un solo hombre): RGZ 68, 172; RGZ85, 380 (383). Para la problemática véase, por ejemplo: SIEBEL y SCHILLING, *Die «gefährliche» Einmanngesellschaft*, JZ 1953, 724; SIEBEL, *Die Einmanngesellschaft als atypische Herrschaftsförm im deutschen und angloamerikanischen Recht* (disertación en Bonn 1950, escrita a máquina); SIEBERT, *Einmann-GmbH und Strohmann-Gründung*, BB 1954, 417; FRIEDLÄNDER *(supra* pág. 36, nota 22) 69 y ss.

2 Cfr. también OLG Celle 18.10.1950, en la que la fundación de una sociedad de responsabilidad limitada con un hombre de paja, con la intención de convertirla cuanto antes en sociedad de un solo hombre, fue considerada como un negocio simulado en conformidad con el § 117.

en una sola mano. El fenómeno relativamente frecuente de la desestimación de su forma jurídica no debe, por ello, llevar a la conclusión de que solo en este caso es posible y admisible que se penetre hasta el mismo substrato de la persona jurídica. Tal conclusión no resistiría un examen detenido. Si se admite que tampoco en la sociedad de un solo hombre las deudas de la sociedad son deudas de los socios,[3] que también en ellas debe quedar rigurosamente separada la propiedad de los accionistas de la que corresponde a la sociedad por acciones,[4] que la persona jurídica, por tanto, tiene una personalidad independiente de las personas que en un momento dado sean titulares de las participaciones en la sociedad,[5] se reconoce sin dificultad que no existe una diferencia de estructura entre la sociedad de un solo hombre y la persona jurídica con varios miembros.[6] Lo que sucede es que en la sociedad unipersonal aparecen de una manera mucho más destacada una serie de problemas relacionados con la desestimación de la forma de la persona jurídica. Por ello se presta de manera extraordinaria a la investigación de tan problemática materia.

Por otra parte, merece destacarse que la doctrina todavía no ha intentado integrar según criterios y categorías unitarias las numerosas sentencias en las que la forma de la persona jurídica es desestimada, para que con ello adquiera expresión lo que el caso ofrezca de típico. Pocos resultados se obtienen de la comprobación de que en tal o cual decisión se trata de un caso del Derecho de obligaciones[7] o de la esfera del Derecho de cosas, etc. Debe ponerse en claro por qué en ese caso del Derecho de obligaciones ha sido desestimada la forma de la persona jurídica y se advertirá que los fundamentos son de naturaleza general y que por ello también pueden ser procedentes en los casos que corresponden al Derecho de cosas o a los pertenecientes a la parte general del Código civil. Si de esta manera se logra que se destaque lo que tiene el caso concreto de validez general, podrán desarrollarse reglas generales sobre dicha base.

Sin embargo, en la doctrina alemana faltan esas investigaciones dogmáticas y sistemáticas. Es muy raro que se discuta con carácter general cuándo puede

---

3 RG 27.10.1914.

4 GODIN-WILHELMI § 1, anotación 3. Cfr. sobre ello, por ejemplo, RGZ 114, 276 (278), donde se afirma que una marca inscrita a favor de una sociedad de responsabilidad limitada queda inseparablemente ligada a su explotación mercantil, siendo ésta la explotación que se realiza en su nombre, pero no la de sus empleados o socios o del eventual titular de todas las participaciones.

5 En lo fundamental esta independencia jurídica existe tanto frente al socio único como frente a terceros, HACHENBURG-SCHILLING § 13 anexo, anotación 4. Así resulta que el acreedor de una sociedad de responsabilidad limitada cuyo crédito no ha sido tenido en cuenta en la liquidación de la sociedad, no puede exigir que le sea satisfecho por el socio único que se ha hecho cargo del saldo resultante de la liquidación, RGZ 92, 77 (83, 84). Cfr. además acerca de esta cuestión problemática RG 27.10.1914; BYK, anotación al KG 3.7.1924, JW 1924, 1535; OGH Viena 31.8.1950 (en un caso que afectaba a una sociedad anónima); en la actualidad todavía rige en Austria el Derecho alemán de sociedades anónimas, cfr. RabelsZ 17 (1951) 588.

6 Sobre esto, por ejemplo, KG Berlín 25.4.1953: al juzgar la duración del plazo de queja de una persona jurídica en el procedimiento de restitución, ha de tenerse en cuenta la sede de la persona jurídica, en lugar del domicilio de los socios que la componen.

7 En la medida en que se haya tomado la molestia de clasificar los casos; cfr. sobre ello GKEEBEL 92 y s., que trata de la identidad de la sociedad de un solo hombre con sus socios en el Derecho de sociedades, de obligaciones, de cosas, etc.; MEISE, *Zivilrechtliche Probleme der Organschaft* (1935).

levantarse el velo de la persona jurídica.[8] Por ello el presente trabajo ha de ocuparse de manera primordial del estudio de las decisiones judiciales. Cuando la doctrina se ha planteado el problema, le ha faltado la penetración en otros casos tan manifiesta. Incluso autores destacados se limitan muchas veces a remitir en este punto a algunas de las decisiones de los tribunales superiores en las que se afirma la identidad de la persona jurídica con sus miembros y con ello se niega su independencia jurídica frente a su substrato personal. A veces se adopta alguna posición frente a esas decisiones, pero solo mediante expresiones generales, de manera que las razones invocadas por los distintos autores con frecuencia muestran grandes diferencias.[9] J. v. GIERKE, por ejemplo, opina que la personalidad de la sociedad anónima y la de los accionistas podría estimarse idéntica cuando lo contrario suponga de manera típica el peligro de transmisiones fraudulentas o de otras irregularidades.[10] Otros quieren resolver el problema, pasando por encima de prevenciones formalistas, a base de ponderar los intereses que están en pugna en el caso concreto.[11] En tercer lugar podemos señalar a los que de nuevo aconsejan que en esta clase de problemas se atienda más a la forma jurídica[12] y que, por ello, no se prescinda de la importancia que tiene la elegida por el legislador. Durante la época nacionalsocialista círculos más extremados han opuesto a todas ellas que, en vista de la evolución jurídica que pone en lugar destacado el valor de la claridad y de la compenetración con el pueblo, debe comprobarse si la «sutil» separación entre la sociedad y los socios todavía puede ser mantenida.[13] En conjunto vemos que las opiniones sostenidas por la doctrina alcanzan desde la más precavida afirmación de la posibilidad de adoptar medidas que afecten a los hombres que se hallan detrás de la persona jurídica en casos excepcionales, hasta la más decidida recusación de la «sutil» separación entre la sociedad y los socios. BRODMANN [14] opina resignadamente que puede descartarse la posibilidad de encon-

---

8 En la literatura alemana resulta muy gráfica la palabra «Kulisse» (bastidores) que en este caso emplea FÜCHS (FUCHS, *Die GmbH als Kulisse,* LZ 1923, 525).

9 BAUMBACH-HUECK, *Aktiengesetz,* apéndice después del § 15, 2; FEINE 443, 449; SCHLEGELBERGER § 2, 15; cfr. nuevamente BAUMBACH-HUECK, GmbH, apéndice al § 34 2 A: «Si la sociedad de responsabilidad limitada de un solo hombre también es admisible, no por ello ha de perderse de vista la peculiaridad del cuadro que resulta, por lo que el Derecho de sociedades de responsabilidad limitada solo ha de aplicarse a la sociedad de un solo hombre tal como lo permite la razón económica».

10 GIERKE 289; cfr. también ENNECCERUS-NIPPERDEY § 103, pág. 402: «La diversidad jurídica de asociados y de asociación (o también de dos asociaciones) ha de quedar debilitada en determinadas circunstancias (teoría de la unidad). Subsiste ciertamente la dualidad jurídica. Pero nadie puede invocar la dualidad que el mismo ha provocado en perjuicio de tercero cuando de hecho existe una unidad económica especialmente vigorosa y cuando la invocación de la dualidad lesiona los intereses de terceros. Así, tratándose de la sociedad de un solo hombre ... ha de partirse de la base de que la persona jurídica y el socio único son dos personalidades jurídicas diferentes. Pero, no obstante, en cuanto exista el peligro de maquinaciones dolosas o de otras maniobras dudosas, deben ser consideradas como idénticas. La mala fe o el conocimiento por parte del socio único será considerada por lo regular como de la misma sociedad. El problema solo puede ser resuelto caso por caso, teniendo cuidadosamente en cuenta lo que exige la buena fe».

11 Sobre esto véase la exposición de RHODE 8 y s.

12 Sobre esto GRIEBEL 102.

13 SCHUMACHER 2249; cfr. también CRISOLLI, anotación JW 1934, 2969; CULEMANN, anotación JW 1936, 3471; contra SCHUMACHER: SCHLEGELBERGER § 2 VI.

14 BRODMANN, *Aktienrecht,* § 292, 6 y s.

trar un principio (por lo menos todavía no se ha encontrado) del que por deducción pueda obtenerse una decisión en todos los casos.

Si se examinan detenidamente las sentencias de los más altos tribunales alemanes que se ocupan de esta cuestión,[15] puede verse que no sería desacertado dar la razón a BRODMANN. Son fiel reflejo de las opiniones sostenidas en la doctrina.

§3. *Fraudes de ley por medio de una persona jurídica*

Se habla de un fraude de ley cuando el resultado que la ley rechaza se alcanza por otro camino que no ha previsto y cuando precisamente resulta de la finalidad de la norma que ésta ha tratado de impedir de manera general un resultado determinado, en lugar de limitarse a prohibir que se alcance por medio de una determinada forma negocial.[1]

Una ley puede quedar burlada con la utilización de la figura de la persona jurídica cuando los individuos a quienes la norma se dirige se ocultan tras aquélla, tanto si ya existía como si solo fue creada para tal fin, con lo que logran sustraerse al mandato legal. El mandato o la prohibición de la norma no aparece de esta manera formalmente infringido por el sujeto afectado porque solo realiza los actos que le están prohibidos por medio de la persona jurídica.[2]

Semejantes fraudes de ley, diversamente manifestados, son perfectamente imaginables y pueden ser localizados en todos los campos del Derecho. Cabe preguntar si el juez, enfrentado con esos casos, debe cerrar los ojos ante el hecho de que la persona jurídica sea utilizada para fines contrarios a Derecho,[3] o si en seme-

---

15 Por ejemplo, RGZ 156, 271 (277): «Hay que convenir con el juez de apelación en que, en el caso presente, no está justificado desatender la independencia jurídica personal y patrimonial de la sociedad de responsabilidad limitada y de sus socios. La jurisprudencia del Tribunal del *Reich* solo de manera excepcional ha seguido este camino y especialmente cuando aparece como necesario para ayudar a un tercero que ha entrado en relación jurídica con la sociedad, para que reciba la prestación que le corresponde según el criterio de la buena fe [RGZ 99, 234; 103, 66; 129, 50 (54)]. No es éste el caso en que nos encontramos».

1 Así LEHMANN 179; sobre ello véase, además, VETSCH, *Umgehung des Gesetzes* (Diss. Zurich 1917); RINCK, *Pflichtwidrige Vertretung* (1936) 89 y ss.; jurisprudencia sobre este problema: RGZ 100, 210 (212), donde se expone que existe un fraude de ley cuando una forma jurídica se aplica para unos fines para los que no ha sido creada y la ley desaprueba de una manera expresa o tácita semejante aprovechamiento; KG acuerdo de 9.11.1905: existe un inadmisible fraude de ley cuando a pesar de la diferencia en la forma jurídica se persigue un resultado jurídico legal o esencialmente parecido.

2 Por tanto, en este caso no se trata simplemente de escapar de la aplicación de una ley con la permitida aplicación de otra; sobre ello, WOLFF, IPR 47; PALANDT-DANCKELMANN § 134, 4; RGZ 125, 209 (212); OLG Hamm 26.11.1952. El Derecho puede ciertamente poner dos posibles caminos legales para alcanzar una finalidad.
Pero no ha creado la figura de la persona jurídica para que con su ayuda pueda burlarse una norma.

3 En este caso, las partes han de haber obrado con la conciencia de burlar una ley. Según la jurisprudencia del Tribunal del *Reich*, el hecho de que un negocio jurídico por sí solo y según su contenido objetivo constituya un fraude de ley, no es suficiente para aplicar las consecuencias jurídicas del fraude de ley si no concurre la intención de las partes en tal sentido, cfr. RGZ 123, 208 (211); KG acuerdo de 9.11.1905; en contra von TUHR, *Allgemeiner Teil des deutschen bürgerlichen Rechts* II, 2 (1918), § 69, I, pág. 8: «Acerca de si las partes conocían la prohibición legal y tenían la intención de cometer un fraude es cosa que no entra en consideración».

jante supuesto debe prescindir de la posición formal de la persona jurídica y equiparar socio y sociedad para evitar la maniobra fraudulenta.

La jurisprudencia no ofrece un criterio unitario y hasta ahora ha merecido poca atención el punto de vista decisivo, que es el del fraude de ley. El análisis, sin embargo, muestra que la evolución se encamina rectamente a dejar de lado la forma externa de la persona jurídica cuando exista un fraude de ley, con el fin de desvirtuar el acto realizado con tal intención.

1) En el *Derecho de seguros* se ha discutido el problema de si ha de considerarse que ya se ha producido el evento asegurado,[4] en el sentido que expresa el § 61 de la ley del *Reich* sobre el contrato de seguro,[5] cuando el socio único de la persona jurídica ha provocado culpablemente el supuesto que permite a ésta reclamar la suma asegurada.

Adviértase que no se trata del caso en que el socio único actúa como órgano de la persona jurídica. En este supuesto ciertamente existe un acto de la misma persona jurídica porque a ella hay que imputar todos los actos de sus órganos.[6] Por ello el asegurador queda eximido de su obligación de realizar la prestación cuando el órgano de la persona jurídica ha provocado el siniestro de manera intencionada o por negligencia.[7] Tampoco nos referimos al caso en que el socio único aparezca actuando, no precisamente como órgano, sino como un llamado «representante»[8] de la persona jurídica. Como tomador del seguro, la persona jurídica ha de responder del dolo y de la culpa lata de su representante en el caso del § 61 de la ley del

---

4 Para precisión de conceptos: BRASS-LENCER-RIESBESELL, *Handbuch der Versicherung* (1938) 182; PRÖLSS, *Versicherungsvertragsgesetz*[8] (1954) § 61, 1.

5 Ley sobre el contrato de seguros del 30 de mayo de 1908 (RGB1 263). El § 61 determina lo siguiente: «El asegurador queda Ubre de su obligación de realizar la prestación cuando intencionadamente o con negligencia grave el tomador del seguro provoca el riesgo asegurado». Disposiciones parecidas rigen en la zona oriental en virtud del § 17 de 1. AVO sobre el seguro obligatorio del 23.2.1948 (GVOB1 1948 II, 221, Brandenburgo), además § 10 (4) del comunicado sobre el seguro obligatorio contra incendios del 17.12.1947 (leyes y órdenes de 1947, 589, Sajonia), ambos reproducidos en MÖLLER, *Neuordnung der Privatversicherung in der Sowjetischen Besatzungszone* (1948) 60 (68, 98, 102). En general sobre el § 61 WG: SCHWEIGHAUSER, *Die schvldhafte Herbeiführung des Versicherungsfatts,* JR 1951, 75.

6 De nuevo ha sido expresado con mucha claridad en una sentencia de la Casación belga del 31.5.1954, J. T. 1954, 498: «Une société, personne morale, doit nécessairement agir par ses organes; ceux-ci, en tant qu'ils sont les organes par lesquels la société agit, s'identifient avec celle-ci; il n'y a donc ni dualité de personnes responsables, ni intérêts distincts, mais une seule personne en cause, la société représentée par ses organes»; por supuesto que a la persona jurídica solo se le han de imputar los actos realizados por sus órganos dentro de los límites de su competencia, pero no los que correspondan a la esfera de los intereses personales; así, BURGÜI, *Zeitschrift Schweizerischer Recht* 72 (1953) 469 (recensión bibliográfica del libro de WALDKIRCH, *Die Handlungsfähigkeit der Aktiengesellschaft nach schweizerischem Recht,* Berna 1953). En este punto coincide con la autora. El libro no me fue asequible. Sobre lo mismo, también BGH 5.10.1954.

7 En la actualidad es doctrina dominante; cfr., por ejemplo, Julius von GIERKE, *Versicherungsrecht unter Ausschluss der Sozialversiclierung* (1947) II, 204; cfr. también SPRINZ, *Das Reichsgesetz über den Versicherungsvertrag* (1926) § 61, 127.

8 Definición del concepto por WARNEYER, *Versiclxerungsvertragsgesetz* (1932) § 61, VII, pág. 159: debe tratarse de una persona que en la explotación a la que se refiere la relación de seguro pasa a ocupar el lugar del tomador del seguro.

contrato de seguro, exactamente igual que si se tratara de una culpa propia.[9] De lo que ahora verdaderamente se trata es del problema de si una persona jurídica —que para escoger el caso más simple supondremos que es una sociedad unipersonal cuya gerencia desempeña de buena fe una persona distinta del socio único— puede ejercitar la pretensión de resarcimiento cuando, por ejemplo, el socio único ha dejado que un incendio destruya el objeto «ajeno» asegurado. El § 61 de la ley del contrato de seguro no es directamente aplicable porque la persona jurídica, como tomadora del seguro, se halla jurídicamente contrapuesta al socio único como persona extraña, exactamente como otra cualquiera tercera persona que hubiese podido ocasionar el siniestro. Por lo mismo, tampoco es directamente aplicable el § 162 II del Código civil,[10] pues el cumplimiento de la condición no se produce por un acto de la parte a la que hubiese beneficiado, sino por otra —tercera— persona. No cabe afirmar que la sociedad unipersonal, legalmente presentada por un órgano que actúa de buena fe, haya inducido al socio único a observar la conducta ilegal.

Cuando la literatura jurídica sobre seguros discute este caso, rechaza la distinción entre la sociedad y su único socio. Mucha habría que discutir en un examen detenido. Por ello hemos de dejar sin resolver el problema de si la penetración hasta el substrato de la persona jurídica solo será procedente en caso de engaño doloso por parte del socio único,[11] cuándo las circunstancias del casa justifiquen la procedencia de admitir la excepción de dolo, etc. Se trata de problemas de delimitación que ahora no vamos a discutir. El caso extremo de interposición de una persona jurídica con objeto de burlar una disposición legal, todos los autores lo resuelven de una manera que coincide en el resultado, al denegar a la persona jurídica la pretensión fundada en el contrato de seguro. Debe ser citado como ejemplo EHRENZWEIG.[12] En relación con el § 55 de la. ley austríaca del contrato de seguro, que coincide literalmente con el § 61 de la ley alemana, este autor manifiesta su criterio de la siguiente manera: «El § 55 es una excelente muestra de la 'relatividad' de la persona jurídica; es decir, de la necesidad de probar hasta qué punto existe, en vista de la norma de que se trate, un sujeto de derecho con independencia de los socios. Quien rechace este principio y se encuentre con que una sociedad de responsabilidad limitada se ha convertido en sociedad unipersonal, tendrá, que atribuir a la sociedad el resarcimiento, a pesar del § 55, cuando el único socio, que ha interpuesto a un tercero como administrador, hace arder el objeto 'ajeno asegurado».[13]

---

9 Este problema, que suscita enconadas discusiones, está extensamente tratado, con abundantes indicaciones de bibliografía, en MÖLLER, *Verantwortlichkeit des Versicherungsnehmers für das Verhalten Dritter* (1939) 70 y s.; también SCHACK, *Vier Jahre Rechtsprechung des Reichsgerichts auf dem Gebiete des privaten Versicherungsrechts* (1933 a 1936) (1937) 47.

10 Sobre la relación del § 162 II BGB con el § 61 VVG, cfr. FRAMHETM jr., *Die Herbeiführung des Versicherungsfalles* (1927) 65 y s.

11 Cfr. sobre ello GRIEBEL 108 núm. 12.

12 EHRENZWEIG, *Die Rechtsordnung der Vertragsversicherung* (Viena 1929) § 55, II, pág. 192 [ley del 23.12.19.17 sobre el contrato de seguro (öRGBl núm. 501)]; igualmente EHRENZWEIG, *Deutsches (österreichisches) Versicherungsvertragsrecht* (Viena 1952) 271 núm. 25; para el Derecho alemán: BRUCK, *Versicherungsvertrag* (1932) § 61, II, pág. 231; BRUCK, *Das Privatversicherungsrecht* (1930) 653 núm. 25; RAISER, *Kommentar der allgemeinen Feuerversicherungsbedingungen* (1930) § 17, I, pág, 367.

13 Indicaciones de Derecho extranjero en relación con el problema de la responsabilidad del tomador del seguro por la conducta de terceros, en MÖLLER (*supra* página 46, nota 9) 87.

Hay que admitir la solución de este caso por los méritos del resultado. Pero también ahora hay que advertir que el criterio decisivo para prescindir de la forma de la persona jurídica hay que verlo en su utilización abusiva para dejar burlado un precepto legal.

2) En el Derecho de los *negocios a plazos*[14] es necesario para nuestra investigación discutir el siguiente caso de los que tienen por objeto la denegación de la forma de la persona jurídica cuando existe fraude de ley:

Alguien adquiere por compraventa una cosa mueble de una persona jurídica. La recibe y paga el precio de compra en el acto. El dinero procede de otra persona jurídica de la cual el comprador la ha recibido a título de préstamo. La suma recibida debe devolverse en cantidades fraccionadas. Desde el punto de vista económico, el vendedor y el prestamista son idénticos.[15] El precio de compra queda enteramente pagado en el acto y en este sentido dejaría de tener aplicación la ley de venta a plazos. Pero lo cierto es que el préstamo se devuelve de manera fraccionada y contra esta clase de préstamo no brinda protección alguna la citada ley. ¿Puede aplicarse en este caso el § 6 de la ley relativa a los negocios a plazos *(Abzahlungsgesetz)*,[16] a pesar de que presupone que entre el acreedor y el deudor se celebra un contrato en otra forma jurídica que la de compraventa y que no ha previsto expresamente que por parte del acreedor esté todavía interesada una segunda persona?[17]

Por lo que nos consta, en la doctrina solo RÜHL[18] se ha ocupado del problema con gran detalle. A él se debe que en la actualidad no sea nada desacostumbrado que un juez considere a dos personas jurídicas como una unidad, debido a su identidad económica y a pesar de su independencia formal.[19] Aunque pueda verse en ello una cierta disolución del concepto de persona jurídica, RÜHL estima que no cabe desconocer que tiene más importancia conseguir un resultado razonable que mantener esa figura jurídica cuyo valor peculiar no debe ser exagerado. Equipara el caso en que se haya comprobado que el vendedor ha obrado con la intención de soslayar la ley de compraventa a plazos con el otro caso en que falte semejante intención y solo exista una fortuita identidad económica entre vendedor y prestamista.[20]

---

[14] En relación con la importancia económica del llamado negocio de compraventa a plazos, cfr. KOCH, *Das Abzahlungsgeschäft in Handel und Industrie und seine Finanzierung* (1931) (con referencias a fundamentos jurídicos extranjeros 37 y s.).

[15] KLAUSS § 6, pág. 122 (123).

[16] Del 16.5.1894 (RGB1 450). El § 6 dice así: «Los preceptos de los párrafos 1-5 se aplican de manera correlativa a los contratos que tienen por finalidad alcanzar los fines del negocio de compraventa a plazos (§ 1) en otra forma jurídica, especialmente mediante la transmisión de la tenencia de la cosa a título de arrendamiento, con indiferencia a si el receptor de la cosa recibe o no un derecho que más tarde ha de permitirle adquirir la propiedad».

[17] Sobre esto CRISOLLI, *Das Reichsgesetz betr. die Abzahlungsgeschäfte vom 16.5.1894* (1931) § 6, anotación 55, pág. 276; KG 10.10.1929, con anotación de RÜHL, JW 1931, 75.

[18] RÜHL 295; cfr. también KLAUSS 124.

[19] RÜHL 295; se remite a MÜLLER-ERZBACH: *Die Reichsgerichtspraxis im deutschen Rechtsleben* II (1929) 175; RG 15.2.1929 y RG 13.3.1929.

[20] RÜHL 294; cfr. también OLG Braunschweig 4.1.1951, donde se expone que cuando queda intercalado un tercero que profesionalmente se ocupa de la financiación de determinados negocios a plazos, se da un negocio de compraventa a plazos oculto, en el sentido del § 6. Para ello no hace falta tener en cuenta si las partes han pretendido burlar la ley.

Pero estas dos posibilidades han de ser distinguidas desde el punto de vista dogmático. En el primer caso no hacía falta para nada recurrir al § 6 de la ley de compraventa a plazos para que esta ley fuese aplicable. Puesto que el vendedor solo se ha identificado económicamente con otra persona jurídica, que aparece como prestamista, para burlar la aplicación de la ley de compraventa a plazos, dichos vendedor y prestamista han de ser tratados como *una* persona jurídica. Pero lo que entonces queda de manifiesto es que compraventa y préstamo forman un negocio unitario, a saber, una compraventa a plazos. De ahí que pueda ser directamente aplicable la ley citada. Por el contrario, en el segundo caso falta la intención de cometer un fraude de ley. Y puesto que la identidad económica por sí sola no basta para tratar de manera unitaria a dos personas jurídicas, no puede aplicarse la ley de compraventa a plazos en virtud de los fundamentos expuestos hasta ahora. Para ello hay que preguntar, además, si basta la infracción objetiva de la finalidad que se haya propuesto la ley de manera general para que pueda prescindirse de la forma de la persona jurídica. Como veremos en seguida, en principio hay que contestar negativamente. Pero en el caso tratado cabe, por excepción, aplicar la ley de compraventa a plazos, por encima de su § 6, porque cae dentro del alcance de este precepto la regla que se ha desarrollado de que basta una identidad económica entre vendedor y prestamista acreedor [21] para que sean tratados de una manera unitaria, y por cierto que con entera independencia de si con ello se trata o no se trata de personas jurídicas[22] y de si existe un fraude de ley.[23]

Este caso suscita algunas observaciones fundamentales. La regla de que en los supuestos de fraude de ley por medio de una persona jurídica la personalidad de ésta puede quedar descartada, en el fondo no es otra cosa que un caso de aplicación del principio fundamental, generalmente reconocido, según el cual el ordenamiento jurídico jamás debe proteger el abuso de una institución jurídica.[24] Cuando, por el

---

[21] RGZ 131, 213 (225), un caso en el que el vendedor y el instituto de financiación eran personas jurídicas que tenían los mismos socios y gestores. El Tribunal del Reich expuso que tratándose de semejante configuración de las relaciones entre vendedor e instituto de financiación, en relación con el § 6 de la ley de compraventa a plazos no cabía derivar ningún reparo contra la aplicabilidad de la ley a base de la diferencia formal de ambas personalidades jurídicas. No se trataba del problema de cuándo la ley puede ser aplicada directamente y de cuándo puede tener aplicación solo a través del § 6; además, todavía en más amplio sentido RGZ 152, 283; tratándose de los negocios de compraventa a plazos decide en primer lugar la finalidad económica del negocio y no la forma jurídica externa; véase también RGZ 128, 251 y s.

[22] BGH 27.3.1952: Las disposiciones de la ley acerca de los negocios a plazos se aplican de manera correlativa a un contrato de compraventa acoplado a un contrato de préstamo con un tercero, cuando los contratos forman una unidad y en virtud de su eficacia el comprador ha de llegar económicamente a la misma posición que un corriente comprador a plazos; cfr. además BGH 9.10.1951.

[23] Cfr. sobre la misma cuestión, además, CRISOLLI (*supra* pág. 48, nota 17) § 6, anotación 54, pág. 276 y s.; KLAUS § 6, pág. 122 y s.; HEINICHEN en: *Kommentar von RGR zum HGB* IV (1943), Apéndice al § 382, anotación 74 *in fine;* RAUTMANN, *Der Abzahlungsverkehr, seine Finazierung und Sicherung* (1930) 26 y s.; RÜHL 293 y s.; SCHUTTE, *Abzahlungsgeschäfte* (1948) § 6, pág. 15; KLAUSS, *Finanzierungsverträge und Abzahlungsgesetz,* NJW 1953, 6 (consideración crítica de la jurisprudencia del BGH); E. MÖLLERS, de nuevo: *Probleme zum Kundenfinanzierungsvertrag,* NJW 1954, 1106.

[24] Es cierto que la doctrina del abuso del derecho solo se ocupa del abuso de derechos subjetivos. Sostiene que el contenido de cada uno de los derechos está determinado por su

contrario, la finalidad de una ley o de una norma singular —como la que establece una garantía a favor del comprador a plazos— no puede alcanzarse a consecuencia de la separación que media entre la persona jurídica y sus miembros, sin que exista intención de cometer un fraude de ley, se plantea el problema de si también en este caso pueden adoptarse medidas que se refieran directamente al substrato de la persona jurídica, apartando la forma que ésta haya adoptado. En este caso, el valor propio de la institución de la persona jurídica se enfrenta con el valor que posea la finalidad perseguida por una norma singular. No existe un principio general que justifique tal medida. Su inadmisibilidad resulta de las siguientes consideraciones: al crear y configurar el legislador la persona jurídica en una forma determinada, ha verificado una ponderación de valores. Esta persona debe ser respetada como un sujeto de Derecho con pleno valor en la esfera para la cual ha sido creada, lo cual significa que una regla de Derecho ha de ser aplicada en su configuración concreta a la persona jurídica sin necesidad de averiguar en cada caso si para alcanzar la finalidad de la norma es necesario, tal vez, prescindir de la forma previamente reconocida a dicha persona jurídica. Tampoco cabe oponer que al no alcanzarse la finalidad de la norma jurídica si se respeta la forma de la persona jurídica, quedarán lesionados los intereses de otros sujetos de derecho. Quien entre en relación con la persona jurídica ha de contar, en principio, con que se producirán todas las consecuencias que implica su estructura. Solo podrá negarse con fundamento a reconocer dicha forma, cuando de ésta se abuse para fines ilícitos. Tampoco hay que olvidar que los miembros de la persona jurídica disponen de una pretensión para que sea protegida su confianza en la forma adoptada por la misma y que el ordenamiento jurídico ha puesto a su disposición, siempre que la hayan utilizado legítimamente.[25]

---

función social y ético jurídica o que por lo menos tiene límites inmanentes que no justifican que se use de una manera contraria a su función. Esto significa un apartamiento del derecho, una transgresión del Derecho de manera que solo en apariencia se usa del mismo, que en realidad equivale a un obrar sin derecho. Sobre esto véase Soercel-Siebert, anotación al § 226 II 2 pág. 540; Palandt-Danckelmann § 242, 1; Esser, *Lehrbuch des Schuldrechts* (1949) 46; Siebert, *Verwirkung und Unzulässigkeit der Rechtsausübung* (1934); Siebert, *Vom Wesen des Rechtsmissbrauchs,* en «Grundfragen der neuen Rechtswissenschaft» (1935) 189 y ss. Pero lo mismo debe regir también cuando se trata del abuso de la figura de la persona jurídica.

25 El RG ha resuelto por ello, acertadamente, que la venta de todas las acciones de una sociedad anónima cuyo patrimonio esencial consiste en un inmueble, está exento de forma, cfr. RG 30.1.1925, igualmente RGZ 118, 385 (388); acerca de si el precepto de forma del § 313 del Código civil alemán es aplicable a un contrato relativo a la enajenación de todas las participaciones en el negocio de una sociedad de responsabilidad limitada cuyo único patrimonio consiste en un inmueble, es cuestión que ha de resolverse siguiendo las directrices que pueden verse formuladas en RGZ 133, 7 (10), relativas a si han de ocupar el primer plano las consideraciones económicas o la estructura jurídica a la que dichas consideraciones aparecen incorporadas. Según lo antes expuesto, ha de darse preferencia a la forma de la persona jurídica; en el indicado *Kommentar von RGR und Bundesrichtern*[10] I (1953) § 313 1, ap. 6; Palandt-Danckelmann § 313, 2.

Hay que convenir además con la decisión RGZ 104, 42, según la cual no es aplicable el derecho de tanteo a favor de una empresa de colonización de utilidad pública en el caso de venta de una finca agrícola, cuando una sociedad de responsabilidad limitada cuyo patrimonio solo consiste en un inmueble cede a otra todas sus participaciones sociales. El Tribunal del *Reich* expuso que en semejante caso no existe un fraude de ley porque el legislador no ha querido afectar a otros casos igualmente parecidos; contra el Tribunal del *Reich:* Friedländer, *Konzernrecht*[2] (1954) 80.

Por las razones antes expuestas no puede admitirse el criterio del KG, en el sentido de que en la enajenación de las participaciones de una sociedad de responsabilidad limitada,

Las anteriores consideraciones permiten advertir los límites dentro de los cuales no puede ser desconocida la forma de la persona jurídica. Resultan de su finalidad.[26] Corresponde a la esfera del Derecho civil conferir a las personas naturales la posibilidad de participar en la vida jurídica y negocial sin su propia intervención personal. Las razones por las que pueden participar de dicha manera en la vida jurídica cabe que sean de diversa clase y que consistan no solo en intereses económicos, sino incluso de naturaleza ideal. Además, la persona jurídica sirve para conjuntar medios materiales y fuerzas humanas para alcanzar una determinada finalidad en una medida que por lo regular no está al alcance del individuo. De esta manera puede celebrar negocios jurídicos en lugar de sus miembros, adquirir propiedad y otros derechos, demandar y ser demandada, sin que le afecte para nada el cambio que sobrevenga en la composición de sus miembros. Así logra una continuidad que es mucho más larga que la duración de la vida del hombre.[27] De esta determinación de la finalidad se desprende que el legislador solo las ha creado para el tráfico jurídico y negocial de buena fe,[28] pues estaría en contradicción consigo

cuando económicamente deban equipararse a la enajenación del negocio, existe un contrato que exige ratificación, en conformidad con el § 1822 núm. 3 del Código civil, dirigido a la enajenación de un negocio, cfr. KG Acuerdo de 15.11.1925; igualmente KG 7.11.1926, con cuyo criterio asienten PALANDT-LAUTERBACH § 1822, 4; ERMAN-HEFERMEHL, *Kommentar zum BGB* (1952) § 1822 núm. 3. Sobre lo mismo, véase también FRIEDLÄNDER, *Konzernrecht*[2] (1954) 81: «Por la finalidad del precepto debería requerir igualmente ratificación la adquisición o la enajenación de todas las participaciones de una sociedad de responsabilidad limitada a la que pertenece el negocio». En una anotación a una sentencia JW 1926, 600, HACHENBURG hace notar acertadamente que la ley (§ 1822 núm. 3 del Código civil) debe quedar limitada a su contenido rigurosamente determinado. Solo la consciente maniobra de rodeo ha de encontrar oposición.

En el Derecho mercantil, la prohibición de concurrencia que a los socios de una colectiva impone el § 112 del Código de comercio, solo autoriza al juez a que desatienda la forma de la persona jurídica cuando un socio afectado por la prohibición abusa de ella con la finalidad de burlar el precepto, pero no cuando a través de una persona jurídica quede simplemente perjudicada la finalidad de esta norma. Otro criterio, aunque sin razones convincentes, en HUECK, *Das Recht der Offenen Handelsgesellschaft*[2] (1951) 124.

26 Cfr. sobre ello, por ejemplo, Otto GIERKE, *Die Genossenschaftstheorie und die deutsche Rechtsprechung* (1887) 631: «Ante toda la persona colectiva solo tuvo capacidad para querer y obrar con eficacia jurídica en una esfera de vida trazada por el Derecho»; el mismo pensamiento se encuentra, por ejemplo, en *First National Bank of Chicago et al. v. F. C. Trebein Co. et al,* 52 N. E. 834, 59 Ohio St. 316: «1. En sentido legal, una *corporation* es una entidad jurídica, una persona ideal, separada de las personas reales que la componen. Sin embargo, esta ficción queda limitada a los usos y fines para la que fue adoptada, conveniencia en el desarrollo de los negocios y en demandar y ser demandado en su nombre corporativo, y en la persistencia de sus derechos y responsabilidades, que no se vean afectados por los cambios que experimente en sus miembros...».

27 Cfr. sobre ello también *Motive zu dem Entwurfe eines Bürgerlichen Gesetzbuches für das deutsche Reich,* edición oficial[2] I (1896) 78 y s.

28 En Derecho francés la limitación de la persona jurídica al fin permitido está regulada con una expresión muy general en el art. 1833 del *Code civil:* «Toute société doit avoir un objet licite, et être contractée por l'intérêt commun des parties». La sociedad (la *Gesellschaft* de los alemanes) es una persona jurídica según Derecho francés, cfr. PLANIOL-RIPERT-BOULANGER, *Traité élémentaire de droit civil* (París 1950) núm. 712, pág. 275; COLIN-CAPITANT, *Cours élémentaire de droit civil français* I (Paris 1947) núm. 902, pág. 722. La jurisprudencia ha resuelto, por ejemplo, que por su finalidad no están permitidas las personas jurídicas que están destinadas a burlar los aranceles de aduanas (fines de contrabando), cfr. Douai 11.11.1907, D.

mismo un ordenamiento jurídico que creara una institución jurídica y permitiera que se aplicara a fines ilícitos. Otra limitación resulta del hecho de que la persona jurídica tiene, ciertamente, personalidad jurídica, pero no es un ser rumano. Por ello en determinados casos (por ejemplo, fundamentalmente en el Derecho de familia) no puede, por lo general, intervenir, mientras que en los supuestos antes discutidos lo que sucede es que no debe hacerlo. En último término, el legislador es libre de excluir a la persona jurídica de ciertas actividades por medio de disposiciones especiales, incluso dentro de los límites que hemos trazado.[29]

Los fines de la persona jurídica que hemos señalado solo pueden alcanzarse con una radical separación entre su personalidad y la de sus miembros, entre el patrimonio de la sociedad y el patrimonio de los socios. Por ello el juez no puede prescindir a voluntad de la forma de la persona jurídica cuando por otra parte el resultado le parezca injusto. Que se descarte la forma de la persona jurídica supone la comprobación de que la misma ha actuado fuera de los límites señalados. Pero esto es lo que sucede cuando los que se escudan en la misma la aplican a una finalidad abusiva.

3) Los casos expuestos y examinados podrían suscitar fácilmente la impresión de que en la actualidad los tribunales y los autores alemanes permiten o propugnan que se ataque al substrato de la persona jurídica cuando con ayuda de la misma pueda quedar burlada la efectividad de una ley. Semejante concepción confundiría, sin embargo, el deseo con la realidad y creería ver reglas donde por desgracia todavía hacen falta. En realidad, se trata de un problema que no se ha investigado a fondo. Un buen ejemplo de ello lo proporcionan las conocidas y muy criticadas decisiones del Tribunal del *Reich* sobre *negocios de Bolsa a plazo.*

En una sentencia[30] se trataba de un negocio de Bolsa a plazo entre la actora y una sociedad de un solo hombre, una sociedad de responsabilidad limitada. El

---

P. 1908. II. 15; las que han sido creadas para la explotación de las casas de juego sin la necesaria autorización de la autoridad competente, París 9.4.1897, D. P. 1899. II. 244; las que han de servir para dejar sin efecto el libre derecho de voto en las asambleas generales de otras personas jurídicas, App. París 21.11.1951, Revue des Sociétés 1952, 769. Además, el ejercicio de ciertas profesiones (médico, etc.) choca contra la finalidad de una persona jurídica; detalles en FUZIER-HERMAN, *Code civil annoté* VI (París 1949) art. 1833, núm. 63 y s., págs. 235 y s. Lo mismo rige para el Derecho belga, cfr. art. 1833 Code civil belge; cfr. DE PAGE, *Traité élémentaire de droit civil belge* V (Bruselas 1947) núm. 53, pág. 77; DE VOS, *Le problème des conflits de lois.* II (Bruselas 1947) núm. 605, pág. 633. En Alemania y en un caso especial —en el del § 1 de la ley de sociedades de responsabilidad limitada— se ha determinado que las sociedades con responsabilidad limitada pueden ser creadas para cualquier objeto legalmente admisible, en conformidad con las disposiciones de la ley de sociedades de responsabilidad limitada. Para detalles, HACHENBURG-SCHILLING § 1, pág. 103 y s.; el § 1 de la ley de sociedades de responsabilidad limitada coincide textualmente con el § 1 I de la ley austríaca sobre sociedades de responsabilidad limitada de 6.3.1906 (öRGBl núm. 58); cfr. ad § 1 de la ley alemana de sociedades de responsabilidad limitada KG 9.11.1905, según la cual ha de considerarse que la constitución de una sociedad de responsabilidad limitada cuyo objeto era permitir que una congregación pudiera adquirir bienes bajo un nombre comercial *(firma),* constituye un fraude inadmisible del art. 13 de la Constitución prusiana que convierte en nulo el contrato de sociedad y no permite su inscripción en el Registro mercantil.

[29] Sobre ello véase también PALANDT-DANCKELMANN, *Einführung,* ante § 21, 2; LEHMANN 409; SOERGEL-SIEBERT, anotación ante § 21, I, 3, 4, y Cassation civile 28.1.1954 (Comité d'Établissement de Saint-Chamond c. Ray) con nota de LEVASSETO, D. 1954. I. 217.

[30] RGZ 85. 380.

negocio no era vinculante para la actora porque ella no pertenecía al número de personas para las que la ley de Bolsas, en el § 53, declara que producirá efectos.[31] La actora experimentó graves pérdidas. Primeramente pagó parte de esta deuda que no le obligaba y después dejó entrever que se opondría al pago de la diferencia. En vista de ello se convino con el único tenedor de todas las participaciones de la sociedad limitada que el mismo dejaría concedida la diferencia a título de préstamo con objeto de saldar la cuenta pendiente con la sociedad limitada. Posteriormente la actora, en litigio contra el socio único, opuso la nulidad de lo convenido. El tribunal cameral, como tribunal de apelación, estimó que en vista del § 59 de la ley de Bolsas el convenio carecía de eficacia.[32] Expuso que, desde un punto de vista estrictamente jurídico, el demandado y la sociedad de responsabilidad limitada tienen diferente personalidad jurídica; pero, en realidad, el demandado solo ha utilizado a la sociedad de responsabilidad limitada como hombre de paja y cobertura de una dirección, para llevar sus negocios con banqueros de provincias y personas privadas que estaban fuera del círculo de las operaciones de Bolsa. De ello dedujo el tribunal de apelación que el verdadero acreedor de la operación a término era el demandado y no la sociedad de un solo hombre. Era él quien había celebrado el contrato en virtud del cual se transformaba la operación a plazo en una deuda accionable en concepto de préstamo, con la intención de evitar la aplicación de la ley. Pero, en virtud del § 134 del Código civil, la novación era ineficaz.[33]

El Tribunal del *Reich* rechazó enérgicamente esta argumentación. Sostuvo el punto de vista de que la sociedad de un solo hombre tiene personalidad independiente frente a la del socio único. También se rechazó la aplicación del § 134 del Código civil porque la ley de Bolsas no prohíbe las operaciones a plazo, sino que únicamente considera que no producen efectos vinculantes frente a determinadas personas. En un litigio posterior relativo a garantías en las operaciones de Bolsa a plazo, el Tribunal del *Reich* hizo referencia expresa a esta decisión.[34]

Esta jurisprudencia no fue aceptada por la doctrina sin oposición. SCHREIBER[35] afirmó que era sustancialmente insostenible, en vista de que el § 59 de la ley de Bolsas hace expresamente extensiva la ineficacia al contrato de novación. Cuando sucede que el acreedor es una sociedad de responsabilidad limitada, el tenedor de todas sus participantes no es ningún «otro», cuya intervención puede dejar eliminada la falta de vinculación.

Este criterio debe ser aprobado por el resultado que alcanza. Del hecho de que el socio único posea todas las participaciones de la sociedad de responsabilidad limitada no cabe deducir, por supuesto, que por ello solo aquél quede identificado con la sociedad. Hace falta, además, que este socio único haya tratado de hacer una aplicación abusiva de la persona jurídica; en este caso, para burlar la ley de Bolsas.

---

31 Ley de Bolsas de 27.5.1908 (RGB1 215).

32 El § 59 dice así: «Los preceptos de los §§ 52-58 también se aplican a un acuerdo mediante el cual una de las partes asume una obligación frente a la otra con el fin de extinguir una deuda procedente de un negocio de Bolsa a plazo no prohibido, especialmente si se trata de un reconocimiento de deuda».

33 RGZ 85, 382.

34 RGZ 87, 18 (25).

35 SCHREIBER, *Die Kommanditgesellschaft auf Afeiten* (1925) 34 y s.; cfr. sobre ello, además, FRIEDLANDER 22 (25); FEINE 450 núm. 88 (contra el Tribunal del *Reich)*; GRIEBEL 120 (contra el Tribunal del *Reich)*.

Además, de la intención de burlar una ley no se sigue, como supone el tribunal cameral en el caso citado, que el negocio jurídico sea ineficaz en virtud del § 134 del Código civil. Este precepto presupone una ley prohibitiva, mientras que, por lo general, en el fraude de ley con ayuda de una persona jurídica se trata simplemente de evitar una consecuencia jurídica que resulta de una ley, cuya consecuencia se apoya en una conducta que por lo demás tendría eficacia jurídica. Así sucede, por ejemplo, cuando se quiere evitar un gravamen fiscal o las consecuencia jurídicas que resultarían de la ley de compraventa a plazos o de la ley de concursos. Dicho de otra manera: una conducta que choca con una prohibición legal, es nula; pero no todo fraude de ley choca contra una prohibición legal. Por ello, cuando se trata de una transgresión legal con ayuda de una persona jurídica precisamente debe admitirse como regla general la consecuencia jurídica que se quería evitar con la interposición de la persona jurídica. Lo mismo sucede en este caso. El resultado solo puede alcanzarse, por supuesto, prescindiendo de la forma de la persona jurídica.

4) El *Derecho fiscal* nos proporciona algunos ejemplos que permiten discutir de manera concluyente otras cuestiones de especial importancia.

Una sociedad anónima que explotaba yacimientos de potasa y cuyas acciones se encontraban en una sola mano, había suspendido su actividad en el año 1909. En 1916 quedó convertida en una compañía de coches camas a base de la adquisición de todas sus acciones,[36] de cambiar el domicilio de la persona jurídica y de introducir en los estatutos la modificación correspondiente al cambio de objeto de la sociedad. Tal fue el caso «Mitropa».[37] Con semejante compra simuladora y las otras medidas adoptadas debían quedar burladas las disposiciones relativas al impuesto llamado de fundación. La oficina del impuesto del timbre exigió, sin embargo, el timbre de fundación en vista de que la transformación debía ser considerada como nueva fundación. La entidad afectada interpuso recurso y el Tribunal de Hacienda del *Reich* revocó la decisión de la instancia inferior. Como fundamento de la sentencia hizo notar que, según la ley del Timbre del *Reich,* el impuesto de fundación presupone el otorgamiento de un contrato en forma pública notarial y en este caso no existía tal contrato.

Para la decisión del caso, el Tribunal de Hacienda del *Reich* partió de la validez de la compraventa de cobertura, sin preocuparse de discutir las muy estimables

---

36 Sobre el problema de la llamada compra de cobertura, cfr. KG 3.7.1924; KG 18.12.1924 (nulidad de tal compraventa). Declaran que la adquisición de la sociedad de cobertura sin contenido es inadmisible y nula en conformidad con el § 134 del Código civil por fraude de las normas de fundación: BAUMBACH-HUECK, GmbH, § 3, 4 C; BAUMBACH-HUECK, *Aktiengesetz* § 16, 1 D con invocación de KG 23.6.1932; SCHLEGELBERGER § 16 III; VOGEL § 1, 3, pág. 11; en sentido contrario (admisión de la compraventa de cobertura) HACHENBURG y BYK, JW 1924, 1535; BREIT, JW 1925, 635; de nuevo (compra de cobertura admisible de manera fundamental) JANBERG, *Die Verwertung von Gesellschaftsmänteln,* GmbH-Rdsch. 1952, 132, y GUERTNER, *Der Mantelkauf,* MDR 1954, 76 y s. (casos en que la compra de cobertura solo se considera inmoral e inadmisible cuando con la adquisición de participaciones falta la intención de poner de nuevo en marcha la sociedad). HACHENBURG-SCHILLING § 2, anotación 59, 60: solo cuando el aprovechamiento de la cobertura se produce *in concreto* con fraude de ley pueden aplicarse los §§ 134, 138 del Código civil; asiente KNUR, recensión bibliográfica (Hachenburg-Schilling), DNZ 1954, 556. Tribunal del *Reich* 1.7.1933 deja diferida la solución de este problema.

37 RFH I, 126; cfr. sobre ello: FEINE 445; BECHER, *Der Handel mit Aktienmänteln und GmbH-Mänteln,* ZHR 1927, 163 (164); Suiza: Schweiz. AG 27 (1955; 118.

razones que la doctrina científica ha expuesto en sentido contrario.[38] No obstante, es probable que el Tribunal de Hacienda del *Reich* hubiese llegado a otro resultado si no se hubiese hallado bajo la fascinación del criterio entonces dominante sobre la esencia de la persona jurídica, pues no parecía conciliable con esta concepción dar trascendencia jurídica, ni en casos excepcionales, al proceso que quedaba oculto con la apariencia de aquélla. Mientras en los casos anteriores el problema consistía en adoptar medidas que alcanzaran a los hombres que se ocultaban detrás de la forma protectora de la persona jurídica, en este caso se debía haber prescindido de la estructura de persona jurídica para poder apreciar una situación de hecho que igualmente se mantenía oculta por medio de tal figura. Si se hubiese echado una mirada entre los bastidores de la persona jurídica, hubiese sido fácil advertir que su pretendida unidad no era más que una apariencia y que, en realidad, existían dos personas jurídicas diferentes. Este examen debe estimarse procedente cuando existe la sospecha de que una ley va a quedar burlada. Por tanto, como KEGEL hizo notar en una ocasión, también en relación con el patrimonio y la empresa de la sociedad debe quedar levantado el velo que la cubre y no solamente en relación con la persona del titular.[39] El conocimiento de la verdadera situación de hecho hubiese permitido eliminar incluso los obstáculos formales que se oponían al cobro del impuesto de fundación.

Resulta, por tanto, que no solo es posible negar la separación entre el socio y la sociedad en los casos de fraude de ley, sino incluso tratar a una persona jurídica como si fueran dos personas diferentes.

El caso «Mitropa» dio lugar, entre otras cosas, a que en 1919 fuese nuevamente redactado el § 1.° de la Ordenanza Fiscal del *Reich*[40] para poder luchar contra el abuso de las formas y las posibilidades de configuración que brinda el Derecho civil. A base de esta disposición legal, el Tribunal de Hacienda del *Reich,* en una decisión posterior relativa a la transformación de una sociedad de responsabilidad limitada dedicada a la fabricación de mazapán en otra sociedad de la misma clase que editaba una revista juvenil, se separó del criterio que había sostenido en el caso «Mitropa» y llegó a un resultado opuesto.[41]

Si se hubiese reconocido que para dictar una sentencia justa ha de ser lícitamente posible descartar la forma de una persona jurídica que serviría para burlar una ley, se habría visto que era procedente reclamar el impuesto de fundación en los casos señalados incluso antes de que fuera nuevamente redactada la ley de impuesto del *Reich,* porque ya concurrían los supuestos indispensables para que fuera denegada la forma de la persona jurídica. No hacía falta nada más para que, en vista de ello, se hubiese estimado que con referencia al problema fiscal se estaba ante el caso de una nueva fundación.[42] [43]

---

38 Cfr. sobre ello la nota 36 que precede.

39 KEGEL 385 (410 núm. 29), con numerosa demostración jurisprudencial y bibliográfica.

40 Ley de Impuestos del Reich de 30.12.1919 (RGBI 1933); cfr. también *supra* página 32, nota 3.

41 RFH 19, 230, sobre ello FEINE 446; PAULY, *Hamburger Fremdenblatt* (Asesoramiento en problema de impuestos), apéndice al núm. 251; BECHER *(supra* página 56, nota 37) 165.

42 Si, por el contrario, se niega la validez de la compra de cobertura (véase *supra* pág. 56, nota 36) a causa del fraude de normas sustantivas de Derecho necesario relativas a la fundación, también en este caso debe alcanzarse el substrato real de la persona jurídica a través de su «velo» o cobertura, para poder comprobar el hecho de la compra de cobertura. En

§4. *Fraude y lesión del contrato*

El problema de si cabe desestimar la forma de una persona jurídica cuando por medio de la misma puede quedar burlado o lesionado un contrato, no ha sido hasta ahora planteado de esta manera ni por los tribunales ni por la doctrina. Casos en los que este problema era la cuestión decisiva, han sido tratados y resueltos bajo otros puntos de vista jurídicos.

El supuesto de hecho fundamental de tal fraude del contrato es sencillo: A y 73 se obligan frente a C a no realizar determinado acto. Pero luego resulta que el mismo acto lo realiza la sociedad X, cuyos socios son A y 73. La sociedad X, una persona jurídica, ha sido creada con la finalidad de burlar el contrato celebrado con C. Cabe preguntar si el acto de referencia puede ser prohibido a dicha sociedad y, en caso afirmativo, en virtud de qué fundamento.[1]

---

este caso, la penetración a través de la figura de la persona jurídica se realiza para poner de manifiesto la inexistencia de una persona jurídica supuestamente existente y que debía adquirirse como cobertura; en cambio, en el caso de que se trata en el texto, se hace para contrarrestar la pretendida continuidad de una persona jurídica con un auténtico sucesor.

43 Otros ejemplos de casos en que se trata de burlar una ley con ayuda de la figura de la persona jurídica, en FUCHS, *Die GmbH ais Kulisse,* LZ 1923, 526 (fundación de una persona jurídica, transmisión a la misma de un crédito dudoso, acción ejercitada por la persona jurídica; en caso de que la demanda sea rechazada, deberán recaer sobre la sociedad de responsabilidad limitada las costas procesales, que posiblemente excederán de su propio patrimonio); además FUCHS, *Wirtschaftliche Zielsetzung und rechtliche Gestaltung im Zivilrecht,* LZ 1928, 1038; el mismo, *Gesetzesumgehungen durch die Form der GmbH,* JR 1928, 177, con ejemplos muy constructivos, por ejemplo, sobre fraude del § 288 StGB; además, cfr. RGZ 129, 50: un caso de revalorización en el que el Tribunal del *Reich* expone que en el cálculo de uno de los créditos sometidos a libre revalorización dirigido exclusivamente contra la sociedad y no discutidos, por excepción también pueden tenerse en cuenta las relaciones patrimoniales del socio único que goza de buena posición. Una decisión diferente podría «dejar precisamente abierto el camino a un fraude de ley al impedir que la revalorización tuviera lugar de manera adecuada», RGZ, lugar citado. De esta decisión cabe deducir que el Tribunal del *Reich* desaprueba un fraude de ley con ayuda de una persona jurídica y que por ello no lo quiere admitir. Hay que asentir a la sentencia del Tribunal del *Reich* de 20.3.1926, en la que se expuso que también la transmisión de las participaciones en una empresa o sindicato minero *(Kuxen)* puede infringir en determinados casos la comunicación de 15.3.1918 sobre el tráfico con inmuebles agrícolas. En la citada sentencia, las partes trataban de evitar la aplicación de la citada comunicación.

1 Por lo que se refiere a una prohibición de competencia, GIERKE 290 opina que la prohibición también afecta a una persona jurídica que haya sido fundada de nuevo para cometer un fraude de contrato: «A ha asumido la obligación de no hacer la competencia. Para sustraerse a este deber, funda una sociedad anónima y reúne todas las acciones en su poder. En tal caso, la prohibición de concurrencia también produce efectos frente a la sociedad unipersonal»; igualmente SIEBERT, BB 1954, 417; por el contrario, HAUPT-REINHARDT, *Gesellschaftsrecht*[4] (1952) 169, sostienen el criterio de que en este caso el socio único se hace personalmente responsable; igualmente LEHMANN, *Handelsrecht,* II parte (1949) 22; RGZ 142, 219 (221, 222). Pero esta responsabilidad personal aparece junto a la responsabilidad directa de la persona jurídica. En tal caso, el titular puede elegir la persona contra la cual quiera proceder. En determinadas circunstancias es aconsejable demandar tanto al socio único como a la sociedad unipersonal. Sobre lo mismo véase también BGHZ 5, 133, donde se impuso al socio una sanción estipulada en el contrato porque entró en competencia a través de una sociedad de responsabilidad limitada y una de las obligaciones contractuales que había asumido fue interpretada en el sentido de que con ella también le debía quedar prohibida una posible competencia como

El Tribunal del *Reich* no ha encontrado una solución fundada sobre principios. Este Tribunal ha resuelto afirmativamente el problema de si alguien tiene derecho a la indemnización convenida en relación con el cumplimiento de un contrato calculado para largo tiempo y concertado con una sociedad de responsabilidad limitada, cuando los socios, para burlar aquel contrato, disuelven la sociedad existente y fundan otra sociedad de responsabilidad limitada que tiene la misma finalidad. Sobre la base de los §§ 826 y 249 del Código civil, la nueva sociedad limitada quedaría obligada, a través de una condena a indemnizar perjuicios, a cumplir lo convenido en el contrato celebrado con la sociedad disuelta, en vista de que tanto los socios como los gestores de la nueva persona jurídica son los mismos que formaban la sociedad disuelta.[2] No obstante, RHODE señala acertadamente el carácter» ocasional de semejante solución, cuando afirma que en el fondo se trata de un resultado al que el Tribunal del *Reich* solo llegó por la circunstancia de que la nueva sociedad de responsabilidad limitada tenía los mismos gestores que la antigua.[3]

Lo decisivo debería ser lo siguiente: es cierto que desde el punto de vista formal la nueva persona jurídica es distinta de la disuelta; pero en el caso expresado ha de poder ser considerada como idéntica a la disuelta, en vista de que la disolución y la nueva fundación fueron realizadas con el fin de liberar a la sociedad de una obligación incómoda. En la valoración de la prueba debía tenerse en cuenta la identidad de los miembros y de los gestores de la nueva y de la antigua persona jurídica como indicio o dato revelador de la intención desleal en el proceder de la anterior sociedad de responsabilidad limitada y sus socios.

De manera distinta ha de ser juzgada la situación cuando una persona jurídica se ha obligado, pongamos por caso, a no hacer competencia y luego resulta que uno de sus socios emprende personalmente los negocios que la persona jurídica no puede realizar.[4] En este caso la invocación de que ha existido abuso de la persona

socio de una sociedad de responsabilidad limitada. Por lo demás, en este caso no pudo quedar comprobado que la sociedad de responsabilidad limitada hubiese quedado fundada para burlar la prohibición de competencia. Para el Derecho suizo, cfr. BG 11.12.1945, BGE 71 II 272 (274): «En especial no puede estimarse que la sociedad madre sea extraña a la actividad de la sociedad filial o de un solo hombre; la sociedad filial o de un solo hombre debe siempre por lo regular atenerse a la prohibición de concurrencia o competencia que rige para la sociedad madre (cfr. EGGER, *Kommentar zura ZBG*, 2.ª ed., art. 52, nota 6; SIEGWART, *Kommentar zum OR*, art. 625, notas 21 y ss., especialmente nota 30; WIELAND, *Handelsrecht* II, págs. 380 y ss., 394 y s.)». En lo que su formulación tiene de general, la sentencia no puede ser aprobada. Solo cuando la prohibición de concurrencia deba quedar burlada mediante la sociedad filial o unipersonal, aparece justificado descartar su forma jurídica. El solo hecho de la identidad económica no basta para ello. La parte contractual puede precaverse, por supuesto, de una competencia por parte de la sociedad de un solo hombre mediante un contrato.

2 RGZ 114, 68.

3 RHODE 7; HAUSSMANN (36) quiere resolver el caso de que una persona jurídica pretenda burlar una obligación asumida contractualmente de no producir en su propia industria una cosa determinada haciendo que la produzca una sociedad filial, interpretando la prohibición conforme a su sentido. Cfr. además SIGLOCH, *Die Unternehmungen der öffentlichen Hand, Organisationsrecht und Steuerrecht* (1929) 122.

4 Quedan ahora separados los casos en que la interpretación del contrato conduce al resultado de que la prohibición de concurrencia de la persona jurídica también deba abarcar a los miembros; cfr. sobre ello RG 2.5.1932, con una anotación aprobatoria de WALSMANN, JW 1932, 2614. Allí se plantea el problema afín de saber hasta qué punto la prohibición de competencia impuesta a una sociedad colectiva vincula también personalmente a sus socios; cfr. sobre ello, además, GRIEBEL, 105, 112.

jurídica no permite prohibir al socio dicha actividad. Quien contrata con una persona jurídica sabe de antemano que no entra en relación contractual con sus socios. Con ello resulta que el socio no viola ninguna obligación de la persona jurídica cuando realiza algo que ésta tiene prohibido.[5] Por el contrario, si se trata de que una persona natural ha contraído determinada obligación de hacer o de no hacer, no puede sustraerse al vínculo por el hecho de que intente ocultarse detrás de una persona jurídica.

Veremos en seguida con algunos ejemplos que también existe fraude de contrato con la utilización de una persona jurídica cuando es indudable que mediante un contrato las partes querían alcanzar un fin perfectamente determinado, pero han elegido una forma que permite a una de ellas liberarse de las consecuencias del contrato a base de recurrir después a la estructura formal de la persona jurídica.[6] En los casos antes discutidos existió una aplicación abusiva de la persona jurídica porque fue creada después de celebrado el contrato y para burlarlo. Ahora, en cambio, el abuso consiste en que una persona jurídica que ya existe en el momento de celebrar el contrato es utilizada después para burlarlo. En ambos casos, la persona jurídica es el medio que debe permitir lograr un resultado que choca contra lo expresamente prometido o que indudablemente se ha buscado. Tanto en este caso como en el anterior, en el fondo se trata de un *venire contra factum proprium.*[7]

Como ejemplo de un fraude de contrato por recurrir posteriormente a la figura de la persona jurídica, tiene interés un caso del que se ocupó el Tribunal del *Reich.*[8]

A quería adquirir el derecho a practicar un sondeo. Para ello compró todas las participaciones de una sociedad de responsabilidad limitada cuyo activo patrimonial consistía exclusivamente en el derecho a practicar la perforación. La capacidad del yacimiento resultó después muy inferior a lo que había supuesto el comprador de las participaciones de la sociedad limitada. Hubo que resolver el problema de si la adquisición de todas las participaciones de una sociedad de responsabilidad limitada —en cuya operación, como sucede siempre en tales casos, interesaba al comprador la adquisición del patrimonio y no la de los derechos de la sociedad— puede considerarse jurídicamente como la compra del patrimonio de la sociedad. ¿Puede oponer el vendedor que solo responde de la existencia jurídica de las participaciones en el negocio y no de la falta del mismo patrimonio social?

---

5 Semejantes obligaciones de los socios no se desprenden del deber de lealtad de los accionistas o socios frente a la sociedad, sobre todo si se tiene en cuenta que la subsistencia y alcance de los vínculos de lealtad entre el miembro y la sociedad es una cuestión extraordinariamente controvertida; cfr. sobre esta cuestión, *infra* pág. 213, nota 59 y la referencia bibliográfica en FECHNER 37 nota 1. RGZ 146, 385 (395), apartándose del caso concreto y de una manera exagerada subraya el criterio tan extendido de que ello está en contradicción con las necesidades económicas y que no se ajusta a la finalidad de una sociedad anónima.

6 Para cuestiones fundamentales sobre este punto: ROTH, SONTAG, FUCHS, *Wirtschaftliche Zielsetzung und rechtliche Gestaltung im Zivilrecht,* LZ 1928, 1022-1037; FUCHS, *Formale Rechtsfindung und wahres Recht,* LZ 1928, 1578, con aprobación de SONTAG.

7 De un *venire contra factum proprium* se habla especialmente cuando la otra parte podía confiar en una determinada situación de hecho o de derecho a base de la precedente conducta del titular del derecho y efectivamente se ha adaptado a ella. El ejercicio del derecho que se encuentre en contradicción con dicha anterior conducta es inadmisible; cfr. sobre ello SOERGEL-SIEBERT § 242, C I 4; PALANDT-DANCKELMANN § 242, *4d.*

8 RGZ 86, 146.

Para resolver este problema ha de partirse del hecho de que, al enajenarse los derechos de todos los socios, no se hizo ninguna afirmación determinada, o no se aseguró nada en concreto, en relación con la empresa o con el patrimonio social. Tal afirmación, por lo demás, hubiese sido posible sin consideración a si esos valores patrimoniales eran por sí mismos, o no eran, objeto de la adquisición.[9]

En casos semejantes el Tribunal del *Reich* no siempre ha adoptado el mismo punto de vista. En el propuesto ha opinado que no cabe una impugnación por causa de error, ni el ejercicio de las pretensiones de los 459 y ss. del Código civil, porque lo vendido no fue el derecho a practicar el sondeo, sino las participaciones en el negocio de la sociedad limitada.[10] No obstante, en decisiones posteriores, relativas a casos que tenían por objeto la enajenación de todas las participaciones de sociedades inmobiliarias,[11] ha declarado, apoyándose en el criterio de HACHENBURG,[12] que la transmisión de todas las participaciones en el negocio a título oneroso solo representa la forma externa de un negocio mediante el cual se concede al comprador, sin transmisión formal de la propiedad, todo el poder de disposición, desde el punto de vista económico, sobre los inmuebles de la sociedad. Según la concepción vigente en el tráfico, el vendedor de todas las participaciones en el negocio de una sociedad limitada ha de ser considerado regularmente como vendedor de la misma empresa. La aplicación de los preceptos sobre vicios de hecho y de derecho corresponde al sentido y a la finalidad del contrato, sin que interese mayormente la posible orientación especial de la voluntad de los contratantes.[13]

Este criterio merece aprobación en cuanto pone de manifiesto la procedencia de que en casos excepcionales se levante el velo de la persona jurídica que oculta las circunstancias de hecho. El mismo permite formular la concepción del Tribunal del *Reich* de la siguiente manera: la persona jurídica no se identifica con los hombres

---

9 STAUDINGER-OSTLER II, 2, § 433, 31; RGZ 100, 200 (204); RGZ 122, 378 y s. (381 y s.); RG 14.3.1928 (venta de todas las participaciones que solo debía ser considerada como venta de participaciones; pero de lo convenido resultaba la suposición de que un inmueble de la sociedad quedaría ubre de una hipoteca); cfr. también RG 10.10.1928, Az. 95/28.

10 RGZ 86, 148.

11 RGZ 120, 283 (287); RGZ 122, 378 (381); RG 15.2.1929, con anotación de NEUKIRCH, TW 1929, 1374. Cfr. también RGZ 150, 397, que ciertamente confirma la jurisprudencia del Tribunal del *Reich* dictada hasta la actualidad, pero que no la extiende al caso de que simplemente los derechos resultantes de una mejor postura pasen a ser el contenido de un contrato de compraventa. Nuevamente: Hans. OLG Hamburg 30.7.1952.

12 HACHENBURG I, § 13 anotación 1, que, sin embargo, no va tan lejos como el Tribunal del *Reich*. HACHENBURG cree que si alguien vende a otro las participaciones de una sociedad de responsabilidad limitada, le vende la misma empresa según la intención de las partes. Lo decisivo es la concepción que hayan tenido las partes, según dicho autor; pero, según el Tribunal del *Reich*, lo es el sentido y la finalidad del contrato.

13 Esto, en verdad, no rige cuando solo se trata de la compra de parte de las acciones, RG 3.1.1944: «El principio de Derecho según el cual la venta de todas las acciones de una sociedad anónima y de todas las participaciones en el negocio de una sociedad de responsabilidad limitada será regularmente considerado como la venta de la misma empresa explotada por la sociedad anónima o por la limitada y como tal quedará sometida a las obligaciones de garantía que derivan del § 459 del Código civil, no puede aplicarse a casos en los que solo se transmite una parte considerable de las acciones o participaciones sociales»; sobre ello, también, RG 10.10.1928, Az. 95/28. Además, esto solo se aplica cuando en un mismo acto adquisitivo pasan de una a otra mano todos los derechos de socio, RG 10.10.1928, Az. 79/28.

que se hallan detrás de la misma; su patrimonio tampoco puede ser equiparado con los derechos de participación en la persona jurídica;[14] lo único que ocurre es que se dan situaciones en las que es menester apartarse de esta regla para que, por encima de la forma jurídica, se alcance una decisión justa.

Los límites que en estos casos el Tribunal del *Reich* quiere que se observen, podrían ser trazados, sin embargo, demasiado lejos.[15] [16] Si en la venta de todas las participaciones sociales de una persona jurídica se quiere ver sin más la enajenación del patrimonio social, sin que por ello se tenga en cuenta la orientación de la voluntad de los contratantes,[17] no cabe seguir su criterio. Por el contrario, a lo que debe prestarse atención es a la voluntad de las partes.[18]

---

14 Cfr. también sobre esto el caso inglés *Harris & Gittow v. Kelly and others,* 162 Estates Gazette 622 (19.12.1953), sobre el que SIEBEL me ha llamado la atención. La misma decisión no me fue asequible. En este caso, la titular de una sala de baile *(dance-hall),* que era una sociedad *(company),* dio a un corredor de fincas *(estates agent)* el encargo de buscar quien comprara la sala de baile. El corredor presentó a *P*. Pero en vez de tener lugar una compraventa, el nombrado *P* adquirió todas las participaciones de la sociedad. La pretensión del corredor a percibir una comisión fue rechazada. Pero en este caso es preciso señalar que, a diferencia de lo que sucede en los Estados Unidos, en Inglaterra no ha logrado imponerse con el mismo alcance la llamada doctrina *disregard of legal entity* (véase *infra* pág. 82, también pág. 95, nota 26). En Derecho alemán y según mi criterio, en este caso, para resolver si el corredor tenía derecho a percibir una comisión, hubiese sido preciso tener en cuenta lo que la *company* y *P* se proponían obtener con la venta de las participaciones (incluso desde el punto de vista económico).

15 Todavía va más lejos que el Tribunal del *Reich,* HECK, *Grundriss des Schuldrechts* (1929) 287.

16 Entre las decisiones del Tribunal del *Reich* siempre se encuentran las que aconsejan moderación e incluso las que son completamente desfavorables; cfr., por ejemplo, RG 14.3.1928, en cuyo caso hubo que resolver el siguiente problema: el actor había comprado al demandado todas las acciones de una sociedad anónima cuyo principal bien patrimonial era un inmueble edificado gravado con una hipoteca. Ante la petición de que el inmueble quedara liberado del gravamen hipotecario, el Tribunal del *Reich* expuso: «A pesar de todo el Tribunal de apelación rechaza una aplicación correlativa de las reglas fundamentales de los §§ 434 y 439 a la compraventa de acciones. Esto tiene un fundamento jurídico, pues la compra de acciones es esencialmente distinta de la compra de una cosa que sea propiedad de la sociedad anónima».

17 Sobre este problema (en parte sin ir tan lejos como el Tribunal del *Reich):* ENNECCERUS-LEHMANN, *Recht der Schuldverhaltnisse*[14] (1954) § 108, IV pág. 426; ESSER, *Lehrbuch des Schuldrechts* (1949) § 205, 1 pág. 219; SOERGEL-HAHNE § 433, I 5; WARNEYER-BOHNENBERG I § 459, pág. 346; HEDEMANN, *Schuldrecht des Bürgerlichen Gesetzbuches* (1949) 163, y PALANDT-GRAMM, anotación al § 459, 3; el problema de alcanzar al substrato real de la persona jurídica no está tratado, sin embargo, por ninguno de los autores señalados. Más bibliografía y citas de jurisprudencia en WIESMANN, *Grenzfdlle zwischen den* jfjf *434, 437 ff. und den* jfjf *459 ff. BGB* (disertación en Marburg, 1932) 55 y ss.

18 Acertadamente BayObLG acuerdo de 8.7.1926, JW 1926, 2377. En este caso se resolvió que para la aplicación del § 10 núm. 5 de la ley de revalorización lo que resulta decisivo es el carácter económico del negocio jurídico y no su denominación y su apariencia exterior. En la venta de todas las participaciones en el negocio por parte de una sociedad de responsabilidad limitada puede verse la voluntad de enajenar la propiedad inmueble de la sociedad. En este caso, el crédito resultante de la cesión afianzado por la sociedad limitada y en cuya garantía se ha constituido hipoteca sobre el inmueble de la misma, ha de ser tratado como un crédito pecuniario resultante de una compraventa en el sentido del § 10 núm. 1 de la ley de revalorización.

Es cierto que en muchos casos la interpretación del Tribunal del *Reich* coincidirá con lo que sea la voluntad de las partes. Pero cabe imaginar casos en los que con la compra de todas las participaciones solo se pretenda obtener la dominación de la sociedad, quedando en segundo término la aptitud del patrimonio social. Si se sigue la concepción del Tribunal del *Reich,* también en semejante caso le cabría al comprador ejercitar posteriormente pretensiones fundadas en vicios de hecho, a pesar de que al celebrar el contrato lo único que han tenido en cuenta ambas partes ha sido la venta de las participaciones. No cabe duda que las partes, en virtud de su privada autonomía, pueden convenir que toda apelación a la forma de la persona jurídica quede excluida por completo. Pero si ello no se ha convenido, ni expresa ni tácitamente, no le resulta posible al juez dejar de lado la forma de la persona jurídica solo en atención a la pretendida finalidad objetiva del contrato. De la misma manera que en los casos tratados en los párrafos anteriores la forma de la persona jurídica solo puede ser soslayada cuando se trate de un fraude de ley, igualmente resulta ahora que solo cabe dejarla de lado cuando existe una consciente y querida violación del contrato. Si es cierto que cabe hacer mal uso de una persona jurídica para burlar un contrato, resulta que fuera de tal supuesto se halla dentro de los límites trazados por el legislador.[19] Por tanto, solo cuando nos encontramos ante un caso de abuso de la persona jurídica, cabe pasar por encima de su forma; en cambio, no basta para ello el simple hecho de que tal vez ya lo exija una necesidad económica.[20] Pero de un abuso solo cabe hablar cuando resulta indudable que, con la compra de las participaciones, una parte trata de lograr la adquisición del inmueble o de la empresa,[21] y que la otra

---

[19] Por ello no está justificado el criterior de STAUDINGER-OSTLER II, § 433 núm. 31, pág. 31, contrario a tratar este problema en conexión con el del abuso de la sociedad unipersonal.

[20] En una sentencia de 23.9.1927 el Tribunal del *Reich* (citado por FUCHS, *Gesetzesumgehungen durch die Form der GmbH,* JR 1928, 177-178) se ha apoyado demasiado en el criterio económico. En esta decisión se trataba del siguiente caso: un empleado fue despedido en conformidad con el § 626 del Código civil. Puesto que no se le podía imputar el quebrantamiento de ninguna obligación, pidió que se le pagara el sueldo hasta el transcurso del plazo contractual de despido, invocando para ello el § 615 del Código civil. Resultaba dudoso que, en conformidad con el § 615 II, pudiera descontársele el salario que durante el mismo tiempo había percibido como administrador de una sociedad de responsabilidad limitada que había fundado y cuyo patrimonio procedía enteramente del mismo. Se probó que durante el mismo tiempo la sociedad limitada no había ganado nada. Por tanto, el sueldo que había cobrado de la sociedad limitada procedía de su propio bolsillo, desde el punto de vista económico. El Tribunal territorial afirmó la posibilidad de una reducción por no ser preciso atender al lado económico del caso. El Tribunal del *Reich* lo negó porque en este caso no era decisiva la independización del patrimonio a través de la forma jurídica de la sociedad de responsabilidad limitada (aprueba el criterio del Tribunal del *Reich,* FUCHS, lugar citado 177). A mi entender no es acertado el fallo del Tribunal del *Reich.* Cuando el administrador se sirve de la forma de una sociedad de responsabilidad limitada para gozar de las ventajas que ello supone, también debe soportar las consecuencias desfavorables que resulten. Pues tal es la consecuencia negativa que necesariamente se desprende de la circunstancia de haber recurrido a la persona jurídica. Véase también sobre ello el pensamiento expresado en la decisión del Tribunal federal suizo del 22,1.1946, BGE 72 II 67 (77): «Or si ce dernier a choisi pour son entreprise la forme de la société anonyme, c'est évidemment dans son intérêt. Il ne peut s'en prendre qu'à lui même si, à côté d'avantages, cette forme a pour lui certains inconvénients, fût-ce dans les rapports d'affaires qu'il a avec sa femme».

[21] Puesto que en el caso resuelto por el Tribunal del *Reich* en 14.3.1928 (cfr. *supra* pág. 64, nota 16) la compra de acciones consistía económicamente —y según podía saber el mismo demandado— solo en la adquisición de la casa, no se oponía al criterio del Tribunal del *Reich* la aplicación de los principios generales de los §§ 434 y 439 del Código civil.

parte, a pesar de que tenía conocimiento de ello o debía tenerlo, alega posteriormente que lo único que ha tenido lugar ha sido una compra de participaciones sociales. Por ello tiene decisiva importancia el elemento subjetivo que se desprende de la interpretación conforme a su sentido de la declaración de voluntad para que se admita la desestimación de la forma de la persona jurídica. De ésta solo se abusa si con su conducta posterior el vendedor se opone a lo que el comprador indudablemente ha querido al celebrar el contrato y ha sido conocido y admitido por dicho vendedor o hubiese debido conocerlo. Esta conducta ha de ser valorada como una tentativa de emplear la forma de la persona jurídica para fines ilícitos. La desestimación de la forma de la persona jurídica que ha de ser la consecuencia jurídica que produzca semejante abuso, conduce entonces a una identificación de la persona jurídica, a la que pertenece jurídicamente el objeto vendido, con el vendedor de participaciones sociales, al quedar eliminada su forma jurídica, y a considerar luego que su patrimonio es una parte componente del patrimonio del vendedor y único titular de las participaciones sociales, y que la venta de esas participaciones es lo mismo que la venta de los valores patrimoniales que representan. En tal caso el comprador puede ejercitar contra el vendedor de las participaciones las pretensiones que sean procedentes por vicios de la cosa.[22]

Otra sentencia del Tribunal del *Reich*[23] se ocupa del problema de si una sociedad puede invocar los obstáculos puestos al socio dominante para justificar la perturbación sufrida por un contrato.

P, de nacionalidad inglesa, una sociedad de responsabilidad limitada y otras tres personas fundaron en 1914 una sociedad anónima. *P* era director de la sociedad limitada y titular de casi todas sus participaciones sociales. La sociedad limitada debía aportar marcas a la sociedad anónima. Después de terminada la primera guerra mundial opuso que había quedado eximida de su deber de aportación por imposibilidad sobrevenida sin culpa; las marcas objeto de la controversia estaban registradas a nombre de *P*, quien había asentido a su transmisión en el momento de fundarse la sociedad anónima, pero luego, invocando el art. 299 *a* del Tratado de Versalles, se negó a transmitirlas, sosteniendo que no podía obligarle a ello la demanda.

En virtud de la acción ejercitada por la sociedad anónima, la limitada fue condenada en apelación a proporcionar las marcas a la actora; el socio *P* participaba de manera decisiva en la formación de la voluntad de la sociedad; si la sociedad

---

22 Cfr. también sobre ello la aguda crítica de BRODMANN al problema de la enajenación de todas las participaciones y la responsabilidad por vicios de la cosa que con ello se enlaza según la jurisprudencia del Tribunal del *Reich:* BRODMANN, *Aktienrecht,* § 292, 6 y s.: resulta simplemente de imposible ejecución que una y la misma persona venda al mismo tiempo a un mismo comprador las acciones y el negocio. En el primer caso, el contrato tiene el sentido de que la sociedad debe subsistir; en el segundo, que se extingue. En el primer caso no entra en consideración para nada la entrega de una cosa material y en el segundo tampoco una entrega de acciones. Pero si se admite que en situaciones excepcionales puedan adoptarse medidas que penetren hasta el substrato de hecho de la persona jurídica, resulta posible resolver las contradicciones que se desprenden de la formal consideración de BRODMANN. La persona jurídica no se extingue ni cuando en el caso concreto tenga lugar una prestación que tenga por contenido la entrega de una cosa material. Simplemente, la forma de la persona jurídica queda negada en relación con las circunstancias que concurren.

23 RG 26.5.1922.

limitada opone que el socio *P* se niega a la transmisión, hay que convenir en que ello equivale a que no lo quiere la Junta General de la sociedad. Por ello la objeción no puede ser atendida.

El Tribunal del *Reich,* actuando como instancia de revisión, rechazó esta argumentación. Sostuvo que la sociedad limitada y el socio *P* eran dos sujetos de derecho completamente independientes y que de la voluntad del socio no cabe deducir cuál sea la de la sociedad.[24] La sociedad limitada fue ciertamente condenada, pero según otro punto de vista. El Tribunal del *Reich* negó que *P* hubiese quedado eximido de su obligación por el artículo 299 o del Tratado de paz, por lo cual asimismo afirmó que la sociedad limitada también podía realizar la prestación.

En una anotación a esta sentencia, HACHENBURG[25] estima que la radical separación entre socio y sociedad, sostenida por el Tribunal del *Reich,* no puede ciertamente ser discutida desde un punto de vista de lógica jurídica; a pesar de lo cual estima que el resultado no puede estimarse satisfactorio. Concluye resignadamente con la comprobación de que en tal caso el problema solo puede resolverse con una reforma de la ley, a saber, con una regulación de la sociedad de un solo hombre.

La concepción sostenida por el Tribunal de apelación, que también parece aprobar HACHENBURG *de lege ferenda,* o sea, la de que el titular de todas o de casi todas las participaciones en el negocio también es responsable de los actos de la sociedad, solo puede estimarse justificada cuando la posterior invocación a la diversidad existente entre socio y sociedad equivale a incurrir en un abuso de la forma de la persona jurídica. Existiría, por ejemplo, un abuso de tal clase en el caso de que el socio hubiese declarado a la sociedad anónima que carecía de importancia el hecho de que la sociedad limitada todavía no estuviese en posesión de las marcas que debía aportar, en vista de que las tenía él, es decir, quien prácticamente se identificaba con la sociedad de responsabilidad limitada. Únicamente en un caso semejante debe considerarse procedente la equiparación del socio con la sociedad, para obtener el resultado de que la obligación de la sociedad de aportar unas marcas sea considerada como una obligación directa del socio del mismo contenido, a pesar de que tal socio, sin dicha equiparación, quedaría liberado de su deber de prestación en virtud de circunstancias relativas a su persona. Pero en este caso no se liberaría la sociedad y por lo menos quedaría obligada al resarcimiento de daños. Por el contrario, si falta el supuesto que pueda calificarse de abuso, la sociedad queda libre de su obligación cuando el socio posteriormente quede eximido de su obligación en virtud de una disposición legal. En tal caso, el hecho de que el socio no quisiera realizar la prestación no podría considerarse como una negativa culpable de la sociedad; por el contrario, con ello resultaría que la sociedad quedaría libre de su obligación si no existiera culpa por su parte, al resultar que el socio no debía realizar la prestación.

En vista de tales requisitos fracasa, sin embargo, la solución propuesta por la instancia inferior, en vista de que los hechos enjuiciados no permiten apreciar la

---

[24] Asienten BRODMANN[1] GmbH, § 2 anotación 8; pero cfr. BRODMANN[2] GmbH, § 2 anotación 8*a*.

[25] HACHENBURG, anotación al Tribunal del *Reich* RG, JW 1922, 1520. Aparte de HACHENBURG, la decisión del Tribunal del *Reich* también es rechazada por FRIEDLÄNDER, ZHR 1926, 134 (135); FEINE 450; WEINDEL, *Die Vereinigung aller Aktien und Geschäftsanteile in einer Hand (die Einmanngesellschaft)* (disertación de Heidelberg 1930) 30.

concurrencia de ninguna clase de abuso, al no ser posible deducir la falta de voluntad de prestación de la sociedad limitada del hecho de que el socio único tenga el derecho de denegar la prestación. La separación tajante entre la persona jurídica y el socio, admitida por el Tribunal del *Reich,* está completamente justificada en la medida señalada: cualquier otra decisión daría lugar a una incalculable volatilización de la persona jurídica.[26]

[26] Además, sobre el problema del fraude y lesión de contrato, véase RGZ 99, 232, en el que un deudor, que posteriormente había invocado la diversidad existente entre la persona jurídica y el socio para burlar una obligación contractual que le vinculaba, fue aleccionado de la siguiente manera: es ciertamente exacto que son sujetos de derecho diferentes el deudor y las sociedades limitadas interesadas. Pero, ante las construcciones jurídicas, el juez ha de tener en cuenta las realidades de la vida y el poder de los hechos y desde tal punto de vista no cabe poner reparos a la condena del demandado. Por ello, el Tribunal del *Reich* condenó al socio único a que presentara un balance que solo incumbía a la sociedad; asiente SIEBERT, BB 1954, 418; en contra —sin razón— RHODE 8. (Desde el punto de vista del Derecho procesal es admisible la demanda en que se pide la condena del socio único para que realice la prestación que incumbe a la sociedad, RGZ 160, 257.) Existe también lesión de un contrato cuando alguien arrienda una cosa y sin permiso del arrendador la entrega a una sociedad de un solo hombre cuyo único socio es el mismo (BGB § 549). En este caso, el arrendatario no puede invocar la identidad que existe entre la persona jurídica y el socio único, pues no se percibe ninguna razón para justificar que se prescinda de la forma de la persona jurídica. El arrendador puede fundarse con toda justificación en la diversidad que media entre las personas, cosa especialmente clara cuando el administrador de la sociedad unipersonal y el socio único sean personas diferentes. En este caso no cabe entender que la conducta del arrendador infringe el contrato; pero, no obstante, ha de advertirse que esta regla encuentra, por supuesto, su límite en el criterio de la buena fe; así, acertadamente, la Asociación de Jueces de Berlín en JW 1925, 2209; STAUDINGER-KIEFERSAUER II, § 549, I 9; inexacto GRIEBEL 116; MEISE 117. De nuevo sobre este problema WEIMAR, *Liegt eine unbefugte Raumüberlassung vor, wenn ein Mieter sein Unternehmen in eine Gesellschaft einbringt oder wenn die Gesellschaftsform des Unternehmens geändert wird?* GmbH-Rdsch. 1954, 170, con indicaciones de jurisprudencia. WEIMAR llega a la conclusión de que el problema planteado ha de resolverse teniendo en cuenta las circunstancias del caso concreto. Cfr. también RG 8, 2. 1924 y KG 20.3.1902, en el que, sin embargo, no se trataba de personas jurídicas. Cfr. además RGZ 160, 257, en el que el socio único de una sociedad de responsabilidad limitada fue condenado a realizar una prestación de la sociedad (el traslado del domicilio social) en virtud de una obligación que había asumido personalmente. En referencia a la diversidad jurídica de socio único y sociedad unipersonal se vio en este caso una aplicación abusiva de la persona jurídica para burlar el contrato; igualmente SIEBERT, BB 1954, 418; acertadamente también MÜLLER-ERZBACH, *Das private Recht der Mitgliedschaft als Prüfstein eines kausalen Rechtsdenkens* (Weimar 1948) 388 y s. Es dudosa la decisión del Tribunal del *Reich* de 17.4.1939. En todo caso no parecen suficientes los hechos que allí se comunican para que se pueda hablar de la lesión de un contrato por abuso de la forma de la persona jurídica por parte del actor. Tal sería el caso, por ejemplo, si el actor hubiese tenido conocimiento del defecto de medición como socio único y presidente y hubiese adquirido el inmueble de la sociedad anónima Pf. AG para impedir que el demandado pudiera hacer efectivas sus pretensiones contra la misma. Pero si no existía abuso, el actor debía recibir el tratamiento de un adquirente ocasional. Cfr. también en el lugar citado el dudoso giro que aparece en la fundamentación de la sentencia: «Cuando circunstancias importantes permiten estimar que el aprovechamiento de la diversidad formal del accionista único respecto de su sociedad estaría en contradicción con el sentido popular dominante, las consecuencias jurídicas de la diversidad no pueden ser llevadas hasta el último extremo».

§5. *Otros casos de daño causado fraudulentamente o con deslealtad a terceros con el recurso de la persona jurídica*

Finalmente cabe pensar en otros casos que no pueden quedar incluidos en las categorías ya tratadas de fraude de ley y de contrato, pero en los que también se causará perjuicio a terceros con la utilización de la forma de la persona jurídica. Por supuesto que en la práctica no siempre cabe trazar los límites de manera tan tajante. En ocasiones puede existir la duda de si una determinada cuestión pertenece a los grupos hasta ahora tratados o a uno de los demás.[1] Incluso son posibles casos de interferencias.

Hasta ahora la doctrina y la jurisprudencia alemanas todavía no se han ocupado de la posibilidad de ocasionar fraudulentamente un perjuicio a terceros de manera diferente que con un fraude de ley o de contrato. Pero el examen del Derecho americano[2] nos demuestra, sin embargo, la gran importancia que tiene reconocer que también en otros supuestos cabe dejar apartada la forma de la persona jurídica.

Por ejemplo, si X ha celebrado un contrato con una persona jurídica y al mismo tiempo ha sido objeto de un engaño doloso por parte de los socios,[3] se plantea el problema de si X puede impugnar el contrato de conformidad con el § 123 del Código civil, aunque el gerente de la persona jurídica haya procedido de buena fe. Los socios de la persona jurídica, ¿son terceros en el sentido del § 123 II del Código civil alemán, de manera que la impugnación quede excluida si la persona jurídica (es decir, en este caso su administrador) no conocía el engaño?

La doctrina jurídica no nos da ninguna respuesta.[4] De las consideraciones expuestas hasta ahora resulta que también en este caso los socios deben identificarse con la persona jurídica, porque la forma tras la cual se amparan debe ser apartada cuando se está en el caso de juzgar una conducta sancionada por el ordenamiento jurídico. Éste no puede permitir —en todo caso en materia de Derecho patrimonial— que se obligue a una parte contratante a respetar lo convenido cuando ha sido engañada por alguien que está económicamente identificado con la otra parte. También en tal supuesto nos encontramos ante un caso de abuso de la forma de la persona jurídica.

Con el mismo criterio hay que resolver el siguiente problema que se presenta en materia de responsabilidad por vicios de la cosa vendida. Si el socio único aporta a una sociedad de responsabilidad limitada un inmueble en el que se producen filtraciones y deja que el administrador de la sociedad lo venda de buena fe, con el fin de sustraerse a su deber de información frente al comprador, no cabe duda que la persona jurídica incurre en la responsabilidad agravada por la concurrencia

---

1 Cfr. sobre el llamado caso del teatro Tívoli, *infra* pág. 73, nota 7.

2 Cfr. sobre ello *infra* pág. 109 y s.

3 El ejemplo lo ha imaginado SCHUMACHER 2250.

4 PALANDT-DANCKELMANN § 123, 1 d; WARNEYER-BOHNENBERG I, § 123 V; OERTMANN, *Bürgerliches Gesetzbuch, Allgemeiner Teil* (Berlín 1927) § 123 B 3 b; STAUDINGER-RIEZLER I, § 123 Erl. 36; OSTWALD, *Wer ist 'Dritter' bei Anfechtung einer Willenserklärung wegen arglistiger Täuschung?*, JW 1922, 795; también RGZ 81, 433, no trata del caso presente, sino de la relación entre dos representantes. Tampoco permite resolver el caso el concepto que sirve de base a la decisión del RG 20.10.1934, pues es evidente que no hace falta que la persona jurídica sea solamente un hombre de paja.

de dolo.[5] La persona jurídica ha sido abusivamente utilizada en este caso para ocasionar con dolo un perjuicio a un tercero y tal abuso justifica que se descarte la forma de la persona jurídica. El hecho de adoptar en este caso una solución que alcanza al socio único tiene por fin imputar a la persona jurídica la conducta dolosa; pero, a diferencia de los casos de abuso tratados anteriormente, sin que por ello queda afectada su capacidad jurídica. Sin embargo, el hecho de que el socio tenga conocimiento de un vicio semejante no basta por sí solo para imputar el dolo a la persona jurídica, según resulta del caso siguiente.

Si el administrador de una sociedad de responsabilidad limitada vende de buena fe un inmueble afectado de fungosidad durante una larga ausencia del socio que conocía el defecto, sin que dicho socio se entere de la venta ni tuviera que contar con ella, su conocimiento del vicio de la cosa no puede ser imputado a la persona jurídica. En este caso el socio no tenía la obligación de revelar el defecto al administrador que actuaba de buena fe y por ello no puede hablarse de un caso de abuso de la persona jurídica. Cabe imaginar bastantes casos en que la decisión puede parecer dudosa, sin perjuicio, no obstante, de que las reglas fundamentales que hemos expuesto puedan ofrecer un punto de apoyo para la solución.

El Tribunal del *Reich* resolvió en una ocasión un caso en el que dolosamente se había ocasionado a un acreedor un perjuicio por medio de una persona jurídica. El deudor había tratado de poner obstáculos al derecho del acreedor, no mediante la reducción de su patrimonio (del socio), sino del de la sociedad de la que era socio único. En la sentencia de 28 de enero de 1905,[6] el Tribunal del *Reich* afirmó que el acreedor del socio de una sociedad de responsabilidad limitada que tiene en su poder todas las participaciones sociales, está también asistido de un derecho de embargo contra el patrimonio de la sociedad si está amenazada de ineficacia la ejecución fundada en un crédito que personalmente le asista contra dicho socio.

Sin duda hay que aprobar su criterio cuando el deudor no tiene más patrimonio contra el que pueda dirigirse el acreedor que las participaciones sociales, como sucedía en el caso referido. En tal supuesto, el acreedor del socio único solo podría hacer efectivo su derecho siguiendo el camino —que según las circunstancias podría ser largo y difícil— de embargar las participaciones sociales para proceder a su subasta y extinguir su crédito a base del producto de la venta, o para adjudicárselas y, de esta manera, llegar al patrimonio de la sociedad. Pero no hay que desconocer el inconveniente de que, entre tanto, el socio único podría dejar sin contenido el patrimonio de la sociedad. Pero la argumentación del Tribunal del *Reich* iría demasiado lejos y debería rechazarse si hubiese sostenido el criterio —como puede parecer en vista de los fundamentos de la sentencia que se reproducen en «*Recht*» de manera resumida— de que en el procedimiento ejecutivo podía quedar en principio identificado el patrimonio de la sociedad de un solo hombre con el del socio único.

---

5 Ejemplo tomado de SCHUMACHER 2250, quien llega al mismo resultado; igualmente SIEBERT, BB 1954, 417.

6 RG 28.1.1905; cfr. además RG 16.12.1939, donde se expone que cuando una sociedad de responsabilidad limitada ha admitido una cantidad como soborno, su único socio, al enfrentarse con la pretensión de restitución de su mandante fundada en el § 667 del Código civil, que intenta compensar con un crédito del mandatario, ha de ser tratado según la buena fe como si hubiese recibido directamente el dinero del soborno o los beneficios del mismo. Esto rige bajo la suposición de que la sociedad unipersonal sea utilizada para que el socio obtenga dicho dinero.

Lo cierto es que, en oposición al caso anterior, mientras el resto del patrimonio del socio único baste para hacer efectivo el derecho del acreedor, no existe el peligro de que a éste se le ocasione un perjuicio doloso con la disminución del patrimonio social. Por tanto, también en el procedimiento de apremio debe ser fundamentalmente mantenida la radical separación entre ambas masas patrimoniales.[7]

Otra posibilidad de perjudicar de manera ilícita a terceros con ayuda de la forma de la persona jurídica la ofrece de manera especial la figura jurídica del préstamo mutuo a favor de la sociedad cuando ésta es de un solo socio.[8] Para ello es frecuente seguir el siguiente camino: se comienza con la fundación de una persona jurídica cuyo capital original sea demasiado pequeño para los negocios planeados. El prestamista, en realidad titular y dominador de la empresa, entrega luego el capital que la sociedad necesita a título de préstamo, con lo cual se atribuye el papel de acreedor en el caso de fracasar los negocios y tiene la posibilidad de hacer valer su derecho sobre el patrimonio de la sociedad en concurrencia con los demás acreedores. Como socio hubiese quedado pospuesto a los auténticos acreedores. Con razón el Tribunal del *Reich,* en constante jurisprudencia, ha permitido que se pudiera observar lo que ocurría entre bastidores de la persona jurídica para examinar cuáles eran las circunstancias de hecho. De esta manera, el supuesto préstamo mutuo, dispuesto en perjuicio de los verdaderos acreedores de la persona jurídica, puede quedar calificado como la encubierta inversión de un socio, sin que, por tanto, permita exigir su devolución.[9] [10]

---

7 En el llamado caso del teatro Tivoli, el socio único de una sociedad de responsabilidad limitada trató de que la responsabilidad de ésta quedara frustrada de la siguiente manera: la sociedad limitada *T* había explotado un teatro. El demandado era titular de todas las participaciones sociales y codirector del negocio y había arrendado el teatro a la misma sociedad. El demandante tenía un crédito declarado por sentencia firme contra la sociedad limitada derivado de la explotación de un restaurante. La sociedad limitada prestó declaración jurada del estado de sus negocios a los fines de la ejecución forzosa. El demandado dejó sin efecto el arrendamiento y asumió él mismo la explotación. Por lo menos durante un breve período obtuvo ingresos cuantiosos. En este caso prosperó la acción dirigida contra el socio único a base del § 826 del Código civil y precisamente con el siguiente fundamento: al introducir un cambio en la titularidad, el demandado ha hecho fracasar la ejecución contra la sociedad de responsabilidad limitada; si tal cambio no se hubiese producido, el demandado hubiese podido seguir igualmente en la explotación del teatro con el mismo resultado favorable que le habría permitido hacer frente al crédito, RG 22.10.1934. Lo que en este caso justifica que se penetre a través de la persona jurídica para alcanzar al socio también es el criterio de que la persona jurídica ha sido utilizada abusivamente para burlar el contrato (cfr. *supra* pág. 59 y s.).

8 Acerca de la calificación que merezca desde el punto de vista del Derecho fiscal la concesión de un préstamo por parte del socio cuando el capital social sea insuficiente, cfr. GIERSCHMANN, *Gesellschafterdarlehen als verdeckte Beteiligung hei der Ermittlung des Einheitswerts des Betriebsvermögens,* GmbH-Rdsch. 1954, 185. Allí se hace notar que el Tribunal Federal de Hacienda (BFH) califica la concesión de un préstamo como participación oculta, especialmente cuando el capital aportado a la sociedad es insuficiente, los socios lo saben y eligen la forma del préstamo precisamente para que, en caso de fracaso, su pérdida resulte tan pequeña como sea posible en perjuicio de los acreedores extraños.

9 Cfr., por ejemplo, RG 3.12.1938 (con remisión a RG 22.10.1938; RG 16.11.1937); asienten, por ejemplo, PALANDT-GRAMM, *Einführung,* ante § 607, 2.

10 También existe un caso de perjuicio causado a un tercero de manera fraudulenta con ayuda de la persona jurídica cuando el socio único no mantiene radicalmente separado su patrimonio del de la sociedad de responsabilidad limitada con la intención de perjudicar

En relación con este problema hay que hacer referencia a un caso que fue objeto de uno de los dictámenes del *Max-Planck-Institut für Ausländisches und Internationales Privatrecht.*[11]

Ante el Tribunal Territorial de Augsburgo se seguía un litigio en el que se discutía a quién pertenecía el patrimonio invertido en Alemania de una sociedad anónima húngara nacionalizada. La nacionalización no había tenido lugar mediante expropiación de la sociedad, sino de los accionistas y precisamente a base del artículo XXV de la ley húngara del año 1948, cuyo § 3 dispone: «Cuando se trata de una empresa que funciona en forma de sociedad anónima la transmisión de la propiedad al Estado tiene lugar con la transferencia de las acciones». Entre otros fines perseguidos con esta regulación, se trataba de sustraer a los accionistas incluso el patrimonio que la sociedad anónima tuviera en el extranjero. Puesto que, según la concepción actual, el apoderamiento de la propiedad privada por parte del Estado —ya se trate de una expropiación o de una confiscación— solo produce efectos en el país que realiza la nacionalización,[12] resultaría que la expropiación de la sociedad anónima que tuviera su patrimonio en el extranjero no produciría ningún efecto. El patrimonio invertido en Alemania hubiese dado lugar a la subsistencia de

---

a los acreedores. En tal caso responde con su patrimonio privado incluso por razón de negocios que él ha celebrado por cuenta de la sociedad limitada; cfr. OLG Karlsruhe 10.12.1942; igualmente SIEBERT, BB 1954, 418; BAUMBACH-HUECK, GmbH, apéndice después del § 34, 3 A. Demasiado general: FRIEDLÄNDER, *Konzernrecht*[2] (1954) 73.

Otro caso: el socio único que ha producido la apariencia de responsabilidad personal también debe responder de las deudas de la sociedad con todo su patrimonio; HAUPT-REINHARDT, *Gesellschaftsrecht*[4] (1952) 169; LEHMANN, *Handelsrecht,* parte II (1949), 22; BAUMBACH-HUECK, GmbH, apéndice después del § 34, 3 A. También en semejantes casos puede resultar dudosa la delimitación del fraude de contrato con ayuda de la forma de la persona jurídica y estar también justificado desde este punto de vista la adopción de medidas que a través de la sociedad alcancen al socio. Cfr. sobre ello *infra* pág. 109, nota 29 *(Wittmann v. Whittingham,* 85 Cal. App. 140, 259 Pac. 63 [1927]).

Debe estimarse que también se causa un perjuicio a otro fraudulentamente con ayuda de la forma de la persona jurídica cuando la sociedad unipersonal pide a un deudor, que ha pagado erróneamente al socio único en lugar de hacerlo a la sociedad, que de nuevo pague la deuda, a pesar de que no existe duda acerca de que el deudor ha entregado el dinero para extinguir su deuda frente a la sociedad, cfr. RG 30.4.1912; asiente SIEBERT, BB 1954, 417. Acerca del problema de si debe cesar en su cargo el socio que es administrador de una sociedad unipersonal cuando ésta cae en concurso en caso de abuso de la persona jurídica (en cuyo caso siempre existe un perjuicio fraudulento de terceros), y acerca de si le corresponde en el concurso un crédito preferente por sueldos atrasados, etc.; cfr. E. JAEGER, *Kommentar zur KO*[6-7] (1931) § 22 anot. 13; FRIEDLÄNDER, *Konzernrecht*[2] (1954) 82.

11 Dictamen del 22.12.1950 y del 18.9.1951 (ambos inéditos) en el asunto *Schnetzer v. Ungarische Waggon- und Maschinenfabrik.*

12 De la casi inabarcable bibliografía, citaremos: para Alemania, WOLFF, IPR 176 y s.; RAAPE 425; NUSSBAUM 305; RGZ 102, 251 (252, 253); OLG Hamburg 19.7.1948; OLG Bamberg 30.1.1948; para Francia, Gran Bretaña, Rumania, Estados Unidos y otros estados, véanse las indicaciones que hace BEITZKE en: *Festschrift für* L. RAAPE (1948) 104 nota 45; para Suecia puede verse MICHAELI, *Internationales Privatrecht* (Stockholm 1949) 76 y s. (78); decisiones del Tribunal Supremo de Suecia (Högsta domstol), publicadas en: *Nytt Jurisdikt Arkiv* 1929, 471; 1931, 351; 1932, 217; 1938, 567; 1941, 441 y s., citadas según HEPNER, *Die Liquidation deutschen Vermögens in Schweden,* JR 1949, 1; para Austria: SEIDI-HOHENVELDERN, *Neues über ausländische Konfiskationen und Enteignungen,* öJZ 1949, 533 y s.; cfr. también SEIDL-HOHENVELDERN, *Oesterr. Rechtsprechung* (LG de Viena del 3.3.1951), Clunet 80 (1953) 164 (informativo).

la sociedad anónima como sociedad en liquidación y el producto de la misma hubiese quedado a disposición de los accionistas.[13] Por el contrario, si la sociedad sigue siendo propietaria y lo único que cambia es la titularidad de las acciones, resulta que la actual concepción de la naturaleza de las personas jurídicas nos obliga a entender que no ha mediado ni una expropiación ni una confiscación, por lo que la sociedad subsiste plenamente, incluso en el extranjero, y no solo como sociedad en liquidación. Por ello los antiguos accionistas no tienen la posibilidad de mantener su derecho incólume sobre el patrimonio invertido en el extranjero, al revés de lo que sucede en el otro caso de que se trate de la liquidación de la sociedad.

El *Max-Planck-Institut*[14] sostuvo en este caso el criterio de que cuando se utiliza abusivamente la figura de la persona jurídica para ocultar los hechos verdaderos, puede quedar descartada la construcción jurídica formal y la decisión puede apoyarse en una valoración de la verdadera situación de hecho.[15] La radical separación entre el patrimonio de la sociedad y el del socio fue denegada en este caso y se afirmó que se había producido una expropiación de la persona jurídica, a pesar de que, desde el punto de vista formal, solo habían sido expropiados los accionistas. Con ello, el Instituto llegó al resultado de que la sociedad expropiada todavía subsistía en Alemania como sociedad en liquidación.[16]

---

13 Tal es la situación actual; cfr., por ejemplo, SEIDL-HOHENVELDERN, *Konfiskation im Völkerrecht und im Internationalen Privatrecht,* Sarre, Rechts- und Steuerzeitschrift 1954, 35, y los autores citados en la nota 39.

14 Llegan al mismo resultado SEIDL-HOHENVELDERN, *Internationales Konfiskation- und Enteignungsrecht* (1952) 130; el mismo, *Getarnte exterritoriale Konfiskationsansprüche,* öJBl 1952, 410; cfr. también allí (pág. 413) la referencia a la decisión no publicada del Tribunal del distrito de Zürich de 22.5.1950, *A. H. Meyer & Comp. v. firma «Intercontinentale» AG, Lassen Transport Ltd. und Behmann;* el mismo, *Internationale Konfiskation- und Enteignungsrecht* (informe), öJBl 1953, 12 (14); öJZ 1953, 41 (42). Sobre lo mismo véase también SEIDL-HOHENVELDERN, *Getarnte Konfiskation von Auslandsvermögen,* BB 1953, 837 y s. (839); otro criterio (ninguna confiscación excepto Hungría): LEWALD, Zur *one man's Company als Mittel der Nationalisierung von Aktiengesellschaften im intemationalen Privatrecht,* öJBl 1952, 238.

15 Igualmente el dictamen del Instituto Max Planck de 2.6.1952 (no publicado), en el asunto «Elin», Sociedad Anónima para la Industria Eléctrica, Viena. En este caso, con apoyo en el criterio del autor, se expuso que «uno de esos supuestos de abuso cuya concurrencia justifica que se observe lo que ocurre en los bastidores de la persona jurídica y se adopten medidas congruentes con el hecho real, verdadero, existe cuando con la explotación fraudulenta (ilegal) de la persona jurídica se perjudica a terceros en derechos que les hubiesen correspondido sin dicha transacción»; llega al mismo resultado el dictamen del Instituto Max Planck de 10.6.1952 en el asunto *Weiss contra Pestszentlorincer Industrieanlagen AG;* cfr. sobre ello también la ampliación del dictamen de 25.6.1954, en el que, con examen de la jurisprudencia francesa relativa a la liquidación de las sociedades rusas nacionalizadas (referencia en MAKAROV, *Précis de droit intemational privé,* París 1932, 224), se calificó de «nacional» la sociedad de liquidación existente en Alemania. De la jurisprudencia y confirmando el criterio: Trib. comm. de Bruselas 24.3.1951 (s. a. Textor, s. a. Furexco, Furexport, soc. de droit hongrois nationalisée Textor, Office commer-cial de Hongrie en Belgique, République populaire de Hongrie, etc.), Rev. prat. soc. 53 (1954) 90.

16 El Tribunal Territorial de Wuppertal tuvo que decidir en 27.5.1953 en el llamado proceso AKU (cfr. SCHÜTTE, *Die Rechtsfragen im AKU-Prozess,* BB 1953, 576; BUFE, *Der AKU-Prozess,* BB 1954, 45 y s.; no se dio el texto literal de la sentencia) si la expropiación sin indemnización de derechos de los accionistas alemanes en Holanda debe ser eficaz incluso cuando se trate del patrimonio de la sociedad anónima AKU, no expropiada, en Alemania. Los accionistas alemanes pidieron judicialmente que se declarase:

Para terminar las presentes indagaciones sobre los casos en que se prescinde de la forma de persona jurídica en supuestos abusivos, hemos de considerar de nuevo el problema, expuesto al empezar, de la compensación por parte de acreedores del *Reich* frente a las sociedades creadas por ésta. La pretensión del deudor de una sociedad del *Reich* de compensar con el crédito de éste otro crédito no convertido que le asiste contra el *Reich*, es procedente en determinadas circunstancias según la jurisprudencia del Tribunal Federal.[17] Según el criterio sostenido en la reciente decisión de 3 de julio de 1953 del Tribunal Federal, cabe imaginar que concurran circunstancias que impedirían a una sociedad de responsabilidad limitada que actúe como acreedora que invoque su posición jurídica formal de titular de un patrimonio independiente frente a su deudor que alegue la compensación, en méritos de la obligación supra-positiva de observar la buena fe en el desarrollo del contrato.[18] Como ejemplo se señala que existe un supuesto excepcional de tal clase si el crédito en que se funda la demanda ha sido devengado en la realización con carácter fiduciario de funciones de soberanía por parte de una sociedad creada por el *Reich* para atenciones de guerra, con medios adscritos a tal fin por el mismo

---

1) Que cada uno de los accionistas, en la proporción que resulta de su cuota como accionista en el capital básico *(Grundkapital)* de la AKU, participa en el patrimonio que ésta tiene situado en Alemania; y

2) Subsidiariamente, que cada uno de los accionistas tiene una pretensión a ser indemnizado a base del patrimonio de la AKU situado en Alemania en proporción a su participación en el capital de la misma.

El Tribunal territorial de Wuppertal resolvió que un accionista alemán no participa en el patrimonio de la sociedad anónima holandesa en Alemania (coincide SCHÜTTE, lugar citado). La sentencia fue confirmada por el Tribunal Territorial Superior de Dusseldorf de 18.3.1954 (véase, de su fundamentación en BB 1954, 332): «Para la adecuada delimitación de los actos de soberanía por razón del territorio no ha de equipararse la privación de los derechos particulares de los accionistas a una expropiación del patrimonio de la sociedad. Semejante manera de considerar el problema dejaría completamente de tener en cuenta la esencia de la persona jurídica y no puede sostenerse jurídicamente». Contra la sentencia del Tribunal territorial se pronuncia BUFE, BB 1954, 45 y ss.: los derechos de los accionistas en este caso debían quedar equiparados al patrimonio social porque la forma de la persona jurídica que el Derecho proporciona para determinados fines ha sido utilizada (o abusada) en este caso para otros fines; igual que BUFE: LIETZMANN, *Der Rechtsanspruch des ÄKU-Aktionärs,* dictamen jurídico, parcialmente reproducido en: Mitteilungen der Arbeitsgemeinschaft der Schutzvereinigungen für Wertpapierbesitz 1952 núm. 31/32, pág. 5. La fundamentación de BUFE no convence, a pesar de todo, en el caso de que se trata. Si la intervención en los derechos de los accionistas alemanes se produce mediante un acto de soberanía, por un Estado extranjero, a base de la ley núm. 63 de la Suprema Comisión Aliada de 31.8.1951 (cfr. BUFE, lugar citado, 46; art. 3 de la ley núm. 63), debe ser aceptada por todo Tribunal alemán sin que pueda someterla a comprobación, en este caso, en contraposición al de Hungría que antes hemos expuesto, no debe quedar planteado el problema del abuso de la forma corporativa. Pero entonces en Alemania no cabe dar el mismo tratamiento al derecho de los accionistas que al patrimonio de la sociedad desde el punto de vista del Derecho de sociedades. Por supuesto que es un problema diferente el de saber si puede estar justificada la petición de auxilio para obtener resarcimiento a base de otros puntos de vista; por ejemplo, el carácter territorial de las medidas de confiscación y las consecuencias que de ello resulten para el Derecho de sociedades anónimas (cfr. sobre ello, por ejemplo, SEIDI-HORENVELDERN, *Internationales Konfiskation- und Enteignungsrecht,* 1952, 105 y ss., esp. pág. 131).

[17] Cfr. *supra* pág. 39.

[18] BGHZ 10, 205.

Reich, por cuenta y mediante encargo del mismo; siempre que la sociedad, además, se haya mantenido bajo la permanente dirección del *Reich y* cuando éste, en todo momento, haya tenido la posibilidad de configurar detalladamente la actividad mercantil de la sociedad, a pesar de la forma de Derecho privado adoptada para su actuación. A la sociedad creada por el *Reich* le falta en este caso vida social propia, sin que a ello obste que haya tenido un capital autónomo, incluso de cierta cuantía. La sociedad no ha sido en tal caso más que un instrumento de la dependencia del *Reich* encargada de la función correspondiente. Vistas las cosas de esta manera, claramente se percibe que sería dar una inadmisible ventaja a la mala fe permitir que, frente a la compensación alegada, la sociedad dependiente pudiera invocar su independencia formal, a pesar de que, en definitiva, solo la debe a razones de conveniencia interna, con el resultado de frustrar la satisfacción de aquellos créditos contra el *Reich* que se hallan en estrecha relación con su propia razón de ser. Esto pone de relieve la repercusión que desde hace tiempo ha producido en todas las esferas de la vida jurídica el principio general de que, en el desarrollo del contrato, en conformidad con el § 242 del Código civil, no cabe atribuir trascendencia a una delimitación jurídica puramente formal en la medida en que no pueda conciliarse con todo el contenido del vínculo bilateral. Ninguna posición jurídica formal es bastante fuerte para que pueda servir de pretexto para causar con mala fe un perjuicio a una de las partes contratantes.

A pesar de todo, la argumentación del Tribunal Federal no logra convencer. Es cierto que cabe imaginar casos en los que deba admitirse la compensación de un acreedor del *Reich* contra una sociedad creada por el mismo *Reich*. Si se sigue la sistemática que ahora ha sido trazada, se tratará ante todo de casos de perjuicio doloso causado a terceros o incluso de infracciones contractuales con la ayuda de la forma de la persona jurídica. Esto es lo que sucede cuando la sociedad del *Reich* siempre había actuado anteriormente como oficina de servicios del *Reich* frente a la persona que luego invoca la compensación y que, posiblemente, había orientado sus negocios con el *Reich* sobre la base de contar con ello. Si luego la sociedad creada por el *Reich* se aprovechara de la separación entre sociedad y socio para no reconocer lo que antes había admitido frente a quien opone la compensación, existiría un caso de abuso de la estructura formal de la persona jurídica, cosa que el Derecho no puede admitir según hemos visto. Por ello, lo que primordialmente hubiese debido hacer el Tribunal Federal es entrar en el examen de la alegación del demandado de que la sociedad del *Reich* le había comunicado expresamente, en el momento de celebrar el negocio jurídico origen de su crédito, que no era más que una dependencia del *Reich y* que exclusivamente con tal carácter había actuado durante todo el curso de las negociaciones sobre el objeto de la compraventa. En caso de ser así, existiría un inadmisible aprovechamiento de la estructura formal de la persona jurídica al invocarse la diversidad jurídica entre la sociedad del *Reich y* el mismo *Reich*. Pero el simple hecho de que dicha sociedad sea un instrumento del *Reich y* no tenga verdadera autonomía, no basta para que pueda reprocharse a la misma que al oponerse a la compensación causa dolosamente un perjuicio a la parte contratante cuando el crédito contra el *Reich* se halla estrechamente relacionado con la finalidad que perseguía su filial. Si se admitiera la fundamentación del Tribunal Federal, por las mismas razones debería también admitirse la identificación entre la sociedad de un solo hombre y otra sociedad a la que pertenecieran todas las participaciones, si la primera actuara como un «instrumento dependiente» de la segunda sociedad. Además, no se advierte por qué razón ha de reprocharse a la sociedad del *Reich* haber procedido de mala fe cuando simplemente se apoya en su estructura jurídica, sin incurrir por ello en contradicción con su conducta anterior. Cuando el hecho de que detrás de la sociedad de responsabilidad limitada estaba el *Reich* solo ha adquirido importancia para los acreedores de éste después de la catástrofe, lo que casi está justificado es atribuir mala fe a quien invoca la compensación. No se ve por qué razón la forma jurídica de la sociedad del *Reich* debe quedar eliminada a base de la ulterior evolución de las cosas o por la estrecha relación entre la sociedad afectada y el *Reich,* cuando solo haya llegado a conocimiento de la parte que opone la compensación después de haber producido el contrato sus efectos, sobre todo cuando antes ya ha recibido una contraprestación efectiva de la filial del *Reich.* De ninguna manera cabe hablar, pues, de mala fe de esta sociedad por el solo hecho de que haya obrado como instrumento del *Reich* en forma jurídicamente admisible y luego se limite a invocar la forma que el ordenamiento jurídico le ha concedido para alcanzar determinados fines. En todo caso es preciso que a ello se añada algo más, a saber, un abuso de la forma de la persona jurídica, para que pueda llegarse al resultado de equiparar a la sociedad con el socio.[19] Con los amplios conceptos de «instrumento subordinado», «perjuicio causado de mala fe», «consumación del contrato de buena fe» y otros parecidos no puede desvirtuarse la objeción de que el camino seguido con la fundación de una sociedad filial del *Reich* lo estima el ordenamiento jurídico fundamentalmente admisible y que por tal razón se producen consecuencias jurídicas perfectamente determinadas. Pero una de las más importantes es la de establecerse una separación radical entre el patrimonio de la sociedad y el patrimonio del socio.[20] Sin embargo, como SCHILLING[21] expone acertadamente, admitir la compensación equivaldría a disminuir el patrimonio de la sociedad y a incrementar el del socio. Ello choca contra el principio elemental de que el patrimonio de la sociedad responde exclusivamente frente a sus acreedores, pero no frente a los acreedores del socio o del miembro único.

Por otra parte, tampoco cabe sostener que procede de mala fe el acreedor de una sociedad filial del *Reich* cuando se opone a que esta filial invoque la compensación fundada en la existencia de un crédito del *Reich* contra el acreedor. Cuando tantos quieren admitir en la actualidad la compensación que haga valer un acreedor del *Reich* contra un crédito de una sociedad filial creada por éste, no cabe duda que en ello desempeña cierto papel la idea de la situación anormal resultante del colapso sufrido por el *Reich.* Es indudable que hay que admitir que el hundimiento del

---

19 Por ello, en una sentencia del Tribunal Supremo Federal (BGH) de 8.10.1954 que rechazó la compensación de un crédito contra el *Reich* con un crédito de una sociedad del *Reich,* se hizo constar acertadamente lo siguiente: «Conforme a ello está admitida la compensación cuando, en vista de todas las circunstancias concurrentes, la oposición de la sociedad del *Reich* a que se decrete una compensación con créditos contra el *Reich,* aparece como un abuso de la posición jurídica formal de aquélla como una persona jurídica independiente». Hay que admitir esta sentencia por el resultado a que llega, pero no la delimitación que establece de los casos concretos.

20 RG 7.4.1930: «Aunque todas las participaciones en el negocio de una sociedad de responsabilidad limitada se reúnan en una sola mano, subsisten dos masas patrimoniales separadas e independientes, que pertenecen a diferentes propietarios (RGZ 85, 383; 87, 25; 92, 84/85). No son decisivos los puntos de vista económicos, sino los jurídicos. Tampoco en la llamada sociedad unipersonal el patrimonio de la sociedad pasa sin más (no sin una liquidación) al patrimonio del socio único».

21 HACHENBÜRG-SCHILLING § 13 apéndice a la nota 5.

Reich ha afectado gravemente a sus acreedores. Pero no lo es menos que incumbe al legislador la tarea de resolver este problema. En todo caso los tribunales carecen por lo general de la facultad de prescindir de la forma de la persona jurídica y de las consecuencias que de ella resulten, excepto cuando ha sido empleada para fines reprobables.[22]

[22] Por ello en RGZ 92, 77 (82 y s.), relativo a un caso en que faltaba el abuso, se resolvió acertadamente que el enriquecimiento de la sociedad unipersonal no se manifiesta al mismo tiempo como un enriquecimiento directo también del socio; otro criterio tiene BRODMANN, GmbH[2] § 2, 8 a. Igualmente hay que asentir a lo que se expone en RGZ 169, 240 (248). En este caso se expuso que la equiparación de la sociedad unipersonal con el socio único solo ha sido reconocida en la jurisprudencia en casos que suponen una infracción de la buena fe y en que aparecería como un abuso de derecho que la sociedad de un solo hombre o el único socio ampararse en la diversidad formal, pero sin que esté justificada cuando la equiparación aparece como deseable a una de las personalidades que son distintas desde el punto de vista jurídico material; equivocado a tal efecto HACHENBURG-SCHILLING § 13 apéndice, anotación 5. Acertada es, además, la decisión del Tribunal Superior de Dusseldorf de 13.10.1954, según la cual el administrador y al mismo tiempo socio de una sociedad de responsabilidad limitada no es responsable frente al notario ni por los gastos de legalizar una declaración dirigida al Registro mercantil ni por los de protocolización de acuerdos adoptados en la Junta general (KostO §§2 núm. 1, 144; GmbH-Gesetz § 13 II); cfr. allí la indicación a los criterios opuestos mantenidos en la doctrina acerca de este problema. Para delimitar la aplicabilidad del § 68 y del § 64 KO cuando se penetra hasta el substrato de la sociedad, cfr. RGZ 156, 271 (277). Para que la contraposición destaque claramente, por otra parte, cabe hacer referencia a la sentencia del Tribunal del *Reich* de 16.10.1937. En este caso se resolvió que tratándose del concurso de una sociedad unipersonal, el socio único que ha fundado la sociedad con ayuda de un testaferro no puede hacer valer ningún crédito —se trataba de elevados créditos por salarios y arrendamiento, junto con un crédito por préstamo— en el procedimiento de concurso de la sociedad de responsabilidad limitada en perjuicio de los acreedores, cuando él precisamente fijó el capital nominal *(Stammkapital)* excesivamente bajo en relación con el alcance de la empresa, con la intención de atender a la necesidad de más capital con préstamos ajenos o propios. El socio único que declara su crédito y lo invoca ha de enfrentarse con la excepción de dolo. SIEBERT, BB 1954, 418, cree que en este caso debe quedar descartada la forma social por causa de abuso porque provoca un perjuicio a los acreedores del concurso que no puede conciliarse con lo que es exigencia de la buena fe. Hay que aprobar su criterio, pues lo que en este caso intentaba el socio único era causar fraudulentamente un perjuicio a los verdaderos acreedores de la sociedad de responsabilidad limitada con ayuda de la forma de la persona jurídica.

PARTE II

LA DOCTRINA AMERICANA LLAMADA «DISREGARD OF LEGAL ENTITY»

§6. *Consideración general. Justificación de un estudio comparativo*

El problema de la desestimación de la forma que adopte la persona jurídica no se circunscribe al Derecho alemán de sociedades. En cualquier parte que se presente la separación tajante entre la personalidad de la persona jurídica y la de sus miembros se plantea el problema de averiguar cómo hay que afrontar aquellos casos en los que esa radical separación conduce a resultados completamente injustos y contrarios a Derecho. Desde hace muchos años la jurisprudencia americana se ocupa de este problema. El resultado ha sido la formación de la doctrina llamada *Disregard of Legal Entity.*[1] El jurista alemán ha de prestar atención a esta doctrina que se ocupa del problema de cómo puede ser alcanzado el substrato de la persona jurídica, pues en ella encontrará formadas aquellas reglas fundamentales de las que todavía carece el Derecho alemán en este sector. Por ello es admisible que, desde un punto de vista sistemático, se valoren para el Derecho alemán los resultados de dicha doctrina, pues el Derecho americano sobre personas jurídicas proclama de manera tan radical como el Derecho alemán el principio fundamental de la separación entre la persona jurídica y sus miembros.[2] [3] Así resultará del estudio de casos que de manera

---

1 Bibliografía sobre ello pág. 94, nota 25.

2 BALLANTINE §§ 1, 118, págs. 2 y s., 287; THOMPSON I, § 9, págs. 14 y s.; FLETCHER I, § 25, págs. 84 y s.; *Ruling Case Law* (editado por W. M. KINNEY) VII (1915) 25 y s.; equivocadamente TRUMPLER 24 y s., quien no advierte con exactitud la relación entre regla y excepción. En cuanto a decisiones, puede verse: J. BROWN en *Hale v. Henkel,* 201 U. S. 43, 73 y s., 50 L. Ed. 652, 26 S. Ct. 370; *Pullman Palace Car Co. v. Missouri Pac. R. Co.,* 115 U. S. 587, 29 L. Ed. 499, 6 S. Ct. 194 (consolidación de varias personas jurídicas, eficacia de los contratos celebrados por las antiguas personas jurídicas en relación con la nueva: «La actual Missouri Pacific Company es una *corporation* diferente de la que contrató con la Pullman Company»); igualmente en Inglaterra, cfr., por ejemplo, F. J. WRICHT, *Commercial Law* II (Londres 1950) 175.

3 Puede hacerse referencia en este lugar al hecho de que semejante rasgo fundamental rige en todos los Estados particulares. En la medida en que las personas jurídicas —ante todo las sociedades anónimas— difieren entre ellas en su configuración particular en los diferentes Estados, esto se funda en Derecho judicial o en ley de los Estados particulares. Ha de tenerse en cuenta que el Derecho de sociedades no entra en la competencia del Estado federal y, por tanto, no es *Federal Law;* véase ARMINJON-NOLDE-WOLFF II núm. 727, pág. 596; acerca de la relación entre el Derecho de los Estados particulares y el Derecho federal cfr., por ejemplo, HART, *The Relations between State and Federal Law,* 54 Columbia Law Review (1954) 489 y ss.

preponderante tomaremos del sector relativo al Derecho de la *stock-corporation,* que es la forma de sociedad que corresponde a la *Aktiengesellschaft* del Derecho alemán.[4]

En los Estados Unidos la posesión de acciones confiere ciertamente a los accionistas una cierta influencia en la marcha de los negocios de la sociedad anónima; pero sin duda los fundadores han creado una persona jurídica independiente que puede contratar con terceros y que se hace responsable del cumplimiento de las obligaciones contraídas.[5] En todos los negocios jurídicos que se celebren entre la sociedad y sus miembros, dicha personalidad se sitúa frente a éstos como si fueran cualesquiera terceras personas.[6] Por lo mismo, la persona jurídica es la única responsable frente a quienes han entrado en negociación con ella.[7] Los acreedores de la sociedad no pueden dirigirse ni contra los accionistas ni contra ninguna otra sociedad en la que estén exclusivamente interesados los mismos accionistas.[8] Por ello, la promesa de un accionista de pagar una deuda de la sociedad es, en todos los sentidos, una promesa de pagar una deuda ajena.[9] La propiedad, los créditos, los demás derechos y las deudas de la persona jurídica siguen siendo derechos y obligaciones de la sociedad incluso en el caso de que ésta se componga de un solo socio.[10] Por ello, el Tribunal Supremo de Wisconsin, en el caso *Button v. Hoffman,*[11]

---

[4] Acerca de esta calificación jurídico-comparativa, SCHMEY 19 y s.; cfr. también MEZ (1.ª parte) 1, *ibíd.,* 2 nota 1; HAMBURGER 120.

[5] «Cuando una *corporation* celebra un contrato, éste corresponde a la entidad legal, al ser artificial creado por la carta, y no es el contrato de los miembros individuales», TANEY C. J., en: *Bank of Augusta v. Earle* (1839) 13 Pet. (U. S.) 519, 587, 10 L. Ed. 274. Tampoco cabe imputar responsabilidad a los socios por los actos ilícitos de una persona jurídica, *Elenkrieg v. Siebrecht et al.,* 238 N. Y. 254, 144 N. E. 519; *Werner v. Hearst,* 177 N. Y. 63, 69 N. E. 221.

[6] *Bramblet v. Commonwealth Land and Lumber Co.,* 26 Kentucky Law Reports 1176, 83 S. W. 599; para este problema, también *Kennedy v. Monarch Mfg. Co.,* 123 Iowa 344, 98 N. W. 796; *Gordon v. Preston,* 1 Watts 385, 26 American Decisión 75.

[7] COOK, *On Corporations* III, §§ 663, 664, pág. 2566, con muchas indicaciones de jurisprudencia; *People v. American Bell Tel. Co.,* 117 N. Y. 241, 255 (1889), 22 N. E. 1057, 1062: «En ningún sentido jurídico es posible afirmar que el negocio de la *corporation* sea el de sus accionistas individuales».

[8] FLETCHER I, § 29 pág. 108; *Harper v. Lott Town and Improvement Co.* (Tex. Comm. App.) 228 S. W. 188, affg (Tex. Civ. App.), 204 S. W. 452.

[9] *Home Nat. Bank v. Waterman* (1890) 134 III. 461, 29 N. E. 503; *Hanson v. Donkersley* (1877) 37 Mich. 184, 186; *Temple v. Bush* (1903) 76 Conn. 41, 55 Atl. 557; *Rogers v. Waters* (1829) 2 Gill and J. (d) 64; *Barnett Bros. v. Lynn,* 118 Wash. 308, 203 Pac. 387; cfr. también FLETCHER I, § 29 pág. 108 (109).

[10] FLETCHER I, § 25 pág. 90, con gran cantidad de sentencias demostrativas en la nota 56; THOMPSON I, § 9, pág. 15; COOK, *On Corporations,* § 6, pág. 38. Se aparta algo de esta regulación la que prevalece en Inglaterra: en *Salomon v. Salomon Co.,* 75 L. T. Rep. 426 (1897) A. C. 22, se proclama el principio general de la radical separación entre la persona jurídica y sus miembros incluso por lo que se refiere a la sociedad unipersonal. Pero en la época subsiguiente este criterio ha variado por lo que se refiere a esta clase de sociedad, de manera que en la actualidad el socio único, bajo determinadas circunstancias, puede ser declarado responsable por deudas de la sociedad, por cuya razón se estima admisible que se adopten medidas que recaigan directamente sobre el socio de la persona jurídica, cfr. art. 31 Companies Act 1948 (11 y 12 Geo. 6, c. 38), además art. 28 Companies Act 1929 (19 y 20 Geo. 5, c. 23); cfr. acerca de esas cuestiones controvertidas GOWER, *The Principies of Modern Company Law* (Londres 1954) 198; lo mismo, por lo demás, en Italia, cfr. art. 2497 II del *Codice civile* de 1942.

[11] Wisconsin 20, 20 N. W. 667: «El dueño de todo el capital en acciones de una *Corporation* no por ello pasa a ser el dueño de lo que sea propiedad de ésta o de alguna porción, y no se

ha expresado con toda claridad que el propietario de todas las acciones de ninguna manera puede ser considerado como propietario del patrimonio de la sociedad anónima afectada. Incluso en el caso de que todas las participaciones o acciones de una persona jurídica pertenezcan a otra, siguen siendo dos sujetos de derecho diferentes para el tráfico jurídico; cada una tiene sus propios derechos y obligaciones.

El caso que vamos a exponer a continuación, que después también examinaremos desde otro punto de vista, muestra la radical separación entre la sociedad y sus miembros.[12]

Una extensa zona de terrenos fue dividida en numerosas parcelas. Con respecto a cada una se convino contractualmente que en ningún caso podrían pasar a ser propiedad de gente de color; una cláusula que, por lo demás, todavía en la actualidad es frecuente en América.[13] Posteriormente, algunas parcelas pasaron a ser propiedad de una persona jurídica cuyos miembros eran exclusivamente negros. La persona jurídica conocía la limitación de disponer en el momento de la adquisición. En un litigio en el que fue demandada, el tribunal resolvió a su favor, con el fundamento de que la persona jurídica es un sujeto de derecho que debe ser radicalmente distinguido de sus miembros componentes. La persona jurídica no puede ser de color, pues no existe por tener un cuerpo, sino únicamente *«in contemplation of law»* (por una consideración puramente legal).

Cuando los tribunales americanos se ven obligados a tomar medidas que alcancen a los miembros componentes de la persona jurídica, están absolutamente percatados de que tienen carácter excepcional. Por tal razón muchas veces ponen de relieve que el principio general de la diferencia entre la persona jurídica y sus miembros no queda por ello puesta en duda. En el caso *McCaskill Co. v. United States*[14] se hace constar así de la siguiente manera: «No cabe duda que una *Corporation* es, en Derecho, una persona o entidad completamente diferente de sus accionistas. Sus intereses pueden ser completamente diferentes de los que a éstos corresponden». También los argumentos que se desarrollan en el caso *State v. Standard Oil Co.* comienzan con esta tesis: «La regla general de que una *corporation* ha de ser considerada como una entidad jurídica, que existe por separado y con independencia de las personas naturales que la integran, no se discute».[15]

Por tanto, la jurisprudencia de los Estados Unidos revela claramente que los jueces americanos, siempre que han adoptado medidas que alcancen a las personas que se hallan detrás de la sociedad, han estado convencidos de que se trata de algo excepcional. Si admitieran con facilidad que la sociedad y los socios pueden identificarse, sacrificarían con ello la gran conquista que ha hecho que la sociedad sea tan imprescindible en la moderna vida de los negocios: la que consiste en la limitación

---

convierte él mismo en la *Corporation,* como persona natural que es, para ser dueño de sus bienes y realizar negocios en su (de él) nombre»; asiente WORMSER 17; pero véase también ANDERSON § 17, pág. 17.

12 *People's Pleasure Park Co.* v. *Rohleder* (1908), 109 Virginia 439, 61 S. E. 794, 63 S. E. 981.

13 63 Harvard Law Review (1950) 1062, «Casos recientes» 1062: *Shelley v. Kraemer,* 334 U. S. 1, 61 Harvard Law Review (1948) 1450, *Weiss v. Leaon,* 225 S. W. 2d 127 (Mo. 1949); 98 University of Pennsylvania Law Review (1950) 588 y s., casos recientes; sobre ello SCHWARTZ, *The Negro and the Law in the United States,* 14 Modern Law Review (1951) 446 (454 y s.).

14 216 U. S. 504, 514 (1910), 54 L. Ed. 590, 30 S. Ct. 386.

15 49 Ohio St. 137, 30 N. E. 279, 287.

de la responsabilidad sobre el patrimonio de la persona jurídica.[16] Esta limitación de responsabilidad se ha convertido actualmente en una característica de la economía americana a consecuencia de su gran difusión; pero, como es fácil suponer, no consiste en una peculiaridad solo del Derecho americano. Al contrario, responde a una necesidad económica de alcance mundial a la que en todas partes se atiende con los mismos medios jurídicos y con las mismas formas de Derecho. Esto es debido a la naturaleza misma de las cosas. Por ello no debe sorprender que también en Alemania la limitación de responsabilidad que se trata se haya logrado con la radical separación entre la persona jurídica y su substrato. Es un elemento indispensable del Derecho alemán de sociedades. De ello se sigue que el problema alemán de investigar la estructura de la relación entre a persona jurídica y sus miembros puede quedar directamente fecundada con las soluciones del Derecho americano.

La mayoría de los casos que vamos a examinar a continuación proceden del Derecho de las *stock-corporations,* que corresponden, como antes hemos dicho, a la sociedad anónima del Derecho alemán.[17] La configuración de las instituciones jurídicas particulares difiere considerablemente, por supuesto, en Alemania y en los Estados Unidos. Algunos dispositivos del Derecho americano de sociedades por acciones nos son desconocidos; otros están prohibidos. Por ejemplo, el Derecho alemán de sociedades no conoce la doctrina *ultra vires,*[18] [19] según la cual, una socie-

---

16 DEVOE, *Where and How, A Corporation Handbook* (New York 1928) 3; THOMPSON I, § 5, pág. 9; BALLANTINE, *On Corporations,* § 1, pág. 1; el ex presidente ELIOT, de Harvard: «Pero la principal ventaja de la *Corporation,* la que le permite reunir y manejar capital, es el privilegio de la responsabilidad limitada», citado en W. W. COOK, 19 Michigan Law Review (1921/1922) 583. Cfr. además BERLE, *The theory of enterprise entity,* 47 Columbia Law Review (1947) 343. Por lo demás, la limitación de responsabilidad ya se encuentra en Derecho romano, en el que se adoptó la regla siguiente: «si quid universitati debetur singulis non debetur, nec quod debet universitas singuli debent» (D. III, 4, 7, 1). El Derecho francés de sociedades de responsabilidad limitada se aparta de la regla general de la limitación de responsabilidad en la medida en que sus socios, bajo determinadas circunstancias, han de responder de las deudas de la sociedad cuando cae en concurso; cfr. sobre ello, en sentido crítico, ROUSSEAU, *Les modifications apportées au régime des sociétés à responsabilité limitée par le décret du 9 août 1953,* Juris Classeur Périodique 27 (1953) núm. 46, I, núm. 1129.

17 Cfr. *supra* pág. 83.

18 Acerca del problema de si en el Derecho alemán puede hablarse de la validez de la doctrina *ultra vires,* por lo menos con un alcance limitado, cfr. GEER-KE, 261.

19 COOK, *Principles* 437 y s.; COOK, *On Corporations* III, §§ 667 y s., págs. 2591 y s.; MACHEN, *A Treatise on the Modern Law of Corporations with Reference to the Formation and Operation under General Laws* II (Boston 1908) §§ 1012 y s., páginas 817 y ss.; ABBOT-SPRINGER-GILMORE § 72, págs. 105 y s.; FLETCHER VII, §§ 3399 y s., págs. 557 y s.; *Leslie v. Lorittard,* 110 N. Y. 519 (1888), 18 N. E. 363, 365: «Se dice que los contratos de las *corporations* son *ultra vires* cuando significan que se emprende algún negocio que no corresponde a la finalidad determinada en su escritura de constitución, que es la norma que rige la actividad de la sociedad». De nuevo sobre la relación entre la doctrina *ultra vires* con la *Companies Act* de 1948 (Inglaterra): HOLT, *Alteration of a Company's Objects and the Ultra Vires Doctrine,* 66 Law Quarterly Review (1950) 493; GOWER, *Alteration of a Company's Objects and the Ultra Vires Doctrine,* 67 Law Quarterly Review (1951) 41 (contra HOLT). Cfr. también nota, *The Ultra Vires Doctrine in Action,* 69 Law Quarterly Review (1953) 166. Bibliografía alemana sobre la doctrina inglesa *ultra vires:* SCHLINK, *Die Ultra-Vires-Lehre Englands, Beiträge zur ausländisches und internationales Privatrecht* 10 (1953); SIEBEL, *Betrachtungen zur Ultra-Vires-Lehre Englands,* ZfH 113 (1949) 119 y s.; en Bélgica se aplica en la actualidad, por su sentido, la doctrina *ultra vires* con la denominación de «principe de la spécialité des personnes morales», cfr. Trib. comm. de Bruselas 12.1.1938,

dad solo puede actuar con eficacia dentro de los *«powers»* (facultades) que le han sido atribuidos en el acto de la fundación.[20] La capacidad de derecho y para obrar de la *Corporation* queda por ello exclusivamente limitada a los negocios jurídicos que la sociedad puede realizar a tenor de lo dispuesto en el documento fundacional.

Además: una emisión de acciones por debajo de la par no está admitida entre nosotros[21] y sí lo está, en cambio, según el *common law* en los Estados Unidos.[22] De la emisión por debajo de la par nace el llamado *watered stock*[23] de la sociedad, susceptible de poducir graves perjuicios a los acreedores que no están advertidos e la verdadera situación. Por tal razón, en la actualidad muchos Estados luchan contra la emisión por debajo de la par mediante disposiciones contenidas en su constitución[24] o

citado por VAN RYN, Examen de Jurisprudence (1939 a 1948), Revue Critique de jurisprudence belge 1951, 132 y s. Como allí se expone: «leur capacité (de las sociedades comerciales) d'acquérir des droits et d'assumer des obligations est limitée par la nécessité de se borner à la réalisation de leur 'objet', c'est a dire du but en vue duquel elles ont été constituées»; para Francia, cfr. ARMINJON-NOLDE-WOLFF II, 594, con referencia a MICHOUD, *Theorie de la personnalité morale* II, núms. 243-259.

20 Éste es el principio general desarrollado en el *common law*. En la actualidad ha sufrido, en parte, modificaciones esenciales en virtud de la legislación y jurisprudencia de los Estados particulares; sobre ello, por ejemplo, «Casos recientes», 67 Harvard Law Review (1953) 343. Por el contrario, en algunos Estados particulares todavía en la actualidad rige en la forma clásica. Sobre ello, «Casos recientes», *Corporations Pension to wife of deceased corporate president held ultra vires,* 101 University of Pennsylvania Law Review (1952) 153, con referencia a *Moore v. Keystone Macaroni Mfg. Co.,* 370 Pa. 172, 87 A 2d 295 (1952); *A. P. Smith Mfg. Co. v. Barlow et al,* Sup. Ct. N. Y. (25.6.1953), 40 ABAJ (1954) 58 (donaciones benéficas no consideradas *ultra vires).* Acerca de este caso: HARRIMAN, *Corporations, Donations to Private Education,* 41 California Law Review (1953/54) 735 y ss. y E. P. WALTHER, notas en 28 Tulane Law Review (1954) 491 y ss.

21 Es el § 9 de la Ley alemana de sociedades anónimas.

22 COOK, *On Corporations* I, §§ 28 y ss., págs. 149 y s., § 208, págs. 654 y s.; COOK, *Principles* 144 y s.; *American and English Encyclopaedia of Law*[2] VII (Long Island y Londres 1898) 784, cfr. especialmente notas 6 y 7; *Handley v. Stutz,* 139 U. S. 417, 430, 35 L. Ed. 227, 11 S. Ct. 530. En este caso, una sociedad necesitaba nuevo capital. Puesto que sus acciones no encontraban comprador, tomó un préstamo por el importe de 50.000 dólares y adjudicó a los acreedores por razón del préstamo el mismo importe en participaciones de la sociedad sin contraprestación. Esto se consideró admisible.

23 BALLANTINE, *Manual* § 207, págs. 656 y s., § 206, pág. 653, define el *watered stock* de la siguiente manera: «*Watered stock* es el capital en acciones emitido como si estuviese completamente desembolsado cuando, en realidad, la contraprestación *(consideration)* aceptada por la sociedad era ficticia o inferior al valor a la par de la acción»; de manera parecida BALLANTINE, *On Corporations* § 343, pág. 789. Contra los engaños que así resultan posibles se dirigen las llamadas *Blue Sky Laws,* que en la actualidad existen en todos los Estados de la Unión norteamericana, excepto Nevada; cfr. MONTLEY-JACKSON-BARNARD, *Federal regulation of Investment Companies since 1940,* 63 Harvard Law Review (1950) 1135; además: *The Prospects for Rule X-10 B-S: An Emerging Remedy for Defrauded Investors,* 59 Yale Law Journal (1950) 1120 y s., con numerosas referencias a este problema; CONROY, *Liability of Promoters of Corporation in Louisiana,* 26 Tulane Law Review (1952) 227 y s. (233). Por supuesto que las *Blue Sky Laws* están redactadas de manera que difiere mucho en los distintos Estados y no siempre proporcionan una garantía eficaz; cfr. TURC, *Le controle federal des sociétés par actions aux États-Unis,* Revue Trimestrielle de Droit Commercial 1952, 255 (256).

24 Por ejemplo, Arizona, Constitución, art. XIV, § 6, The Corporation Manual 60; Colorado, Constitución de 1876, art. XV, § 9, The Corporation Manual 204; Idaho, Constitución, art. XI, § 9, The Corporation Manual 410; Kentucky, Constitución, art. 193 (Carroll's Kentucky Statutes, 1930, § 568), The Corporation Manual 609; Washington, Constitución, art. 12, § 6, The Corporation Manual 1864.

mediante leyes especiales,[25] en el sentido de prohibir que las acciones puedan ser adjudicadas de un modo que no sea contra entrega de su auténtico valor cifrado en dinero, o a cambio de prestaciones de trabajo verdaderamente realizadas o de valores patrimoniales verdaderamente recibidos.[26] La fórmula que en este sentido siempre se emplea, está concebida de la siguiente manera: «Ninguna sociedad emitirá acciones o bonos excepto a cambio de trabajo realizado, servicios prestados o dinero o bienes efectivamente entregados, y será nulo todo aumento ficticio de las acciones o del capital debido».[27]

Sería fácil multiplicar los ejemplos que señalan las ^diferencias entre la configuración detallada del Derecho de sociedades anónimas en los Estados Unidos y en Alemania.[28] Por ello resulta peligroso intentar el trasplante a Alemania de algunos dispositivos concretos que pueden resultar satisfactorios en América, sin haber comprobado cuáles eran los supuestos en que se fundaba su eficacia.[29] Toda institución particular puede ser el resultado de circunstancias completamente peculiares o de un determinado desarrollo histórico y responder a una concepción jurídica esencialmente distinta de la nuestra.[30]

Pero esta reserva no es pertinente en el caso de la doctrina llamada *Disregard of legal entity,* pues no atenta contra el principio fundamental de la separación tajante entre la sociedad y sus miembros, que en Derecho alemán constituye el punto de partida indispensable para la solución del problema de adoptar medidas que afecten a las personas que integran la persona jurídica. A las mismas necesidades económicas responde este problema tanto en Alemania como en los Estados Unidos. La relación entre regla y excepción es por ello aproximadamente la misma en los Derechos alemán y americano en este particular. Por ello no choca con ninguna reserva el intento de aprovechar para el Derecho alemán la importante experiencia

---

25 Iowa Statutes (1946) 492, 5-8, citados según MARTINDALE-HUBBELL, Law Directory III, Law Digests (1953) sub Iowa Law Digest, Corporations, Stock; Wisconsin Statutes (1949), capítulo 182-06 en Wisconsin Statutes (1949). New York, Stock Corporation Law § 69, en MARTINDALE, lugar citado, sub New York Law Digest, Corporations, Stock; Massachussets: C 155, § 17, en Annotated Laws of Massachusetts V (Rochester 1948); en Ohio está permitida la emisión por debajo de la par dentro de ciertos límites, cfr. Ohio General Code, § 8623-22, citado por MARTINDALE, lugar citado, sub Ohio Law Digest, Corporations, Issuance of Stock.

26 BALLANTINE, *On Corporations,* § 347, pág. 796; THOMPSON V, § 3531, página 371; SCHMEY 229.

27 Idaho, Constitution, art. XI, § 9, The Corporation Manual 410.

28 Detalles en forma muy escueta en KALISCH, *Die Aktiengesellschaft in den Vereinigten Staaten,* J. W. 1926, 2057.

29 SOLMSSEN, informe sobre el tema: Si en una futura reforma del Derecho de sociedades anónimas debe producirse en los problemas fundamentales una aproximación al Derecho angloamericano: en Verhandlungen des 34. Deutschen Juristentags zu Köln II (1926) 613, 682.

30 Gfr. las consideraciones formuladas en relación con el problema de si debe admitirse en Derecho alemán la institución de la emisión de acciones por debajo de la par; por ejemplo, PINNER, informe sobre el tema: Si en una futura reforma del Derecho de sociedades anónimas debe producirse una aproximación al Derecho angloamericano en los problemas fundamentales, en Verhandlungen des 34. Deutschen Juristentages, lugar citado 635; SOLMSSEN, *ibíd.* 689 y s.; MELCHIOR, *Zur Reform des Aktienrechts* (comunicación), HansRGZ 1925, 31 y ss.; HEINRICI, *Zur Frage der Kapitalbeschaffung bei Aktiengesellschaften,* Gruchot 67 (1928) 374 y s.

que los tribunales americanos han acumulado en este sector, así como las reglas generales desarrolladas por los mismos.[31]

Cuando se examina esta relación entre regla y excepción, la *disregard doctrine* aparece como algo más que un dispositivo del Derecho americano de sociedades. Es algo que aparece como consecuencia de un rasgo estructural de la sociedad.

También la doctrina *ultra vires* es una de esas consecuencias que fluyen del esquema de la persona jurídica. Sin embargo, mientras en este caso el punto de analogía con el Derecho alemán no existe —la doctrina de la carta fundacional— en el caso de la *disregard doctrine* lo encontramos en la radical separación entre la sociedad y sus miembros. Por ello puede recurrirse en Alemania a esta última doctrina, mientras que no cabe hacer lo mismo tratándose de la doctrina americana *ultra vires*. Finalmente, la emisión bajo la par no coincide con la estructura fundamental de la sociedad por acciones. Más bien se trata de una configuración singular que es resultado de un determinado desarrollo económico, de manera que un trasplante de esta institución jurídica al Derecho alemán debería tropezar con la mayor cautela.

§7. *La esencia de la persona jurídica a la luz de la doctrina jurídica y de la jurisprudencia americanas*

I

1. La opinión personal sobre la llamada esencia de la persona jurídica casi ha llegado a ser en Alemania un problema de conciencia.[1] Ante la pregunta de lo que sea la persona jurídica, casi se han proferido tantas respuestas como las suscitadas por la pregunta: «¿qué es el hombre?». Consideraciones puramente especulativas han contribuido en gran manera a que se profundice en el problema de la esencia filosófica de la persona jurídica y a que se descuide, en cambio, el relativo a la esencia jurídica. En ninguna época de la ciencia americana ha sido objeto de investigación tan profunda y de discusión tan apasionada la cuestión relativa al contenido filosófico de la persona jurídica.[2] La indagación de profundidades casi inasequibles que en esta materia se presenta en relación con un problema jurídico, por la

---

[31] Sobre ello véase la formulación de DÖLLE en: *Probleme der modernen Rechtsvergleichung* (conferencia pronunciada el 28.4.1954 en la Wiener Juristischen Gesellschaft), öJZ 1954, 278 (279): «La solución jurídica extranjera solo puede considerarse adecuada para la recepción cuando se ofrece como espíritu de nuestro propio espíritu y puede quedar refundida sin discontinuidad en nuestra propia corriente vital desde los puntos de vista sistemático, dogmático y de política jurídica».

[1] Cfr. RHODE 3; sobre ello cabe ver, por ejemplo, lo que expone SCHÖNFELD, *Zur Ehrenrettung der juristischen Person*, AcP 136 (1934) 331 y s., 344.

[2] Historia y bibliografía: VINOGRADOFF, *Juridical Persons*, 24 Columbia Law Review (1924) 594; DEWEY, *The Historic Background of Legal Personality*, 35 Yale Law Journal (1926) 655; CARR, *Early Forms of Corporateness*, 3 Select Essays in Anglo-American Legal History 161; WELLISTON, *History of the Business Corporations before 1800*, 2 Harvard Law Review (1888-89) 105; MACHEN, *Corporate Personality*, 24 Harvard Law Review (1910-11) 253, 347; HALLIS, *Corporate Personality, A Study in Jurisprudence* (Londres 1930); RADIN, *The Endless Problem of Corporate Personality*, 32 Columbia Law Review (1932) 643; MAITLAND, *Selected Essays* (Cambridge 1936) 73; TIMBERG, *Corporate Fictions, Logical, Social, and International Implications*, 46 Columbia Law Review (1946) 533; BERLE, *The Theory of Enterprise Entity*, 47 Columbia Law Review (1947) 343; LUCE, *Trenas in Modern Corporation Legislation*, 50 Michigan Law Review (1952) 1291.

sola atracción de lo profundo, es completamente ajena a la manera americana de pensar.[3] Con sorprendente sobriedad el jurista americano se plantea, de manera esporádica, con ocasión de algún caso concreto y casi siempre sin entrar en una profunda discusión teórica, el problema de la naturaleza de la persona jurídica, cuando ello aparece precisamente para resolver el problema jurídico concreto.[4]

La teoría corporativa de GIERKE, en forma pura, apenas es comprensible por los juristas americanos.[5] Solo con mucha dificultad pueden imaginarse en los Estados Unidos que la persona jurídica ofrezca rasgos humanos. Así, en lugar de la delimitación metajurídica de GIERKE entre asociación *(Verein)* y sociedad *(Gesellschaft)*, en sentido estricto, encontramos la sobria afirmación de que la principal diferencia entre la persona jurídica y, por ejemplo, una compañía colectiva *(partnership)* radica primordialmente en que la persona jurídica *(corporation)* debe su ser al Estado y no, en cambio, la compañía.[6]

A los juristas y tribunales de ultramar les parece mucho más natural la concepción de que la persona jurídica es «un ser artificial, invisible, intangible y que existe solo en consideración legal».[7]

En esta definición, cuyo pensamiento fundamental ya se encuentra en la conocida decisión de Lord COKE, *«Sutton Hospital»*,[8] todavía se apoya en la actualidad una gran parte de la jurisprudencia americana,[9] y también en la doctrina domina este concepto de la esencia de la persona jurídica.[10] Tal criterio dominante es afín a la teoría de la ficción de SAVIGNY, [11] a lo que puede añadirse que los

---

3 HOHFELD, *Fundamental Legal Conceptions* (New Haven 1923) 3 (introducción).

4 Esto se explica por la aversión general que los americanos sienten contra las disquisiciones teóricas, aunque últimamente parece disminuir; SIEBERT, *Das rechtsgeschäftliche Treuhandverhältnis* (1933) 91, con referencia a DÖLLE, Gruchot 68 (1929) 492 y s. (recensión bibliográfica del libro de HOHFELD, *Fundamental Legal Conceptions)*.

5 Cfr. J. BIJUR en: *Farmers Loan & Trust Co. v. Pierson* (1927) 130 Mise. Rep. 110, 116 (117), 222 N. Y. Supp. 532; WORMSER 7; STEVENS, § 9, págs. 46 y s., se aproxima a la concepción de GEERKE.

6 DELANEY, *The Corporate Director, Can His Hands Be Tied in Adcance,* 50 Columbia Law Review (1950) 52; WORMSER 12; TRUMPLER 24.

7 Ch. J. MARSHALL, en *Dartmouth College v. Woodward,* 4 Wheat 518 (636) (U. S. 1819), 4 L. Ed. 629 (659); igual por el contenido, MARSHALL, en *Bank of the United States v. Deveaux,* 5 Cranch 61, 86 (U. S. 1809), 3 L. Ed. 81; sobre lo mismo véase también *People's Pleasure Park Co. v. Rohleder* (1908), 109 Virginia 439, 61 S. E. 794, 63 S. E. 981; además *Bank of Augusta v. Earle,* 13 Pet. 519, 588 (U. S. 1839), 10 L. Ed. 274 (308): una sociedad «solo existe desde el punto de vista legal y por la fuerza del Derecho», igualmente *Joseph T. Ryerson ir Son v. Shaw,* 277 111. 524, 115 N. E. 650 (653).

8 COKE en el caso *Suttons Hospital* (1612) 10 Co. Rep. 23a, 32a, 77 E. R. 960, 972, 973: «una sociedad compuesta por la unión de muchos es invisible, inmortal y solo descansa en lo que es intención y finalidad de la ley»; cfr. igualmente, por lo que atañe al Derecho inglés, las definiciones de KYD, STEWARD, *Treatise on the Law of Corporations* I (Londres 1793) 13.

9 Sobre esto KOESSLER, *The Person in Imagination or Persona Ficta of the Corporation,* 9 Louisiana Law Review (1949) 436. Conceptos en que se expresan muchos tribunales americanos que extraen el valor de la indicada fórmula, pueden verse en THOMPSON I, § 4, págs. 6 y s.

10 FLETCHER I, §§ 3 y s., 7, págs. 10 y s., 19; BALLANTTNE, *On Corporations* (1927), §§ 2 y s., págs. 6 y s.; ELLIOT-CHAPLIN, *A Treatise on the Law of Private Corporations* (Indianapolis 1923), § 9, pág. 10; ABBOT-SPRINGER-GELMORE 2 y s.; THOMPSON I, §§ 2 y s., págs. 4 y s.; COOK, *Principles* 3.

11 SCHMEY 486; cfr. sobre ello también NUSSBAUM, *Grundzüge des internationalen Privatrechts unter besonderen Berücksichtigung des amerikanischen Rechts* (1952) 137 (140 y s.), y RAVÀ, *Esame comparato di alcune questioni fondamentali in materia di società per azioni,* Rivista di Diritto Commerciale 1952, 294 (300). Por lo demás, hay que señalar que la teoría «orgánica» siempre aumenta su influencia en los sistemas latinos.

tribunales muchas veces no mencionan ni una sola vez la idea de ficción y de ficticio.[12] La determinación conceptual que acabamos de exponer, para muchos no pasa de ser una simple abreviatura que adapta formalmente la idea de persona jurídica a las necesidades de la práctica y cuya practicabilidad se ha manifestado en una duradera jurisprudencia.

Resulta, pues, que la disputa teórica sobre la esencia de la persona jurídica puede recibir poco impulso del pensamiento jurídico americano. Una investigación atenta precisamente demuestra que en muchas sentencias los jueces dejan de lado la consideración e que la persona jurídica tiene una personalidad ficticia y optan por un criterio naturalista cuando ello es posible según las reglas del Derecho americano y aparece necesario para resolver el caso de una manera justa.

2. Es frecuente describir la esencia de la persona jurídica de la siguiente manera: «Una *corporation* es una entidad artificial (ficticia) creada por el Derecho».[13] La palabra «creada», contenida en esta fórmula,[14] demuestra que todavía existe una reminiscencia de la antigua y en la actualidad superada teoría de la concesión, aparte de cuanto en ella corresponde a la teoría de la ficción. Históricamente se explica porque al principio, en Inglaterra, una *Corporation* solo podía surgir mediante la aprobación concreta del soberano.[15] El Estado tenía que empezar por «insuflar el aliento de una vida ficticia por las fosas nasales de la *Corporation*»[16] para que pudiera surgir un ser con vida. Ello respondía en el fondo a la concepción de que existen dos clases de personas: personas naturales, creadas por Dios, y personas que han sido creadas por el espíritu humano, «como personas incorporadas en un cuerpo político».[17] En la actualidad el sistema de la concesión ha sido completamente

---

12 Así, por ejemplo, lord COKE, en el caso *Suttons Hospital* (1612), lugar citado, no habla para nada de ficción ni de ficticio; incluso en obras científicas de consulta muy recientes no mencionan en gran parte esta expresión técnica: por ejemplo, *Modem Legal Forms* II (Kansas City 1938), § 2431, pág. 12.

13 *South Carolina R. Co. v. McDonald,* 5 Georgia 531; *Porter v. Rockford, R. 1. ir St. L. R. Co.,* 76 Illinois 561; *Maryland University v. Williams,* 9 Gilí & J. (Md) 365, 31 American Decisions 72; Código de Georgia, § 2188, 2159 (Código anotado del Estado Unido de Georgia por Park, 1914, *The Corporation Manual* 345). Entretanto ha sido anunciado un nuevo código, que, sin embargo, no me ha sido asequible.

14 A ello se refiere acertadamente STEVENS (1936), § 1, págs. 6 y s.

15 CARR, *Early Forms of Corporateness,* 3 Select Essays in Anglo-American Legal History 161, 171; DEWEY, *The Historie Background of Corporate Legal Personality,* 35 Yale Law Journal (1925-26) 655 (666 y s.); MAITLAND, introducción a GIERKE, *Political Theories of the Middle Age,* XXX y s.

16 MAITLAND, lugar citado XXX. Las repercusiones todavía se manifiestan en la actualidad. Si el Estado tiene el poder de crear personas jurídicas, resultará que también podrá a su arbitrio hacerlas desaparecer y cualquier otro Estado tendrá que reconocer tal destrucción; cfr. *Lazard Bros, ir Co. v. Midland Bank Ltd.,* 1933 A. C. 289, 297: «Los tribunales ingleses han ... reconocido como personas jurídicas a sociedades establecidas según Derecho extranjero en virtud del hecho de que su creación y continuación bajo tal Derecho y en fuerza del mismo .... Pero como la creación depende del acto del Estado extranjero que las creó, la anulación del acto de creación por el mismo poder implicará la disolución e inexistencia a los ojos del Derecho inglés. La voluntad de la autoridad soberana que lo creó también lo puede destruir». Acerca de excepciones: FISCHER, *The Law Governing Capacity with Regard to Bills of Exchange,* 14 Modern Law Review (1951) 144 (158).

17 Lord COKE, 1 Inst. 202, 250, citado según FLETCHER I, § 4, pág. 11 (12); cfr. también ABBOT-SPRINGER-GILMORE, § 3, pág. 3.

sustituido en América[18][19] por el sistema de las determinaciones normativas, según el cual los requisitos de la fundación han de quedar establecidos en leyes de validez general.[20] Por tanto, si antes[21] una *Corporation* «resultaba creada por concesión del soberano», en la actualidad es «creada por el Derecho». Por supuesto que cuando los requisitos legales necesarios para fundar una *Corporation* han sido cumplidos, todavía hace falta un acto estatal, una «autorización o concesión de la autoridad oficial», que en la mayor parte de los casos se adopta después de que el funcionario competente ha examinado y comprobado el proceso de fundación.[22]

Para la investigación que vamos a emprender sobre la relación entre la persona jurídica y sus miembros resulta indiferente, sin embargo, la manera cómo nazca la persona jurídica. Dicha relación es por completo independiente de la manera de surgir la persona jurídica. Por ello la teoría de la concesión puede quedar descartada en lo que sigue.

II

1. Los tribunales americanos reconocieron muy pronto[23] que existen casos en los que debe estar permitido al juez levantar el velo de la persona jurídica para poder examinar las auténticas fuerzas que se ocultan tras de dicho velo.[24] Esta jurisprudencia puede agruparse bajo el concepto de *disregard of legal entity*[25] y en la actualidad se ha convertido en un patrimonio conceptual consolidado del Derecho

---

18 La primera gran ley de sociedades se publicó en Inglaterra en el año 1844, según la cual podía fundarse una *Corporation* sin el requisito de la *special act* (ley especial de concesión), con tal que fueran observadas determinadas formalidades; cfr. BALLANTINE, *On Corporations,* § 8, págs. 31 y s.

19 THOMPSON I, § 161, pág. 191; SCHMEY 134.

20 THOMPSON I, §§ 160 y s., págs. 190 y s.; KOESLER, 9 Louisiana Law Review (1949) 441.

21 La persona jurídica solo tenía existencia en Derecho dentro del Estado que la había creado; cfr. SEED, *Jurisdiction: Foreign Corporations; Responsibility for Acts Within the Forum,* 39 California Law Review (1951) 152: 'los tribunales pronto sostuvieron que una sociedad no podía tener existencia jurídica fuera del Estado que la había creado», con invocación del caso *Bank of Augusta v. Earle,* 13 Pet. 517 (U. S. 1839). Este criterio ya no prevalece en la actualidad, cfr. *Sueing Foreign Corporations in California,* 5 Stanford Law Review (1953) 503 y s.

22 Otros detalles que en este lugar no pueden ser objeto de nuestra atención en BALLANTINE, *On Corporations,* § 8a, pág. 36; MEZ 31 y s.; MACHEN *(supra* página 90, nota 2), § 163, pág. 147; además nota 1 en la obra *Foreign Corporations – State Boundaries for National Business (Comments),* 59 Yale Law Journal (1950) 737.

23 MARSHALL, en *Bank of United States v. Deveaux* (U. S. 1809), 5 Cranch 61, 3 L. Ed. 38.

24 En la terminología americana: «to disregard the corporate fiction», o bien «to pierce and look behind the veil of personality», o bien «to override the fiction»; cfr. WOLFF, *Legal Persons* 512, o bien «to look to the man behind the mask», WORMSER-FRANKENSTEIN, Incorporated (1931) 97.

25 Cfr. WORMSER, *Piercing the Veil of Corporate Entity,* 12 Columbia Law Review (1942) 496; WORMSER, *Disregard;* BALLANTINE, *On Corporations,* § 122, páginas 292 y s.; BALLANTINE, *Disregarding the Corporate Entity as a Regulatory Process,* 31 California Law Review (1943) 426; ELLIOT-CHAPLIN *(supra* pág. 92, nota 10) 11 y ss.; M. WOLFF, *Legal Persons* 494 (512); HOGG, *Personal Character of a Corporation,* 33 Law Quarterly Review (1917) 76; FLETCHER I, § 41, pág. 134; ANDERSON, *Limitations,* etc.; THOMPSON I, § 10, págs. 16 y s.; BERLE, *The Theory of Enterprise Entity,* 47 Columbia Law Review (1947) 343; *Fifth Decennial Digest* 1936-1946 (St. Paul) 10, sub Corporations I, 10-5th D-1379 y ss.; 13 *American Jurisprudence* (1938) Corporations, § 7, págs. 160 y s.; 18 *Corpus luris Secundum* (1939) Corporations, § 7, págs. 380 y s., y su *Cumulative Annual pocket part* (1954), § 7; cfr. también sobre ello las consideraciones de FULLER 1373 y ss. y DOUGLAS-SHANKS 193 y ss.

americano sobre sociedades.[26] Tanto los tribunales de los Estados particulares como los tribunales federales,[27] cuando por excepción han de ocuparse de problemas de personas jurídicas, aplican dicha doctrina.[28] Originariamente fue una pura regla de equidad *(equity)*, [29] [30] pero en la actualidad ya no son solamente los tribunales de equidad *(Courts of Equity)* los que resuelven según esta regla en el caso pertinente, sino también los tribunales de Derecho común *(Courts of Law)*.[31] O sea, que al con-

---

[26] En el Derecho inglés la *disregard doctrine* no podía desarrollarse con la misma libertad que en los Estados Unidos; sobre ello, cfr. FRIEDMANN, *Legal Theory*[3] (Londres 1953) 396 y ss.; especialmente 406: «Es indudable que la interpretación rígida y rigurosamente formalista de la forma corporativa está cediendo el paso de manera progresiva a una interpretación sociológica y más relativista. De manera especialmente marcada resulta así en casos en que la forma corporativa se presta a ser usada como un medio de frustrar el interés público en la recaudación de impuestos y en la restricción de abusos por disposición legal; en conjunto, aparece más destacada en el desarrollo jurídico del continente y de América que en el de Inglaterra, probablemente debido a la autoridad del caso *Salomon;* pero la tendencia es universal». Además, ANDERSON, § 29, pág. 31; WORMSER-FRANKENSTEIN 87 (95 y s.); sobre la esfera de aplicación de la *disregard doctrine* en el Derecho inglés con referencias a la legislación y a la jurisprudencia: GOWER, *The Principles of Modern Company Law* (Londres 1954) 197 y ss.; *Salomon v. Salomon and Co.*, 1887, A. C. 22, 75 L. T. Rep. 426. Una apreciación de la doctrina *disregard* en el ámbito del Derecho español se encuentra en DE CASTRO Y BRAVO, *¿Crisis de la sociedad anónima?*, Revista de Estudios Políticos 29 (1950) 93 y ss. Para el Derecho suizo, cfr. BÜRGI, *Wandlungen im Wesen der juristischen Person*, en Staat und Wirtschaft, Festgabe für Hans Nawiasky (Zurich-Colonia 1950) 245 y ss., esp. 252 y ss., 258 y ss.

[27] Así, por ejemplo, *Taylor v. Standard Gas ir Electric Co.*, 96 F. 2d 693, 306 U. S. 307.

[28] En este sentido, el dictamen del Instituto del Kaiser Guillermo para Derecho Privado Internacional y Extranjero, de fecha 10.1.1939, en el asunto *Vereinigte Stahlwerke AG* (no publicado), pág. 19.

[29] FLETCHER, § 41, pág. 138; *Wenban Estate Inc. v. Hewlett*, 193 Cal. 675, 227 Pac. 723.

[30] Como es sabido, la *equity* es el Derecho especialmente formado en la esfera jurídica angloamericana a base de la aplicación de la equidad, caracterizado en Inglaterra por peculiaridades de procedimiento; cfr. ARMINJON-NOLDE-WOLFF II, núms. 672 y s., págs. 510 y s. Acerca de su situación en los Estados Unidos, véase en el mismo lugar núm. 678, pág. 526. Desde el punto de vista histórico, procede de los remedios concedidos por el canciller frente a la práctica de los tribunales del *common law* (para la *equity*, cfr. SCHWARZ en *Zivilgesetze der Gegenwart* II, 1.ª parte (1931), 10, 106 y ss.). A ella se contrapone el *common law*, Derecho consuetudinario desarrollado a base de la jurisprudencia de los tribunales; cfr. sobre el conjunto GARLAND-MCGEHEE-COCKCROFT, *The American and English Encyclopaedia of Law* VI (1889) 269, sub Common Law; *ibid.* XI (1889) 148, sub Equity; BALLANTTNE, *Law Dictionary with Pronunciations* (Rochester 1930), sub Common Law pág. 243, sub Equity pág. 442. Para su historia, WRIGHT, *Commercial Law* I (Londres 1948) 31 y s.; MAITLAND, *Equity* (Cambridge 1936) 1 y s. De la jurisprudencia: CHAFEE, *Some Problems of Equity* (Ann Arbor 1950). Últimamente SAALFRANK, *Hauptbestandteile des anglo-amerikanisehen Rechts*, JR 1950, 41; E. WOLFF, *Typische Entwicklungen im englischen Recht*, Südd. JZ 1946, 133; además el excelente trabajo de BAECK, *Equity und Common Law in den Vereinigten Staaten von Nordamerika*, öJB1 1950, 130 y s.; RIDDER, *Aequitas und Equity*, Archiv fur Rechts und Sozialphilosophie 39 (1950/51) 181 y s. (Por *common law* entienden algunos autores tanto el Derecho consuetudinario como el promulgado *(statutory law)* y lo contraponen a la *equity;* cfr. MEZ 9, nota 3 y los autores allí citados. Nosotros nos referimos aquí al *common law* solo en el sentido de Derecho desarrollado por las decisiones judiciales.)

[31] WORMSER 84: «Ésta (aplicación de la doctrina del *disregard)* es particularmente cierta en los tribunales de equidad *(courts of equity)*, pero igualmente se encuentran muchos casos en los tribunales de Derecho *(courts of law)*, pues no hay que pensar que «Nuestra Señora del *Common Law*» no sea bastante poderosa para desbaratar toda sofistería o teoría escolástica que solo se emplea como pretexto para inferir un agravio»; además, 44.

trario de lo que expresa la regla de que la equidad sigue al Derecho, en este caso sucede que el Derecho sigue a la equidad.[32] [33]

Esta doctrina responde al pensamiento fundamental de que una persona jurídica no pasa de ser una ficción ideada por razones de técnica jurídica a fin de que en la vida de los negocios puedan alcanzar determinados fines que el ordenamiento jurídico no desaprueba.[34] Solo dentro de los límites de esta finalidad puede por consiguiente reconocerse vida propia a la persona jurídica. Pero si se abusa de ella para fines ajenos o contrarios a la vida de la sociedad, el vigente Derecho americano permite que los tribunales no encuentren obstáculos en la estructura fundamental de la persona jurídica a la hora de dictar una sentencia justa. En tales casos corresponde a la concepción americana la posibilidad de adoptar medidas que afecten a los hombres o a las relaciones verdaderas encubiertas detrás de la «máscara» de la persona jurídica; en este caso se permite desatender a la ficción de la persona jurídica o destruir su «organismo». Como se dice, ningún precepto de la lógica o del Derecho exige que un tribunal mantenga el dogma de la diversidad entre la persona jurídica y sus miembros cuando con ello debieran legalizarse actos abusivos.[35] Esto es lo que ya prohíbe el principio general de la buena fe que en gran medida domina el Derecho americano de sociedades y en especial el Derecho de las sociedades por acciones.[36]

2. Estrechamente enlazada con la doctrina *disregard of legal entity* se halla la doctrina de la propiedad fiduciaria o *trust fund*.[37] ANDERSON ha señalado que esta teoría del Derecho de sociedades es el núcleo y punto de partida de la doctrina *disregard of legal entity*.[38] La doctrina del *trust fund* descansa en las siguientes conside-

---

32 ANDERSON, § 55, pág. 67, cfr. esp. nota 17.

33 En general rige la regla de que los tribunales de la *equity* deben, ciertamente, partir de los principios generales del *common law* (cfr. sobre esto ARMINJON-NOLDE-WOLFF II, núm. 674, pág. 516), pero que los tribunales del *common law* no aplican reglas de la *equity* excepto en este caso.

34 ANDERSON, §§ 18, 19, págs. 18, 19.

35 WORMSER 10.

36 Hamburger 121.

37 También llamada «doctrina americana»; cfr. sobre ello *Hospes v. Northwestern Mfg & Car Co.* (1892), 48 Minn. 174, 50 N. W. 1117, 15 L. R. A. 470, 31 Am. St. 637; COOK, *On Corporations* I, § 9, pág. 50. Desde la decisión de STORY en el caso *Wood v. Dummer* (1824) Fed. Cas. núm. 17, 944, 3 Masón 308, fue la dominante en el siglo xix y todavía goza de cierta simpatía en los tribunales. Así, en el caso *Taylor v. Spurway* (1936), 16 F. S. 566 — para citar un ejemplo—, se siguió la doctrina del *trust fund*. La observación de SCHMEY (98) es inexacta. De todas maneras, esta doctrina ha sido atacada modernamente con viveza y con razones dignas de ser tenidas en cuenta por parte de profesores de Derecho y de tribunales. Por ejemplo, STEVENS (1936), § 185, pág. 745, rechaza el criterio de que los acreedores de una *corporation*, en caso de ser insolvente, dispongan de medios auxiliares diferentes de los que asisten contra una persona particular. Cree que es perjudicial y que por ello debe ser combatida la teoría según la cual la *corporation* deba tener su patrimonio como bienes en *trust* a favor de sus acreedores, a diferencia de lo que sucede con la persona individual, en el caso de insolvencia; cfr. también las decisiones judiciales que rechazan la teoría y que allí se citan (746 y s.). También COOK, *On Corporations* I, § 9, págs. 49 y s., rechaza la teoría del *trust fund*, que, a su entender, ha producido confusión en los tribunales; cfr. además ABBOT-SPRINGER-GILMORE, § 109, pág. 158. Pero éste es un problema en el que aquí no podemos entrar.

38 ANDERSON, § 42, págs. 48 y ss.

raciones:[39] el capital fundacional o el activo patrimonial todavía existente de una persona jurídica será considerado como un fondo tenido en calidad fiduciaria *(trust fund)* a favor de los acreedores en el caso de que la sociedad tenga dificultades para atender los pagos. En este sentido, la propiedad de la persona jurídica sobre su propio patrimonio pasa a tener carácter fiduciario. Cuando los acreedores contrataron con la sociedad obraban por la confianza que les inspiraba el patrimonio que sirve de base para el crédito que merece la persona jurídica, pues precisamente lo que falta es una responsabilidad personal de los miembros de la sociedad. Por ello los acreedores de la sociedad ostentan derechos más intensos sobre el patrimonio social en virtud de la doctrina del *trust fund* que los miembros de la sociedad a los que solo corresponde una pretensión sobre el patrimonio social, en el caso de liquidación o insolvencia, cuando todos los acreedores de la sociedad han quedado plenamente atendidos. De ello resulta que los accionistas[40] son responsables de manera objetivamente limitada pero directa frente a los acreedores; por ejemplo, en el caso de insolvencia de la sociedad, cuando han recibido de ésta objetos del patrimonio social, por tanto, que pertenecían al *trust fund,* antes de haber sido pagados todos los acreedores. En virtud de la *Equity* los acreedores en este caso tienen derecho a dirigirse directamente contra los accionistas[41] pasando por encima de la figura jurídica de la sociedad,[42] pues en tal supuesto aquéllos jamás pueden ser adquirentes de buena fe del patrimonio social. Dentro de estos límites, el patrimonio de los accionistas será considerado como patrimonio de la persona jurídica.

La doctrina del *trust fund* coincide con la doctrina del *disregard of legal entity* en cuanto tanto según una como según otra se prescinde de la forma adoptada por la sociedad y se alcanza a los hombres y a las fuerzas que se ocultan detrás de la persona jurídica. La doctrina del *trust fund* permite así que los acreedores de la sociedad puedan ejercitar directamente sus derechos contra el patrimonio de la persona jurídica y contra sus miembros componentes cuando partes del patrimonio

---

[39] Una excelente exposición de las ideas en que se funda la doctrina del *trust fund* se encuentra en la sentencia dictada en el caso *Hollins v. Brierfield Coal ir Iron Co.,* 150 U. S. 371, 14 S. Ct. 127, 37 L. Ed. 1113, en la que, de todas maneras, la doctrina del *trust fund* queda rechazada.

[40] Lo mismo rige de todo tercero de mala fe. También él debe quedar pospuesto a los acreedores de la *corporation.*

[41] *Taylor v. Spuway et al.* (1936), 16 F. S. 566; en cuanto a las construcciones jurídicas y a las conexiones dogmáticas, cfr. SEGBERT, *Das rechtsgeschäftliche Treuhandverhältnis* (1933) 68.

[42] Una idea jurídica afín se encuentra en el § 56 de la ley alemana de sociedades anónimas. Según el mismo, los accionistas responden directamente a los acreedores por las obligaciones de la sociedad cuando han recibido pagos de la sociedad en contra de los preceptos de la ley de sociedades anónimas. Detalles, por ejemplo, en GODIN-WILHELMI, § 56, págs. 232 y ss.; TEICHMANN-KOEHLER, *Aktiengesetz (Kommentar)* (1950), § 56, págs. 128 y ss.: «Con el pago prohibido ha pasado a manos de los accionistas parte del patrimonio social que formaba la base de la responsabilidad de la sociedad anónima frente a sus acreedores». En el § 30 de la ley alemana sobre sociedades de responsabilidad limitada se dispone que el patrimonio necesario para la conversión del capital nominal *(Stammhapital)* no puede ser pagado a los socios. En el § 31 de la misma ley no se concede directamente a los acreedores de la sociedad ningún derecho contra los socios en el caso de transgresión de dicha norma, sino que solo se impone a los socios la obligación de devolver a la sociedad lo que han recibido con infracción de lo dispuesto en el § 30; sobre estos preceptos, cfr. BGH 24.3.1954.

social han sido transmitidas a éstos, a pesar de que por regla general no responden personalmente de las deudas de la persona jurídica.[43]

Aunque este resultado en muchos casos puede estar fundado tanto en la teoría del *trust fund* como en la doctrina del *disregard of legal entity*, no debe sin embargo olvidarse que ambas tienen raíces distintas. Mientras esta última ha sido desarrollada a base del Derecho de sociedades, la primera procede del Derecho sobre el *trust*. Su esfera de aplicación es necesariamente más restringida que la propia de la doctrina del *disregard*. Pero cabe imaginar casos en los que sea posible recurrir a la doctrina del *trust fund*, pero no a la doctrina *disregard*.[44]

No vamos a investigar en este lugar hasta qué punto la teoría del *trust fund* es superflua porque el acreedor dispone de otros medios para realizar sus pretensiones, aunque éste es el criterio que en la actualidad predomina en la doctrina americana. La doctrina del *trust fund* solo nos interesa en este lugar en cuanto produce una responsabilidad directa de los socios en lugar de la sociedad.

§8. *El ámbito de aplicación de la doctrina del apartamiento o desestimación de la persona jurídica («Disregard of Legal Entity»)*

Representa una contribución esencial a la fenomenología de la persona jurídica el conocimiento que hasta ahora ya hemos logrado de que puede perfectamente conciliarse con su esencia el hecho de que en casos excepcionales se adopten medidas que afecten a los hombres que están detrás de ella, y que por otra parte sería inconciliable con el sentido del ordenamiento jurídico que tuviera que respetarse la independencia de la *corporation* cuando con ella se persiguieran fines contrarios a los que precisamente motivaron que se admitiera la independencia de su persona-

---

43 *Wood v. Dummer* (1824) Fed. Cas. núm. 17, 944, 3 Masón 308. En este caso, un Banco había repartido parte de su capital básico *(Grundkapital)* a los accionistas sin antes haber pagado sus deudas. No quedaba más patrimonio para hacerlas efectivas. En este caso se resolvió que el patrimonio de la *Corporation* representa un *trust fund* para el pago de las deudas que van a cargo de la misma. Por ello, los poseedores de fracciones fueron declarados personalmente responsables frente a los acreedores. Cfr. también *Wabash, St. Louis ir Pacific Railway Co. v. Benjamin F. Ham et al,* 114 U. S. 587 (594), 29 L. Ed. 235 (238), donde se describe la doctrina del *trust fund* de la siguiente manera: «No cabe duda que la propiedad de una *Corporation* es un *trust fund* para el pago de sus deudas, en el sentido de que cuando la *Corporation* queda disuelta legalmente y se liquidan todos sus negocios, o cuando resulta insolvente, todos sus acreedores tienen un derecho en equidad a que sus deudas sean pagadas a base de los bienes que son propiedad de la *Corporation* antes de que se distribuyan entre los accionistas».

44 Los conceptos de la *disregard doctrine* y del *trust fund* fueron mezclados de manera inadmisible en *New York Credit Men's Adjustment Burean, Inc. v. Weiss,* 305 N. Y. 1, 110 N. E. 2d. 397 (1953). Los directores de una persona jurídica que sin intenciones fraudulentas convirtieron en dinero el patrimonio de una *Corporation* sobrecargada de deudas con la finalidad de pagar a los acreedores, fueron considerados personalmente responsables en la medida en que el importe de lo convertido en dinero no bastaba para el pago. Estimo que la decisión no es acertada: la *disregard doctrine* no debía haberse aplicado en este caso porque no se daba la intención fraudulenta de causar un perjuicio por parte de los directores. Por ello tampoco podía ser invocada la *trust fund doctrine,* como acertadamente se hizo observar en una «nota» en 28 New York Universitary Law Review (1953) 1176 y s. (1178), porque los directores precisamente habían enajenado los valores patrimoniales de la persona jurídica en interés de los acreedores. Esta doctrina no somete a los directores a ninguna limitación por la conversión del patrimonio a favor de los acreedores.

lidad. Sin embargo, la práctica exige todavía más. Quiere saber en qué casos especiales está justificado negar la forma de la persona jurídica. Pero de hecho no es fácil encontrar la medida justa:[1] una solución que peque por exceso puede significar la disolución de la persona colectiva como figura jurídica; otra solución que, en cambio, peque por defecto puede representar la pérdida de valor del conocimiento que hemos adquirido. En el Derecho norteamericano el problema ha sido casi siempre delimitado por la jurisprudencia, sin que las investigaciones teóricas[2] sobre este objeto hayan producido ningún resultado digno de mención. Creemos que los grupos de casos que necesitan más detenida atención son los que se han configurado a través de la jurisprudencia y que pasamos a exponer.

1. *Fraude de ley.*— Cuando una ley prohíbe a determinada persona una actividad o se opone a que celebre determinados negocios jurídicos, cabe que semejante prohibición sea burlada haciendo que otra persona obre en lugar de la que está sujeta a la prohibición, como antes ya hemos expuesto en el § 3. La persona afectada en este sentido puede ser tanto un ser humano como una persona jurídica. Sin embargo, por diversas razones cabe imaginar que la persona a la que el acto está prohibido tiene interés en realizarlo personalmente. Por ello es muy posible que la persona afectada trate de lograr que la actividad la realice una persona jurídica que él domine o que tal vez incluso ha creado expresamente para tal fin. La sociedad aparece como un sujeto de derecho que no se puede identificar con sus miembros, ni tan siquiera en el caso de que solo exista un accionista o titular de las participaciones sociales. En tal caso se pregunta si el juez puede prohibir la realización del acto a la persona jurídica que se utilizaría para cometer el fraude de ley, de la misma manera que debería prohibirlo a la persona afectada por la prohibición. En sentido contrario, cabe preguntar si rige la regla de que, del mismo modo que una ley que afecta a la persona jurídica no es aplicable a los miembros, tampoco una regla de Derecho que afecta a los socios como personas singulares puede aplicarse a la persona jurídica.

De igual manera que en el Derecho norteamericano están planteados estos problemas en el Derecho alemán. Los jueces americanos, en tal caso, rasgan el velo que oculta a los hombres que se hallan detrás de la persona jurídica. Acertadamente reconocen que la sociedad solo es un instrumento del hombre que tras ella se oculta para aplicarlo a fines ilegales. Lo que la persona natural trata de lograr es burlar el

---

1 Sobre ello puede verse, por ejemplo, *Brooklyn Savings Bank v. Joseph Wechsler Estate* (1932), 180 N. E. 752 (753), 251 N. Y. S. 62 rev. (Chief Justice POUND). Para el Derecho inglés, cfr. el ensayo de GOWER, *The Principles of Modern Company Law* (1954) 222 y s.

2 Cfr. WORMSER 39, 40, y WORMSER, 12 Columbia Law Review (1912) 496 y s.; LATTY 2, 3, en una investigación teorética en relación con un problema particular. LATTY precisamente previene contra la técnica verbal y con frecuencia formularia de que se valen los tribunales para resolver problemas de responsabilidad (5): «Las páginas de introducción que anteceden han señalado que el punto de vista tradicional para la solución del problema de la responsabilidad entre sociedades *(intercorporate)* no es lo que podía desearse ... Caso tras caso manifiesta una técnica notablemente uniforme, una lucha perenne con el problema de si la naturaleza de la persona jurídica *(corporate entity)* permite o no dejarla descartada. Incluso ha dado lugar a una estructura textual uniforme que permite dejar formulada una opinión judicial en esta materia; después de exponer los hechos existe la costumbre de anunciar inmediatamente una de esas dos premisas: 1) que la *corporation* es una entidad jurídica separada y diferente de los accionistas, o 2) que, en definitiva, la personalidad independiente *(separate entity)* de la *corporation* puede quedar jurídicamente desatendida».

precepto legal que le afecta, sirviéndose para ello de la figura de la persona jurídica que el Derecho solo ha puesto a disposición del tráfico negocial realizado de buena fe. Con ello es él mismo quien despoja a la sociedad de su personalidad jurídica.

Algunos ejemplos servirán para expresar claramente estas consideraciones. A base de la llamada *Hepburn-Act* de 1906,[3] la compañía ferroviaria de un Estado no puede transportar a otro Estado carbón procedente de una mina que sea de propiedad del ferrocarril. Sucedió que una compañía ferroviaria transportaba de un Estado a otro el carbón que procedía de la mina de una sociedad cuyas acciones pertenecían por completo a dicha compañía ferroviaria.[4] El tribunal prohibió a esta sociedad que realizara el transporte «porque en definitiva ellas (ambas sociedades) no eran más que una».[5] Buena razón[6] existía para ello, pues un resultado que la ley no admite no puede obtenerse por el hecho de que la persona sobre la cual recae la prohibición legal intercale entre ella misma y la realización del acto prohibido una persona jurídica a la que domina por completo desde el punto de vista económico.[7] [8]

En otro caso posterior, *United States v. Milwakee Refrigerator Transit Co.*,[9] se había intentado dejar sin efecto lo dispuesto por la *Interstate Commerce Act* de 1889[10] y por la *Elkin Act* de 1903. El artículo 3 de la *Interstate Commerce Act* prohíbe a todo empresario de transportes que conceda una preferencia inadmisible o inadecuada a un cliente, o una ventaja de otra clase.[11] La *Milwakee Refrigerator Transit Co.* había sido fundada por otra sociedad, la *Pabst Brewing Co.*, para alcanzar con ella dicha preferencia. Las mismas personas componían una y otra sociedad. Su manera de operar era como sigue: la *Transit Co.* celebraba un contrato con la compañía de

---

3 34 Stat. at L. 584, c. 3591 (Act June 29, 1906): «Será ilegal que cualquier compañía ferroviaria transporte de un Estado ... a cualquier otro Estado ... cualquier artículo ... manufacturado, extraído de minas o producido por el mismo, o bajo su autoridad, o que pueda pertenecerle en todo o en parte, o en el que pueda tener algún interés directo o indirecto...».

4 *United States v. Lehigh Valley Railroad Co.* (1910), 220 U. S. 257, 31 S. Ct. 387, 55 L. Ed. 458 (per WHITE Chief Justice). Cfr. sobre la misma cuestión también *United States v. Reading*, 253 U. S. 26.

5 Lugar citado 220 U. S. 273, 55 L. Ed. 463.

6 Lo aprueba WORMSER 64. Cfr. también *Brundet et al. v. Rice*, 49 Ohio St. 640, 32 N. E. 169 (1892).

7 M. WOLFF, *Legal Persons* 516.

8 De todas maneras va demasiado lejos el tribunal en el caso *Anderson v. Abbott*, 321 U. S. 394 (1944), donde también sin intención de la parte de burlar una ley con la ayuda de la forma de la persona jurídica, se estimó admisible pasar a través de ésta para lograr el cumplimiento de una ley; cfr. la afirmación que precede a la decisión: «La interposición de una *corporation* entre sus accionistas y la responsabilidad que de otra manera les afectaría, no ha de permitirse que deje sin efecto una política legislativa, tanto si ésta era la finalidad como si solo fue el resultado de tal interposición». Asiente BERLE, *The Theory of Enterprise Entity*, 47 Columbia Law Review (1947) 351. Crítica a esta decisión: Nota *2a Anderson v. Abbott*, 321 U. S. 394, y CARPENTER en su comentario a la obra de H. W. BALLANTINE, *Cases and Materials on Corporations* (1953), en 63 Yale Law Journal (1954) 760.

9 *United States v. Milwaukee Refrigerator Transit Co.*, 142 Fed. 247 (1905).

10 Redacción original de 4.2.1887, 24 Stat. 384, sobre ello 49 USCA (United States Code Annotated, Brooklyn 1929), § 1 y s.; en alemán, en REICHERT, *Die Kartellgesetze der Welt* (1935) 36. Ampliación mediante la llamada ElkLas Act de 19.2.1903, 32 Stat. 847, 49 USCA § 41.

11 Art. 3, *The Interstate Commerce Act*, alemán de REICHERT, lugar citado, 38.

ferrocarriles *A* en cuya virtud la primera debía operar como agente mediador de la segunda. Por cada acto de mediación recibiría una remuneración adecuada. Entonces proporcionaba el cargamento de la *Pabst Brewing Co. y* percibía la comisión convenida. De esta manera, la *Pabst* obtenía de hecho una rebaja de precios a través de la intervención de la *Transit Co.* que en otro caso no hubiese podido obtener. En este caso, frecuentemente citado, el juez SANBORN expuso: «Si alguna regla general cabe formular en el actual estado de los precedentes *(authority)* es la de que una *corporation* será considerada por regla general como una persona jurídica *(legal entity)*, mientras no existan razones bastante poderosas para estimar lo contrario; pero cuando la idea de persona jurídica se emplea para frustrar la pública conveniencia, para justificar lo que es improcedente, sostener el fraude o apoyar el delito, el Derecho estimará que la *corporation* no es más que una asociación de personas».[12]

También corresponden a esta categoría de los fraudes de ley las tentativas de algunas sociedades para crear monopolios, *trusts y cartells* contra lo dispuesto en las leyes contra los *trusts*.[13] En el caso que se ha hecho célebre *State v. Standard Oil Co.*,[14] se siguió el siguiente camino para la creación de un monopolio: los accionistas de la *Standard Oil Co.* celebraron un llamado *trust agreement* (acuerdo fiduciario) con los accionistas de una serie de otras sociedades petrolíferas, por el cual transmitieron sus acciones a un *trust* de la *Standard Oil* formado por nueve fiduciarios *(trustees) y* a cambio de ello recibieron certificados de dicho *trust*. Los nueve fiduciarios, como propietarios formales de todas o de casi todas las acciones de esas sociedades, quedaron con ello en situación de dominarlas completamente y de dirigirlas a base de directrices uniformes. Atendido el resultado económico, se lograba así una unión

---

12 *United States v. Milwaukee Refrigerator Transit Co.* (1905), 142 Fed. 255; cfr. también *State ex rel. Johnson & Higgins Co. v. Safford, State supt. of Insurance* (1928), 117 Ohio St. 576, 159 N. E. 829, en el que debía quedar burlada una ley del Estado de Ohio. DAY aceptó en este caso, como juez, los fundamentos de la decisión recaída en el caso *In Re Rieger, Kapner & Altmark*, 157 Fed. 609 (613): «La doctrina de la personalidad jurídica *(corporate entity)* no es tan sagrada que un tribunal de equidad, observando a través de ¡as formas la substancia de las cosas, no pueda ignorarla en un caso adecuado para proteger los derechos de partes inocentes o para frustrar todo fraude».

13 La bibliografía y la jurisprudencia sobre la legislación americana *anti-trust* ha llegado a ser casi inabarcable desde que se dictó la *Sherman Anti Trust Act* (una ley para proteger a la industria y al comercio contra los monopolios y las restricciones ilegales, aprobada el 2 de julio de 1890, c. 647, 26 Stat. 209), 15 USCA §5 1 y ss. Puede verse, por ejemplo, TOULMIN Jr., *Trade Agreements and the Anti-Trust Laws Including Forms and an Analysis of the Robinson-Patman Act* (Cincinnati 1937); el mismo, *A Treatise on the Anti-Trust Laws of the United States and Including all related Trade Regulatory Laws* (1949); TRUMPLER, *Unlauterer Wettbewerb und Anti-Trust-Recht der Vereinigten Staaten von Amerika* (Basilea 1944); HAUSSMANN, *Der Anti-Trust-Gedanke im Wirtschaftssystem* (Zurich Í950), en cuya página 43 se indica reciente bibliografía americana; además, CALLMAN, *The Essence of Anti-Trust*, 49 Columbia Law Review (1949) 1100 y s.; GIDE-NOUEL, *Soll unsere Gesetzgebung die Leitgedanken der amerikanischen Anti-Trust-Gesetze übernehmen?;* GRUR 1950, 389 y s.; ENGELMANN, *Der Kampf gegen die Monopole in den USA, Beiträge zur ausländisches und internationales Privatrecht* 21 (1951); F. NEUMEYER, *Monopolkontrolle in USA* (1953); KÜHLEWEIN, *Die Entwicklung der amerikanischen Anti-Trust-Rechtsprechung in den letzten Jahren*, NJW 1952, 804; KASKELL-SCHLESINGER, *Monopole, Trusts, Kartelle in Amerika und Deutschland* (1951); E. WOLFF, *La legislation antitrust des États-Unis et ses effets internationaux*, Revue Internationale de Droit Comparé, 2 (1950) 440 y s.

14 (1892) 49 Ohio St. 137, 30 N. E. 279; igualmente fue resuelto concurriendo los mismos hechos en: *People v. North River Sugar Refining Co.* (1890), 121 N. Y. 582, 24 N. E. 834, 18 Am. St. 843.

monopolística de las sociedades, aunque formalmente éstas seguían siendo independientes unas de otras. En el procedimiento instado contra la *Standard Oil Co.* ésta se defendió diciendo «que los acuerdos fueron adoptados entre individuos, en su capacidad individual y con referencia a bienes de su propiedad privada, y no eran ni estaban ideados para ser acuerdos entre sociedades».[15]

El tribunal que tuvo que juzgar este caso comprobó primeramente que por regla general la sociedad ha de mantenerse radicalmente separada de sus miembros; pero luego hizo constar que esto no podía regir cuando la sociedad, al amparo de la forma corporativa, perseguía finalidades que chocaban contra la *public policy.* Lo que hizo fue tener en cuenta a las personas físicas que estaban detrás de la persona jurídica, así como valorar sus fuerzas y verdaderas relaciones, con lo que llegó a la consecuencia de que el acuerdo adoptado por los accionistas debía ser considerado como un acuerdo de *trust* entre las sociedades y, como tal, prohibido.[16] [17]

2. *Fraude de contrato.—* Si un deudor trata de sustraerse a una obligación contractual que le incumbe (por lo general consistirá en un deber de omisión) haciendo que una persona jurídica obre en su lugar, nos encontramos ante algo que es un resultado equivalente a la tentativa de burlar la ley con la interposición de una persona jurídica. Tanto en este caso como en el anterior, tal manera de proceder queda facilitada por la forma jurídica de la sociedad. Esta forma es la que inspira al deudor cuando declara al juez y a los terceros que el acto de la persona jurídica es un acto con el cual nada tiene él que ver. Sostendrá su criterio afirmando que la obligación contractual asumida por la sociedad no alcanza a obligar al socio, de la misma manera que, en opuesto sentido, el derecho contractual del socio o miembro de la persona jurídica solo al socio corresponde.[18] Con esos o parecidos razonamientos, los deudores siempre tratan de librarse de las consecuencias de su incumplimiento del contrato; pero los tribunales americanos siempre les demuestran que puede ser negada la personalidad de la *Corporation* cuando por medio de ella deba quedar burlada una obligación contractual.[19]

En la discusión de los casos que pertenecen a este grupo han de quedar distinguidos dos problemas: por un lado el de si el deudor puede quedar personalmente obligado en virtud de su propia conducta; por otro, el de si el acto puede ser prohibido a la misma *Corporation.*

---

15 30 N. E. 286.

16 De los fundamentos de la sentencia (30 N. E. 289, 290): «Por ello resulta ... que cuando la totalidad, o la mayoría, de los accionistas, incluida una *Corporation,* realizan un acto destinado a afectar a la propiedad y negocio de la compañía y que, mediante el control que les proporciona su número sobre la selección y dirección de los gestores de la sociedad, resulta que afecta a la propiedad y a los negocios de la compañía de la misma manera que si se hubiese tratado de una resolución formal de su consejo de directores, y el acto así realizado es *ultra vires* de la sociedad y contrario a la *public policy,* pues lo realizaron en su capacidad individual con el fin de ocultar su verdadero propósito y objeto, el acto debe ser considerado como realizado por la sociedad...»

17 Más referencias a las fuentes y decisiones judiciales relativas a este problema, WORMSER-CRANE, *Cases and Other Materials on Private Corporations* (Indianápolis 1948) 71 y s., nota 36.

18 Cfr., por ejemplo, TANEY, Chief Justiee, en *Bank of Augusta v. Earle* (1839), 13 Pet. (U. S.) 519 (587), 10 L. Ed. 274 (307); COOK, *On Corporations* III, §§ 663, 664, pág. 2561.

19 COOK, *On Corporations* III, §§ 663, 664, pág. 2561; STEVENS, § 15, págs. 74, 79; ambos autores con numerosas referencias a decisiones judiciales; ANDERSON, § 271, pág. 268; WORMSER 24; LATTY 64, sec. 14.

Si en un caso semejante el acreedor se dirige contra el deudor para hacerle responsable en virtud de la conducta infractora del contrato, será muy frecuente que no necesite recurrir de manera directa a la doctrina llamada *disregard of legal entity*. Si el deudor que se ha obligado contractualmente a omitir un acto provoca que un tercero lo realice, incurre en responsabilidad por incumplimiento del contrato de la misma manera que si el acto lo hubiese realizado él mismo. Esto rige tanto si el tercero es una persona natural como una *Corporation*. Pero incluso en este caso la doctrina del *disregard* puede ser muy útil al acreedor perjudicado, pues le confiere la posibilidad de probar que la sociedad no ha sido más que un instrumento en manos del deudor.[20]

Por el contrario, si debe quedar prohibida la realización de un acto a una persona jurídica que no se ha obligado a omitirlo sino que tal obligación fue contraída por otra persona, el apartamiento del velo de la persona jurídica sirve ante todo para poner en claro quién se halla detrás de la persona jurídica. Si resulta que existe identidad (por lo menos económicamente) entre quien se oculta detrás de la persona jurídica y la domina y el deudor obligado a la omisión,[21] y que este deudor se sirve de ella para liberarse de esta manera de sus obligaciones contractuales,[22] la doctrina del *disregard* permite equiparar la sociedad y el deudor. Esto no solo tiene la consecuencia de que el acto de la sociedad deba ser imputado al deudor desde el punto de vista de la infracción del contrato, sino también que el titular puede proceder inmediatamente contra la sociedad con una acción dirigida a obtener que se le condene a la omisión. Pero, según la doctrina americana, la regla de que, si concurren los supuestos expresados, puede prohibirse a la persona jurídica determinada acción cuando el socio de la misma se ha obligado a no realizar el mismo acto, no puede ser invertida. Por ello, si la persona jurídica enajena su negocio y su «*good will*», y se obliga frente al adquirente a no emprender ningún negocio igual o parecido durante cierto tiempo dentro de un sector determinado, con ello no nace para el socio ninguna prohibición de concurrencia. Según la jurisprudencia americana, no puede impedirse que ejerzan

---

20 Así, M. WOLFF, *Legal Persons* 515, 516.

21 Cfr. sobre ello *Beal v. Chase,* 31 Michigan 490 (1875); *Rollman Mfg. Co. v. Universal Hardware Works,* 207 Fed. 97 (1913); *Ferrell v. Prame,* 206 Fed. 278 (1913); *Kramer v. Old,* 119 North Carolina 1, 25 S. E. 813, 34 L. R. A. 389, 56 Am. St. Rep. 650.

22 *Moore & Handley Hardware Co. v. Towers Harware Co.,* 87 Alabama 206, 6 So. 41, 13 Am. St. Rep. 23; en este caso se resolvió que no puede prosperar la demanda de un acreedor contra la sociedad cuando no afirma y demuestra que la sociedad haya sido fundada con intención fraudulenta para lesionar las obligaciones contractuales de los deudores personales. En el caso indicado la mencionada prueba no pudo ser aportada, por lo que el tribunal resolvió que la sociedad X puede explotar determinado negocio aunque los socios *A, B y C* se habían obligado frente a un tercero a no explotar el mismo negocio; lo rechaza WORMSER 24 y s.; ANDERSON, § 271, pág. 268. A mi entender, sin razón. La adopción de medidas directamente dirigidas al substrato de la sociedad presupone una situación excepcional, por lo que los casos dudosos deben resolverse a favor de la sociedad y a cargo del acreedor. Aprueban esta decisión del caso *Moore & Handley Hardware C. v. Towers Hardware Co.,* etc.; STEVENS, § 15, pág. 78; COOK, *On Corporations* III, §§ 663, 664, página 2561; BALLANTINE, *On Corporations* (1927), § 5, pág. 20, núm. 45. También en *Hagy et al. v. Marguire et al,* 147 Pa. St. 187, 23 Atl. 806, los que se habían obligado en virtud de contrato se sirvieron de la forma de la persona jurídica para sustraerse a sus obligaciones contractuales.

una actividad en tal sentido.[23] Este criterio merece aprobación. En efecto, en tal caso los socios no se ocultan detrás de la sociedad. La «máscara» de la persona jurídica no puede en este caso ser aplicada a un mal uso pues los socios no se sirven de ella. Por lo demás, en la mayoría de los casos no podría llevarse a la práctica la extensión de la prohibición de concurrencia a los miembros de la sociedad, sobre todo cuando se trata de sociedades anónimas cuyos socios cambian continuamente.[24] Por el contrario, si los accionistas también se obligan personalmente, en tal caso no pueden liberarse de la obligación contraída a base de fundar una nueva sociedad para explotar el negocio prohibido a través de la nueva persona jurídica.[25]

El siguiente caso[26] es un buen ejemplo de la posibilidad de aplicar la doctrina del *disregard* a los casos de fraude de contrato: Dos inmuebles unidos que pertenecían a diferentes propietarios fueron arrendados por éstos en un mismo contrato a favor de una sociedad para que explotara los yacimientos de minerales. Se convino que por cada tonelada obtenida, el arrendatario pagaría a los arrendadores una determinada contraprestación, con independencia de cual fuera el inmueble del que procediera el mineral obtenido. Posteriormente, el arrendatario (la sociedad) adquirió la propiedad de uno de los dos inmuebles y se dedicó a explotarlo exclusivamente. Los demás arrendadores reclamaron la mitad de la retribución originariamente pactada por cada tonelada obtenida, aunque procediera del inmueble adquirido por la demandada. La pretensión prosperó judicialmente por estimarse que la adquisición de la propiedad nada había cambiado del contenido del contrato de arrendamiento. Entonces la sociedad aportó el inmueble que había adquirido a otra sociedad por ella fundada y luego hizo que la nueva sociedad lo transmitiera a otra tercera sociedad cuya fundación era igualmente obra suya, y sin que los derechos procedentes del contrato de arrendamiento se transmitieran a la nueva persona jurídica. La tercera sociedad reemprendió la explotación de la mina del inmueble adquirido. Los arrendadores también pretendieron el pago correspondiente por cada tonelada de mineral allí obtenida, a lo que se opuso la nueva sociedad con la alegación de que se limitaba a explotar un terreno de su propiedad y que no había celebrado con los demandantes ningún contrato que le obligara a lo que pretendían. El tribunal consideró, en su decisión, la conexión íntima que existía entre las tres sociedades. Luego hizo constar que, en realidad, no existía «*actual fraud*» (la realidad del dolo).[27] Sin embargo, se concedió a la parte demandante una compen-

---

23 *Hall's Safe Co. v. Herring-Hall-Marvin Safe Co.*, C. C. A. Ohio, 146 Fed. 37, 14 L. R. A. (N. S.) 1182: «Un contrato realizado por una sociedad limitada *(priivate Corporation)* con motivo de la venta de sus bienes, negocio y clientela, en el sentido de que no se dedicará nuevamente a los negocios en competencia con el comprador, no vincula individualmente al accionista, aunque pueda haber intervenido en el contrato como un directivo de la sociedad». Asiente STEVENS, § 15, página 79.

24 Así, acertadamente, LATTY 64, nota 72.

25 «Es inútil afirmar que no están compitiendo con la General Bronze Corporation [el adquirente] porque el que compite es una sociedad que tiene personalidad independiente, de la cual ellos son simplemente accionistas, directivos y empleados». *General Bronze Corporation v. Schmeling*, 208 Wis. 565 (569), 243 N. W. 469, con la aprobación de STEVENS, § 15, pág. 79.

26 *Higgins v. California Petroleum and Asphalt Co. et al.* (1905), 147 Cal. 363, 81 Pac. 1070.

27 De los fundamentos: «Es cierto que el tribunal no estimó probado que en el negocio se hubiera efectivamente cometido un fraude; pero creemos que semejante transferencia en contra del titular de un crédito debe estimarse afectada por la presunción legal de fraude».

sación por cada una de las toneladas obtenidas a base del primitivo contrato de arrendamiento, en vista de que «las tres sociedades demandadas en realidad son la misma».[28] De esta manera se estimó que el contrato de arrendamiento celebrado con la primera sociedad era directamente vinculante para las tres; con ello, a la persona jurídica fundada en último lugar no se le reconoció existencia independiente, en la medida en que se trataba de las obligaciones resultantes del contrato de arrendamiento.

Este último ejemplo permite reconocer que los tribunales disponen de diferentes posibilidades cuando se trata de fraude de contrato con ayuda de una persona jurídica, según las circunstancias del caso, con la finalidad de evitar un abuso. No solo puede prohibirse a una sociedad que contractualmente no ha asumido una obligación de no hacer, que ejecute un acto por la razón de que el mismo está prohibido a sus miembros, sino que también cabe que una persona jurídica sea hecha responsable de la culpa que afecta a su socio por la razón de que éste, en realidad, se identifica con la sociedad.[29]

3. *Transmisión fraudulenta*[30] *del patrimonio del deudor a una persona jurídica en perjuicio de tercero.*— Es frecuente el caso de que un deudor trate de salvar sus bienes de la

---

Acerca de la diferencia entre fraude efectivo (por desfigurar la realidad o por ocultación) y presunción de fraude *(constructive fraud)* (contrario a la política jurídica o por abuso de alguna relación fiduciaria o por recaer el fraude sobre los derechos e intereses privados de terceras personas), cfr. SNELL, *Principies of Equity*[23] (R. E. MEGARRY, Londres 1947), 455 y s., 464 y s.

28 En el lugar señalado (1905), 147 California 363 (368), 81 Pac. 1072.

29 Un fraude de contrato con el recurso de la forma de la persona jurídica que justifique una intervención hasta el substrato de la misma, también existe cuando un socio único no ha establecido anteriormente ninguna diferencia entre su patrimonio particular y el de su sociedad, a pesar de lo cual más tarde intenta sustraerse a las obligaciones que dimanan de un contrato señalando que éste lo ha celebrado la sociedad y no él personalmente, cfr. *Wittmann v. Whittingham,* 85 Cal. App. 140, 259 Pac. 63 (1927); *Tynes et al. v. Shore,* 185 S. E. 845 (847); *Rutz v. Ohear et al,* 115 Pac. 67 (1911); cfr. sobre ello también *supra* pág. 74, nota 10 (OLG Karlsruhe 10.12.1942), donde los mismos problemas en Derecho alemán muestran un caso igual que se califica de daño causado fraudulentamente a tercero. No siempre cabe trazar los límites con toda claridad en esta materia.

30 El concepto de «perjuicio fraudulento» no se utiliza en este caso con el sentido técnico que tiene en el Derecho americano de concurso o sobre enajenaciones en perjuicio de los acreedores, aunque muchos de los casos que ahora han de ser objeto de investigación adquieren especial importancia precisamente cuando existe insolvencia del deudor. Pero en la *disregard doctrine* se trata de una figura jurídica independiente (sobre ello *infra* pág. 111, nota 38). Por lo demás, cabe señalar que el concepto de daño fraudulento que utiliza el Derecho americano sobre enajenaciones en perjuicio de acreedores no coincide con el de las enajenaciones en fraude de acreedores del Derecho alemán (cfr., por ejemplo, § 3 de la ley alemana acerca de la impugnación de los actos jurídicos de un deudor fuera del procedimiento de recurso, de 21.7.1879, RGB1 277). El concepto americano está correctamente reproducido en el § 4 de la *Uniform Fraudulent Conveyance Act,* reproducida en GLENN 591. Es preciso hacer notar que solo se hace referencia al aspecto objetivo y no al subjetivo. El § 4 dice así: Transmisiones *(Conveyances)* por parte de un insolvente. Toda transmisión realizada y toda obligación contraída por una persona que está o que con ello quedará en estado de insolvencia, es fraudulenta con respecto a sus acreedores con independencia de que medie su voluntad efectiva en tal sentido, cuando la transmisión queda realizada o la obligación asumida sin una adecuada contraprestación *(a fair consideration).* Para el tratamiento de las enajenaciones en fraude de acreedores con el recurso de la forma de la persona jurídica en Derecho inglés, cfr. GOWER, *The Principles of Modern Company Law* (Londres 1954) 216 y s.

acción de los acreedores a base de fundar una sociedad a la que transmite todo su patrimonio o partes esenciales del mismo. Las concretas situaciones de hecho en que puede comprobarse que los acreedores sufren un perjuicio de tal clase son muy numerosas. En el caso *Booth v. Bunce,*[31] los socios de una *partnership* que luchaba con graves dificultades financieras fundaron una *corporation* a la que aportaron todo el patrimonio de aquélla. *A* era acreedor de la *partnership* y *B* lo era de la *corporation.* En un litigio entre ambos se trató de poner en claro ante todo si *A* podía dirigir la ejecución contra el patrimonio de la *corporation* aunque en realidad él era acreedor de la *partnership.* Otro ejemplo: en el caso *First National Bank of Chicago v. F. C. Trebein Company,*[32] F. C. Trebein, un deudor insolvente, fundó una persona jurídica conjuntamente con su esposa, su hija, su yerno y su cuñado, y aportó a ella todo su patrimonio mobiliario. De seiscientas participaciones en la *Corporation,* solo cuatro no pertenecían a F. C. Trebein. Sus acreedores trataron de dirigirse directamente contra el patrimonio de la *corporation.*[33] Fue opuesta la objeción de que la persona jurídica y los titulares de las participaciones eran sujetos de derecho diferentes.

Para alcanzar en este caso soluciones satisfactorias hace falta establecer diferencias. No cabe duda que los acreedores no pueden dirigirse contra la *corporation* si con la transmisión a la misma de sus bienes patrimoniales el deudor no ha quedado en estado de insolvencia.[34] Tampoco cabe duda que para poder extender la responsabilidad al patrimonio de la persona jurídica no basta el hecho de que se oculte detrás de la misma la misma persona física que le ha transmitido el valor patrimonial.[35] Por el contrario, si el caso consiste en que una persona jurídica, por ejemplo, la sociedad de un solo hombre que debe algo a un tercero, ha enajenado valores patrimoniales con intención fraudulenta y deja que la contraprestación se pague a sus socios, no cabe duda que en caso de insolvencia de la persona jurídica el acreedor ha quedado perjudicado. El deudor — en este caso la *corporation* — no recibe la contrapartida del valor patrimonial transmitido.[36]

Entre los dos casos extremos que acabamos de señalar cabe imaginar otros muchos. Por ejemplo, si el deudor recibe participaciones sociales por el valor que corresponda al patrimonio aportado a la sociedad fundada por él mismo, se da igualmente un caso de perjuicio a los acreedores si la nueva sociedad concede empleo con sueldos exagerados a personas dependientes del deudor, pues, con ello, el valor de la contraprestación recibida no tardará en desaparecer.[37]

---

31 *Booth v. Bunce* (1865), 33 N. Y. 139. Para la solución del caso, cfr. *infra* página 111.

32 *First National Bank of Chicago v. F. C. Trebein Co.,* 59 Ohio St. 316, 52 N. E. 834 (1898). Para la solución del caso, cfr. *infra* pág. 112.

33 En semejantes casos los acreedores tienen ciertamente la posibilidad de dirigirse contra las participaciones del deudor. Pero muchas veces este camino no conducirá a un resultado satisfactorio al no permitir una acción directa sobre el patrimonio de la sociedad.

34 Esto resulta de *Cashman v. Hitchcock,* 293 Fed. 958; *In re Braus,* 248 Fed. 55; *In re Stringer,* 253 Fed. 352 (355).

35 Cfr. BALLANTINE, *On Corporations* (1927) 745 nota 3: «El hecho de que la sociedad sucesora esté compuesta por los mismos —o sustancialmente los mismos— accionistas que la antigua, no es suficiente por sí solo para que la nueva sociedad sea responsable de las pretensiones dirigidas contra la antigua», y las decisiones citadas en la nota 3: *Racine Engine & Machinery Co. v. Confectioners Machinery & Mfg. Co.,* 234 Fed. 876; *Swing v. Empire Lumber Co.,* 105 Minn. 356, 117 N. W. 467; *McAlister v. American Ry. Exp. Co.,* 179 N. C. 556, 103 S. E. 129, 15 A. L. R. 1090.

36 GLENN, § 285, pág. 379.

37 Cfr. sobre ello además GLENN, § 286, pág. 380 y s.

Si efectivamente se da un caso de perjuicio a los acreedores, es frecuente que los tribunales americanos recurran a la doctrina del *disregard of legal entity* cuando puede comprobarse la identidad entre la persona jurídica y sus miembros.[38] Si así se hace, queda explicado por qué la sociedad responde directamente al acreedor del deudor personal.[39] No se atenderá, pues, a la objeción de los acreedores de la persona jurídica que esgrimen el argumento de que el deudor y la dicha persona son dos sujetos de derecho completamente diferentes.

En el caso antes citado, *Booth v. Bunce,* el tribunal rechazó la objeción fundada en la supuesta diferencia entre la persona jurídica y el socio, de la siguiente manera: «si, por el contrario, la compañía ha sido organizada para defraudar a los acreedores de Montgomery y Lund (que son los socios de la *partnership)* y los bienes fueron transmitidos a ellos[40] por Montgomery y Lund para alcanzar tal propósito fraudulento, el demandante (el acreedor de la *partnership)* tenía derecho a ser reembolsado».[41] La fundamentación de este resultado se hace constar así: «documentos de traspaso... incluso personas jurídicas, pueden ser instrumentos de que las partes se sirvan para lograr las ventajas más injustas. Semejantes dispositivos e instrumentos... no pasan de ser letra muerta porque el Derecho mira por encima de ellos como si jamás se hubiesen otorgado».[42]

También en el caso *First National Bank of Chicago v. Trebein Co.* el tribunal resolvió que la sociedad creada no era más que el mismo F. C. Trebein bajo otra figura y se apoyó para ello en una anterior decisión en la que se había dicho que la

---

38 Acerca de la cuestión extraordinariamente difícil de si la *disregard doctrine* tiene justificada la existencia junto a los medios auxiliares que la institución de la enajenación fraudulenta concede al acreedor, no hemos de entrar ahora en más detalles; pero cfr. sobre ello, por ejemplo, BALLANTTNE, *Manual,* § 6, pág. 29, quien opina que en este sentido la *disregard doctrine* solo produce confusión; en contra, WORMSER 42 y s. y también STEVENS (1936), § 187, pág. 753: «Tal negocio es nuevamente impugnable como transmisión fraudulenta, pero también puede ser atacada con éxito sobre la base de que, puesto que el dispositivo social solo fue utilizada para realizar un fraude, puede quedar descartado y estimarse que el deudor todavía es el dueño de los bienes»; igualmente STEVENS (1949), § 192, pág. 914; cfr. además GLENN, § 283, pág. 378; LATTY, sec. 17, pág. 68. A mi juicio no es justo que en estos casos se discuta la aplicabilidad de la *disregard doctrine:* los supuestos son distintos para los acreedores según que quieran dirigir la ejecución contra el objeto patrimonial desplazado a base de la *disregard doctrine o* a base de los preceptos sobre las enajenaciones fraudulentas, y basta pensar en la distinta importancia del concepto del daño causado fraudulentamente; cfr. sobre ello *supra* pág. 109, nota 30; además, solo en el primer caso pueden los acreedores dirigirse directamente contra el patrimonio de la sociedad, y en el último caso, solo dando un rodeo por el deudor contra quien deben empezar por justificar su derecho. Cfr. sobre ello GLENN, § 285, página 379. Detalles sobre la *Uniform Fraudulent Conveyance Act* en MCLAUGHLIN, *Application of the Uniform Fraudulent Conveyance Act,* 46 Harvard Law Review (1932-33) 404 y s. También ha de considerarse que pueden existir casos a los que solo sean aplicables las reglas sobre las enajenaciones fraudulentas, por ejemplo, cuando un deudor transmite fraudulentamente bienes patrimoniales a una *corporation* cuyos socios no se identifican con el deudor; cfr. *Ewing v. Composite Brake-Shoe Co.,* 169 Mass. 72, 47 N. E. 241.

39 Cfr., sin embargo, los argumentos de GLENN, § 285, pág. 379.

40 En este caso indudablemente se tiene en cuenta la *Company.* Así resulta también de la tesis que precede a la decisión.

41 *Booth v. Bunce* (1865), 33 N. Y. 156; cfr. *supra* pág. 111.

42 Lugar citado 157.

transmisión fraudulenta de objetos patrimoniales a favor de una sociedad influía tan poco en que el deudor perdiera la cualidad de propietario como que se cambiara de traje.[43]

En esta clase de casos, la doctrina *disregard of legal entity* permite que el acreedor pueda dirigirse contra el patrimonio de la persona jurídica con cuya ayuda el deudor trata de liberarse de la responsabilidad inherente a su obligación. El fundamento, en este caso, se hace constar así: es cierto que por regla general el Derecho reconoce que la persona jurídica y sus miembros son dos sujetos de derecho diferentes. Pero cuando esta diversidad ha de ser explotada por un deudor para fines fraudulentos y la sociedad no pasa de ser otra cosa, en el fondo, que el mismo deudor bajo otra figura,[44] entonces es menester prescindir de este principio general. Lo que el tribunal ha de preguntar en este caso es si «el Derecho ha de cerrar sus ojos ante la realidad de que la diferencia es un mero juego de palabras», sin que pueda dudarse que la respuesta ha de ser: «no creemos que exista nada que nos obligue a semejante ceguera jurídica».[45]

Otro ejemplo servirá para justificar las múltiples posibilidades que aquí se dan para perjudicar a otros con el recurso de la figura de la persona jurídica. También puede suceder que exista un caso de perjuicio fraudulento o incluso de fraude de contrato en el hecho de que alguien esté acostumbrado a no hacer ninguna diferencia en el tráfico jurídico entre su patrimonio personal y el de una sociedad, a pesar de lo cual pretenda después invocarla. En semejantes casos los tribunales consideran que están identificados la sociedad y su partícipe.[46] Una compensación invocada frente al crédito de una sociedad de un solo hombre a base de una pretensión existente contra el socio único ha sido estimada procedente en un caso semejante por la razón señalada,[47] a pesar de que en el Derecho americano la compensación también exige de manera primordial que exista reciprocidad. [48] [49]

---

43 *First National Bank of Chicago v. F. C. Trebein Co.* (1898), 59 Oh. St. 316, 52 N. E. 834, con referencia a la decisión del caso *Terhune v. Bank,* 45 N. J. Eq. 344, 19 Atl. 377; sobre el contenido de hecho, cfr. *supra* pág. 109.

44 ANDERSON, § 249, pág. 254; BALLANTINE, *Manual,* § 6, pág. 27; cfr. también BALLANTINE, *On Corporations,* § 122, pág. 293. Numerosas indicaciones de jurisprudencia en FLETCHER, § 44, pág. 166, nota 13; además FLETCHER (1939), suplemento cumulativo, sec. 44, pág. 54.

45 *Montgomery Web Company v. Dienelt* (1890), 133 Pa. St. 595; cfr. tambien *Hibernia Ins. Co. v. St. Louis & New Orleans Transp. Co.* (1882), 13 Fed. 516; *Rice et al. v. Sanger Bros.,* 229 Pac. 397 (1924): «Cuando se adopta una estructura de sociedad para cometer un acto fraudulento o ilegal, la ficción de que la sociedad tiene personalidad jurídica distinta de sus miembros quedará descartada».

46 BALLANTINE, *On Corporations,* § 123, pág. 294, allí citado en la nota 28: *Louisville & N. R. Co. v. Nield,* 186 Ky. 17, 216 S. W. 62; *Donovan v. Purtett,* 216 111. 629, 75 N. E. 234, 1 L. R. A. (N. S.) 176; *Quaid v. Ratkowsky,* 183 App. Div. 428, 121 N. E. 887.

47 *Western Securities Co. v. Spiro,* 62 Utah 623, 221 Pac. 856 (1923). Pero esta decisión no debe inducir a apartarse del principio general de que las deudas de la sociedad deben quedar radicalmente separadas de las de los socios, como en parte han hecho los tribunales de los Estados Unidos tratándose de sociedades unipersonales en casos como el discutido, incluso sin que exista un abuso, cuando ha de juzgarse de la admisibilidad de una compensación; cfr. sobre ello *infra* pág. 121.

48 *Gallagher v. Germania Brewing Co.,* 53 Minn. 214, 54 N. W. 1115 (1893).

49 También se trataba de un supuesto de perjuicio ocasionado a un tercero de manera fraudulenta en el caso *Dixie Coal Mining & Mfg. Co. v. Williams,* 221 Ala. 331, 128 So. 799 (1930). Un empresario que más tarde se convirtió en socio único de una persona jurídica,

4. *Sociedades matrices y filiales.*[50]— No cabe considerar que sean idénticas dos personas jurídicas solo por el hecho de que una de ellas posea todas o casi todas las acciones de la otra.[51] Lo mismo hay que estimar si dos sociedades están regidas por directores comunes o de alguna otra manera se hallan en estrecha conexión. También toda persona jurídica tiene existencia propia en Derecho.[52] Pero ya resulta dudoso que esta regla no tenga que sufrir excepciones si una de las sociedades tiene a la otra en completa dependencia de hecho y de derecho. Seguramente es lo que ay que estimar si a ello se añade un supuesto de hecho constitutivo de abuso. Pero ha de comprobarse cuidadosamente si en determinados casos de sociedades que aparezcan como matriz y filial, ha de prescindirse de su forma social.

Las relaciones jurídicas entre la sociedad matriz y la filial tienen decisiva importancia cuando la primera es demandada en virtud de contratos que la filial ha celebrado con un tercero o cuando se discute si puede ser hecha responsable como resultado de actos de la filial realizados contra Derecho.[53] Este problema de averiguar cuándo la persona jurídica dominante responde de obligaciones de la depen-

---

dotó a ésta con un capital social completamente insuficiente para una industria determinada, para desplazar el riesgo sobre otros en el caso de fracasar la ocupación no exenta de riesgo de dicha persona jurídica. Por ello, al sobrevenir un accidente imputable a la empresa, el capital existente no fue suficiente para la reparación del daño. El socio único en este caso debía responder personalmente. Cfr. la tesis que precede a esta decisión: «Por lo que se refiere a responsabilidad por la muerte de empleados, el tribunal descartó la personalidad jurídica en vista de que con ella solo trataba de salvarse la responsabilidad personal del empresario». Otro caso: si un socio único que ha dotado a la sociedad con un capital social insuficiente para su explotación le concede un préstamo con la finalidad de reservarse el papel de acreedor en el concurso y con ello perjudicar fraudulentamente a los verdaderos acreedores, el tribunal debe posponer la pretensión del socio, único, situándola detrás de las que corresponden a los acreedores. Cfr. *Albert Richards Co. v. the Mayfair et al,* 287 Mass. 280 (288), 191 N. E. 430 (433) (1934).

50 Bibliografía: LATTY, *Subsidiaries and Affiliated Corporations* (Chicago 1936); BALLANTINE, *On Corporations,* § 134 y s., pág. 308 y s.; STEVENS, 85 y s.; BALLANTINE, *Separate Entity of Parent and Subsidiary Corporations,* 60 Am. L. Rev. (1925) 19; BERLE, *Subsidiary Corporations and Credit Manipulation,* 41 Harvard Law Review (1927-28) 874; DOUGLAS-SHANKS 193; REMBAR, *Claims Against Affiliated Companies in Reorganization,* 39 Columbia Law Review (1939) 908 y s.; BERLE, *The Theory of Enterprise Entity,* 47 Columbia Law Review (1947) 348. Derecho comparado: ALYEA, *El problema de la sociedad anónima subsidiaria en el derecho continental y angloamericano,* Revista de Derecho mercantil 15 (1953) 7 y ss.; el mismo, *Subsidiary Corporations under the civil and common law,* 66 Harvard Law Review (1953) 1227; HAMBURGER, *Konzernrecht, Rechtsvergleichendes Handwörterbuch* V(1936) 220 (243 y s.).

51 STEVENS, § 17, pág. 85.

52 Acerca de los motivos que inducen a crear las personas jurídicas dependientes, cfr. DOUGLAS-SHANKS 193 y s. Para la historia de la «Public Utility Holding Co.», cfr. DEWING, *The Financial Policy of Corporations* (New York 1926) 753 y ss.

53 Casos en los que la sociedad madre ha sido declarada responsable del mal causado por la sociedad filial: *Davis v. Alexander,* 269 U. S. 114, 46 S. Ct. 34, 70 L. EcL 186; *Joseph R. Foard Co. of Baltimore City et al. v. State of Maryland,* etc., 219 Fed. 827; *Lehigh Valley R. Co. v. Dupont,* 128 Fed. 840; en cambio, semejante responsabilidad fue negada en *Atchinson, T. & S. F. R. Co. v. Cochran,* 43 Kansas 225, 23 Pac. 151, 7 L. R. A. 414, 19 Am. St. Rep. 129; *Berkey v. Third Avenue Ry. Co.,* 244 N. Y. 84, 155 N. E. 58; cfr., por ejemplo, en este caso (155 N. E. 58) la principal afirmación que precede a la decisión: «Aunque sustancialmente todas las acciones del tranvía están poseídas por la compañía que explota otro tranvía, la propiedad de las acciones no es suficiente por sí sola para imputar a la sociedad dominante la responsabilidad que dimana de los actos ilícitos de la sociedad subsidiaria».

diente, ha suscitado frecuentes dudas en América y ha sido objeto de numerosas controversias jurídicas.[54] Además, suelen aparecer graves dificultades cuando la sociedad matriz cae en concurso (o queda sometida a una administración forzosa) y el administrador del concurso trata de dirigirse contra la propiedad de la sociedad filial en interés de los acreedores del deudor común.[55] En este caso el juez debe preguntar si puede estimar que el patrimonio de las dos sociedades es uno solo que pertenece a la persona jurídica dominante, aunque formalmente considerado sea propiedad de dos personas jurídicas diferentes. La doctrina del *disregard* permite ciertamente, en determinados casos, que se pase por encima de la figura de la persona jurídica. Por otra parte, en el caso de sociedad matriz y filial aparecen algunas peculiaridades, además de los usuales supuestos de aplicación de esta doctrina, que exigen algún examen. No cabe formular una regla general acerca de cuándo la sociedad matriz deberá responder de los contratos de la sociedad filial a causa de la identidad que medie entre ambas y respecto a cuándo ha de permitir que le sean imputados los actos ilícitos de la misma como si fueran los suyos propios; ello es debido a que los matices que aparecen en los casos concretos son muy diversos.[56] Además, el problema todavía no ha sido investigado de manera suficiente. En una decisión del año 1926, CARDUZO afirma: «Todo el problema de la relación entre las sociedades matriz y subsidiaria se halla todavía envuelto en las nieblas de la metáfora».[57] Es cierto que en ocasiones se encuentra uno con fórmulas muy generales, como la de que las sociedades matriz y filial deben ser consideradas como una misma persona jurídica cuando la dependiente es utilizada y tratada por la dominante como «un mero adjunto, encargado o instrumento».[58] También se manifiesta la tendencia a describir las circunstancias que son exponente de la situación de dependencia diciendo que una sociedad solo es un «instrumento», el *«alter*

[54] Casos en que la sociedad madre *(Holding Company)* ha sido hecha responsable por las deudas de la sociedad filial: *Luckenbach S. S. Co. v. W. R. Grace & Co.,* 267 Fed. 676 (681). En este caso la sociedad madre dejó a la sociedad filial con un capital muy insuficiente. La sociedad filial debía soportar el riesgo de una explotación para la cual en manera alguna resultaba suficiente el capital nominal *(Stammkapital). United States v. United Shoe Machinery Co.,* 234 Fed. 127; *Dillard & Coffin Co. v. Richmond Cotton Oil Co. et al,* 140 Tenn. 290, 204 S. W. 758; en cambio, tal responsabilidad fue rechazada en *Martin v. Development Co. of America,* 240 Fed. 42; *Pittsburg & Buffalo Co. v. Duncan,* 232 Fed. 584.

[55] Cfr. los siguientes casos en los que la propiedad de la sociedad filial hubo de servir para pagar a los acreedores de la sociedad madre a iniciativa del administrador del concurso: *In Re Muncie Pulp Co.,* 139 Fed. 546, 71 C. C. A. 530; *In Re Rieger, Kapner ir Altmark,* 157 Fed. 609 (S. D. Ohio 1907); *In Re Lake ir Co.,* 5 F. Supp. 179 (D. Mont. 1933); en cambio, lo rechaza la decisión del caso *First National Bank v. Walton,* 146 Wash. 367, 262 Pac. 984 (1928).

[56] STEVENS, § 17, pág. 80 (85).

[57] CARDOZO en *Berkey v. Third Avenue Ry. Co.,* 244 N. Y. 84 (94), 155 N. E. 58 (61) (1926); cfr. también BALLANTINE, *On Corporations,* § 136, pág. 312; cfr. además 64 Harvard Law Review (1951) 1313 (1317) (notas: acciones ejercitadas por un accionista de una sociedad madre para remediar los daños causados a la subsidiaria): «En apariencia no existe ningún *test* que señale cuándo la sociedad madre y su subsidiaria serán tratadas como una sola empresa, aunque los tribunales han tenido ocasión de desarrollar semejante *test* en la diversidad de situaciones en las que han descartado la personalidad independiente de las sociedades», con referencia al caso *United States v. Milwaukee Refrigerator Transit Co.,* 142 Fed. 247 (255) (C. C. E. D. Wisconsin 1905): «Las personas jurídicas *(corporate entities)* son respetadas «hasta que aparece alguna razón suficiente para lo contrario».

[58] *Chicago, Milwaukee & St. Paul Railway Co. v. Minneapolis Civic and Commerce Association,* 247 U. S. 490 (501) (1917).

ego», un «doble social» o un *«dummy»* de la otra sociedad.[59] Pero acertadamente señala BALLANTINE[60] que con este concepto amplio y en el fondo incoloro no se ha dicho nada decisivo en relación con el problema de saber cuándo ya no será posible insistir en la diversidad jurídica. Estamos, pues, en presencia de un juego con imágenes y conceptos cuya significación o importancia para la doctrina del *disregard* hasta ahora no ha quedado esclarecida de manera suficiente. Lo mismo hay que decir del aprovechamiento del concepto de *«agency»* (mandato o encargo de gestión) en la fórmula que antes hemos transcrito. Aunque se trata de un concepto que precisamente tiene una clara significación terminológica a diferencia de lo que sucede con las palabras «instrumento» o «doble social», de poco servirá en relación con el problema de cuándo una sociedad matriz y filial puede ser tratada como idéntica. Es cierto que la figura jurídica de la *«agency»* permite imputar a un sujeto de derecho el acto realizado por otro, pero ello no significa que ambos puedan ser considerados como un mismo sujeto. Una sociedad puede actuar como representante de otra tan perfectamente como una persona natural: la dificultad solo radica en justificar qué circunstancias deben además concurrir para que la sociedad filial pueda ser tratada como si fuese idéntica a la sociedad matriz.[61] Si se analizan los casos en los que los tribunales han negado la independencia jurídica de las dos sociedades, cabe obtener por inducción de las sentencias algunos principios generales.

La sociedad filial debe ser considerada como un ente con personalidad jurídica propia, cuando *a)* ambas sociedades son independientes en el aspecto financiero, para lo cual la sociedad filial debe disponer de capital suficiente para hacer frente a sus obligaciones; *b)* los negocios de las dos personas jurídicas deben quedar separados y contabilizados en libros independientes; *c)* las asambleas sociales deben celebrarse separadamente (y si así se hace es indiferente que las dos sociedades estén regidas por los mismos directores); *a) no* debe haberse producido la apariencia jurídica de que ambas sociedades son la misma.[62]

Por lo general no bastará que deje de concurrir alguno de estos requisitos para que pueda estimarse que la sociedad madre y la filial son una misma persona jurídica. Para la identificación nace falta recurrir a la doctrina de la *disregard of legal entity*.[63] Esto significa que, por lo regular,[64] para resolver a favor de la situación de

---

59 WORMSEH 59; FLETCHER, § 45, pág. 172; COOK, *On Corporations* I, § 6, pág. 35; cfr. sobre ello también REMBAR, *Claims Against Affiliated Companies in Reorganization,* 39 Columbia Law Review (1939) 907, y BERLE, *The Theory of Enterprise Entity,* 47 Columbia Law Review (1947) 348; *Chicago etc. Ry. v. Minn. Civic ir Assn.,* 247 U. S. 490 (501) (1917).

60 BALLANTINE, *On Corporations,* § 136, pág. 312; DOUGLAS-SHANKS 195.

61 BALLANTINE, *On Corporations,* § 136, pág. 313.

62 DOUGLAS-SHANKS 197, 218; además FLETCHER, § 41, pág. 142, nota 97, y Suplemento cumulativo 1951, § 41, pág. 56 (57); STEVENS (1936), § 1882.

63 STEVENS 88; *E. R. Hayes,* Iowa Corporations and Partnerships: 1942-1952, 38 Iowa Law Review (1953) 462 (468, 469), con referencia a *Johannsen v. Mid-Continent Petroleum Co. of Delaware,* 232 Iowa 805, 5 N. W. 2d 20 (1942). Además también es posible, bajo determinadas circunstancias, mantener la diversidad jurídica entre sociedad matriz y filial y considerar a ésta como representante *(agent)* de aquélla; sobre ello, por ejemplo, *Seymour v. Woodstock & Sycamore Traction Co. et al,* 281 111. 84, 117 N. E. 729; nota en 31 Harvard Law Review (1915) 894: una persona que contrata con la sociedad filial también contrata con la sociedad madre para la cual la filial ha actuado como su representante.

64 Cfr. sobre ello *infra* pág. 119 y ss., donde se demuestra que los tribunales americanos en la actualidad también aplican la *disregard doctrine* cuando, según su criterio, lo exige la buena fe.

dependencia, deberá concurrir alguna circunstancia que pueda calificarse de abuso y que permitirá al juez quebrantar la posición formal de una y otra persona jurídica para identificar a la dependiente con la dominante.[65] En todo caso – y esto constituye lo peculiar– cabe afirmar con toda cautela lo siguiente de las personas jurídicas cuya situación de dependencia llegue a tal extremo: pueden admitirse medidas que afecten a la persona jurídica dominante cuando, a pesar de no poderse demostrar que la misma opere con intenciones fraudulentas, aparezca sin embargo configurada la relación entre las sociedades matriz y filial de una manera completamente desacostumbrada. No se habrá abusado en tal caso de la persona jurídica en el sentido que hasta ahora hemos tenido en cuenta. No obstante, cabe estimar que la insistencia en la independencia jurídica de la sociedad filial es un abuso de derecho cuando la dominante tiene a la dependiente en una situación de hecho que la convierte en «esclava» de la primera, sin que ello pueda evitarse señalando que una y otra son jurídicamente independientes. Pero está claro que semejante situación de dependencia solo puede ser admitida en algunos casos marcadamente excepcionales.[66] [67]

Un buen ejemplo de cuanto acabamos de exponer lo tenemos en el caso *In Re Muncie Pulp Company.*[68] En este caso la *Pulp Co.* había creado a la *Great Western Natural Gas Company* y le había transmitido, entre otros bienes, algunas fincas con

---

65 Cfr., por ejemplo, *Bergenthal v. State Garage & Trucking Co.*, 179 Wisconsin 42, 190 N. W. 901 (1922): aunque en este caso concurrían muchas señales que de una manera puramente extema permitían llegar a la conclusión de que mediaba una estrecha relación de dependencia, a pesar de lo cual se negó que existiera responsabilidad de la sociedad madre por razón de un acto ilícito de la sociedad filial.
Cfr. también BERLE, *The Theory of Enterprise Entity,* 47 Columbia Law Review (1947) 349: «Aunque resulta claro que la simple propiedad de todas las acciones de una sociedad por otra no produce la confusión de las empresas si, de hecho, se mantienen separadas y operan separadamente...», con referencia al caso *In re Lawyers Mortgage Co.,* 284 N. Y. 371, 31 N. E. 2d 492 (1940); *Albright v. Jefferson County Nat. Bank,* 292 N. Y. 31, 53 N. E. 2d 753 (1944).

66 Cfr. *Pittsburgh ir Buffalo Co. v. Duncan et al,* 232 Fed. 584: «Verdaderamente, la ficción de la personalidad jurídica independiente *(distinct corporate existence)* no será tenida en cuenta cuando sea preciso para evitar un fraude, o cuando una *Corporation* está organizada y dominada de tal manera y sus negocios dirigidos de forma que la conviertan en un simple instrumento o anexo de otra' ... pero 'hace falta que se trate de un caso bastante poderoso para inducir al tribunal de equidad a considerar que dos sociedades son una sola por el hecho de que una posea todo el capital de otra'».

67 Cfr. sobre ello la formulación del Instituto del Kaiser Guillermo en el dictamen de 10.1.1939, en el asunto *Vereinigte Stahlwerke AG,* pág. 20 (con referencia a *Taylor v. Standard Gas & Electric Co.,* 96 Fed. 2d 693, 706 (1937) y a otras decisiones): De manera especial, en la relación entre sociedad madre y filial, la personalidad jurídica independiente de ésta pasa inadvertida cuando la primera participa en sus acciones no solo para influir de manera *corriente* en la dirección de los asuntos de la filial, sino, además, para dominarla hasta el punto de que ésta quede prácticamente reducida al papel de instrumento *(dummy, instrumentality, mouthpiece, business conduit, alter ego)* de la matriz, por cuya razón daría lugar a resultados injustos que ambas sociedades fuesen consideradas distintas»; cfr. además HAMBURGER, *Rechtsvergleichendes Handwörterbuch* V, 243, quien señala que no hace falta que medie efectivo dolo por parte de la sociedad matriz, sino que basta con el *constructive fraud,* es decir, una conducta que vaya contra el *standard* de la buena fe. Esta exposición creo que es demasiado amplia.

68 *In Re Muncie Pulp Co.,* 139 Fed. 546, 71 C. C. A. 530 (1905).

yacimientos de gas y petróleo. La *Pulp Co.* poseía todas las acciones de la *Great Western Co.*, con excepción de una sola que pertenecía a un hombre de paja. La *Great Western Co.* no llevaba contabilidad independiente, sus negocios eran realizados por la *Pulp Co.* y en todos los sentidos aquélla era considerada como mandataria de esta última. Cuando la *Pulp Co.* cayó en concurso, el administrador pretendió que los bienes de la *Great Western Co.* también debía integrar la masa sometida a su administración. La *Great Western* se opuso a ello y se fundó en la diversidad jurídica de las dos sociedades. El tribunal desestimó la posición jurídica que desde un punto de vista formal correspondía a dicha sociedad y resolvió que su propiedad, de la *Great Western Co.*, en realidad correspondía a la *Pulp Co.* y que aquélla no era más que un simple hombre de paja de esta sociedad insolvente. [69] [70]

5. *Buena fe (Treu und Glauben)*.— Los grupos de casos antes expuestos de ninguna manera agotan la esfera de aplicación que en la actualidad corresponde a la doctrina del *disregard*. Mientras que WORMSER todavía parece limitar su eficacia a casos de abuso, las nuevas tendencias se manifiestan en sentido favorable a la admisión del *disregard* incluso cuando «tal medida parezca justificada por la justicia sustancial». La formulación que WORMSER nos daba para los casos de *disregard*, todavía estaba expresada de la siguiente manera: «Cuando el concepto de persona jurídica *(corporate entity) se* emplea para defraudar a los acreedores, para sustraerse a una obligación existente, para soslayar la aplicación de una ley, para lograr o conservar un monopolio o para proteger a los bribones y delincuentes, los tribunales podrán prescindir de la traba de la persona jurídica y estimarán que la sociedad es un conjunto de nombres y mujeres que participan activamente en tales hechos y harán justicia entre personas reates».[71] Pero en la actualidad los tribunales adoptan una concepción más amplia de la doctrina [72] y prescinden de la eficacia de la forma de persona jurídica cuando su admisión hubiese de producir un resultado injusto incluso por otras razones. En la decisión *Metropolitan Holding Co. v. Snyder*[73] se expo-

---

69 De los fundamentos: «No cabe duda que la *Great Western Co.* era una simple creación de la *Pulp Co.*, sin existencia comercial independiente y organizada solo con la finalidad de facilitar el negocio de la última. La *Great Western Co.* no tiene ni el más remoto derecho a los bienes en disputa, y permitir que ella, o su presidente, o sus accionistas pudieran disponer de ellos, equivale a sancionar un fraude contra los acreedores de la *Pulp Co.»;* en el lugar citado.

70 Cfr. también *Interstate Tel. Co. v. Baltimore & O. Tel. of Baltimore* (1892), 51 Fed. 49, aff'd (1893) 54 Fed. 50. Una solución digna de tenerse en cuenta es la hallada en el caso llamado *Deep-Rock (Taylor v. Standard Gas and Electric Co.*, 306 U. S. 307, 1939); cfr. sobre ello, también, REMBAB, *Claims Against Affiliated Companies in Reorganization*, 33 Columbia Law Review (1939) 914 y s., y KRONSTEIN, *Der amerikanische Richter im Wirtschaftsrecht*, Sudd. JZ 1950, 792 (793). La *Standard Gas Company* dominaba la administración de la *Deep Rock Company*, una sociedad filial. Dotó a ésta con capital inferior al que hubiese sido preciso para los negocios que emprendía. El tribunal resolvió que la *Standard Gas* debía quedar postergada en cuanto a los créditos que ostentaba contra la *Deep Rock Co.* hasta que todos los acreedores y todos los accionistas preferentes hubiesen quedado pagados por completo. Un caso de *disregard* en el que solo se ha ido hasta la mitad del camino.

71 WORMSER 84.

72 BALLANTINE, *On Corporations*, § 122, pág. 293; STEVENS, § 18, pág. 97.

73 *Metropolitan Holding Co. Inc. et al. v. Snyder*, 79 F. 2d 263 (266); cfr. además, por ejemplo, *Minifie v. Rowley*, 187 Cal. 481, 202 Pac. 673 (1921); allí se expone (202 Pac. 676): «No es necesario, como sostienen los demandados, que el actor alegue dolo efectivo; basta con que los hechos alegados muestren que los tratos se mantenían formalmente con una

ne, por ejemplo, que puede comprobarse una creciente tendencia de los tribunales a prescindir de la forma de la sociedad y considerar que los accionistas forman una unión de individuos cuando tal cosa parece exigible en interés de la justicia.

Ballantine lo resume de la siguiente manera: «El hecho sometido a examen debe revelar algún abuso del privilegio de la personalidad jurídica en la situación de que se trate, o la necesidad de limitarlo para hacer justicia».[74]

La doctrina del *disregard* será, por ejemplo, tenida en cuenta en la interpretación de declaraciones de voluntad y otros negocios jurídicos. En el caso de que un causante condone una deuda a su sobrino en testamento y más tarde se demuestre que el causante no ostentaba ningún crédito contra el sobrino, sino contra una sociedad cuyas participaciones estaban íntegramente en poder del sobrino, la ficción de la independencia de la persona jurídica debe ser abandonada: en semejante caso la sociedad debe quedar liberada de la deuda. En este sentido fue resuelto el caso *Fidelity Trust Co. v. Service Laundry Co.*,[75] en el que el tribunal hizo constar que se trataba de un caso de aplicación de la doctrina del *disregard,* de manera que el patrimonio de la sociedad puede ser considerado como patrimonio del único titular de las participaciones.

También en el caso *Re Winburns Will*[76] el tribunal recurrió a la doctrina del *disregard.* En este caso el socio único había legado a una persona de su intimidad unas acciones que no le pertenecían a él sino a su sociedad. Para evitar un resultado «inadecuado» («ungesundes»), el patrimonio social y el del socio único fueron equiparados y las acciones fueron entregadas al tercero.[77]

Corporation, pero en realidad con un individuo y que la negativa a reconocer este hecho deba producir consecuencias contrarias a la equidad»; además *Erkenbrecher v. Grant,* 187 Cal. 7, 200 Pac. 641 (1921); *D. N. & E. Valter b Co. v. Zuckerman,* 214 Cal. 418, 6 Pac. 2d 251 (1931); cfr. la principal afirmación que aparece en 6 Pac. 2d 251: «La separación entre la sociedad unipersonal y el único titular no se admite cuando han de producirse resultados contrarios a la equidad».

74 Ballantine, *On Corporations,* § 122, pág. 293.

75 *Fidelity Trust Co. v. Service Laundry Co.,* 160 Tenn. 57, 22 S. W. 2d 6; asiente Anderson, § 96, pág. 108; en sentido crítico Fletcher, § 42, pág. 149, nota 38, quien cree que para casos semejantes bastaban las reglas corrientes sobre interpretación de disposiciones de última voluntad. En la *Cour d'Appel* de Burdeos, sentencia de 31.3.1953, D. 1953.1.41 (con nota de Lalou), en un caso de legado a favor de una fundación de beneficencia, pero que en el momento de la apertura de la sucesión ya estaba disuelta, se procedió con métodos de interpretación. Una fundación con el mismo objeto señalado en los estatutos, que había asumido el patrimonio de la disuelta, obtuvo el reconocimiento de que le correspondía la pretensión de entrega del legado.

76 *Matter of Winbum,* 136 Mise. 19, 240 N. Y. pág. 208; cfr. sobre ello también *Matter of Bush,* 124 Mise. 674, 209 N. Y. 776; no me fueron directamente asequibles estas dos decisiones y las cito según aparecen en *Fidelity Union Trust Co. v. Vander Roest et al,* 113 N. Y. Eq. 368, 166 Atl. 918 (1933) y Fuller 1399, 1400.

77 En el mismo caso otros tribunales tratan de alcanzar el mismo resultado mediante la siguiente manera de interpretar el testamento: en este caso el testador o bien ha querido realizar una transmisión a través de la *Corporation, o* bien ha pretendido disolver la sociedad con la subsiguiente entrega del objeto al designado. Un quebrantamiento del principio general del Derecho de sociedades de que media una radical separación entre el patrimonio de la sociedad y el del socio no es admisible ni exigible; cfr. *Fidelity Union Trust Co. et al. v. Vander Roest et al,* 113 N. Y. Eq. 368, 166 Atl. 918 (1933). Cfr. allí (166 Atl. 919) la

Se han dado otros casos en que los tribunales ocasionalmente consideran que una sociedad se identifica con la persona del titular de todas sus participaciones sin que concurra un supuesto de abuso, con el fin de permitir la compensación que opone el socio único por razón de un crédito personal, contra otro crédito que corresponde a su deudor contra la sociedad unipersonal.[78] Por supuesto que también en los Estados Unidos se han manifestado reservas contra una generalización de esta regla. Ante todo se hace notar que semejante compensación debe quedar prohibida en el caso, por ejemplo, de insolvencia del acreedor de la sociedad, que igualmente es deudor del socio único, porque ello daría lugar a una injustificada preferencia de este socio único frente a los demás acreedores de la persona insolvente que opone la compensación,[79] o cuando sufrirían un perjuicio los acreedores de la sociedad en el caso de que un deudor de ésta intentara extinguir su deuda por compensación con un crédito contra el socio único.[80]

Los ejemplos podrían multiplicarse.[81] Cabe agrupar de la siguiente manera a estos casos en que se aplica la doctrina del *disregard:*

---

afirmación principal que precede a la decisión: Syllabus por el tribunal. El testador transmitió sus bienes a un fiduciario *(trustee)* para que pagara la renta a su hijo durante diez años y después debía entregarle el capital, quedando cancelada la disposición si el hijo fallece dentro de los diez años. Por codicilo legó al hijo alguna propiedad inmueble que pertenecía a una sociedad de la que el testador poseía todo el capital; se resolvió: *a)* La ficción de que la sociedad tiene personalidad no puede quedar sin efecto *(may not be disregarded)* y el título de propiedad no se transmite en virtud del codicilo. *b)* El fiduciario dará cumplimiento a la voluntad del testador obligando a la sociedad a transmitir dicha propiedad. FULLER, lugar citado 1400, llama la atención sobre las dificultades que esta interpretación puede suscitar en Derecho americano.

78 *State Trust & Savings Bank et al. v. Hermosa Land and Cattle Co.,* 30 N. M. 566, 240 Pac. 469 (1925); cfr. allí (240 Pac. 470, 474): «Lo que antecede simplemente sirve como ejemplo de situaciones más o menos semejantes a las del caso sometido estudiado, en el que los tribunales han examinado lo que existía más allá de la entidad social, no porque fuera fraudulenta por sí misma, sino simplemente para ver si en el caso particular sería contrario a la equidad». FULLER, lugar citada 1395 y s., afirma que también en este caso es admisible la compensación y lo fundamenta con razones de economía procesal. No se perjudican de esta manera con la compensación intereses contrapuestos, como los que corresponden a los acreedores de la sociedad.

79 *State ex rel. Sorensen, Atty. Gen. v. Weston Bank (Citizens Telephone Corporation et al, Interveners),* 125 Neb. 612, 251 N. W. 164 (1933); *Bachrach v. Allen, Commissioner of Banks,* 239 Mass. 272, 131 N. E. 857 (1921); *Cosmopolitan Trust Co. v. S. Vorenberg Co.,* 245 Mass. 317, 139 N. E. 482 (1923).

80 FULLER, lugar citado 1396.

81 Para el aprovechamiento de la *disregard doctrine* en la interpretación de los contratos y declaraciones de voluntad, cfr. WOLFF, *Legal Persons* 512, 513; para la interpretación de las leyes: *Capitol Wine & Spirit Corp. v. Prokrass,* 302 N. Y. 734, 98 N. E. 704 (1951), 65 Harvard Law Review (1951) 345. Últimamente también se ha recurrido a dicha doctrina para la justa calificación fiscal de la compra de una sociedad con el fin de proceder a su inmediata liquidación. En este caso no se tienen en cuenta tanto los hombres como los hechos que se ocultan tras la figura de la persona jurídica (cfr. WORMSER 40: «El Derecho observará los hombres y los hechos que se hallan detrás de la ficción»). Acerca de problemas de Derecho fiscal, cfr. PLATT-MANSFIELD, *Buying a Corporation for Immediate Liquidation,* en 36 ABAJ (1950) 418: «Cuando una sociedad es adquirida para proceder a su inmediata liquidación, la doctrina se inclina más cada vez por la solución de descartar la forma social y considerar que se trata de la compra del activo más que de las acciones. La nueva doctrina se funda en un análisis realista de la *intention* del adquirente al comprar y liquidar la

Siempre estará permitido adoptar medidas que afecten al substrato de la persona jurídica cuando lo exija la buena fe *(Treu und Glauben)* o la justicia sustancial.[82]

Esta evolución no aparece recomendable desde el punto de vista del Derecho alemán. Si se permitiera denegar la forma de la persona jurídica siempre que lo exija la «buena fe» *(«Treu und Glauben»)* sin que al mismo tiempo quedaran determinados los límites de esta buena fe, la figura de la persona jurídica perdería su valor.

El principio general de la buena fe domina todo el Derecho y por ello también las relaciones de la persona jurídica. Pero no se infringe este principio por el hecho de que un acreedor o un deudor se limiten a recurrir a la radical separación que el mismo ordenamiento jurídico ha establecido entre la sociedad y sus miembros. Por ello cabe afirmar: la doctrina del *disregard of legal entity* solo podrá representar una aportación fructífera para el Derecho alemán en la medida en que permite adoptar medidas eficaces en los casos de fraude de contrato o de ley, de perjuicio a los acreedores y en ciertas situaciones que se manifiestan en la relación entre una sociedad matriz y su filial. En estos casos casi siempre aparece un uso abusivo de la persona jurídica, de manera que si no se aplicara la doctrina del *disregard,* no solo se produciría un resultado injusto, sino que quedaría admitida la conducta que atentara contra la buena fe. Pero ha de estimarse que es procedente otro criterio cuando simplemente hay que resolver un conflicto entre la justicia del caso concreto y la seguridad jurídica general. Cuando encontramos que la más reciente jurisprudencia americana, con la aprobación de destacados autores, también admite la adopción de medidas que a través de la persona jurídica afecten a sus socios, con el argumento de que lo exige la justicia material, no cabe seguirles por el mismo camino en lo que concierne al Derecho alemán. Semejante expansión de la doctrina del *disregard* no puede ser conciliada con la concepción fundamental de la persona jurídica.

---

sociedad»; cfr. sobre ello las siguientes decisiones citadas en el lugar señalado: *Peoples Water and Gas Co.,* T. C. Memo Dkt. num. II 837, 1.° de junio de 1948; *Kimbell-Diamond Milling Co.,* 14 T. C. num. 10; *Ruth M. Cullen,* 14 T. C. núm. 44; MANSFIELD, *Liquidation of Corporation after Purchase of Stock to Acquire Assets,* 40 ABAJ 1954) 428. Acerca de los problemas que con esto se relacionan de una posible doble imposición: *Commissioner of Internal Revenue v. Court Holding Co.,* 324 U. S. 331 (1945); notas fiscales en 35 ABAJ (1949) 346. Sobre los mismos problemas, además: GOLD, *Shifting from Corporate to Unincorporated Business Form* (Tax Notes), 38 ABAJ (1952) 516: «Si un negocio social ha sido celebrado en beneficio fiscal de los accionistas, pero en contra del mejor interés en el negocio de la entidad social, aparece *ipso facto* como una ficción que el comisario no puede desestimar...» Cfr. además «Casos recientes» en 98 Universitary of Pennsylvania Law Review (1950) 597 y ss. En el caso de fusión de las sociedades matriz y filial, cfr. 63 Harvard Law Review (1950) 898; *Stanton Brewery Inc. v. Commissioner,* 176 F. 2d 573 (2.° Circuito 1949), «Casos recientes»: «Desestimando el argumento formalista de que solo la matriz sobrevivió a la fusión ... el tribunal consideró cuál era el resultado práctico .... La nueva sociedad simplemente representaba una continuación de la antigua unidad económica, cuyos componentes recibían acumulados los créditos no utilizados».

82 También en el Derecho suizo el Tribunal Federal admite con este fundamento que se prescinda de la estructura de la persona jurídica especialmente cuando se trata de sociedades unipersonales y filiales; cfr., por ejemplo, BG 11.12.1945, BGE 71 II 272 (274): «Por ello en tal caso hay que admitir que su independencia jurídica no deba tenerse en cuenta en determinados sentidos, como tratándose de las relaciones jurídicas del fundador, del único accionista (de la sociedad madre) con terceros, cuando tal cosa lo exige el principio general de la buena fe en el tráfico».

§9. *Problemas de estructura y delimitación en la doctrina del* disregard of legal entity

I

Son casos de configuración particular de esta doctrina todos aquellos en que se adoptan medidas que afecten a las personas o a las cosas que se ocultan tras la persona jurídica por tratarse de supuestos en que se comete un fraude de ley o de contrato, o se ocasiona fraudulentamente un perjuicio a terceros con las maniobras que tienen lugar entre los «bastidores» de la persona jurídica, o cuando es preciso poner en claro las relaciones jurídicas que median entre una sociedad matriz y su filial, etc. Poco falta para que también la posibilidad de penetrar en el contenido verdadero de las sociedades de un solo hombre sea considerada como un caso de semejante aplicación especial de la doctrina del *disregard.* Sin embargo, esto no sería exacto.

Lo mismo que entre nosotros, la sociedad unipersonal está reconocida en América.[1] Muchas veces un accionista adquiere todas las acciones después del acto de fundación en que han de intervenir un determinado número mínimo de fundadores.[2] A pesar de semejante acto de adquisición, la persona jurídica o *corporation* sigue existiendo como tal y tampoco se altera en lo más mínimo la diversidad jurídica que media entre el accionista y la sociedad.[3] [4] El hecho de que sea más frecuente que los tribunales se refieran al socio único que se halla detrás de la persona jurídica tratándose de sociedades de un solo hombre que en el caso de las demás sociedades, se explica porque el socio único tiene más posibilidades que una mayoría de accionistas de hacer mal uso de la persona jurídica para fines contrarios a la razón de ser de la sociedad. Sin embargo, los casos en que debe rasgarse el velo que cubre a la sociedad

---

1 Por lo demás, esto también es lo que sucede en casi todos los demás países. El llamado sistema clásico que tiene prevista la disolución de la persona jurídica cuando solo tiene un socio, todavía es raramente adoptada, por ejemplo, en Bélgica; cfr. VAN HOUTTE, *Traite des sociétés de personnes á responsabilité limitée* (Bruselas 1950) 37; TSCHOFFEN, *Les sociétés de personnes á responsabilité limitée*[3] (Bruselas 1946) 66. Trib. comm. (Bruselas) 2.2.1950, *Office commercial du ravitaillement c. Société anonyme «Établissement Borremans-Anne», en liquidation.* La estructura alemana de la sociedad unipersonal se rechaza igualmente en Bélgica como contraria al orden público, Comm. Bruselas 4.2.1938. Acerca de la actual esfera de validez de la sociedad unipersonal, véase la muy detalla exposición de SOLÁ CAÑIZARES, *La société á responsabilité limitée en droit comparé,* Revue Internationale de Droit Comparé 1950, 62 (65 y s.).

2 En un Estado (Iowa) basta una sola persona; cfr. Iowa Code (1946), § 491: «Persona singular. Excepto en el caso de que la ley disponga lo contrario, una persona singular puede convertirse en persona jurídica *(may incorpórate)* observando las disposiciones de este capítulo, con lo que obtiene todos los privilegios e inmunidades aquí reguladas; pero si adopta el nombre de un individuo o individuos como el propio de la *corporation,* debe añadir la palabra *incorporated*». Citado según lo reproduce STEVENS 120, nota 35.

3 *Button v. Hoffman,* 61 Wisconsin 20, 20 N. W. 667; *Panama R. Co. v. Curran et al,* 256 Fed. 768; *Waycross Air Line R. Co. v. Offerman & W. R. Co.,* 110 Georgia 317 (1900), 35 S. E. 275; STEVENS, § 24, pág. 120 y s.; COOK, *On Corporations* III, §§ 663, 664, pág. 2566; de otra manera solo muy aisladas decisiones judiciales, por ejemplo del Tribunal Supremo de Maryland *(Swift v. Smith, Dixon & Co.* [1886], 65 Md. 428 (434); *The Bellona Company's Case* [Md. 1831] 3 Bland 442), citadas según aparecen en WORMSER 79.

4 También la sociedad unipersonal se califica de *corporation,* a pesar de que han de existir, naturalmente, grandes diferencias entre ella y una persona jurídica con muchos socios por lo que se refiere a la organización interna; así G. D. HORNSTEIN, *Stockholders' Agreements in the Closely Held Corporation,* 59 Yale Law Journal (1950) 1040.

de un solo hombre, no se distinguen en ningún respecto de aquellos en que la persona jurídica se compone de muchos miembros.[5] Aunque en las sociedades de un solo hombre se alcance al único socio, esto sucede porque trataba de infringir lo convenido en un contrato o de burlar lo que dispone la ley y nunca por la sola razón de que se tratara de una sociedad de un solo hombre. Considerado el problema de este modo, no resulta esencial la diferencia entre la aplicación de la doctrina de la desestimación en una sociedad con muchos miembros y la misma aplicación en la que solo se compone de uno; solo es una diferencia de grado. En este sentido, pues, el problema está planteado de la misma manera que en el Derecho alemán.[6]

II

En relación con la misma cuestión, también debe ser mencionada la doctrina de la sociedad *de jacto*.[7] Existe una sociedad *de jacto*[8] cuando los fundadores de una persona jurídica han dejado de cumplir de buena fe unos requisitos que la ley señala como esenciales para tal fundación.[9] En este caso solo el Estado puede invocar la nulidad de la sociedad en un procedimiento especial, fundado de manera inmediata y exclusiva en la «inexistencia de los derechos de la *Corporation*» (el llamado procedimiento *Quo Warranto)*, mientras que toda persona privada está impedida de invocar un defecto de constitución. Ni tan siquiera el mismo Estado puede oponerse a la sociedad que no existe por defecto en los requisitos esenciales para su constitución, si trata de hacerlo en otro procedimiento (el llamado *collateral attack)*.[10] Por tanto, esos vicios en la constitución de la sociedad solo tienen importancia en la relación que la sociedad *de jacto* mantenga con el Estado, pero no con otras posibles terceras personas. Para ellas, la persona jurídica *de jacto* subsiste en virtud de una ficción.

Para que una sociedad *de jacto* pueda ser tenida como tal, debe cumplir los siguientes presupuestos objetivos: debe existir una ley que permita la fundación de la sociedad, ha de haberse realizado una verdadera tentativa, aunque insuficiente, de ajustarse a los preceptos legales y, finalmente, la sociedad *de facto* ha de haber actuado como persona jurídica.[11]

---

5 Wormser 79.

6 Cfr. *supra* pág. 40 y s.

7 BALLANTINE, *On Corporations*, § 20 y s., pág. 68 y s.; ABBOT-SPRINGER-GIL-MORE 23 y s.; muy detallado THOMPSON I, § 245 y s., pág. 295 y s.; STEVENS, § 26, pág. 135 y s.; WARREN, *Collateral Attack on Incorporation*, 20 Harvard Law Review (1904) 456; CARPENTER, *De Facto Corporations*, 25 Harvard Law Review (1909) 623; ELLIOT, *On Private Corporations*, § 69 y s., pág. 64 y s.; KESSLER, *Die mangelhafte Aktiengesellschaft des nordamerikanischen Rechts als de facto Corporation, Corporation by estoppel und partnership mit Berücksichtigung der französischen société de fait par actions*, RabelsZ 3 (1929) 465 y s.; BERLE, *The Theory of Enterprise Entity*, 47 Columbia Law Review (1947) 345, con numerosas indicaciones de jurisprudencia.

8 La *de facto-Korporation* se halla en contraposición con la *de jure-Korporation*, en la que se han cumplido plenamente todos los requisitos prescritos por la ley; cfr. STEVENS (1936), § 27, pág. 121.

9 Por ejemplo, no se cumple por error un acto de publicidad que la ley prescribe como indispensable, o los estatutos no quedan suscritos por la totalidad de los miembros, etc. Cfr. BALLANTINE, *Manuel*, § 19, pág. 67 y s., o entre los fundadores se contaba un enfermo mental, por lo que no se reunió el número mínimo de fundadores con capacidad de obrar.

10 BALLANTINE, *On Corporations*, § 23, pág. 75 y s.; STEVENS (1936), § 28, pág. 125 y s.; TRUMPLER 41 y s.

11 STEVENS, § 27, pág. 139: los elementos de la doctrina de la sociedad de facto son: «*a)* La existencia de una ley bajo la cual esta clase de sociedad podía haber quedado válidamente constituida *(incorporated)*. *b)* Una tentativa real, aunque insuficiente, para dar cumplimiento a dicha ley. *c)* El uso, es decir, el ejercicio de los privilegios sociales».

La precisión de estos requisitos es una cuestión muy discutida. Esto implica una inseguridad jurídica nada desdeñable. Algunos Estados trataron de formular legalmente la idea fundamental de la doctrina de la sociedad *de jacto,*[12] pero también en este punto el resultado fueron reacciones muy dispares;[13] además, en parte ya no están en vigor en la actualidad esas disposiciones legales.

No cabe desconocer la afinidad entre la doctrina de la sociedad *de jacto y* la calificada con la expresión *disregard of legal entity.*[14] En ésta sucede que se adoptan medidas que afectan directamente a los socios o miembros de una persona jurídica y, en cambio, sucede en aquélla que los actos de personas singulares que obran colectivamente son imputados a una sociedad que *de jure* no existe. Ambas teorías se fundan, pues, en la estrecha ligazón que existe de hecho entre la sociedad y sus miembros, a pesar de la diversidad jurídica que les separa.

Sin duda corresponde a una íntima armonía que precisamente en el país donde se admite que en un caso concreto pueda quedar negada la persona jurídica *de jure* existente, en virtud de la *disregard doctrine,* otra doctrina permita que una persona jurídica que legalmente no ha podido nacer con eficacia pueda ser considerada como *de jacto* existente bajo supuestos determinados.

Ambas doctrinas son resultado de someter a una valoración exenta de prejuicios las verdaderas relaciones que median entre la persona jurídica y sus miembros. Esta verdadera proximidad de concepción relativa a la finalidad y esencia de la persona jurídica, ha sido formulada por el juez BIJUR de una manera tal vez algo exagerada: «Una persona jurídica existente *de jure,* más que una cosa es un método».[15]

---

12 Cfr., por ejemplo, California, Código civil, § 358: «La debida creación *(due incorporation)* de cualquier compañía *(company)* que de buena fe pretenda ser una sociedad *(corporation)* de acuerdo con esta parte, e interviniendo en el comercio como tal, o su derecho a ejercitar poderes sociales, no será objeto de indagación colateral en ninguna acción privada en la que tal sociedad de facto pueda ser parte, pero tal investigación puede realizarse a iniciativa del Estado a informe del fiscal general», citado según BALLANTINE, *Manual,* § 23, pág. 77, nota 18. Además, las leyes citadas por TRUMPLER 42, nota 3. Una enumeración comprensiva de semejantes disposiciones legales americanas del año 1949, que, sin embargo, en detalle no me han sido asequibles, se halla finalmente en STEVENS, § 30, pág. 170, nota 92.

13 De esas sociedades *de facto* han de distinguirse las llamadas sociedades por *estoppel.* De ellas se habla cuando algunas personas, con su conducta, han creado la apariencia de que obraban para una *corporation.* Si estas personas son demandadas con tal carácter, no pueden ampararse en la invocación de que no existe la sociedad. Cfr. TRUMPLER 42. En este caso se trata de la aplicación del principio general del *estoppel* que, en su forma clásica, está expresado en el caso *Pickard v. Sears ir Barrett* (1837), 6 Ad. & E. 469, 112 E. R. 179, de la siguiente manera: «Pero la regla de Derecho es clara, en el sentido de que cuando uno con sus palabras o conducta da lugar voluntariamente a que otro crea en la existencia de cierto estado de cosas y le induce a obrar según tal creencia, hasta el punto de cambiar su anterior posición propia, le queda vedado al primero la posibilidad de afirmar contra el último que al mismo tiempo existe un estado de cosas diferente»; además, *Trustees v. Smith etc.,* 118 N. Y. 634 (641).

14 STEVENS, § 30, pág. 168. HAYES, *Iowa Corporations and Partnerships 1942-1952,* 38 Iowa Law Review (1953) 462 (468), donde bajo el epígrafe «Achieving corporate entity: *De Facto* Corporations; *Piercing the Corporate Veil»,* ambas figuras jurídicas son tratadas en el mismo capítulo.

15 *Farmers Loan & Trust Co. v. Pierson,* 130 Mise. Rep. 110 (116 y s.), 222 N. Y. Supp. 532; igualmente DOUGLAS-SHANKS 194, 195. Cfr. sobre ello también la formulación en RADIN, *The Endless Problem of Corporate Personality,* 32 Columbia Law Review (1932) 658: «The Corporation ... is not even a shade, or a ghost, or a simulacrum. It is a verbal symbol, a mathematical expression».

III

En algunas ocasiones la literatura jurídica norteamericana expone la doctrina del *disregard of legal entity* desde otros puntos de vista sistemáticos. Así, en BALLANTINE, bajo el capítulo «*Disregarding ihe Corporate Entity*»,[16] hallamos la siguiente división:[17] «actos individuales que obligan a la sociedad»[18] y «responsabilidad individual por actos de la sociedad».[19] En la sección que sigue al primer epígrafe son tratados, por ejemplo, los conocidos casos de fraude en el contrato de seguro: el único accionista de una sociedad provoca que un incendio destruya bienes de la sociedad que están asegurados con el fin de cobrar la indemnización a través de la persona jurídica;[20] o bien se trata de que el acreedor de una sociedad anónima que tiene un derecho de prenda sobre todas las acciones y que, por ello, en último lugar será quien obtenga los beneficios que correspondan a la sociedad, se hace culpable de un incendio semejante.[21] Resulta claro que en este caso la sociedad no puede exigir la suma asegurada a la compañía de seguros, pues la persona jurídica, como resultado de un acto que ha realizado su único accionista (o el acreedor pignoraticio de todas las participaciones), no puede obtener ventajas que, en definitiva y desde el punto de vista económico, redundan en beneficio de quien ha provocado el fuego. La comprobación de que en semejantes casos el acto del accionista recae directamente en perjuicio de la sociedad, es por lo mismo completamente exacta. Encuentra su justificación en los principios generales que han sido desarrollados en la doctrina del *disregard*.[22]

No obstante, esta sistemática no es la más apropiada para que puedan manifestarse con la necesaria agudeza los conceptos que están en la base de la *disregard doctrine*. Que el acto de una persona individual pueda ser imputada a una persona

---

16 BALLANTOME, *Manual*, § 6, pág. 26; cfr. sobre ello también BALLANTINE, *On Corporations*, §§ 126, 128, págs. 296, 298.

17 BALLANTINE, *Manual*, § 6, pág. 29 (31).

18 Cfr. sobre ello el caso clásico *State v. Standard Oil Co.*, 49 Ohio St. 137, 30 N. E. 279, 34 Am. St. Rep. 541, 15 L. R. A. 145.

19 Como ejemplo véase, por ejemplo, *Donovan v. Purtell*, 216 111. 629, 75 N. E. 334; cfr. también 17 Columbia Law Review (1917) 140. En *Donovan v. Purtell* se trataba de un caso del siguiente contenido: el fundador de unas sociedades inmobiliarias cuyas participaciones le pertenecían íntegramente o que estaban bajo su dominación, fue considerado personalmente responsable de una obligación que incumbía a una de esas sociedades, en vista de que la finalidad principal de fundar las sociedades había consistido en «evadir las sentencias». Donovan se servía de las sociedades para la realización de negocios particulares. Por ello se estimó jurídicamente procedente que un prestamista que había prestado dinero a una sociedad dominada por Donovan pudiera dirigirse personalmente contra éste para reclamar el importe.

20 *Meily Co. v. hondón & Lancashire Fire Ins. Co.*, 79 C. C. A. 454, 148 Fed. 683; *Kirkpatrick v. Allemannia Vire Ins. Co.*, 102 N. Y. App. Div. 327, 92 N. Y. Supp. 466.
Cfr. también *Home Fire Ins. Co. v. Barber*, 67 Neb. 644, 60 L. R. A. 927, 108 Am. St. Rep. 716, 93 N. W. 1024, asintiendo COOK, *On Corporations* I, § 6, pág. 39.

21 *D. J. Felsenthal Co. v. Northern Assurance Co., Ltd. of London*, 284 Hl. 343, 205 111. App. 610, 120 N. E. 268, 1 A. L. R. 602, asintiendo ANDERSON, § 339, página 328.

22 En caso de incendio, por ejemplo, desde el punto de vista del fraude de contrato (según el contrato de seguro el asegurado no tiene derecho a pedir la suma del seguro cuando él mismo ha provocado un incendio), tal vez también desde el punto de vista del fraude de ley, cuando una ley de seguros regula de manera general esta situación de hecho; en el caso *State ex rel. Attorney General v. Standard OH Co.*, 49 Ohio St. 137, 30 N. E. 279, 34 Am. St. Rep. 541, 15 L. R. A. 145, desde el punto de vista del fraude de ley.

jurídica es una consecuencia del *disregard:* pero la determinación de cuándo será admisible semejante imputación, es un problema que se determina por sus propios presupuestos. Si la persona jurídica debe quedar descartada como sujeto de derecho independiente, resultará que la imputación del acto de la persona individual en detrimento o también a favor de la persona jurídica, o al revés, será una consecuencia lógica de la negación de la forma de la persona jurídica.

§10. *El sentido de la doctrina del disregard*

I

Las consideraciones que preceden han demostrado que los numerosos casos de la más diversa clase que permiten aplicar la doctrina del *disregard,* pueden clasificarse en determinados grupos en atención a sus rasgos típicos. El problema de si un caso queda en definitiva afectado por la doctrina del *disregard,* no puede sin embargo resolverse simplemente en atención a datos exteriores. Resulta perfectamente posible que nos encontremos, por ejemplo, ante dos casos que externamente parece que pueden equipararse, y que resulte que la doctrina del *disregard* pueda admitirse en uno de ellos y no en el otro. Puede suceder así cuando en ambos casos todas las acciones de la sociedad pertenecen a otra, o cuando los accionistas de la sociedad matriz son los mismos accionistas de la sociedad filial, o cuando los órganos de dos sociedades están constituidos por las mismas personas.[1] Estos hechos por sí solos no bastan para que se prescinda de la personalidad independiente de la persona jurídica.[2]

Por ello los criterios que han de tenerse en cuenta para resolver cuándo la forma de una persona jurídica puede legítimamente quedar denegada, no pueden ser buscados exclusivamente en datos externos. Éstos solo pueden valer como un indicio de que existe una situación de hecho a la que puede aplicarse la *disregard doctrine,* pero nunca pueden valer por sí solos para justificar la adopción de medidas que afecten a los hombres que se hallan detrás de la persona jurídica. Si se examinan las decisiones en las que la doctrina del *disregard* ha sido aplicada, para tratar de encontrar en ellas un rasgo común, se llega al resultado de que en todos esos casos la finalidad que ha tenido en cuenta el ordenamiento jurídico para crear la figura jurídica de la *Corporation,* ya no quedaría atendida si se afirmara la independencia de la persona jurídica frente a sus miembros.[3] Los grupos de casos particulares que ahora han sido examinados, no son más que subdivisiones del supuesto en que la persona jurídica actúa de una manera ajena a su finalidad.

---

1 Sobre ello ANDERSON, § 54, págs. 64, 65.

2 Acerca de las dificultades que resultan de buscar una regla general exacta, cfr. WORMSER 39 y s., quien en este lugar se expresa de manera esencialmente más precavida que en su artículo *Piercing the Veil of Corporate Entity,* 12 Columbia Law Review (1912) 496 y s.

3 BALLANTINE, On *Corporations,* § 122, pág. 293; STEVENS (1936), § 3, pág. 16; MCWILLIAMS, *Limitations of the Theory of Corporate Entity,* 4 California Law Review (1916) 465; *Disregarding Corporate Entity: One Man Company,* 13 California Law Review (1925) 235; CANFIELD, *Scope of Corporate Entity Theory,* 17 Columbia Law Review (1917) 128; BALLANTINE, *Separate Entity of Parent & Subsidiary Corporations,* 14 California Law Review (1926) 12; cfr. también ANDERSON, § 53, página 64; para decisiones judiciales véase, por ejemplo: *Booth v. Bunce* (1865), 33 N. Y. 139; *Hibernia Ins. Co. v. St. Louis & New Orleans Transp. Co.* (1882), 13 Fed. 516; *First National Bank of Chicago et al. v. Trebein Co. et al.* (1898), 59 Oh. St. 316, 52 N. E. 834; *United States of America v. Lehigh Valley Railroad Co.,* 220 U. S. 257, 31 S. Ct. 387, 55 L. Ed. 458.

Los límites que de esta manera han quedado determinados no pueden desplazarse ni en un sentido ni en otro. Si no existe coincidencia entre la finalidad general en atención a la cual existe la persona jurídica y la particular que en casos concretos se trata de alcanzar con la *corporation*, será procedente dejar descartada su forma jurídica. Mas, por otro lado, si una persona colectiva celebra un negocio jurídico que no excede de los límites trazados por la finalidad que puede perseguir, será preciso reafirmar su independencia[4] aunque el negocio jurídico ocasione un perjuicio injusto a la otra parte.[5] En tales casos será menester recurrir a otras instituciones jurídicas para lograr el remedio adecuado, pero nunca a la *disregard doctrine*. Si nos apartamos de este principio general, también perderemos con ello todas las ventajas que tanto valor confieren a la figura de la persona jurídica en el tráfico negocial de buena fe. El resultado sería, indudablemente una peligrosa inseguridad jurídica manifestada porque en un mismo y único caso una de las partes podría alegar razones convincentes para que la forma de la persona jurídica quedara descartada, mientras la otra parte podría invocarlas con la misma fuerza convincente para que fuera respetada. No sería fácil pronosticar el sentido de la decisión judicial. Un destacado ejemplo de esta clase lo tenemos en Derecho alemán en el tratamiento del problema de las llamadas sociedades del *Reich*.[6]

II

La actual investigación ha demostrado que también en Derecho americano la persona jurídica de Derecho privado[7] ha sido ideada para permitir que sus miembros componentes puedan tomar parte en la vida jurídica en una forma independizada respecto a ellos, sin que sean personalmente responsables de las deudas de la sociedad. Por ello, en el tráfico negocial de buena fe la persona jurídica puede celebrar contratos en lugar de sus socios, adquirir propiedad, demandar y ser demandada.[8] Su estructura permite acometer y resolver empresas económicas de

---

4 BALLANTINE, *Manual*, § 6, pág. 27; STEVENS (1936), § 3, pág. 16; ANDERSON, § 15, pág. 12; *Jenkins v. Moyse et al.* (1930), 254 N. Y. 319, 172 N. E. 521: «Las sociedades, por lo general, son creadas porque bajo la forma corporativa se logra alguna ventaja que sería denegada a un individuo o a un grupo de individuos. Esto es lo que ha sido realizado aquí y no se ha demostrado que concurra ninguna razón para que se descarte su personalidad jurídica *(for disregarding the corporate entity)*, aunque la entidad haya sido creada con el propósito de hacer algo permitido a una sociedad y prohibido a un individuo»; WORMSER-CRANE, *Cases on Private Corporations* (Indianapolis 1948) 60. Por ello debe rechazarse que tratándose del problema de si una sociedad es inmune, se penetre hasta ver cuál es el estado del único miembro; así, por ejemplo, en *The Beaton Park*, 65 F. Supp. 211 (D. C. Washington 1946), citado por P. SHEPARD, *Sovereignty and state-owned commercial entities* (New York 1951) 110 (desestimándolo). Igualmente lo rechaza SERICK, recensión de SHEPARD en RabelsZ 18 (1953) 183 y s.

5 En realidad, no llega tan lejos la doctrina americana. Pero con todo ello es lástima que los límites queden tan confusos; cfr., por ejemplo, STEVENS (1936), § 3, pág. 17: «Por otra parte, la personalidad jurídica como sociedad de individuos *(associated individuals)* no será reconocida ni recibirá efecto cuando esto iría contra la finalidad que motivó que se adoptara la estructura social o cuando los derechos en contraposición y las obligaciones en litigio pueden ajustarse más adecuadamente ignorando la personalidad jurídica de la sociedad»; cfr. también BALLANTINE, *On Corporations*, § 122, pág. 293; STEVENS, § 18, pág. 97.

6 Cfr. *supra* pág. 31 y ss. y 77 y ss.

7 La limitación a las personas jurídicas del Derecho privado está justificada por toda la estructura del presente trabajo.

8 Cfr. sobre ello, por ejemplo, *First National Bank of Chicago et al. v. F. C. Trebein Co. et al*, 52 N. E. 834, 59 Ohio St. 316.

gran magnitud que por lo general no estarían al alcance de los particulares ni de la sociedad personalista que por su propia estructura se compone de uo número limitado de socios, por faltarles el capital para ello necesario.[9]

La idea fundamental de la persona jurídica que el Derecho ha tenido en cuenta para fijar su responsabilidad debe ser primordialmente respetada en todos los negocios jurídicos. Pero de toda *corporation* rige el principio de que «debe ser empleada para fines negociales legítimos y no debe quedar desvirtuada».[10]

Si se abusa de una sociedad para fines ajenos a su razón de ser, la *disregard doctrine* evita que el Derecho tenga que sancionar tan temeraria empresa. Con ello en el fondo no niega la existencia de la persona jurídica, sino que la preserva en la forma con que el ordenamiento jurídico la na concebido. Quien niega su personalidad es quien abusa de ella. Quien lucha contra semejante desvirtuamiento, afirma tal personalidad.

El resultado de la indagación en cuya virtud debe ser apartada la forma de la persona jurídica cuando se mueve fuera de los límites que el ordenamiento jurídico le ha impuesto en atención a sus propios fines, exige la base de una construcción jurídica. Para ello en el Derecho norteamericano se recurre a la doctrina general que precisa los límites de las ficciones. Según los principios generales del Derecho angloamericano, toda ficción solo debe ser mantenida mientras sirva a la finalidad para la cual ha sido creada.[11] [12] En la decisión del caso *State v. Standard OH Co.* (1892)[13] se hace constar de la siguiente manera que, según el Derecho angloamericano, también se aplican a las personas jurídicas las reglas que rigen de manera

---

9 John D. ROCKEFELLER (10.1.1900), ante la Comisión Industrial del Congreso, citado por COOK, *On Corporations* III, 663, 664, pág. 2575, nota 5; WORMSER 2; *Editorial Notes, Position of Corporate Directors as Sui Generis,* 35 Minnesota Law Review (1951) 564; BALLANTINE, *On Corporations,* § 1, pág. 1; cfr. sobre ello también BERLE, *The Developing Law of Corporate Concentration,* 19 University of Chicago Law Review (1952) 639 y s.; el mismo, *The Theory of Enterprise Entity,* 47 Columbia Law Review (1947) 343, todavía señala otra ventaja de las sociedades: «Una crítica realista en la actualidad probablemente incluiría una segunda ventaja de peso: la distribución de responsabilidad por la empresa entre los elementos dirigentes».

10 WORMSER 9, allí citado: 13 California Law Review (1925) 235, 36 Yale Law Journal (1926) 254-60, nota; igualmente *Bressman, Inc. v. Mosson,* 127 Mise. Rep. 282, 215 N. Y. Supp. 766; *State Trust & Savings Bank v. Hermosa Land & Catíle Co.,* 240 Pac. (N. Méx.) 469.

11 Lord MANSFIELD, Chief Justice, en *Johnson v. Smith,* 2 Burrows 962: «Es una regla segura que una ficción jurídica nunca sufrirá una contradicción que haga fracasar la finalidad para la cual fue inventada, pero que podrá serlo para cualquier otra finalidad», y J. BRINKERHOFF en *Wood v. Fergusion,* 7 Ohio St. 291: «Ellas (las ficciones) se inventaron para lograr un avance de la justicia y no se aplicarán para ninguna otra finalidad»; *Hood v. Brown,* 2 Ohio R. 269; *Rossman v. McFarland,* 9 Ohio St. 381; *Collard's Adm'r v. Donaldson,* 17 Ohio R. 266 (citado por CANFIELD-WORMSER, *Cases on Private Corporations*[2] (Indianapolis 1925) 50 (51). En *State v. Standard Oil Co.,* 30 N. E. 279 (287); la cita que hemos reproducido solo se transcribe de manera incompleta). *Bank v. Devaux,* 5 Cranch 61 (U. S. 1809), 3 L. Ed. 38 (43): «La *corporation* es una ficción del Derecho; los miembros individuales son las partes verdaderas. Pero las ficciones jurídicas están implantadas en provecho de las partes verdaderas y no para su perjuicio; y han de ser modeladas de manera adecuada al cumplimiento de su objetivo. Las ficciones jurídicas nunca deben desconocer la verdad. Pero la construcción pretendida establecería una ficción contraria a la verdad».

12 También sobre lo mismo *supra* pág. 91.

13 49 Ohio St. 137, 30 N. E. 279 (287) (1892).

general para las ficciones: «No se ve por qué razón los princpios aplicables en general no deberían aplicarse a la ficción de que a sociedad *(corporation)* es una entidad personal distinta de las personas naturales que la componen, y en beneficio de las cuales ha sido creada». La consecuencia que de ello se sigue es sencilla: no puede seguir sosteniéndose la ficción de la persona jurídica cuando es ilegal la finalidad perseguida por la autoridad o por medio de ella,[14] o en determinados casos especiales, cuando la finalidad en atención a la cual ha sido creada la figura jurídica de la *Corporation* no permite que pueda insistirse en su forma jurídica.[15]

Si al contestarse a la pregunta de si la forma de la persona jurídica puede ser excepcionalmente denegada, se compara la finalidad que en el caso concreto persiga la sociedad con aquella finalidad general que constituye el límite mismo puesto a la razón de ser de las personas jurídicas, resulta que en la aplicación de la doctrina del *disregard* se tiene en cuenta de manera primordial un criterio teleológico.[16] La forma y manera de alcanzar con la persona jurídica los fines que el Derecho rechaza, tiene en comparación con ello una importancia secundaria.

La exposición ha demostrado que el problema de señalar cuándo cabe adoptar medidas que afecten a las personas situadas detrás de la persona jurídica, no puede ser resuelto solamente con argumentos lógicos.[17] A pesar de todo, los litigantes siempre intentan probar con ayuda de la lógica que la persona jurídica es un sujeto de derecho que no puede ni debe saber nada de sus miembros, lo cual es una pretensión que de antemano ofrece perspectivas poco halagüeñas en un país en el que uno de sus más grandes hombres de Derecho, el juez HOLMES, pudo afirmar: «la vida del Derecho no ha consistido en lógica, sino en experiencia».[18]

Los conocimientos obtenidos empíricamente por el Derecho americano tal vez pueden quedar resumidos de la siguiente manera: la solución del problema relativo a cuándo puede prescindirse del rasgo esencial de la persona jurídica, que es la separación radical entre la sociedad y sus socios, depende de que la persona jurídica actúe sin apartarse de los fines en atención a los cuales el Derecho la ha creado.

---

14 *State v. Standard Oil Co.*, lugar citado; ANDERSON, § 12, pág. 11; cfr. también *Damascus Mfg. Co. v. Union Trust Co.*, 119 Ohio 439, 164 N. E. 530; FLETCHER, § 41, pág. 140, también allí nota 86.

15 Por ejemplo, en la interpretación de los contratos, declaraciones de voluntad, etc.

16 En *McCaskill Co. v. United States*, 216 U. S. 504 (515), 54 L. Ed. 590 (596), 30 S. Ct. 386, se expresa el mismo pensamiento de la siguiente manera: «Los tribunales muestran una creciente tendencia a prestar atención, más allá de la estructura de la sociedad, a lo que constituye su objeto, así como a los que desempeñan funciones y están identificados con tal finalidad.

17 ANDERSON, § 44, pág. 51.

18 MCKINNON, *The Secret of Mr. Justice Holmes: An Analysis*, 4 American Bar Association Journal (1950) 261 (344); cfr. sobre ello también COHEN, *Towards Realism in Legisprudence*, 59 Vale Law Journal (1950) 886 y s., y COING, *Neue Strömungen in der nordamerikanischen Rechtsphilosophie*, Archiv für Rechts und SozialGphilosophie 38 (1949/50) 540 y s. Sobre la importancia de la *experience* en la evolución del Derecho: POUND, *Introduction*, 1 The American Journal of Comparativo Law (1952) 1 (10).

PARTE III

PROBLEMAS ESPECIALES QUE PLANTEAN LAS REGLAS DEL DERECHO DE SOCIEDADES

En esta parte ha de averiguarse si la realización de uno de los fines peculiares del Derecho de sociedades que tampoco admite que sea indirectamente obstaculizado, permite en casos excepcionales que se descarte la forma de la persona jurídica. En las partes I y II del libro I se ha demostrado que solo un abuso de la persona jurídica autoriza al juez para que prescinda de la radical separación entre la sociedad y los socios, pero que no puede procederse de la misma manera cuando lo que se discute es la realización de cualquiera de los fines de una norma, como el de proporcionar garantías a quien compra a plazos o la que protege al propietario de un inmueble para que no proceda a una venta precipitada. Este principio general podría sufrir alguna excepción que favoreciera los fines que persiguen ciertas normas del Derecho de sociedades en virtud de la fuerza de estas reglas de Derecho y de su especial relación con la forma de la persona jurídica. Este problema particular que ofrecen ciertas normas del Derecho de sociedades es lo que se investiga a continuación.[1]

§11. *La desestimación de la forma de la persona jurídica a favor de la realización de la finalidad a que responde una norma del derecho de sociedades*

I

El problema de averiguar cuándo pueden ser identificadas dos personas jurídicas, tiene especial significado en la relación entre persona jurídica dominante y subordinada, por ejemplo, entre sociedad madre y su filial. En este sentido, hay que distinguir dos grupos de problemas.

---

[1] La interpretación normativa de un conjunto de tales reglas de Derecho demuestra que éstas pierden ante todo su sentido en las sociedades unipersonales, por lo que en tal caso no resultan aplicables. Como ejemplo cabe citar el $ 114 V de la ley de sociedades anónimas, que prohíbe que un accionista pueda ejercitar su derecho de voto cuando se trata de la adopción de un acuerdo que ha de liberarle de un gravamen. En el acuerdo que así debe adoptarse se trata de un voto de confianza de la asamblea general que, sin embargo, indudablemente, no necesita el socio único como administrador de su propia sociedad. Este resultado, al que se llega mediante la interpretación de la norma, no tiene nada que ver con la desatención de la forma de la persona jurídica, pues para nada le afecta que dicha regla de Derecho no pueda aplicarse en este caso. A ello se refiere acertadamente SIEBEL, *Die Einmanngesellschaft (supra* pág. 41, nota 1) 80 y ss. Sobre lo mismo, también HACHENBURG-SCHILLING, § 13, apéndice, anotación 3. Pero en muchos de los casos que examina, SIEBEL pasa por alto que la solución propuesta, que estima poder obtener de la *ratio* de la norma, solo es posible según Derecho vigente mediante dejar descartada la forma de la persona jurídica.

Por un lado, debido a la conexión íntima que de hecho mantienen la sociedad madre y la filial se plantea siempre el problema de si las personas jurídicas dependientes pueden ejercitar derechos o emprender actos que una norma del Derecho de sociedades prohíba a la persona jurídica dominante, y ello, por cierto, con entera independencia de si se trata de una situación de hecho constitutiva de abuso. La respuesta depende ante todo de la importancia que deba atribuirse a semejante prohibición normativa, y de manera primordial a si su finalidad prohíbe que incluso de manera indirecta se impida su eficacia, como podría suceder si se utilizara una persona jurídica dependiente. En lo que sigue se demostrará que esto es lo que sucede con determinada clase de normas. También hay que averiguar si en semejante situación de hecho puede quedar descartada la forma de la persona jurídica si no existe un abuso; por tanto, si dicha norma del Derecho de sociedades ha de ser valorada más alto que el principio general de la diversidad entre la persona jurídica y sus miembros.

La doctrina y la jurisprudencia contestan afirmativamente en relación con determinados preceptos del Derecho de sociedades. Sin embargo, hay que tener en cuenta que dichas normas también intervienen en la determinación de la clase de persona jurídica afectada, por ejemplo, de que se trate de una sociedad por acciones, y le confieren una nota específica. En semejantes casos surge, pues, un conflicto entre la configuración singular de la persona jurídica y su propia personalidad. Pero el mismo legislador ha podido resolverlo con una norma especial del Derecho de sociedades que introducen una excepción a dicho principio general. En esto consiste la diferencia que media entre estos casos y los antes examinados *supra* § 3, en los que la finalidad de la norma chocaba con la forma de la persona jurídica, por tratarse de reglas que no pertenecen al Derecho de sociedades.

El segundo grupo de problemas comprende los casos en que una persona jurídica dependiente es utilizada como testaferro por parte de la dominante para alcanzar finalidades ilícitas. Los problemas fundamentales que se presentan ya han sido tratados *supra* en los § 3 y s., pues ahora solo se trata de un supuesto especial de aplicación de la doctrina del abuso de la persona jurídica que allí hemos desarrollado. Por ello, en lo que sigue, este grupo solo podrá ser considerado muy brevemente.

II

Si ante todo prestamos atención a los problemas del primer grupo, hemos de tomar como punto de partida la decisión del Tribunal del *Reich* de 18 de enero de 1924, en el caso *Neustassfurt*.[2] Dos compañías mineras cuyas acciones estaban casi exclusivamente en poder de una sociedad anónima, habían recibido nuevas acciones de ésta, adjudicadas a la par, que era un valor inferior al real, y con exclusión del derecho de preferencia legal de los accionistas. El Tribunal del *Reich* estimó que la elevación de capital era ineficaz. En su decisión hizo notar la fundamental importancia que tenía el hecho de que las participaciones de las compañías estuviesen casi todas en poder de la sociedad anónima. Esto implicaba la consecuencia de que, en forma ciertamente indirecta, pero sin embargo como resultado de la operación, existiera una adquisición de propias acciones no pagadas plenamente y con infracción de lo dispuesto en el § 226 II 2 del Código de comercio.[3] Aunque externamente

[2] RGZ 108, 41, con anotación desfavorable de FLECHTHEIM, JW 1924, 679.

[3] El § 226 II del Código de comercio tenía el siguiente tenor literal: «No puede (la sociedad anónima) adquirir ni tomar en prenda sus propios resguardos provisionales con motivo

ambas compañías tuvieran personalidad jurídica independiente, su patrimonio pertenecía en realidad a la sociedad anónima, de manera que los pagos de las acciones en realidad fueron realizados con medios procedentes de la misma. De la relación entre la sociedad anónima y las compañías resultaba que la elevación de capital solo había existido nominalmente. La elevación de capital ha de corresponder a una efectiva aportación de nuevo activo a través de la emisión de acciones de la sociedad. Esto era lo que faltaba en tal caso, al pertenecer económicamente a la sociedad anónima el patrimonio del tomador de las acciones.

La decisión fue muy discutida y rechazada casi de manera unánime.[4]

Ha sido FLECHTHEIM [5] quien de manera especial ha señalado con agudeza que el punto de vista de la identidad de patrimonio precisamente no parece que sea el adecuado cuando se trata de la adquisición de acciones todavía no completamente desembolsadas. Es cierto que la dependencia de una sociedad filial puede llegar hasta un punto en que se trate económicamente de una prolongación de la sociedad madre. Sin embargo, es preciso tener en cuenta que tiene propia personalidad jurídica, activo patrimonial diferente del de la sociedad madre, y distintos acreedores y deudores, FLECHTHEIM lamenta que el Tribunal del *Reich* haya puesto el lado económico del fenómeno por encima de la forma jurídica, sobre todo cuando no existe una verdadera razón para dar primacía al primero. Al ocuparse FEINE del caso *Neustassfurt* en su estudio sobre las relaciones entre la sociedad madre y la filial, comienza por afirmar que no cabe descartar sin más el peso de las razones que invoca el Tribunal del *Reich,* pues semejantes aumentos de capital representan una efectiva debilitación del mismo cuando se realizan por una cuantía elevada. Por ello formula la pregunta decisiva acerca de cuál ha de ser el criterio que permita juzgar si una sociedad filial es una persona jurídica dependiente o independiente. Las relaciones de participación no pueden, por sí solas, proporcionar ningún criterio. Puesto que, según opina, no cabe señalar una separación firme, también rechaza la decisión del Tribunal del *Reich,* en coincidencia con la doctrina dominante.[6]

de la explotación regular del negocio, ni en ejecución de una comisión de compra. Lo mismo rige en cuanto a las propias acciones cuyo importe nominal, o cuyo precio de emisión, si éste es más elevado, todavía no haya sido totalmente desembolsado».

4 FLECHTHEIM, anotación a la sentencia en JW 1924, 679; FRIEDLÄNDER 136 y ss., 138; K. GEILER, *Die wirtschaftlichen Strukturtvandlungen und die Reform des Aktienrechts,* informe (Comisión de Encuesta) (Berlín 1927) 36; STAUB-PINNER, *Kommentar zum HGB* II (Berlín y Leipzig 1926), anotación 1 al § 226; GRIEBEL, 93 y ss.; cfr. sobre ello además: FLECHTHEIM 572. Generalidades: H. FRICKE, *Mutter-und Tochtergesellschaften im Aktien- und Steuerrecht,* ZBH 1928, 313 (318); cfr., además, HAUSSMANN 64, nota 88, quien, en su trabajo aparecido antes de la sentencia del Tribunal del *Reich,* rechaza la teoría unitaria de la sociedad madre y filial en la aplicación del § 226 HGB.

5 FLECHTHEIM, JW 1924, 679, se refiere a la decisión de opuesto contenido del RGZ 103, 64 y ss., y además sostiene el criterio de que el § 226 del HGB no puede por ello entrar para nada en consideración, porque este precepto solo se refiere a la adquisición derivativa de acciones ya existentes, mientras que en el presente caso se trata de la asunción de acciones acordadas pero todavía no creadas; por tanto, de una adquisición originaria; asiente FRIEDLÄNDER 137; pero la discusión de este problema queda fuera del tema del presente trabajo.

6 FEINE 452, apoyándose en PINNER: *Sind im Besitz einer Tochtergesellschaft befindliche Vorratsaktien einer anderen Gesellschaft in Betreff des Stimmrechts als eigene Aktien dieser Muttergesellschat anzusehen?,* ZBH 1927, 198 y ss. (200); SCHMULEWITZ, *Die Verwaltungsaktie, Herrschafts- und Vorratsaktie, Rechtsvergleichende Abhandlungen,* publicado por TITZE y WOLFF, cuaderno 3 (1927), 146 y ss.

Por otra parte, no faltan quienes, como BRODMANN,[7] han aprobado la sentencia, aunque por supuesto que sin profundizar en el problema.

En la actualidad, la cuestión ha perdido importancia en el Derecho de las sociedades por acciones, mediante la regulación de las sociedades anónimas con la ley de 1937; pero, en cuanto a las sociedades de responsabilidad limitada, el problema todavía no está claro.[8] Si quiere colmarse esta laguna siguiendo el espíritu de la ley, no cabe prescindir de las consideraciones que ha tenido en cuenta el legislador para resolver el mismo problema en el Derecho de sociedades anónimas.[9] La ley de sociedades anónimas del año 1937 caracteriza ante todo la esencia de la empresa dependiente, en el § 15 II, de la siguiente manera: «Si una empresa jurídicamente independiente se halla bajo la influencia dominante de otra empresa por razón de participaciones o de otra manera directa o indirecta, la empresa dominante y la dependiente serán conjuntamente estimadas como un *Konzern* y cada una individualmente como empresa de un *Konzern*».[10] SCHLEGELBERGER-QUASSOWSKI [11] explica esta disposición legal en el sentido de que la empresa dominante debe hallarse en situación de imponer su voluntad a la dependiente en todas las cuestiones esenciales de la gestión de negocios, ya sea en virtud de intervención o en otro caso con el poder del voto, ya sea mediante contratos de comunidad de intereses, mediante disposiciones estatutarias, conexión de personas o con otros medios, como concesión de créditos, contratos de suministro de clase especial, etc.[12]

---

7 BRODMANN, *Aktienrecht,* § 252, *5e,* pág. 323; igualmente von HOFMANSSTAHL, *Die Tochtergesellschaft als Aktionär der Muttergesellschaft,* ZBH 1928, 401 y ss. (404); BAUER, *Die rechtliche Struktur der Trustee* (1927) 87. KRONSTEIN 122 y ss. adopta un punto de vista intermedio; distingue según que la persona jurídica dependiente tenga capital aportado *(eingezahltes Kapital)* o todavía no (por lo menos todavía no en cantidad superior al capital mínimo del 25 por 100). KRONSTEIN admite la decisión del Tribunal del *Reich* por lo que se refiere al último caso.

8 El § 33 de la ley de sociedades de responsabilidad limitada prohíbe, en su primer apartado, la adquisición de las propias participaciones sociales cuando de ellas todavía no ha sido plenamente aportada la inversión fundacional *(Stammeinlage).*

9 Cfr. sobre ello BGH 16.12.1953; RGZ 172, 76 y ss.; RGZ 166, 129 (131); OLG Hamburg 23.12.1952; sobre ello véase además, por ejemplo, GIERKE 356: «El primordial reconocimiento de la sociedad de responsabilidad limitada como sociedad de capitales tiene gran importancia práctica porque con ello tenemos la posibilidad de aplicar de manera correlativa la ley de sociedades anónimas»; pero cfr. también HACHENBURG-SCHILLING, GmbH-Gesetz, Generalidades, Introducción V, anotación 17.

10 Puede verse, por ejemplo, la determinación del concepto en el art. 154 de la *Compontes Act* de 1948, 11 & 12 Georgia 6 c. 38 (154): «Para los fines de esta ley y a reserva de lo que dispone el apartado (3) de este artículo, se considerará que una compañía es subsidiaria de otra en el caso —pero solo en el caso— *a)* de que la otra, o bien (i) sea un miembro de ella y domine la composición de su junta directiva; o bien (ii) sea tenedor de más de la mitad del valor nominal del capital por acciones que sea propio; o bien *b)* la compañía mencionada en primer lugar sea subsidiaria de cualquier otra compañía que sea subsidiaria de la segunda. Por lo que se refiere a Suiza, cfr. J. NEUHAUS, *Die schweizerischen Holdinggesellschaften,* en: Die schweizerische Aktiengesellschaft 27 (1954) 41 y s.

11 SCHLEGELBERGEH, § 15, anotación 13, 16-21; cfr. también GADOW, § 15, anotación 4, 5.

12 De nuevo ha vuelto a adquirir importancia el concepto de la sociedad dependiente en el marco del derecho de codeterminación; acerca de ello, R. LEHMANN, *Abhängige Gesellschaften, Holdinggesellschaften und Organverträge im Mitbestimmungsgesetz Bergbau und Eisen* (zona occidental), BB 1952, 48. Cfr. acerca del problema de las sociedades de guerra dependientes que han perdido su propia personalidad social, BGZ 3, 316. Allí se expone que la

La misma ley trata en el § 65 de la adquisición de las propias acciones.[13] Los apartados 1-3 establecen primeramente una prohibición fundamental de la adquisición de las propias acciones, con la consecuencia jurídica de que una adquisición así prohibida de acciones no desembolsadas totalmente es nula (§ 65 ap. 3 en relación con el § 134 del Código civil). El apartado 5 extiende esta prohibición a las empresas dependientes. Una empresa dependiente solo puede adquirir o tomar en prenda acciones de la sociedad dominante según los preceptos que regulan la adquisición y la pignoración de las propias acciones. También en este caso la infracción de la norma prohibitiva implica la ineficacia del negocio real de adquisición, cuando las acciones no han sido plenamente desembolsadas.[14]

La ley de sociedades anónimas ha puesto, pues, en claro cuáles son las señales que deben manifestarse para que pueda hablarse de personas jurídicas en situación de dependencia. Entre otras cabe indicar la de que el legislador considera que es exactamente tan peligroso la adquisición de acciones no desembolsadas por completo de la sociedad dominante a través de la dependiente como si se tratara de la adquisición de las propias acciones.[15] Con razón se ha deducido de esta regulación que la ley de sociedades anónimas parte de la regla general de que tienen independencia jurídica la empresa dominante y la dependiente.[16] En cambio, sería erróneo deducir de ello que el legislador ha repudiado la decisión del Tribunal del *Reich* en el caso *Neustassfurt.* El resultado a que llegó este Tribunal en la discutida decisión puede alcanzarse de dos maneras: el legislador puede dar una definición de la persona jurídica dependiente y determinar que en el caso de reglas jurídicas del Derecho de sociedades que sean especialmente importantes —entre las cuales sin duda hay que contar el precepto relativo a la adquisición de propias acciones— la persona jurídica dependiente puede considerarse que está identificada con la sociedad madre. De esta manera, la norma prohibitiva del antiguo § 226 del Código de comercio hubiese sido directamente aplicable a la persona jurídica dependiente, por supuesto que admitiendo un quebrantamiento del principio general de la independencia jurídica entre la sociedad madre y la filial. Pero, para lograr los mismos fines, el legislador también podía extender una norma prohibitiva existente a la persona jurídica dependiente y al mismo tiempo determinar cuándo debe ello suceder.

---

participación de capital solo es una de las formas mediante las cuales el *Reich* podía procurarse influencia sobre la formación de la voluntad y una participación en los contratos de la sociedad. Pero además, y entre otros medios, hubiese sido posible también la sumisión de toda la empresa a la potestad de mando del *Reich.*

13 El § 65 de la ley de sociedades anónimas en varios aspectos está concebido de manera parecida que el § 226 del Código de comercio en la redacción del artículo I del Decreto de la Presidencia del *Reich* sobre el Derecho de sociedades anónimas, inspección bancaria y sobre amnistía fiscal, de 19.9.1931 (RGB1 1931 I, 493).

14 GODIN, § 65, anotación 10; BAUMBACH-HUECK, *Áktiengesetz,* § 65, 7, en relación con el 5; SCHLEGELBERGER, § 65, anotación 27.

15 KLAUSING expone acertadamente que el pensamiento fundamental de política jurídica de la norma contenida en el § 226 IV del Código de Comercio, en la redacción de 1931, es el de que la sociedad dominante en realidad invierte económicamente valores patrimoniales propios para la adquisición de las propias acciones, a causa de la dependencia de la otra persona jurídica, porque en tal medida — y esto es lo que ha de quedar subrayado —, a pesar de la independencia jurídica, ambos patrimonios actúan económicamente como una unidad (la cual, por lo mismo, también adquiere importancia jurídica); cfr. KLAUSING, *Reform des Aktienrechts unter besonderen Berücksichtigung der Teilreform des Jahres 1931* (1933) 61.

16 SCHLEGELBERGER, § 15, anotación 11.

Ha optado por el segundo camino con pleno acierto, pues con ello no queda afectada la independencia de la persona jurídica. El legislador, que ha tenido a su disposición dos caminos para alcanzar un resultado determinado y que con ello podía optar por respetar o descartar la persona jurídica, no debe dudar si se le ofrece a posibilidad de conservar la forma jurídica que ésta tiene previamente reconocida. Sin una razón que le obligue a ello, no debe elegir un camino que va contra el sistema establecido. Esto ha de tenerse especialmente en cuenta cuando la situación de hecho que el legislador ha de regular no supone al mismo tiempo que necesariamente se abusa de la forma de la persona jurídica, que es lo que ha de entenderse en este caso del Derecho de sociedades. Es cierto que cabe oponer que las señaladas diferencias de método solo se reflejan en una esfera puramente formal y que ambos caminos conducen al mismo resultado. Sin embargo, tampoco es indiferente evitar que de manera innecesaria se descarte la persona jurídica en una esfera puramente formal, en consideración al sistema y a la claridad de los conceptos jurídicos.

Si aplicamos los conocimientos logrados de esta manera a los problemas no regulados legalmente de si una persona jurídica que depende de una sociedad de responsabilidad limitada puede adquirir participaciones de ésta, a pesar de no estar totalmente pagadas las inversiones fundacionales que a las mismas corresponden, resulta lo siguiente: según el § 33 de la ley sobre sociedades de responsabilidad limitada, la sociedad no puede adquirir las participaciones sociales propias cuyas inversiones fundacionales todavía no están completamente desembolsadas. A esta norma hay que atribuir una importancia tan decisiva en el Derecho de las sociedades de responsabilidad limitada que su validez no debe ser obstaculizada ni por la vía indirecta de una persona jurídica dependiente. Esto mismo percibiremos si observamos lo que sucede en el Derecho de las sociedades anónimas. Si las disposiciones legales que ahora interesan del Derecho de sociedades anónimas son comprobadas en su antigua y en su nueva redacción, se advierte que el legislador desaprueba la adquisición de acciones no pagadas totalmente por medio de una persona jurídica que dependa de aquélla. Este concepto jurídico puede ser referido al Derecho de las sociedades de responsabilidad limitada, pues la adquisición de participaciones no pagadas por completo de la sociedad de responsabilidad limitada dominante a través de una persona jurídica dependiente es tan peligrosa para el tráfico jurídico como la misma operación en el caso de una sociedad anónima. En la ley de sociedades de responsabilidad limitada falta una regulación de este problema. Con ello adquiere eficacia el concepto jurídico que en estos casos equipara a la persona jurídica dependiente con la dominante. [17] [18]

[17] Otro criterio, por lo que se refiere a la sociedad de responsabilidad limitada, en FEINE 453; GRIEBEL 93 y s.; FISCHER, en un proyecto para una nueva ley de sociedades de responsabilidad limitada, propone que en el § 42 se adopte la siguiente redacción por lo que se refiere a la adquisición de las propias participaciones sociales: 1) La sociedad no puede adquirir participaciones sociales propias respecto de las cuales todavía no ha sido plenamente desembolsada la inversión fundacional ... 5) Una empresa que dependa de un *Konzern,* en el sentido del § 7, solo puede adquirir participaciones de la sociedad dominante según lo prescrito en esta disposición y dentro de los límites fijados en el apartado III; cfr. FISCHEB, *THe Gesellschaft mit beschrankter Haftung* (1948) 137.

[18] Se llegaba al mismo resultado mediante la aplicación analógica de la disposición del Derecho de sociedades anónimas; pero en este caso subsisten en contra ciertas reservas dogmáticas. No cabe duda que es admisible interpretar las normas de la ley de sociedades

Cabe profundizar en el método de solución que aquí preconizamos con el examen de otro problema suscitado por las personas jurídicas dependientes.

Antes de entrar en vigor la nueva ley de sociedades anónimas y tanto con referencia a éstas como a las de responsabilidad limitada, era muy discutido el problema de si una persona jurídica dependiente, por ejemplo, una sociedad filial que posee acciones o participaciones de la sociedad dominante, tiene derecho de voto en la asamblea general o en su caso en la junta general de socios. En la más íntima conexión con esto se halla el problema de si la persona jurídica dependiente puede ejercitar el derecho de voto en la asamblea o junta general de otra sociedad anónima o limitada, cuando debe adoptarse un acuerdo que afecte a un negocio jurídico celebrado entre la sociedad anónima o limitada y la persona jurídica dominante.[19] En el primer caso el problema consiste en resolver si el derecho de voto en definitiva debe quedar paralizado y en el segundo caso, en saber si en casos especiales no puede hacerse uso de un derecho de voto por sí mismo subsistente.[20] La legislación tiene actualmente resueltos ambos problemas por lo que se refiere a la sociedad anónima, pero no por cuanto se refiere al Derecho de las sociedades limitadas.

En el anterior estado de Derecho, para contestar a la pregunta de si la persona jurídica dependiente que posee acciones o participaciones de la dominante tiene derecho de voto en su asamblea o junta general, se partía del principio de que el derecho de voto queda inoperante cuando su ejercicio se fundaría en la tenencia de acciones o participaciones propias.[21] Se preguntaba si este principio general debía hacerse extensivo al Derecho de sociedades anónimas de manera que tampoco tuviera derecho de voto la sociedad filial en la asamblea general de la sociedad madre en virtud de las acciones de ésta pertenecientes a aquélla. ¿Debía negarse también en este caso la personalidad propia de la persona jurídica dependiente?

El Tribunal del *Reich* contestó negativamente y con ello afirmó el derecho de voto de la sociedad filial.[22] Este criterio fue aprobado por la mayor parte de los

---

de responsabilidad limitada mediante su comparación con las correspondientes de la ley de anónimas, sin dejar de tener en cuenta las posibles especialidades sociológicas. Por el contrario, parece inadmisible que para llenar lagunas de la ley de sociedades de responsabilidad limitada se recurra simplemente a la adopción de disposiciones del Derecho de sociedades anónimas cuando la cuestión pueda resolverse satisfactoriamente sin semejante analogía. En la doctrina y, por lo que conocemos, tampoco ha preconizado nadie que en semejantes casos se recurra a una aplicación correlativa tan amplia de las normas de la ley de anónimas para llenar las lagunas que aparezcan en el Derecho de sociedades de responsabilidad limitada.

19 FEINE 453, 454.

20 KRONSTEIN 121.

21 Doctrina actual, cfr. RGZ 103, 64 y ss.; RUTH, *Eigene Aktien und Verwaltungsaktien* (1928) 6 y ss. En este trabajo (pág. 9) merece destacarse que para la investigación del problema antes planteado se recurre a la concepción de GIEHKE sobre la esencia de la persona jurídica; LIEBMANN-SAENGEB, *Kommentar zum Gesetz betreffend die Gesellschaften mit beschränkter Haftung* (1927), § 33, anotación 6; FEINE 420; GROSCHUFF, *Gesellschaften mit beschränkter Haftung»* (1943) 165; SCHOLZ, § 33, anotación IV, 3; VOGEL, § 33, anotación 7; BAUMBACH-HUECK, GmbH § 33, 3 C. En una decisión anterior, en la actualidad superada, el Tribunal del *Reich* había resuelto el problema de una manera muy distinta de como lo hizo en la sentencia de 21.10.1921, por supuesto que sin fundamentación, RG 13.2.1914. Cfr. sobre ello FREYMUTH, *Die GmbH in der Rechtsprechung der deutschen Gerichte von 1911 bis 1916* (1919), § 33, anotación 8; otro criterio HACHENBURG, § 33, nota 16.

22 RGZ 103, 67 y ss.; RGZ 115, 246 (252, 253).

autores;[23] solo un pequeño sector doctrinal lo rechazó.[24] No hace falta que ahora entremos en el examen más detallado de las razones particulares. En la actualidad, el legislador ha dispuesto el siguiente precepto en el § 114 VI de la ley de sociedades anónimas, con referencia al derecho de voto de la persona jurídica dependiente en la asamblea general de la dominante: «El derecho de voto no puede ejercitarse en virtud de acciones que pertenecen a la sociedad o a una empresa dependiente o a otro que las tenga por cuenta de la sociedad o de una empresa dependiente».[25]

De esta regulación legal y de la situación de los intereses cabe obtener la siguiente deducción para el Derecho de las sociedades de responsabilidad limitada: el principio general no escrito pero todavía en la actualidad vigente como Derecho consuetudinario para la sociedad de responsabilidad limitada,[26] de que no puede ejercitar el derecho de voto en virtud de sus propias participaciones, es tan importante para el Derecho que rige esta clase de sociedades, que no puede ser infringido ni de una manera indirecta. Esto es lo que sucedería si una persona jurídica dependiente pudiera ejercitar el derecho de voto en lugar de la dominante. Por ello, si una persona jurídica dependiente vota en la asamblea social de la dominante, procede identificar la persona jurídica dependiente con la sociedad de responsabilidad limitada dominante. A falta de una expresa prohibición de ejercitar el derecho de voto, el resultado que se trata de alcanzar solo puede lograrse de esta manera. A pesar de que no hace falta que se trate de un supuesto constitutivo de abuso, este camino es practicable en atención a que el principio general de la independencia de la persona jurídica admite excepciones, como ya se ha demostrado. Por ello también debe experimentar una flexión cuando entre en conflicto con otro principio general, más específico del Derecho de sociedades, cuya finalidad siempre exija que sea respetado.

Por el contrario, debe prevalecer la solución opuesta cuando se trata del problema afín de si una persona jurídica dependiente puede ejercitar el derecho de voto en la asamblea general de otra sociedad de responsabilidad limitada, cuando deba adoptarse un acuerdo que afecte a un negocio jurídico celebrado entre esta sociedad de responsabilidad limitada y la persona jurídica dominante.

Ha de partirse del § 47 de la ley de sociedades de responsabilidad limitada que dispone que un socio no tiene derecho de voto cuando la materia sometida a votación es la de un negocio jurídico celebrado con el mismo. Si la persona jurídica X, que posee participaciones de la sociedad de responsabilidad limitada Y, celebra con ésta un negocio jurídico, queda afectada por la prohibición de votar en la asamblea social de Y. Es dudoso si también queda afectada por la prohibición de votar la persona jurídica Z, dependiente de aquella que igualmente posea participaciones de esta sociedad de responsabilidad limitada Y, cuando se trata de adoptar

---

[23] Asiente FLECHTHEIM, *Verschachtelung einer Kartettgesellschaft, Recht und Wirtschaft 1922,* 380 (388 y ss.); FEINE 453; BRODMANN, *Aktienrecht,* § 252, 5c; GEILER, Informe (Comisión de Encuesta) lugar citado 37; KRONSTEIN 122; GRIEBEL 95 (en parte restrictivamente).

[24] RUTH, lugar citado 78; BAUER, lugar citado 88; FRIEDLÄNDER 138.

[25] La exclusión del derecho de voto por lo que se refiere a las propias acciones ya resulta del § 65 VII prop. 1. Para el Derecho anterior (Decreto sobre sociedades anónimas de 19.9.1931) véase todavía SCHLEGELBERGER-QUASSOWSKI-SCHMÖLDER, *Verordnung über Aktienrecht vom 19.9.1931 nebst den Durchführungsbestimmungen* (1932), anotación 47 al § 226.

[26] Que ha sido plenamente confirmada mediante la nueva legislación de sociedades anónimas, bibliografía y jurisprudencia *supra* pág. 145, nota 21.

un acuerdo de esta sociedad relativo a la celebración del negocio jurídico con la persona jurídica X, dominadora de Z.[27] La solución depende de que la persona jurídica dominante pueda en este caso ser equiparada a la dependiente; por tanto, hay que averiguar si en este caso puede quedar descartada la personalidad jurídica de la sociedad que es dependiente. La prohibición de ejercitar el derecho de voto dirigida a la persona jurídica dominante no afecta sin más a la persona jurídica dominada.[28] Lo mismo que en el caso anteriormente discutido, la equiparación de ambas solo puede tener lugar cuando el precepto del § 47 de la ley de sociedades de responsabilidad limitada tenga tan vital importancia para la existencia de la sociedad limitada, que la finalidad que persigue no pueda quedar estorbada ni por la vía indirecta de una persona jurídica dependiente, y cuando, por ello, la necesidad de respetarla exija que se descarte la personalidad jurídica de la persona jurídica dependiente.

El problema tratado era antes tan discutible por lo que se refiere al Derecho de las sociedades anónimas como para el Derecho de las sociedades de responsabilidad limitada.[29] En la ley de sociedades anónimas de 1937 ya no se contiene el antiguo precepto del § 252 III 2 del Código de comercio, según el cual no tenía derecho de voto un accionista cuando se trataba de la adopción de un acuerdo relativo a un negocio jurídico celebrado con él mismo. Con ello ha desaparecido la exclusión del derecho de voto del accionista tratándose de semejante negocio jurídico.[30] De esta regulación legal se desprende que el legislador no ha considerado que el § 252 III 2 del Código de comercio fuese absolutamente indispensable para un adecuado desarrollo de la sociedad anónima. Del escaso valor que en realidad tenía este precepto del anterior Derecho de sociedades anónimas[31] se desprende que no hay lugar para una interpretación extensiva del § 47 de la ley de sociedades de responsabilidad limitada, con tanta mayor razón si se advierte que semejante interpretación conduciría a que se descartara la figura de la persona jurídica.[32]

---

27 Sobre esto GRIEBEL 96 y ss.; FEINE 454; KRONSTEIN 117 y ss.

28 Cfr. también BRODMANN, GmbH § 47, 6: «Como poseedor de una participación social el accionista no queda privado del derecho de voto por el hecho de que el negocio jurídico deba celebrarse con la sociedad anónima. Y de la misma manera, la sociedad anónima que posea la participación social puede votar cuando se trate de un negocio con el accionista. Sucede fundamentalmente igual en la sociedad de responsabilidad limitada. También en este caso se suscitan dudas. ¿*Debe* regir también lo mismo cuando todas las participaciones de aquella sociedad están reunidas en una sola mano? Éste es nuevamente uno de los casos en los que la persona jurídica amenaza con aplastar la situación jurídica material»; cfr. también GROSCHUFF (*supra* pág. 145, nota 21), § 47, 3 C.

29 Para esto FEINE 454, con mucha bibliografía en la nota 101; KRONSTEIN 118 y s.

30 Con acierto así GADOW, § 114, anotación 40a; GODIN, § 114 I; SCHLEGELBRGER, § 114, anotación 20; inexacto BRODMANN, RSpiegWirtsch. 1938, 11.

31 Así KRONSTEIN 117; por lo referente a la desaparición GEILER, Informe (Comité de Encuesta), lugar citado 30.

32 Otro criterio parece que mantienen BAUMBACH-HUECK, GmbH § 47, 5 C, quienes de todos modos parece que no hacen depender ninguna particularidad del caso de que se trate de una persona jurídica dependiente. Allí se dice: «Si el socio es miembro de una comunidad en mano común (*Gesamthand*) y el negocio jurídico ha de celebrarse con ésta, aquél no puede votar. De la misma manera, una mano común (por ejemplo, una sociedad colectiva) que sea socio, no puede votar si el negocio se celebra con uno de sus miembros (RG 146, 71). Es distinto cuando el socio es miembro de una persona jurídica. Sin embargo, tampoco en este caso puede votar cuando es socio único de una sociedad anónima o de res-

III

Resumiendo debe afirmarse que las personas jurídicas dominantes y dependientes deben ser tratadas como una unidad cuando, de lo contrario, no podría lograrse la finalidad de una norma del Derecho de sociedades que exija especial atención por la importancia que el legislador le haya atribuido. No es posible señalar de manera general cuándo existe un precepto jurídico de tal clase; es preferible proceder a la más exacta comprobación de la norma teniendo en cuenta los motivos de orden legislativo y las necesidades económicas.

En el Derecho de las sociedades de responsabilidad limitada puede brindar algunos puntos de apoyo, para los casos de duda, la nueva regulación de la ley de sociedades anónimas de 1937. Con esta ley el legislador ha eliminado dudas relativas a la finalidad y a la esfera de validez de determinados preceptos jurídicos, al establecer una regulación expresa y al extender ciertas prohibiciones a las personas jurídicas dependientes.[33] En la medida en que la ley de sociedades de responsabilidad limitada contiene normas prohibitivas correlativas, todavía será necesario partir del hecho de que el legislador no quisiera ver estorbada su finalidad ni en el caso de que se siga el rodeo que brinda la existencia de la persona jurídica dependiente. Pero en vista de que en la ley de las sociedades de responsabilidad limitada falta una extensión expresa de tales reglas de Derecho a las personas jurídicas dependientes, esta finalidad legislativa solo puede alcanzarse de una manera sistemáticamente correcta mediante la identificación entre la persona jurídica dominante y la dependiente.[34] Estas disposiciones legislativas deben, pues, prevalecer sobre la forma de la persona jurídica dependiente.

---

ponsabilidad limitada y el negocio se celebra con éstas; incluso basta que, sin ser el titular de todas las participaciones, domine de manera tan absoluta a la persona jurídica que todos los actos de la misma queden exclusivamente determinados por dicho socio (RG 147, 301). El precepto no tolera que pueda quedar sin efecto con una maniobra de rodeo...» A favor del criterio que sostiene el autor de la presente obra cabe señalar que el § 47 IV es de naturaleza dispositiva (supletoria), como resulta del § 45 II de la ley de sociedades de responsabilidad limitada y es criterio en la actualidad dominante; cfr. HACHENBURG, § 47, anotación 26, con numerosas indicaciones de bibliografía y de jurisprudencia; RGZ 89, 367 (383).

33 Para esto SCHLEGELBERGER, § 15, anotación 1-3.

34 Por supuesto que con ello no se sostiene la teoría de la uniformidad, que HAUSSMANN expone de la manera siguiente: las sociedades matriz y filial componen «en realidad» una unidad económica en virtud de su íntima conexión y por ello tampoco jurídicamente representan más que dependencias; cfr. HAUSSMANN 26 (por lo demás, el mismo HAUSSMANN rechaza esta teoría); con tan poca razón como la teoría del órgano *(Organtheorie)* que se ha desarrollado en el Derecho fiscal y que responde al siguiente concepto básico: «La independencia jurídica de una sociedad de responsabilidad limitada no excluye que semejante sociedad se limite a manejar los negocios de otra persona, física o no, actuando como su órgano, de manera que con ello no abandone ciertamente su independencia jurídica, pero sí la económica y se coloque al servicio de otra cuyas indicaciones deba seguir»; así lo dice la sentencia del Tribunal administrativo del Gran Ducado de Baden del 10.1.1917, reproducida en HAUSSMANN 77 y 153 y ss. La definición legal del órgano de la sociedad *(Organgesellschaft)* se encuentra en el § 17 del Reglamento para la aplicación del impuesto sobre la circulación de bienes, citado en HACHENBURG-SCHILLING, § 13, apéndice, anotación 7. La teoría del órgano del Derecho fiscal merece —como es fácil advertir— que se le dedique atención en conexión con lo que ahora exponemos. De la bibliografía casi inabarcable que trata de ello, véase: HAUSSMANN, *Organ- und Filialtheorie im deutschen und internationalen Steuerrecht,* Vierteljahresschrift für Steuer- und Finanzrecht 1931, 397 y ss.; FRIEDLÄNDER, *Der gegenwärtige Stand der Organtheorie,* Steuer und Wirtschaft 1931, 481 y ss.; sobre el problema de la teoría orgánica en el impuesto sobre el volumen de ventas: decisión del Tribunal

El otro problema relativo a saber cuándo en el Derecho de las sociedades de responsabilidad limitada debe hablarse de una persona jurídica dependiente, también ha de resolverse teniendo en cuenta la regulación legal de la ley de sociedades anónimas.

En las cuestiones que afectan al derecho de voto se trata, en parte, de si una persona jurídica dependiente tiene derecho de voto en la asamblea general de la dominante, o si la prohibición de voto por razón de las participaciones propias también le afecta porque deba ser considerada idéntica, en este punto, con la persona jurídica dominante. Antes se ha dicho que una tal equiparación es aconsejable en casos determinados, por ejemplo, cuando de lo contrario quedaría lesionada la finalidad de una norma del Derecho de sociedades que no tolera ni una obstaculización indirecta por la importancia que el legislador le atribuye. Por ello está justificada la equiparación, pues la persona jurídica dominante, puede decidir en cualquier momento la formación de voluntad de la dependiente y en tales casos indudablemente la determinaría. En realidad, pues, la emisión de voto de la persona jurídica dependiente resulta ser un caso de ejercicio de voto de la dominante.

La relación de dependencia resulta de decisiva importancia para la prohibición del voto, pero no la forma jurídica en que se manifieste. La relación entre sociedad madre y filial solo es una posibilidad entre otras. De ello se sigue que la prohibición de emitir el voto también puede fundarse en otra clase de relación de dependencia. Así, la prohibición de votar contenida en una norma de la clase antes indicada y que en el caso concreto afecte a una persona natural que al mismo tiempo sea socio único de otra persona jurídica, también debe regir para ésta.[35] Esto

---

fiscal de Dusseldorf de 14.11.1951. El Tribunal de Hacienda del *Reich* (RFH) ha rechazado en una resolución interlocutoria la teoría del órgano que fue sostenida por el Ministerio de Hacienda Federal; cfr. BB 1952, 597; decisión del Tribunal de Hacienda de Baviera (BFH) en el proceso modelo sobre el problema del órgano de 17.7.1952; FRIEDRICH, *Die Organschaft bei der Umsatzsteuer,* BB 1952, 658; cfr. además SIARA, *Wann endet das körperschaftssteuerliche Organverhältnis?,* BB 1951, 80; MEISE, *Zivilrechtliche Probleme der Organgesellschaft* (1935); más indicaciones de bibliografía y jurisprudencia en FEINE 454, quien hace notar con razón (nota 102) que ni el principio general de la uniformidad ni el de la separación pueden aplicarse sin excepción. Es preciso persistir de manera incondicionada en el principio fundamental de la diversidad jurídica entre el accionista y la sociedad anónima, etc. La inversa formulación por parte de FRIEDLANDER, *Konzernrecht* (1927) 302, no puede ser aprobada. Como excepción completamente insólita puede, sin embargo, ser abandonada la tesis de la diversidad en situaciones estrechamente delimitadas. Para la llamada teoría del lugar de la explotación *(Betriebsstättentheorie),* que desde el punto de vista del Derecho fiscal hace de una sociedad dependiente de un *Konzern* extranjero lo que ella es económicamente, a saber, una sucursal, cfr. SCHILLING, *Zweigniederlassung und Tochtergesellschaft im deutschen Niederlassungsrecht,* Recht der internationalen Wirtschaft 1954, 40.

35 Para ello véase, por ejemplo, B.GZ 146, 385. Allí se expone en la pág. 391 y ss.: «Por eso no cabe hacer ninguna distinción acerca del problema de la existencia de la prohibición del derecho de voto en atención a si el miembro del consejo de dirección o de inspección sea propietario de las acciones o si pertenecen a una persona jurídica cuya configuración permite que esté completamente dominada por la voluntad del miembro del consejo de dirección o de inspección, de tal manera que todos los actos jurídicos que realice la persona jurídica estén determinados por el mismo de manera única y exclusiva. En este caso la persona jurídica solo constituye la forma bajo la cual el miembro del consejo de dirección o de vigilancia ejercita los derechos que resultan de la posesión de acciones de la persona jurídica... Semejante equiparación de la persona jurídica como poseedora de acciones con

es lo que procede en virtud de los preceptos que prohíben el derecho de voto al miembro de una persona jurídica, cuando se trate de la adopción de un acuerdo que deba exonerarle (cf. por ejemplo, el § 114 V de la ley de sociedades anónimas y el § 47 IV de la ley de sociedades de responsabilidad limitada). También ahora es procedente la consideración que antes hemos expuesto: el socio único puede quedar identificado con la sociedad unipersonal porque aquél puede imponer en todo caso su voluntad a ésta, exactamente como puede hacer la persona dominante con la dependiente.

IV

Las normas del Derecho de sociedades que hemos examinado tienen una finalidad que no puede ser obstaculizada de ninguna manera, ni tan siquiera indirectamente, a causa de su importancia para la clase de persona jurídica de que se trate, por lo que no es necesario comprobar si en el caso concreto se había abusado de la forma de la persona jurídica.[36] La misma finalidad de la norma exige que entonces se descarte esta forma jurídica porque de lo contrario no podría tener realización. Tratándose de las otras normas, aunque pertenezcan al Derecho de sociedades, ha de insistirse por el contrario en la regla establecida en la primera y en la segunda parte, de que solo puede penetrarse hasta el substrato de la persona jurídica cuando con su ayuda puede quedar burlada una ley, quebrantada una obligación contractual o pueden causarse con fraude perjuicios a terceros; en suma, cuando exista un abuso de la forma de la persona jurídica. En este sentido, no ofrece ninguna particularidad este conjunto de problemas. Pero es evidente que la posibilidad de que se dé este abuso es mucho mayor en la relación entre la persona jurídica dominante y la dependiente.[37]

---

la persona natural que la domina será especialmente indispensable según lo establecido ... cuando se trate de una sociedad de responsabilidad limitada cuyas participaciones sociales se encuentren todas reunidas en una sola mano...»; asiente SCHLEGELBERGER, § 114, anotación 19; además VOGEL, § 47, 3; SCHOLZ, § 47, 4o; SIEBERT, BB 1954, 417. Cfr. además RGZ 146, 71, en cuyo caso las acciones pertenecían a una sociedad colectiva cuyos partícipes eran miembros de la directiva que debía quedar liberada con la adopción del acuerdo. El Tribunal del *Reich* había negado que en este caso la sociedad colectiva pudiera ejercitar el derecho de voto a base de las acciones que le pertenecían.

[36] A. A. FLECHTHEIM, quien, por ejemplo, no quiere resolver el problema de la prohibición de voto según la importancia de la norma, sino en atención a si la forma jurídica ha sido utilizada para complicar las cosas y burlar la prohibición del derecho de voto. Únicamente en semejantes casos afirma la identidad entre la sociedad matriz y la filial. FLECHTHEIM. 572, lo mismo que PINNER, ZBH 1927, 203 («solo cuando la sociedad filial ha sido expresamente fundada para burlar una prohibición del § 252»).

[37] Acerca de lo que expone KRONSTEIN sobre los efectos de la dependencia de una persona jurídica en el Derecho civil, mercantil y de trabajo, no es preciso que ahora nos detengamos en la medida en que allí se trata de una responsabilidad de la persona dominante por las obligaciones de la dependiente. KRONSTEIN intenta extender la responsabilidad de la persona dominante por las obligaciones de la dependiente. KRONSTEIN intenta extender la responsabilidad de la persona jurídica dependiente sobre la dominante, de manera que la primera también en estos casos siga conservando su propia subjetividad jurídica —de todos modos aquí se pueden comprobar casos en los que se deniega esta independencia, cfr. KRONSTEIN 72 y s.

LIBRO SEGUNDO

SELECCIÓN DE PROBLEMAS CONCRETOS SOBRE LA RELACIÓN DE LA NORMA CON LA PERSONA JURÍDICA

PARTE I

PROBLEMAS DE APLICACIÓN DE LA NORMA

El ordenamiento jurídico conoce dos clases de sujetos de derecho: los hombres y las personas jurídicas. Un gran número de normas presuponen conceptualmente un ser humano porque hacen referencia a cualidades humanas. El problema de si tales normas pueden, a pesar de ello, ser aplicadas a personas jurídicas tiene muchas veces suma importancia, pues las más de las veces estas carecen de la correspondiente regulación legal. Si resulta que la finalidad legislativa no exige que la norma quede limitada a las personas naturales, aparecen en seguida nuevos problemas. ¿Cómo podrán quedar determinados los supuestos normativos en relación con la persona jurídica cuando resulta que el legislador los ha perfilado en consideración a la persona natural? ¿Podrán adoptarse medidas que afecten a los hombres que están situados detrás de la persona jurídica o deberá adaptarse el precepto legal a la peculiaridad de la persona jurídica? Si se considera admisible la adopción de aquellas medidas, ello equivaldrá a reconocer que la forma de la persona jurídica podrá quedar descartada en ciertas ocasiones. En todo caso, esta desestimación tiene ahora un sentido diferente del que hemos visto que ofrece de manera predominante en los casos de abuso que hemos considerado en el primer libro. Allí se trataba de alcanzar a los hombres que, mediante el uso abusivo de la forma de la persona jurídica, pretendían ocultarse detrás de ésta. En cambio, ahora se trata de lograr que una norma que solo ha sido pensada en atención al ser humano pueda ser igualmente útil para la persona jurídica, para lo cual se procederá de manera que las cualidades de los hombres que se hallan detrás de la persona jurídica se imputen a ésta. El modo y manera de obtener y precisar los supuestos normativos escritos o no escritos, no tiene nada que ver con el abuso de la persona jurídica.

Los problemas que en este sentido han de discutirse se plantean de la misma manera en todos los países donde existen normas que se fundan en cualidades humanas, cuando se trata de referir tales reglas de Derecho a las personas jurídicas. Las dudas suscitadas dentro del propio ordenamiento jurídico pueden ser por ello directamente aclaradas y resueltas con la experiencia de la jurisprudencia, la doctrina y la legislación extranjeras.

Antes de entrar en la discusión de estos problemas ha de hacerse hincapié en lo siguiente: cuando se trata de problemas particulares, como el de la nacionalidad de la persona jurídica, el de si puede ser considerada enemiga, el de si puede ser titular del derecho de autor, etc., no se trata especialmente de hallar nuevas soluciones para tales problemas, sino de encontrar el punto de apoyo que permita resolver el problema general de desarrollar las normas que están adaptadas a los seres humanos con el fin de que puedan aplicarse a las personas jurídicas. Sin embargo, utilizamos las notas para hacer amplia referencia a la doctrina, la jurisprudencia y la legislación, siempre que no tenga directa importancia para la investigación dogmática.

§12. *El problema de la nacionalidad de la persona jurídica*[1]

I

En el Derecho Internacional privado alemán la nacionalidad de la persona jurídica está tratada en la mayoría de las ocasiones al exponer el problema de su estatuto personal. Es cierto que se trata de dos cuestiones afines[2] pero que, no obstante, han de ser rigurosamente distinguidas.

El estatuto personal de una persona jurídica es el ordenamiento legal según el cual la persona nace, vive y perece, en conformidad al cual han de ser juzgados todos los problemas singulares que de ello dependen.[3] Por el contrario, la nacionalidad es una cuestión que se plantea en otro terreno para decidir a la ciudadanía de qué Estado ha de equipararse la persona jurídica.[4] Esta proposición presupone diversos eslabones lógicos intermedios: por un lado, el relativo a si, en definitiva, una persona jurídica puede tener una nacionalidad, y, en el caso de que esto se resuelva afirmativamente, la determinación del criterio según el cual se oriente su nacionalidad.

---

[1] Bibliografía: NEUMEYER, *Internationales Verwaltungsrecht* I (1910) 106 y s.; GIESEKE, *Ausländische juristische Personen,* en Rechtsvergleichendes Handwörterbuch II, 326; LEWALD, *Das deutsche internationale Privatrecht auf Grundlage der Rechtsprechung* (1931) 46 y s.; FRANKENSTEIN I 472 y s.; NUSSBAUM 185 y s.; STAUDINGER-RAAPE VI/2, art. 10; GUTZWILLER, *Die sogenannten Internationalen juristischen Personen,* en: Mitteilungen der deutsche Gesellschaft für Völkerrecht 12 (1933) 116 y s.; GEILER, *ibid.* 117 y s.; BEITZKE, *Juristische Personen im International privatrecht und Fremdenrecht* (1938) 220 y s.; RAAPE 128 y s.; M. WOLFF, *Internationales Privatrecht* 114 y s.; MANN, *Zum Problem der Staatsangehörigkeit der juristischen Person,* en: Festschrift für M. Wolff (Tubingen 1952) 271; de la bibliografía extranjera: RABEL II 17 y s.; M. WOLFF, *Private international Law,* num. 288, página 308; CAPOTORTI, *La nazionalità delle società* (Nápoles 1953); YOUNG, *The Nationality of a Juristic Person,* 22 Harvard Law Review (1908) 1 y ss.; MAZEAUD, *De la nationalité des sociétés,* Clunet 55 (1928) 30-66; PELLET, *Des personnes morales en droit international privé* (Paris 1914); DE VISSCHER, *La nationalité et le caractère ennemi des sociétés commerciales d'après la jurisprudence des cours anglaises,* Revue de Droit International Privé 1917, 501 y ss.; ARMINJON, *Nationalité des personnes morales,* Revue de Droit International et de Législation comparée 4 (1902) 381; MAMELOK, *Die juristische Person im internationalen Privatrecht* (Zurich 1900); MAMELOK, *Die Staatsangehörigkeit der juristischen Person* (Zurich 1918); acerca de la influencia que el traslado de la sede de una persona jurídica al extranjero ejerce sobre su nacionalidad (con Derecho comparado): BLOCH, *Die Sitzverlegung von Aktiengesellschaften in das Ausland nach internationalem Recht,* Schweiz. JZ 1952, 245 y s.; KRONSTEIN, *The Nationality of International Enterprises,* 72 Columbia Law Review (1952) 983; SEIDL-HOHENVELDERN, *Rechtsbeziehungen zwischen Internationalen Organisationen in den einzelnen Staaten,* Archiv des Völkerrechts 1953, 30; LOUIS-LUCAS, *Remarques relatives a la détermination de la nationalité des sociétés,* Jurisclasseur Périodique 1953 I (doctrina) 1104. Acerca de las sucursales: SCHILLING *(supra* pág. 149, nota 34).

[2] STAUDINGER-RAAPE VI/2, art. 10 D I 2; puesto que la nacionalidad de la persona jurídica presupone su existencia, hasta el punto de que se determina por su estatuto personal. Sobre esto especialmente MANN *(supra* pág. 154, nota 1) 273.

[3] STAUDINGER-RAAPE VI/2, art. 10; Martin WOLFF, *Internationales Privatrecht* 117; RGZ 73, 366.

[4] SERICK, comentario de sentencias en RabelsZ 17 (1952) 284 (286); cfr. también MARBURG 11. Que existe una diferencia fundamental entre la nacionalidad y el estatuto personal, lo demuestra el art. 29 de la ley de introducción al Código civil alemán. Según el mismo, cabe que los apátridas se hallen sometidos al ordenamiento jurídico alemán como estatuto personal, sin que con ello se altere para nada su posición jurídica estatal.

ISAY ha sido el primer autor que ha tratado de demostrar que a la persona jurídica le corresponde una auténtica nacionalidad que la equipara a las personas naturales.[5] Llegó a este resultado por la convicción de que la nacionalidad no es otra cosa que una relación jurídica con una serie de recíprocas relaciones de derecho, que en lo esencial afectan por igual al hombre y a la persona jurídica. Este criterio[6] se rechaza de manera casi unánime. El mismo ISAY, en escritos posteriores, se ha retractado de su tesis: «Según mi actual concepción, las personas jurídicas no son susceptibles de tener propiamente, es decir, corporalmente, una nacionalidad. Pero en todo caso son susceptibles de mantener una relación jurídica que muestra amplias analogías con lo que llamamos nacionalidad».[7] La razón de que no tuviera fortuna la primera concepción de ISAY radica en que la nacionalidad de un súbdito presupone la existencia de un hombre de carne y huesos, capaz de lealtad y de ser obligado a mantenerla.[8] La pertenencia a un pueblo, el lenguaje,[9] el amor a la patria, etc., son las bases naturales de la nacionalidad.[10] MARBURG[11] resume acertadamente su crítica contra ISAY diciendo que el factor personal es inmanente al concepto de nacionalidad.

Esta también se funda en la relación ética y política entre la persona y el Estado y por ello no se agota en relaciones puramente jurídicas. El concepto de nacionalidad, según se aplica tratándose de las personas naturales no permite que sin más se proyecte sobre las personas jurídicas.

En parte debido a este rasgo personal que es peculiar del concepto de nacionalidad, pero en parte también por consideraciones generales, un gran número de escritores han negado que la persona jurídica pueda tener, en definitiva, una nacionalidad.[12]

---

5 ISAY, *Die Staatsangehörigkeit der juristischen Personen* (1907).

6 Asiente VALÉRY, *Manuel de Droit International Privé* (París 1914) 343, página 442; NEUMEYER, *Internationales Verwaltungsrecht* I (1910) 108; NEUKAMP, *Die Nationalität der juristischen Personen*, actas de la primera reunión general de la Asociación Internacional para la Ciencia del Derecho comparada y la teoría económica (1912) 203 y s.; MAIENFISCH, *Die Staatsangehörigkeit der juristischen Personen* (disertación en Wertheim 1933) 15.

7 ISAY, *Die Staatsangehörigkeit der juristischen Personen*, NiemeyersZ 32 (1924) 18; cfr. también ISAY, *Das deutsche Fremdenrecht* (1923) 27 (deja el problema sin resolver).

8 STAUDINGER-RAAPE VI/2, art. 10 A; cfr. también el § 1 de la ley de nacionalidad del *Reich* de 15.9.1935 (RGB1 I, 1146); HÖHN, *Staatsangehöriger und Reichsbürger*, DR 1936, 20-23; FRANKENSTEIN I 472; PALANDT-DANCKELMANN, introducción, ante § 21, 5. FERID, *Der Neubürger im internationalen Privatrecht*, parte I (1949) 48, trata nuevamente de concebir aquellos valores de la personalidad como el núcleo de la nacionalidad; se muestra escéptico M. WOLFF, recensión bibliográfica, 3 International Law Quarterly (1950) 117.

9 En países que tienen minorías se concede a las personas jurídicas una protección al idioma, por lo menos en parte; cfr. ADAMOVICH, *Grundriss des tschechoslowakischen Staatsrechts* (Viena 1929) 88: «Estos derechos para el uso del idioma de la minoría ... se conceden también a las personas jurídicas ... en las condiciones indicadas en el art. 16 de la ley sobre el idioma»; FLACHBARTH, *System des internationalen Minderheitenrechts* (Budapest 1937) 244. No cabe duda que para ello debe corresponder un papel decisivo al substrato personal de la persona jurídica, los miembros que la integran.

10 M. WOLFF, *Internationales Privatrecht* 119; M. WOLFF, *Private International Law*, núm. 288, pág. 308, por lo que hay que asentir a lo que afirma NUSSBAUM 143, cuando escribe: «en el caso de *corporations* solo puede haber una analogía bastante remota con el domicilio y nacionalidad de los individuos».

11 MARBURG 9; también MAMELOK 12.

12 V. SEYDEL, *Kommentar zur Verfassungsurkunde*² (1897) 56; DE VAREILLES-SOMMIERES, núm. 1503, pág. 645; LAURENT, *Principes de droit civil français* I (Bruxelles-París 1878) 405: «Por más que

Pero la doctrina que en la actualidad predomina no llega a tan lejos. Aunque la persona jurídica no sea susceptible de tener una auténtica nacionalidad, no cabe renunciar a la posibilidad de caracterizar a una persona jurídica como nacional o extranjera.[13] Muchas disposiciones legales afectan a esta misma distinción y enlazan consecuencias jurídicas completamente diferentes a la cualidad de la persona jurídica como nacional o extranjera.[14]

Por ello el concepto de nacionalidad se utiliza incluso con relación a las personas jurídicas. Pero no cabe desconocer, naturalmente, que por sus presupuestos es completamente diferente del que se aplica en el caso de las personas naturales.[15] Si se tiene conciencia de esta diferencia, nada hay que oponer a que se recurra al concepto de nacionalidad para caracterizar más ampliamente a la persona jurídica. Con ello simplemente se trata de un procedimiento de técnica jurídica que deja a la ciencia la tarea de resolver con independencia el problema de la conexión normativa.[16]

La legislación particular que en la mayoría de los casos se limite a enlazar con la distinción entre personas jurídicas extranjeras y nacionales las consecuencias jurídicas que afecten solamente a esta clase de personas y no al mismo tiempo a las personas naturales, puede por ello inducir a que se sustituya el concepto de nacionalidad de la persona jurídica por otra idea diferente. Si en lugar del concepto de nacionalidad (Staatsangehörigkeit) de la persona jurídica se usa el de pertenencia al Estado (Saatszugehörigkeit), como en ocasiones ha hecho el Tribunal del *Reich*,[17] se olvida fácilmente que existen muchos derechos y obligaciones que se

---

se haga un esfuerzo de imaginación, no puede afirmarse que un ser ficticio sea francés o alemán, inglés o belga», invocando la Réquisitoire de LECLERC, en: Jurisprudence du XIX siècle (1847) 598; von BAR, *Theorie und Praxis des internationalen Privatrechts* I (1889) 300, nota 1; WALKER, *Internationales Privatrecht* (Viena 1934) 140; cfr. también RFH 8.8.1928.

13 FRANKENSTEIN I, 473; MAMELOK 11 y s.; M. WOLFF, *Internationales Privatrecht* 119; M. WOLFF, *Private International Law,* núm. 288, pág. 308; STAUDINGER-RAAPE VI/2, art. 10 D I; RAAPE 134; PLANIOL-RIPERT, *Traité élémentaire de droit civil* (Paris 1952), núm. 83, pág. 99; PAGEN-STECHER, *Werden die Partei- und Prozessfähigkeit eines Ausländers nach seinen Personalstatut oder nach den Sachnormen der lex fori beurteilt?, ZZP* 64 (1951) 252.

14 Cfr., por ejemplo, art. 10 de la ley de introducción al Código civil alemán; el art. 7 del Código general prusiano limita la adquisición de inmuebles por parte de las personas jurídicas extranjeras; cfr. además, por ejemplo, la ley sobre las empresas privadas de seguros de 12.5.1901 (RGB1 139) § 85 y s.; ley industrial para el *Reich* alemán de 26.7.1900 (RGB1 871) § 12.

15 DÖLLE-ZWEIGERT, núm. 78, pág. 87; cfr. también DÖLLE, *Das materielle Ausgleichsrecht des Versailler Friedensvertrages* (1925) 63 y s.; DÖLLE deja en este punto la cuestión sin resolver. FOOTE, *A Concise Treathe on Private International Law* [5] (Londres 1925) 180: «El concepto de nacionalidad, como el de domicilio, solo puede ser aplicado a *corporations* en un sentido metafórico»; LOUIS-LUCAS *(supra* página 154, nota 1), núm. 1104; cfr. también BATTIFOL, *Traité élémentaire de droit international privé»* (París 1955), pág. 230: «La identidad de palabras tiene el inconveniente de velar la distinción, pero la ventaja de suscitar la analogía».

16 Por esas razones no cabe asentir a las explicaciones de BEITZKE 27 y s.

17 RGZ 88, 53; RG 5.1.1916; RG 18.5. 1917; las tres decisiones se ocupan de los sindicatos del Derecho de Gotha; también MAKAROV, por ejemplo, en *Nationalisierungsmassnahmen und die Entschädigung der durch sie betroffenen Ausländer in der internationalen Praxis der letzten Jahre,* en Festgabe für Erich Kaufmann, Um Recht und Gerechtigkeit (1950) 249 (258); también en mi anotación a la sentencia del Tribunal civil de Mulhouse del 2.5.1950, debido a un error de redacción, aparece en el título en lugar de la palabra *Staatsangehörigkeit* (nacionalidad) la palabra *Staatszugehörigkeit* (pertenencia a un Estado); cfr. RabelsZ 17 (1952) 284.

refieren de la misma manera a las personas jurídicas y a las personas naturales de un Estado.[18] Es cierto que la aplicación del concepto de pertenencia al Estado tendría la ventaja de que expondría claramente la diferencia con el concepto de nacionalidad, de la manera que rige para las personas naturales, fundada en la diversidad de supuestos. Pero ofrece el inconveniente de que deja oscurecido el hecho de que una serie de consecuencias jurídicas que están enlazadas con el concepto de nacionalidad, también rigen tratándose de las personas jurídicas. De ahí que sea preferible insistir en el concepto de nacionalidad incluso tratándose de personas jurídicas. Las mismas consideraciones justifican que también se haya prescindido de crear un concepto especial en relación con las personas jurídicas cuando se trata de la aplicación de alguno que depende de circunstancias necesariamente diferentes en el ser humano y en la persona jurídica, como el de la buena fe,[19] etc. También en este caso lo que ante todo importa son las consecuencias jurídicas y éstas son las mismas por lo que se refiere a la buena fe tanto de la persona jurídica como del hombre.

---

18 HINTZE, *Die Staatsangehörigkeit der juristischen Person* (1932) 11; MARBURG 12; tales normas se encuentran, por ejemplo, en el caso de actuaciones judiciales en el § 110 de la ley procesal civil (obligación del demandante extranjero de prestar garantía para las costas del proceso); sobre ello BAUMBACH-LAUTERBACH, ZPO[22], anotación 2 A al § 110; STEIN-JONAS-SCHONK, ZPO[17], anotación I, 1 c al § 110. En la esfera del Derecho internacional privado en sentido estricto (Derecho de colisión), la mayoría de las normas que se refieren a la personalidad, especialmente las del Derecho de personas, de familia y de sucesiones, solo pueden aplicarse a las relaciones de las personas naturales. De todos modos, también se da una cúratela (art. 23 de la ley de introducción al Código civil) sobre las personas jurídicas y, según el art. 12 (de la misma ley), la nacionalidad desempeña un papel en el Derecho penal; según el Derecho Internacional Privado italiano, el Derecho patrio común de las partes contratantes tiene importancia para el contenido del contrato (art. 25 del *Codice civile)* y para la forma del negocio jurídico (art. 26 del *Codice civile);* según el Derecho internacional privado español, la nacionalidad del propietario determina el estatuto jurídico de los bienes inmuebles (art. 10 del Código civil español).

19 Cfr. por ejemplo, RG 8.2.1935: «La mala fe de una personalidad jurídica que no es una persona natural en el sentido del § 892 del Código civil alemán, resulta de su representación legal, de su órgano de voluntad (§ 26 del Código civil alemán, cfr. Seufferts Archiv 77, 110). El conocimiento que tenga este órgano es conocimiento de la sociedad. Como reconoce de manera general la jurisprudencia y la doctrina, en la representación colectiva basta el conocimiento *de uno* de los varios representantes solidarios para que resulte fundado el de la persona jurídica o de la sociedad (RGZ 9, pág. 143; JW 1910, pág. 624[10]; 1911, pág. 1012[2]; GRUCHOT 29, 703). Descansa en la misma naturaleza de la cosa el conocimiento que en el momento decisivo tenga todo aquel que sea aisladamente representante legal, es inherente a la persona jurídica o a la sociedad. La cuestión no depende de que el único componente del órgano haya intervenido como representante en el negocio que precisamente se toma en consideración...»; asienten PALANDT-HOCHE, § 892, *6b*. Por el contrario, una sociedad de responsabilidad limitada no incurre en mala fe cuando solamente su único socio, que no tiene poder de representación y no es administrador, estaba en mala fe al quedar concertado el negocio jurídico a través del administrador; así, SCHILLING, JZ 1953, 163; HACHENBURG-SCHILLING, § 13, apéndice anotación 4; cfr. también RG 5.2.1929; otro criterio SIEBERT, BB 1954, 417. Esto resulta de que solo el administrador está facultado para obrar por cuenta de la persona jurídica en las relaciones externas. Por supuesto que rige otro criterio cuando puede demostrarse que el socio único ha empleado de manera abusiva la estructura formal de la persona jurídica. Sobre ello cfr. también *supra* pág. 70. (Problema de la agravación de la responsabilidad por vicios de la cosa cuando media conocimiento por parte de un socio.)

II

El siguiente problema se refiere a la indagación del criterio que ha de tenerse en cuenta para determinar la nacionalidad de la persona jurídica. Para ello se ofrecen dos posibilidades: una de ellas consistiría en reflejar la nacionalidad de los miembros de la persona jurídica,[20] o de su mayoría, sobre tal entidad; la otra podría orientarse en vista de datos que hicieran referencia a la persona jurídica como tal, sin que tuviera que existir ninguna clase de conexión con los que fuesen peculiares de sus miembros.

A favor del primer camino se ha pronunciado especialmente VAREILLES-SOMMIERES. Este autor opina que no puede hablarse de una auténtica nacionalidad de la persona jurídica.[21] Por ello su llamada nacionalidad se determina por la de sus miembros.[22] En época más reciente, BEITZKE[23] ha sostenido el criterio de que para determinar la nacionalidad de la persona jurídica, cuando deba servir para separarla del Derecho extranjero, ha de ser decisiva la de sus miembros y directores, el origen del capital y la finalidad de la persona jurídica. Para ello se fundó también en algunas sentencias y en la doctrina nacional y extranjera.[24] [25]

También es digno de mención el criterio de MAMELOK[26] acerca de la nacionalidad de una persona jurídica que después de trasladar su domicilio al extranjero, ha perdido su capacidad jurídica en el Estado de origen. Entiende que esto no implica la pérdida de la existencia y la disolución de la persona jurídica. Su substrato real

---

20 Por lo cual, bajo determinadas circunstancias, debería establecerse una diferenciación por razón de las cuotas de capital.

21 DE VAREILLES-SOMMIERES, núm. 1503, pág. 645.

22 DE VAREILLES-SOMMIÈRES, *La synthèse du droit international privé* II (Paris), núm. 763, pág. 74: «Una sociedad o asociación en realidad no es más que un grupo de individuos ligados por vínculos recíprocos e intereses comunes, por lo que no tiene otra nacionalidad que la de sus miembros»; también DE VAREILLES-SOMMIERES, núm. 1.503, pág. 645. Esta manera de penetrar hasta los hombres que se hallan detrás de la persona jurídica para determinar la nacionalidad de ésta, la preconiza en la esfera del Derecho público: DE VISSCHER, *De la protection diplomatique des actionnaires d'une société contre l'État sous la législation duquel cette société s'est constituée,* Revue de Droit International et de Législation comparée 61 (1934) 624 y s. (642 y s.). En contra WEISS, *Traité théorique et pratique de droit international privé* II (Paris 1908) 478; LYON-CAEN-RENAULT, *Traité de Droit Commercial* II/2 (Paris 1929), núm. 1165, pág. 1024, con abundantes referencias jurisprudenciales.

23 BEITZKE 226 y s. (227).

24 Pueden verse las indicaciones que hace BEITZKE 227, nota 44a, 45; 228, notas 46, 47, 48, a la sentencia del Tribunal del *Reich* de 26.1.1937 (pero en este caso se trata de una sentencia dictada según puntos de vista raciales y que por ello no puede ser invocada para fundar en ella una argumentación de validez general sobre la nacionalidad de una persona jurídica. Contiene la siguiente formulación: «Los conceptos 'extranjero' y 'judío' también pueden aplicarse en el sentido de que una empresa que se encuentre bajo la decisiva influencia de personas extranjeras o judías», HRR 1937, núm. 733); además, referencias a las *Mitteilungen des deutschen und österreichischen Alpenvereins* 1937, 203, según la cual el gobierno austríaco declara que la construcción de la pista Grossglockner-Hochalpenstrasse es una «obra de la administración estatal» porque solo una pequeña porción del capital por acciones de la sociedad constructora no se encuentra en manos de la Federación austríaca; EHRENFRIED, *Das Aktienrecht Spaniens* (1936) 254; SCHUMANN, *Über die Zulässigkeit von Werbemitteln politischen Inhalts im neuen Staat,* GRUR 1934, 79 y s. (84).

25 Cfr. también RG 12.1.1937.

26 MAMELOK 29.

también subsiste en el nuevo domicilio y es reconocido por la ley allí vigente, con lo que obtiene la nacionalidad.[27]

Este examen de lo que existe detrás de la persona jurídica es aproximado porque el auténtico concepto de la nacionalidad solo puede encontrar aplicación tratándose de la persona natural. Contra la solución de referirse al substrato de la persona jurídica no cabe invocar el argumento dogmático de que es inconciliable con la esencia de esta clase de personas.[28] Como hemos visto, la negación de la forma de la persona jurídica es admisible en casos excepcionales. Además, ahora no se trata de una medida que pueda equipararse a la que se adopta en los supuestos constitutivos de abuso, en los que se niegan los resultados pretendidos con el acto realizado con abuso de la forma de la persona jurídica, sino únicamente de observar lo que ocurre entre bastidores para llegar a la determinación de ciertas cualidades jurídicas que le son esenciales. Pero solo cabe admitir esta penetración hasta el substrato personal cuando el sentido de la disposición legal que ha de aplicarse, obtenido por interpretación, exige necesariamente hacer referencia a las personas naturales que se encuentran detrás de la persona jurídica. Solo en tal caso pueden ser valorados los datos observados en los seres humanos que componen la persona jurídica. Pero el modo de aparecer aplicado el concepto de nacionalidad a la persona jurídica en las distintas materias particulares, no permite afirmar que exista ninguna tendencia general favorable al criterio de atender a las personas naturales situadas detrás de la persona jurídica.

Algunas normas particulares del Derecho de extranjeros[29] que constituyen normas especiales dentro del Derecho sustantivo interno en relación con los extranjeros, autorizan —en parte de manera expresa— que la nacionalidad de la persona jurídica pueda averiguarse a base de la nacionalidad de los hombres que se hallan detrás de ella. Pero se trata de normas acentuadamente opuestas a lo extranjero y que por ello se aproximan a las disposiciones contra los «enemigos» [30] propias del Derecho de guerra. Pero en algunos casos resulta dudoso si una norma tiene o no tiene tendencia contraria a lo extranjero. Por ejemplo, en Francia se discute mucho si la disposición que obliga a los extranjeros a prestar caución de arraigo para seguir un proceso también rige para las personas jurídicas que tienen su sede en Francia pero que están dirigidas por extranjeros.[31] Las normas jurídicas sobre ex-

---

27 Lo que en todo caso no se expresa es cómo puede conciliarse con ello que la existencia de la persona jurídica se rija por el estatuto personal.

28 Una indicación de esta clase se encuentra, por ejemplo, en MARBURG 23, 24.

29 Sobre la importancia de la diferencia entre el Derecho internacional privado y el Derecho extranjero, fundamentalmente BEITZKE, *Juristische Personen im Internationalprivatrecht und Fremdenrecht* (1938), y el comentario a ello de ZWEIGERT, RabelsZ 12 (1938/39) 936 y s.; además, ZWEIGERT, RabelsZ 13 (1940/41) 726 y s.

30 Para ello véanse las explicaciones relativas a la *Kontrolltheorie,* pág. 136 y siguientes.

31 Para la aplicación del criterio de la dominación *(Kontrolle)* como medida de la «dependencia política» de la persona jurídica en el problema de la caución de arraigo en juicio: Tribunal civil de Mulhouse 2.5.1950, *Société savonnerie Lever c. Société de produits chimiques de la Mer rouge et divers,* con nota aprobatoria de NEBOYET, Revue critique de Droit international privé 40 (1951) 153. Con dudas: Tribunal civil del Sena 12.3.1952, con nota de PLATTET, en la misma revista 41 (1952) 703, donde se hace referencia al Tratado de comercio franco-suizo de 31.3, 1937, decisivo para la resolución del caso, *ibíd.* (1937) 516. La teoría del control ya queda descartada en el art. 15 de este tratado. Esto lo ha pasado por alto el Tribunal: Clunet 79 (1952) 878.

tranjeros generalmente son de Derecho público y casi siempre pretenden afectar a los hombres que se hallan detrás de la persona jurídica.[32] Un ejemplo sobre el que luego habremos de insistir[33] lo representan las normas que tratan de evitar que sean dominadas por el capital extranjero las personas jurídicas nacionales. Pero también en el Derecho relativo a los extranjeros cabe hallar normas que no tratan de referirse a las personas naturales que se hallan detrás de la persona jurídica. Son reglas de Derecho en las que predomina el aspecto iusprivatista y que, en atención al ordenamiento formal, disponen un tratamiento diferente para las personas jurídicas nacionales y extranjeras. En este caso no es admisible que para determinar la nacionalidad se penetre hasta el substrato personal de la persona jurídica.[34] Bajo estas circunstancias cabe imaginar que en el mismo litigio una persona jurídica sea considerada como nacional en el sentido de una norma y como extranjera en el sentido de otra.

Por tanto, los preceptos del Derecho para extranjeros, por el carácter excepcional debido a su finalidad defensiva, confirman el criterio que sostenemos de que la nacionalidad de la persona jurídica ha de ser determinada, de manera primordial, con independencia de la que corresponda a sus miembros.

Contra la adopción de medidas que se refieren a los miembros cabe hacer constar finalmente las siguientes consideraciones:

Por un lado la nacionalidad de los socios muchas veces es difícil de comprobar. Por otro lado, hay que tener en cuenta que tratándose de sociedades anónimas una parte de los socios cambia diariamente, de lo que podría resultar un frecuente cambio de la nacionalidad de la persona jurídica, que muchas veces solo dependería del azar.[35] Además, existen otros puntos que brindan mejor apoyo y que permiten que la

---

La teoría de la sede y del control se aplica en atención a la *cautio judicatum solvi* en: Tribunal civil de Metz 16.6.1950 (con nota de LOUSSOUAHN, Revue Critique de Droit International Privé 41 –1952– 460): «Atendido que la *brasserie* Walsheim constituye una persona moral cuya sede se halla fuera de Francia; que debe ser considerada como extranjera si no demuestra que está dominada por franceses, pues el país del domicilio no constituye, salvo prueba en contrario, una pre-,sunción de adhesión política en beneficio del mismo país».

32 Nuevamente sobre ello con muy buen criterio el Tribunal de Apelación de Argel 13.7.1951 (con referencia a las decisiones de la Casación civil de 25.7.1933 y 29.5.1937): «La concepción de la nacionalidad determinada por el lugar del domicilio social, si tiene validez en Derecho privado, no debe ser proyectada sin reserva en el dominio público y tampoco serviría para autorizar a las sociedades comerciales que tienen su domicilio social en Francia a reivindicar frente al Estado todos los privilegios adscritos a la cualidad de francés, y en especial el derecho a los daños de guerra previstos por la ley de 1919». Consecuente con su punto de vista, el tribunal, en este caso, se atuvo a los hombres que se hallaban detrás de la persona jurídica. Sin embargo, la sentencia fue revocada por la Casación comercial 20.10.1953 (aplicación del principio del domicilio) con nota de FREYRIA, Jurisclasseur périodique 1954, II, 1898, y nota de BATIFFOL, Revue Critique de Droit International Privé 43 (1954), núm. 2, pág. 355. También sobre ello GOLDMANN, *Jurisprudence,* Francia, Clunet 80 (1953) 96 y ss. (98, 112, 114).

33 Cfr. *infra* pág. 165 y ss.

34 Acerca de los problemas que acabamos de esbozar, cfr. SERICK, lugar citado 288; NIBOYET, anotación al Tribunal civil de Mulhouse 2.5.1950, *Société savonnerie Lever c. Société de produits chimiques de la Mer Rouge et divers,* Revue Critique de Droit International Privé 40 (1951) 153. Además: *Cassation des requetes* 12.5.1931, D. H. 1931, 329.

35 STAUDINGER-RAAPE VI/2, 10 B I 4; MARBURG 24; ISAY, *Die Staatsangehörigkeit der juristischen Personen,* NiemeyersZ 32 (1924) 19.

nacionalidad de la persona jurídica pueda determinarse según datos objetivos, sin que se perturbe la diversidad querida por la ley entre la persona y sus miembros.

III

Como dato objetivo para determinar la nacionalidad de la persona jurídica se ha propuesto el del lugar de la fundación o el del domicilio de la entidad,[36] que son datos análogos a los del nacimiento y el domicilio en el caso de la persona natural.[37] De la misma manera que para el hombre la adquisición de la nacionalidad se determina según diversos principios,[38] [39] también difieren las reglas fundamentales que permiten juzgar cuál sea la nacionalidad de la persona jurídica.

En la esfera jurídica angloamericana[40] domina la llamada doctrina de la fundación[41] según la cual la persona jurídica posee la nacionalidad del Estado con arreglo a cuyas leyes ha sido creada. Esto no resulta sorprendente si se piensa que en este caso la persona jurídica es considerada como un ser creado por la ley y que solo existe en «*contemplation of lato*».[42] Por ello advierte con razón YOUNG[43] que la teoría de la fundación es una consecuencia de la doctrina de la ficción y, como es menester añadir, también una consecuencia de las teorías de la creación en el Derecho de sociedades.

En Alemania, Francia, Italia, Suiza y en muchos otros Estados, por el contrario, se da preferencia a la llamada teoría de la sede *(Sitz-Theorie)*[44] para la determi-

---

36 No podemos tratar en este lugar de otros rasgos, como, por ejemplo, la atribución de un cargo, etc., pues solo debemos enseñar con la ayuda de dos ejemplos cuáles son los puntos de vista que han de permitir utilizar con referencia a una persona jurídica un concepto que solo corresponde a seres humanos.

37 Cfr. también COWEN en la obra de DICEY, *Conflicts of Laws* (Londres 1949) 126, regla 18, comentario, donde se explica que un domicilio en realidad solo puede tenerlo una persona natural, aunque «mediante una regla de Derecho, un domicilio es atribuido a las sociedades».

38 Cfr. sobre ello MAKAROV, *Allgemeine Lehren des Staatsangehörigkeitsrechts* (1947) 84 y ss., 134, 317, 319 (con referencia al principio del *jus sanguinis);* 65, 84, 107, 112, 146, 152, 306, 317, 319 (con referencia al principio del *jus soli).*

39 Ninguna razón que radique en la naturaleza de la cosa, como tal forzosa, habla ni a favor de una razón determinante ni de otra; cfr. sobre ello BRUNS, *Völkerrecht als Rechtsordnung* I, en BrunsZ 1/1 (1929) 46 y s.

40 También, por ejemplo, en la Unión Soviética; cfr. MAKAROV, *Das internationale Privatrecht Sowjetrusslands,* Auslandsrecht 1925, 103 y s. (107); cfr. además la ley de conversión influida por el pensamiento jurídico angloamericano (3. *Gesetz zur Neuordnung des Geldwesens* [WiGBl 1948, anexo 5, pág. 13]; SCHONFELDER, *Deutsche Gesetze* [1950, núm. *60b]),* que en el § 13 IV b se mantiene adherido a la teoría de la fundación: «Son miembros pertenecientes a las Naciones Unidas en el sentido de esta ley ... las personas jurídicas ... que el día 8.5.1945 ya existían en conformidad a las leyes de una de las Naciones Unidas y que subsisten el 27 de junio de 1948 en conformidad a las leyes de una de las Naciones Unidas». Partidarios de esta doctrina en Alemania: FRANKENSTEIN I 473; SCHWANDT, *Die Nationalität der Aktiengesellschaft,* JW 1911, 932 y s. (934); SCHWANDT, *Die deutschen Aktiengesellschaften im Rechtsverkehr mit Frankreich und England* (1912) 63.

41 FLETCHER I, § 35, págs. 123/124; STEVENS, § 12, pág. 57; WESTLAKE, *A Treatise on Private International Law*[7] (Londres 1925) 381; RABEL 22; M. WOLFF, *Private International Law,* núm. 281, pág. 299.

42 Sobre ello cfr. *supra* pág. 91 y s.

43 YOUNG, *Foreign Companies and Other Corporations* (Cambridge 1912) 167, y asiente BEITZKE 224; también así STEVENS, § 13, pág. 56 y s. (por lo demás, no distingue de manera bastante clara el problema de la nacionalidad y el de si la persona jurídica puede ser «enemiga»).

44 Cfr. la enumeración en NUSSBAUM 187; para Alemania últimamente M. PAGENSTECHER, ZZP 64 (1951) 252; nota, *Wann ist eine GmbH eine ausländische Gesellschaft,* GmbH-Rdsch. 1953, 46;

nación de la nacionalidad de la persona jurídica. El Tribunal del Reich cree exactamente: «Es un principio de Derecho Internacional Privado generalmente reconocido que, tratándose de sociedades, lo que decidera nacionalidad es la sede».[45]

Pero aparecen considerables dificultades cuando se quiere determinar la sede. Pues, ¿dónde radica una persona jurídica? La opinión dominante sostiene el criterio de que como sede de la persona jurídica debe ser considerado el punto central de su administración.[46] No es preciso que ahora entremos en el detalle de las consideraciones que han dado lugar a que la sede quede determinada por este dato y no posiblemente por el lugar de la explotación del negocio.[47] Ahora solo se trataba de mostrar qué caminos han sido propuestos para que de la peculiaridad de la persona jurídica se obtengan los presupuestos que son necesarios para utilizar con respecto a ella la idea de nacionalidad que originariamente solo fue pensada para la persona natural.

§13. *Medidas que tratan de evitar que personas jurídicas nacionales sean dominadas por el capital extranjero*

La persona jurídica tiene, pues, una nacionalidad que ha de ser distinguida de la que corresponde a sus miembros. Hasta qué punto esta tesis, llevada a sus últimas consecuencias, puede ser peligrosa para la propia economía resulta patente cuando se piensa en las personas jurídicas que desempeñan una función en la economía de guerra o que ocupan una posición clave en industrias de importancia vital y que pueden estar dominadas por extranjeros. Si tales sociedades se convirtieran en un peligro para la seguridad estatal o para la economía interna, no sería posible proceder sin más contra ellas por no tener la consideración de extranjeros, sometidos a ciertas restricciones en virtud de disposiciones que por esta razón les afectarían, sino de nacionales que pueden exigir que no se les trate de manera diferente que a las demás sociedades nacionales.

Numerosos Estados, especialmente los países de capital débil que procuran atraerse capitales extranjeros, han adoptado por dicha razón ciertas medidas contra la posibilidad de que pasen a depender del extranjero las personas jurídicas nacionales. Así, se ha dispuesto que los órganos de administración de la sociedad anónima deben estar desempeñados por ciudadanos nacionales con una relación numérica exactamente delimitada. Además, se exige a veces un determinado número de

---

para Luxemburgo-Bélgica, cfr., por ejemplo, *Décision du Conseil relative à la mise en vigueur des nouveaux règlements (Publication de textes relatifs au contrôle des changes),* Mémorial du Grand-Duché de Luxembourg 22.4.1954, núm. 27.

45 RGZ 88, 54; RG 5.1.1918; RG 18.5.1917; cfr. también STAUDINGER-RAAPE VI/2, art. 10 D I; todavía así M. WOLFF, *Internationales Privatrecht* (2.ª ed.) 100, quien, sin embargo, últimamente, en la tercera edición de su libro sostiene el criterio (pág. 120) de que: «La nacionalidad de una persona jurídica no se determina por su domicilio, como sucede con su estatuto personal, sino que más bien es cada Estado el que decide cuáles son sus súbditos»; cfr. para ello también TROLLER, *Das Welturheberrechtsabkommen,* RabelsZ 19 (1954) 36: «También tratándose de personas jurídicas el problema de si son súbditos de un país federal *(Verbandslandes)* se decidirá por el Derecho del Estado del que se designan como súbditos», y especialmente MANN *(supra* pág. 154, nota 1).

46 STAUDINGER-RAAPE VI/2, art. 10 D I; M. WOLFF, *Internationales Privatrecht* 115.

47 Así LYON-CAEN, *Traite de Droit Commercial* II (1919), núm. 1167, página 1027; WEISS, *Traite théorique et pratique de droit international privé»* (París 1908) 482, nota 2, con abundantes indicaciones de jurisprudencia y bibliografía.

fundadores nacionales o se prescribe que solo un determinado porcentaje del capital en acciones puede estar en manos de extranjeros.[1]

Por lo que se refiere a la administración de la sociedad anónima el art. 711 del Código suizo revisado de 18 de diciembre de 1936[2] determina, por ejemplo, que si la administración de la sociedad anónima está confiada a una sola persona debe residir en Suiza y tener la nacionalidad suiza. Si la administración se compone de varios miembros, la mayoría debe componerse de tales personas. Sin embargo, bajo determinadas circunstancias pueden admitirse algunas excepciones.

De la nacionalidad de los fundadores de una sociedad anónima también se ocupa, por ejemplo, la ley sueca de sociedades anónimas de 14 de septiembre de 1944.[3] Según el § 4 I de esta ley, todos los fundadores de una sociedad anónima deben ser ciudadanos suecos que residan en Suecia o sociedades suecas.[4] [5]

---

1 Sobre ello véase especialmente: Dictamen del Instituto del Kaiser Guillermo para el Derecho privado extranjero e internacional, Tubinga, del 11.10.1950, en el asunto *Henkel & Cié. GmbH;* además, dictamen jurídico también del Instituto del Kaiser Guillermo (1950) en el asunto *Tafelglas-AG;* la información de fuentes extranjeras que hemos dado han sido tomadas en gran parte de ambos dictámenes; en la doctrina, además, M. WOLFF, *Internationales Privatrecht* 111; BEITZKE 79 y s., 226; JUNG, *Massnahmen der Aktiengesellschaft gegen Überfremdung* (1921); PLANITZ, *Die Stimmrechtsaktie* (1922) 33 y s.; KURZ, *Die Überfremdungsgefahr der deutschen Aktiengesellschaften und ihre Abwehr* (1921).

2 Disposiciones parecidas en Yugoslavia: § 291 III de la ley mercantil yugoslava de 5.Î0.1937, proclamada en la Sluzbene Novine del 28.10.1937, núm. 245, LXXIV, traducción alemana: *Das Handelsgesetz für das Königreich Jugoslawien vom 5.10.1937* (Novi Sad 1938); sobre ello también GODINA, *Trgovacki Zakon* (Belgrad 1937) 230; Rumania, art. 122 II, 185 II/III del Codul Commercial de 16.4.1887, publicado en el Monitor oficial del 10./22.5.1887, traducción alemana de v. BOROSCHNAY (Bucarest 1887); también GEORGESCO, *Le régime juridique et financière des capitaux étrangers en Roumanie* (Paris 1932) 61 y s. Portugal: ley núm. 394 del 6.9.1915, para ello Alberto Dos REIS, *Código commercial portugués*[2] (Coimbra 1946) 84; Francia: por lo que se refiere a los sindicatos, art. 4 del libro 3 del *Code de travail* en la redacción del art. 18 del Decreto de 12.11.1938 (JO del 13.11.1938); tratándose de las sociedades de seguros, art. 3 de la ley del 1.4.1898 en la redacción del Decreto del 28.9.1937 (JO del 1.9.1937); en Letonia: por lo que se refiere a las sociedades de seguros, la ley de crédito del año 1935 y su ampliación del 17.1.1938, sobre lo cual S. B. v. B., *Die gesetzlichen Massnahmen gegen eine Überfremdung in Lettland,* Zeitschrift für Osteuropaeisches Recht 1938/39, 87/88; Finnland: § 34 I 2 de la ley sobre las sociedades anónimas del 2.5.1895; para Finlandia: *L'Italiano all'Estero e la sua Condizione Giuridica*[2] (Roma 1934) 147, publicada por la Direzione generale degli italiani all'estero.

3 Traducción alemana de KORKISCH, *Das schwedische Gesetz über die Aktiengesellschaften vom 14 September 1944* (1955).

4 Por ejemplo, en Egipto se aplicó la siguiente disposición: la fundación de una sociedad anónima egipcia depende de la concesión de una autorización real (art. 40 del Código de Comercio egipcio, art. 46 del Código de comercio mixto). Esta autorización debía ser denegada cuando así lo decidía el Consejo de Ministros egipcio, cuando (entre otros) no se habían respetado los siguientes preceptos, destinados a evitar la invasión del capital extranjero: 1. El Consejo de Administración debía tener por lo menos dos miembros egipcios; 2. Una cuarta parte de los empleados de la sociedad, especialmente de los dirigentes y técnicos, deben poseer la nacionalidad egipcia; 3. Toda emisión pública debía quedar suscrita en Egipto por lo menos en una cuarta parte. Reproducido en PACE, *Les Codes mixtes d'Egypte* (Alejandría 1938). Mientras tanto han sido introducidas importantes modificaciones legales. Cfr. ante todo el Decreto-ley de 30.8.1952; para esto *Le Progrès* de 31.7.1952: «Modificación por Decreto-ley del art. 6 de la ley sobre las sociedades

Es cierto que otros países, por ejemplo Austria, no disponen de normas positivas para impedir que una sociedad pase a estar dominada por extranjeros; pero en este caso la concesión estatal de la personalidad jurídica se nace depender de la circunstancia de que los estatutos sociales dispongan que la mitad de las personas que compongan el consejo directivo sean súbditos austríacos.[6]

Contra el mismo peligro solo tenemos en Alemania disposiciones legales aisladas.[7] [8] Sin embargo, de vez en cuando el Ministerio de Economía del *Reich* ha adoptado medidas contra la dominación por parte del capital extranjero en ramas industriales concretas.[9] Todas esas medidas contra la dominación del capital extran-

anónimas. De ahora en adelante ya no se exige la mayoría del 51 por 100 de egipcios». En la actualidad rige la Companies Act de 1954 (publicado en el *Official Journal* núm. 4 [extraordinario] bis, del 16 de enero de 1954), en cuyo art. 11 (l) se dispone que en la fundación de una sociedad anónima el 49 por 100, por lo menos, de las acciones deben ser ofrecidas a los súbditos egipcios; citado según el *The Business Law Review* (1954) 228. No me ha sido asequible la disposición egipcia.

5 Cfr. además, para Inglaterra, las disposiciones de la *Aliens Restriction (Amendment) Act,* 1919, 9 & 10 Geo. 5, Ch. 92, sec. 11, en cuya virtud se prohibió a extranjeros que habían sido enemigos que pudieran adquirir participaciones o derechos de otra clase en determinadas industrias claves. Esta ley ya no rige en la actualidad. Por lo demás, en este punto entran en consideración disposiciones de la *Companies (Foreign Interests) Act* 1917, 7 & 8 Geo. 5, Ch. 18, derogada en 1929, según la cual las modificaciones en los estatutos que imponían limitaciones a los extranjeros solo eran admisibles con aprobación del *Board of Trade.* Véase también DAVIS, *The English Law Relating to Aliens* (Londres 1931) 226 y s. Para España: el Decreto del 30.6.1924 y del 20.9.1926; cfr. acerca de ello ESPEJO DE HINOJOSA, *Legislación obrera e industrial de España*[2] (Barcelona 1931) 152. Para el Líbano, véanse las explicaciones de FABIA, *Chroniques de législation et de jurisprudence étrangères, Libano,* Revue Trimestrielle de Droit Commercial 1954, 730.

6 Para ello véase: *Zentralstelle für Aussenhandel, Vertretung und Niederlassung deutscher Firmen nach ausländischem Recht,* en: Sonderarbeiten zur Förderung des deutschen Aussenhandels, cuaderno núm. 3 (1932) 25/26; además, el proyecto elaborado en 1925 para una nueva ley austríaca de sociedades anónimas: «Si la directiva de una sociedad se compone de un solo miembro está obligado, y lo están la mitad si se compone de varios, a poseer la ciudadanía federal austríaca y a tener en Austria su domicilio permanente». HOFMANNSTAHL, *Entwurf eines neuen österreichischen Aktiengesetzes* (Viena 1926), § 55 ap. 10; para Checoeslovaquia regían las mismas disposiciones administrativas, cfr. JAROSLAV POSVAR, *Akciová Spolecnost* (Praga 1933) 79/81, 115, 116; PATSCH-NESY-ROZAKOVA, *Spolecnost Omezenym Rucenim* (Praga 1934) 198-260.

7 Esto tiene su origen en el art. 276 del Tratado de Versalles, en el que Alemania quedó sometida a amplios deberes y obligaciones frente a los súbditos de naciones aliadas, con los que difícilmente hubiesen podido conciliarse medidas destinadas a impedir la invasión de capitales extranjeros, cfr. Tratado de Versalles, texto oficial (Berlín 1926), art. 276. BEITZKE estima (en el año 1938) que Alemania no tiene ninguna oportunidad de introducir semejantes limitaciones legales (BEITZKE 81). En demostración de su criterio cita el Anuario de Estadística para el *Reich* alemán (1936) 400 y *Die Nationale Wirtschaft* 1937, 17.

8 Cfr. ley sobre el Banco del *Reich* alemán del 15.6.1939 (RGB1 I, 1015), § 11 II, cuya subsiguiente vigencia, por lo demás, no deja de ofrecer dudas. Acerca de esos problemas, véase también el *Frankfurter Allgemeine Zeitung* del 17.3.1954, núm. 64, pág. 9.

9 Sobre ello el dictamen del Instituto del Kaiser Guillermo para el Derecho Privado Extranjero e Internacional del 30.10.1950 en el litigio *Tafelglas-AG.* La falta de leyes contra la invasión de capitales extranjeros había alcanzado gran importancia en Alemania después de 1945, especialmente en conexión con la política simplificadora de los aliados (la mayoría en la Harpen la alcanzó Francia, la mayoría de acciones de la sociedad sucesora de la Klockner pasó a manos holandesas, etc.). Acerca de ello véase: Los herederos de Thyssen venden el paquete Gelsenberg, *Hamburger Fremdenblatt* 27.10.1954 (núm. 57), pág. 5.

jero suponen una penetración hasta el mismo substrato de la persona jurídica. Pero no están en contradicción con lo que se ha dicho sobre la determinación de la nacionalidad de la persona jurídica. Los preceptos que adoptan medidas para evitar la dominación por arte del capital extranjero son normas pertenecientes al Derecho e extranjeros dirigidas contra las personas situadas detrás de la persona jurídica y no contra ésta como tal. Por ello no afectan para nada a la nacionalidad de la persona jurídica, sino que tratan de evitar que la dominada por extranjeros goce de todos los derechos de un súbdito nacional.

El Estado que con su sistema de Derecho ha proporcionado al tráfico jurídico la figura de la persona colectiva debe tener la posibilidad, en este caso, de adoptar medidas especiales cuando lo exigen intereses estatales de importancia vital.

§14. *La cualidad de enemigo en las personas jurídicas*[1]

Las leyes que en tiempo de guerra prohíben el comercio con el enemigo obligan a investigar si también una persona jurídica puede ser enemiga, y en caso afirmativo, cuáles han de ser los criterios que permitirán determinar esta cualidad.[2] Esta cuestión no debe confundirse con el problema de la nacionalidad. De la misma manera que una persona natural puede poseer determinada nacionalidad y, a pesar de ello, tener la consideración de «enemigo» en el sentido de la ley vigente en su país, como sucederá si se ha puesto a disposición de una potencia enemiga, también puede suceder que una persona jurídica tenga la nacionalidad de un país y al mismo tiempo sea considerada como enemiga.[3] En sentido opuesto es posible que el subdito de un país enemigo no sea considerado como tal por no corresponder al mismo los signos distintivos de tal condición.[4]

El concepto de «enemigo» expresa una determinada orientación ideológica desde el punto de vista del lenguaje. Pero durante la guerra la legislación que delimite la condición de enemigo no puede fundar su criterio decisivo en la intención hostil de una persona.[5] Por ello, los Estados que han promulgado una legisla-

---

1 Bibliografía: RABEL II 56 y s.; M. WOLFF, *Private International Law,* número 288, 308 y ss.; OPPENHEM-LAUTERPACHT, *International Law, A Treatise* II (London-New York-Toronto 1952) 275; MCNAIR 62 y s.; DOMKE, *Trading with the Enemy in World War II* (New York 1943) 126 y s.; el mismo, *The Control of Alien Property* (New York 1947), Supplement to the Trading with the Enemy in World War II; el mismo, *The Control of Corporation,* 3 International Law Quarterly (1950) 52 y s.; KEGEL-RUPP-ZWEIGERT 302, 340 (nota 1) 266 y s.; DOMKE 3 y s. (5); M. WOLFF, *Internationales Privatrecht* 120; STAUDINGER-RAAPE VI/2, art. 10 D II; VErrH, *Die Staatszugehorigkeit einer juristischen Person in der Kriegsgesetzgebung,* informaciones de la Sociedad de Estudios para los Intereses Extranjeros de Derecho Privado 12/13 (1952) 17.

2 Marburg 39.

3 Cfr. para ello BATIFFOL, *Traite élémentaire de Droit intemational privé*[2] (París 1955, núm. 195, pág. 236. *Kuenigl. v. Donnersmarck* [1955] 1 All E. R. 46).

4 Igualmente un dictamen no publicado del Instituto del Kaiser Guillermo para el Derecho privado extranjero e internacional del 7.6.1943 en el asunto *N. V. Nederlandsche Instrumenten Compagnie, Nedinsco,* con mención de una decisión del Ministerio de Justicia del *Reich* dictada según el § 3 II del Decreto de 15.1.1940 sobre el tratamiento del patrimonio de enemigos (RGB1 I 191), en el asunto *Gosho Kaboshiki-Kaisha (Osaka) Ltd.* en Bombay; cfr. para ello *infra* pág. 181.

5 Así acertadamente *Schill v. McGrath,* US District Court Southern District of New York, Civ 53-16, 20.2.1950, citado según DOMKE, *German Nationals in der jungsten amerikanischen Feindvermögensrechtsprechung,* en Información de la Sociedad de Estudios para los Intere-

ción de esta clase han enlazado la idea de enemigo en supuestos objetivos.[6] La consecuencia natural es que una persona jurídica también puede ser enemiga. Un concepto de enemigo que solo se funde en signos externos también puede ser aplicado sin dificultad a una persona jurídica. Por ello podemos ahora pasar por alto el problema de si una persona jurídica puede, en definitiva, tener un credo o ideología.

El carácter de enemigo puede ser atribuido a una persona jurídica de dos maneras diferentes, lo mismo que sucede con la determinación de su nacionalidad: por un lado, en atención a datos que afectan a la misma persona jurídica, como por ejemplo el lugar de su fundación, su nacionalidad o el lugar donde radica la sede de sus operaciones comerciales; por otro lado, atendiendo a las características que ofrecen los hombres que están detrás de la persona jurídica.

I

En Inglaterra, antes de la primera guerra mundial y durante los primeros tiempos de la misma, la jurisprudencia negaba que para calificar como enemiga a una sociedad debiera prestarse atención a la nacionalidad de los accionistas.[7] Pero la concepción de cuáles habían de ser los rasgos distintivos se transformó a medida que la contienda desató también la guerra económica.[8] Pronto se advirtió que una sociedad solo podía convertirse en enemiga mediante su propia actividad,[9] pero que tal calificación podía ser procedente incluso en el caso de que poseyera la nacionalidad correspondiente al país calificador. Puesto que una persona jurídica solo puede actuar por medio de seres humanos, la cuestión de saber si una persona jurídica era enemiga o no debía juzgarse según la nacionalidad y el domicilio que tenían los hombres situados detrás de la misma, con lo cual se tomaba en consideración, no solo a los socios, sino también a los órganos y en casos especiales incluso a los acreedores influyentes. Con ello se encontró la fórmula, tan útil para la guerra económica, de que una persona jurídica es enemiga cuando lo son aquellos hombres que la dominan.[10] Durante la época que siguió y en las leyes sobre bienes de

---

ses Extranjeros de Derecho Privado 6 (1950); además, H. P. DREWY, S. A. R. L. v. Onassis, N. Y. L. J. 17 de noviembre (1942) 1496 y s. («*La Trading with the Enemy Act* no establece ninguna distinción entre un enemigo que lo sea jurídicamente y un enemigo por su espíritu. Las simpatías de las personas afectadas no pueden alterar el resultado»).

6 En algunos casos la jurisprudencia también concede cierta importancia a los datos subjetivos junto a los señalados; cfr., por ejemplo, *infra* pág. 173.

7 *Driefontein Cons. Gold Mines v. Janson, Ltd.* [1900] Q. B. 339 [1901] 2 K. B. 419 [1902] A. C. 484 (497): «Si todos sus miembros hubiesen quedado sometidos a la Corona británica, no por ello la *Corporation* hubiese sido menos una sociedad extranjera y con no inferior razón un extraño en relación con este país»; RABEL 56. En la segunda proclamación sobre el comercio con el enemigo de 9.9.1914 (traducción alemana en el «Auswärtiges Act», leyes de excepción en Inglaterra, Francia y Rusia [1915] 16) todavía se afirma: «Uniones con derechos corporativos solo tienen el carácter de enemigas cuando poseen derechos corporativos en un país enemigo».

8 Para el concepto de enemigo en la jurisprudencia angloamericana, con carácter general: MOSHEIM, *Die Liquidation deutschen Vermögens in Grossbritannien*, DRZ 1950, 486; *Re Banca Commerciale Italiana*, 1943, 1 All E. R. (C. A.) 480; E. WOLFF, *Vorkriegsverträge in Friedensverträgen* (1949) 5 (10 y s.); RUPP en KEGEL-RUPP-ZWEIGERT 300.

9 MARBURG 43.

10 Sobre los rasogs que tipifican un supuesto de dominación en las uniones de empresas según el contrato minero, cfr. THEESING, *Zusammenschlüsse von Unternehmen nach dem Montanvertrag*, BB 1954, 449 (450 y s.).

enemigos de casi todos los Estados que admitieron el *Kontrollprinzip,* éste quedó combinado con el principio del domicilio para ampliar todo lo posible el círculo de las personas jurídicas enemigas.[11] Que la teoría de la dominación o control se haya impuesto, se explica por la finalidad de la legislación de economía de guerra, destinada por su propia naturaleza a eliminar toda influencia, cualquiera que sea la forma en que aparezca. Por ello resulta necesario en este lugar «rasgar el velo que permite ocultar la verdad con el recurso a la figura de la persona jurídica, para indagar qué fuerzas auténticas se ocultan tras ella».[12]

La decisión inglesa más importante [13] sobre la aplicación a la persona jurídica del concepto de enemigo fue la sentencia dictada por la Cámara de los Lores en el caso *Daimler Co. Ltd. v. Continental Tyre and Rubber Company Ltd.*[14] Bajo el influjo de esta sentencia ha sido estructurada la llamada *control theory.*[15] [16]

En el fondo de la controversia jurídica existe el siguiente contenido:

Una sociedad con domicilio en Inglaterra cuyas acciones pertenecían casi exclusivamente a alemanes formuló una demanda en Londres, durante la época de la primera guerra mundial, contra una sociedad inglesa en reclamación del precio debido en virtud de una compraventa. Ante la objeción de que la demandante solo de manera formal era una sociedad inglesa, pero que atentida su verdadera esencia era enemiga, por lo que la ley prohíbe que se le pague,[17] el *Court of Appeal* resolvió que una sociedad fundada según Derecho inglés, con domicilio en Londres, no es enemiga ni en el caso de que todas las acciones se encuentren en las manos de alemanes. Solo un juez, BUCLEY, sostuvo que «debe ser posible mirar detrás de la *corporation* para prestar atención a las personas que la componen. Esta es una cuestión delicada. La compañía demandante es alemana de hecho, pero inglesa por la forma».

La sentencia recibió en Inglaterra una repulsa casi general[18] y fue revocada por la Cámara Superior. Para la determinación de los rasgos de la condición de enemigo, Lord PARKER se fundó ante todo en el conocido principio de que «una *corporation* tiene personalidad jurídica distinta de la que corresponde a sus miembros». Pero no por ello debía considerarse que en todos los casos carecían de tras-

---

11 Cfr. el dictamen del Instituto del Kaiser Guillermo para el Derecho privado extranjero e internacional del 7.6.1943 en el asunto Nedinsco (no publicado).

12 M. WOLFF, *Internationales Privatrecht* 120.

13 MENDELSSOHN-BARTHOLDY, *Die Kriegsrechtsprechung des englischen Oberhauses,* RheinZ 8 (1915/16) 357.

14 *Daimler Co. Ltd. v. Continental Tyre and Rubber Company* (Great Britain) Ltd. (1916) A. C. 307, 114 L. T. R. 1049 y s. Cfr. acerca de semejante sentencia VAUGHAN WILLIAMS CHRUSACHI, *The Nationality of Corporation,* 49 Law Quarterly Review (1933) 334 y s. (338); PARRY, *The Trading with the Enemy Act and the Definition of an Enemy,* 4 Modern Law Review (1941) 161 (167); NOREM, *Determination of Enemy Character of Corporations,* 24 American Journal of International Law (1930) 310 y s.; GOWER, *The Principles of Modern Company Law* (Londres 1954) 213 y s.

15 Para el moderno concepto de dominación en Inglaterra en las leyes particulares y las que se refieren al enemigo, véase HORNSEY, *Some Aspects of the Law Relating to Company Control,* 13 Modern Law Review (1950) 470, con numerosas indicaciones de jurisprudencia.

16 DOMKE 5; WEBBER, *The Effect of War on Contracts*^{2} (Londres 1946) 120; MCNAIR 62.

17 Véanse las disposiciones legales que se señalan en la siguiente nota 21.

18 LINDLEY en el Times del 1.5.1915; HOGG en 31 Law Quarterly Review (1915) 170.

cendencia las cualidades de los miembros de la persona jurídica. De la misma manera que una persona natural de nacionalidad inglesa puede convertirse en enemigo si voluntariamente pasa a residir en país enemigo y se comporta como tal, también una persona jurídica con nacionalidad inglesa puede convertirse en enemiga si cae bajo el dominio de una dirección enemiga.

Lord PARKER expuso luego literalmente:[19] «La sentencia del Tribunal de Apelación sostiene que en todos los problemas que afectan a las cualidades (y no solo a los derechos y facultades) de una persona jurídica debe quedar descartada la personalidad de las personas naturales que la componen. Entre ambas se traza una línea que no puede franquearse; si el Derecho ha de ocuparse de las personas jurídicas, no debe saber nada de las personas naturales que la componen y dirigen». En sentido opuesto, PARKER afirmó que cuando han de ser calificados rasgos esenciales que solo corresponden a los seres humanos, como el de amigo o enemigo, deben ser consideradas las personas que actúen como órganos de dirección de la persona jurídica para comprobar si viven en un país enemigo o dependen del enemigo o admiten instrucciones del mismo o actúan bajo la dirección del enemigo. Para contestar a esta cuestión también puede tener mucha importancia la cualidad de enemigo de los accionistas y su conducta.

En el tiempo que siguió, durante la primera guerra mundial, los tribunales ingleses insistieron en que para determinar la cualidad de enemigo de una persona jurídica era menester tomar en consideración a los hombres que la formaban [20] y esta invariable jurisprudencia ha sido expresamente reconocida en el art. 13 de la *Trading with ihe Enetny Amendment Act* del 8 de agosto de 1918.[21]

La jurisprudencia *francesa* de la primera guerra mundial relativa al concepto de enemigo constituye un buen ejemplo de la pugna entre las consideraciones jurídico dogmáticas y las peculiares de la economía de guerra.

Por una parte de los tribunales se insistió en que una persona jurídica que debe ser considerada de nacionalidad francesa en atención a los corrientes rasgos

---

19 En la traducción seguimos a MENDELSSOHN-BARTHOLDY, lugar citado 364.

20 *Clapham Steamship Company Limited (in liquidation) v. Naamhoze Vennootschap Handels- en Transport Maatschappij Vulcaan, Gewerkschaft Deutscher Kaiser of Hamhorn, Aktiengessellschaft für Huttenbetrich, and Thyssen and Co.* (1917) 116 L. T. R. 826, 2 K. B. 639, *The Hamborn* (1918, pág. 19, 118 L. T. R. 316, *The Hamborn (Priv. Co.)* (1919) A. C. 993, 121 L. T. R. 463; *Re Hilckes ex parte Muhesa Rubber Plantations* (1917) 1 K. B. 48 (C. A., citado según MCNAIR 65, nota 1), donde se resolvió que el solo hecho de que una sociedad británica tuviera una plantación en territorio enemigo y la siguiera explotando un apoderado nombrado por la sociedad, no basta para convertirla en una sociedad enemiga.

21 Las más importantes leyes inglesas sobre enemigos dictadas durante la primera guerra mundial son: *Trading with the Enemy Act 1914,* 4 & 5 Geo. 5, c. 87 (18.9.1914) ; *Trading with the Enemy Amendment Act 1914,* 5 Geo. 5, c. 12 (27.11.1914); *Trading with the Enemy Amendment Act 1915,* 5 & 6 Geo. 5, c. 79 (29.7.1914) ; *Trading with the Enemy Amendment Act 1916,* 5 & 6 Geo. 5, c. 105 (27.1.1914). El concepto con el que se opera es aquí el de control, *Trading with ihe Enemy (Amendment) Act 1918,* 8 & 9 Geo. 5, c. 31 (8.8.1918), cuyo art. 13, ante todo, determina: existe una *Corporation* enemiga: *a)* cuando la mayoría de los directores o de las personalidades dirigentes son súbditos enemigos; *b)* cuando la mayoría de las acciones se encuentra en las manos de súbditos enemigos o para la mayoría de las acciones ejercen el derecho de voto las personas que también son súbditos de un Estado enemigo; c) cuando súbditos enemigos controlan la persona jurídica; *d)* cuando el consejo directivo es una sociedad dominada por el enemigo o cuando la mayoría de los directivos es nombrada por una sociedad de tal clase.

distintivos, no puede ser tratada como extranjera. En este caso sin duda fue decisiva la consideración de que la ley relativa a operaciones con el enemigo ya quedaba cumplida con la adopción de medidas que afectaran a los mismos socios enemigos.[22] Otros tribunales han separado las cuestiones de la nacionalidad y de la cualidad de enemigo y con ello han tenido la posibilidad de considerar también enemiga a una persona jurídica francesa cuando, por ejemplo, estuviese sometida a la dominación de súbditos alemanes. De esta manera se consideró que la persona jurídica francesa se limitaba a actuar como testaferro, como «*personne interposée*» del enemigo.[23] Por supuesto que cuando se trata de comprobar quién domina la persona jurídica, es preciso que el examen se refiera al «*fond des choses*»,[24] a lo que se oculta detrás de la «*Fassade*» de la persona jurídica. Una tercera dirección que fue la que por fin se impuso durante la primera guerra mundial, llega a los mismos resultados a que acabamos de referirnos. No obstante, prescinde por completo de la nacionalidad y confiere sin más el calificativo de enemigo a toda persona jurídica que se halle bajo la dominación de enemigos.[25]

En Alemania el legislador también se fijó en el rasgo característico de la dominación para calificar de enemigas a personas jurídicas, como en el caso de sociedades cuya dirección o vigilancia se ejerce por extranjeros de países enemigos, o cuando estas personas tienen mayoría en la participación en el capital.[26] En cambio, en *América del Norte* se siguió otro camino durante la primera guerra mundial. [27]

---

[22] Tribunal de Apelación de Ruán 2.11.1915, *Société «Établissements Unions»*, Clunet 1916, 251: «2. Una sociedad semejante se considerará francesa si ha quedado regularmente constituida en Francia en 1912, en conformidad con la ley francesa, y si está domiciliada en Francia; 3. En caso semejante, resulta que se ha cumplido debidamente el decreto de 7 de septiembre de 1914 y la ley del 4 de abril de 1915, mediante el secuestro de las participaciones y de los intereses que en esa sociedad pertenecen a los subditos enemigos»; cfr. también Tribunal de Apelación de Ruán 19.1.1916, *Aff. Lamotte et Cie. c. Ministère Public et Sieurin séquestre de Krische (Campanhia)*, Clunet 1916, 990.

[23] Este Tribunal estimó que la base legal estaba en el art. 1.° del Decreto de 27.9.1914, JO 1914, 8068; Clunet 1915, 103 (105).

[24] Así Cass. req. 20.7.1915, Sté. «*Conserve Lenzbourg*», Clunet 1917, 1452; cfr. también Cour de Paris 7.7.1916, *Aff. des Mines de Barbery c. Reymond*, Clunet 1917, 226.

[25] Tribunal civil de El Havre 2.10.1914, Clunet 1915, 419; asintiendo Arístides BRIAND en la circular del 8.10.1914, JO 9.10.1914, 8232. Referencia a ello en Clunet 1915, 421; Tribunal de Apelación de Argel 22.7.1915, *Del Prete c. Vulcan Coal Co. et Pourrière*, seq. Clunet 1915, 903: Tribunal de Apelación de Nouméa 2.6.1915, *Ministère Public c. Mines Nickelifères et du Mont-Do réunies (Société des)*, Clunet 1917, 679; Tribunal Comercial del Sena 17.8.1915, *Affaire Société Stern-Son-neborn c. Société Lille-Bonnières et Colombes*, Clunet 1917, 1789; Tribunal de Aix, 29.7.1915, *Société provençale de Charbons, Cokes et Briquettes c. le Procureur général*, Clunet 1918, 277.

[26] No existen decisiones judiciales, pues las medidas adoptadas contra las personas jurídicas enemigas por los organismos competentes no eran impugnables; cfr. ley de 4.8.1914, & 3 (RGB1 327, 328), que fue el punto de partida legal de la dirección de la guerra económica alemana contra las personas jurídicas; cfr., además, las siguientes disposiciones legales: VO de 7.8.1914 (RGB1 360); Comunicación del 4.9.1914 (RGB1 397); Comunicación del 26.11.1914 (RGB1 487); Comunicación del 22.12.1914 (RGB1 556); Comunicación del 5.1.1915 (RGB1 13); Comunicación, del 10.10.1915 (RGB1 653); Comunicación del 31.7.1916 (RGB1 871), § 1: la decisión del Canciller del *Reich* de que concurren los supuestos para ordenar la liquidación, es definitiva; Comunicación del 14.3.1917 (RGB1 227), VO de 16.7.1917 (RGB1 631). Art. 11a, por ejemplo, dice así: como súbditos enemigos en el sentido de este precepto se consideran también las personas jurídicas o sociedades de otra clase que tienen su sede en territorio enemigo. Al

Resultó que precisamente en el país que había forjado la doctrina del *disregard of legal entity* y en el que durante el siglo xix ya se habían dictado célebres decisiones que habían resuelto el problema de si una persona jurídica debía ser calificada de enemiga en atención a los hombres que la componían,[28] los tribunales se negaron a levantar el velo de la persona jurídica[29] y la *Trading with the Enemy Act* del 6 de octubre de 1917 insistió expresamente en la teoría de la fundación al definir el concepto de enemigo con referencia a la persona jurídica.[30]

Esta jurisprudencia debería constituir, precisamente, una advertencia ante la tentativa de resolver este problema con argumentos doctrinales. La cuestión de si una persona jurídica puede ser enemiga debe resolverse exclusivamente en atención a los fines perseguidos por el legislador con la legislación respectiva, sin necesidad de preocuparse del problema, por ejemplo, de si puede ser considerada como una efectiva persona colectiva o como un ente ficticio. Si con esto resulta que puede ser enemiga, depende nuevamente del legislador decidir si esta cualidad ha de determinarse según las personas que se ocultan detrás de la persona jurídica, o en atención a rasgos peculiares de la misma persona colectiva. En el primer caso debería preferirse la *control theory*, en el segundo tal vez la teoría del domicilio o del lugar de creación para poder determinar la cualidad de enemigo.

---

domicilio en territorio enemigo, se equipara el hecho de que el capital corresponda de manera preponderante a súbditos enemigos o cuando la explotación del negocio está dirigida o se realiza bajo la inspección de súbditos enemigos o desde territorio enemigo. Si de las circunstancias no resulta lo contrario, se entenderá que existe la dirección o la inspección enemiga cuando en ella participan súbditos enemigos o la explotación del negocio está codirigida desde territorio enemigo. Lo mismo rige cuando se ha comprobado que por parte de súbditos enemigos o desde territorio enemigo se participa en el capital o ha tenido lugar otra clase de aportación de medios de explotación o se utilizan los productos de la explotación del negocio. Además, Comunicación de 22.9.1917 (RGBI 876); Comunicación del 4.3.1918 (RGBI 111).

27 Bibliografía: NOREM, *Détermination of Enemy Character of Corporations,* 24 American Journal of International Law (1930) 310; YOUNG, *Nationality of Juristic Persons,* 22 Harvard Law Review (1908/09) 1; también HOGG, *Companies toiih Enemy Shareholders,* 31 Law Quarterly Review (1916) 170; STEVENS (1936), § 13, página 56 y s.; BALLANTINE, *On Corporations,* § 6, pág. 37; FLETCHER, § 35, pág 123, con referencias.

28 STORY, en: *Society for the Propagation of the Gospel v. Wheeler* (1814) Fed. Cas. núm. 13, 156, 2 Gallison 105; MARSHALL, en: *Bank of United States v. Deveaux,* 25 Cranch 81, donde, sin embargo, se trata de los argumentos del abogado no rechazados por el Tribunal.

29 *Fritz Schulz jr. Co. v. Raimes & Co.,* 99 Mise. 626, 164 N. Y. S. 454, aff. 100 Mise. 697, 166 N. Y. S. 567 (1917); *Swiss Nat. Ins. Co. v. Miller,* 267 U. S. 42, 69 L. Ed. 504, 45 S. Ct. 213; *Behn, Meyer & Co. v. Miller,* 266 U. S. 457 (472), 45 S. Ct. 165 (1925); *Hamburg-American Line Terminal and Navigation Co. v. United States,* 277 U. S. 138, 48 S. Ct. 470 (1928); cfr., además, las referencias de jurisprudencia en RUPP, *Die Behandlung des ausländischen Vermögens in den Vereinigten Staaten von Amerika im Kriege,* RabelsZ 14 (1942) 227 y s. (258, nota 1).

30 *Trading with the Enemy Act,* 6 de octubre de 1917, C. 106, 40 United States Statutes at Large, parte I, pág. 411; 50 USCA §§ 1, 2, 189 (191): «La palabra enemigo, en el sentido usado en este lugar, se entenderá que significa ... toda sociedad constituida dentro del territorio de cualquiera nación con la que se encuentren en guerra los Estados Unidos o constituida dentro de cualquier otro territorio distinto del de los Estados Unidos y realizando negocios dentro del mismo».

II

No puede ofrecerse nada mejor para ilustrar este criterio que observar la evolución del concepto de enemigo en relación con la persona jurídica durante la última guerra.[31]

Antes de entrar en la guerra *América del Norte,* el Presidente de los Estados Unidos ya había promulgado las llamadas *Freezing Orders,* para bloquear los bienes que en ciertos casos podían derivar en beneficio de las Potencias del Eje. En el sentido de esas disposiciones, las personas jurídicas podían ser consideradas como súbditos *(«Nationals»)* de uno de los países afectados por el bloqueo cuando en un momento determinado estuviesen bajo la dominación mediata o inmediata de un país afectado por el bloqueo o de uno o varios súbditos del mismo.[32]

Durante el transcurso de la segunda guerra mundial adquirió poco a poco más importancia la *control theory,* especialmente en sentencias relacionadas con la dirección de la guerra económica.[33]

---

31 Después de la primera guerra mundial el principio del control fue ampliamente adoptado en los distintos tratados de paz; por ejemplo, en el art. 297b, y también en el 74, del Tratado de Paz de Versalles; además, en el art. 249b del Tratado de Paz de Saint Germain, en el art. 177b del Tratado de Paz de Neuilly, en el art 233b del Tratado de Paz de Trianón y en el art. 289b del Tratado de Paz de Sévres. Exposición de conjunto en MARBURG 64, nota 1. Bibliografía: DOLLE, *Das materielle Ausgleichsrecht des Versailler Friedensvertrages unter besonderen Berücksichtigung der Rechtsbeziehungen zu Frankreich und England* (1925) 67 y s.; FELLER (anotación) en BrunsZ II 2 (1931) 55; ISAY, *Die privaten Rechte und Interessen im Friedensvertrag* (1923) 63 y s. También los tribunales arbitrales mixtos en parte se han adherido a la teoría del control en la jurisprudencia posterior a la primera guerra mundial; por ejemplo, el Tribunal arbitral franco-alemán en *Damas Hamah c. Deutsches Reich,* 30.10.1924, Rec. IV, 801; *Société du Chemin de Fer de Damas Hamah c. Cie. du Chemin de Fer de Bagdad,* 31.8.1921, Rec. I, 401; JW 1922, 1157, donde, por lo demás, se dice que la posesión de las acciones no es por sí solo decisivo; *Elmores Metall AG. c. Grunberg,* 13.5.1924; Rec. V, 777; *S. A. des Salines du Haras c. Deutsche Bank,* 24.7.1926, Rec. VI, 859; por otra parte, una serie de Tribunales arbitrales se han fundado en el lugar de la constitución; por ejemplo, el Tribunal arbitral angloalemán en *Chamberlain & Hookham v. Solar Zahlerwerke GmbH,* 12.12.1921, Rec. I, 722; el Tribunal arbitral anglohúngaro en *Investment Registry Ltd. v. United Teines and Somogy Country Local Railways Ltd. and Hungarian government,* 24.2.1925, Rec. V, 48; o en el domicilio de la sociedad: Tribunal arbitral angloalemán en *Gebr. Adt AG. v. Scottish Coop. Wholesale Soc. Ltd.,* 30.11.1927, Rec. VII, 473.. También esta jurisprudencia justifica la tesis antes sostenida.

32 Conjuntamente también regía el criterio del lugar de la fundación y del establecimiento principal; cfr. sobre ello RUPP, lugar citado 261; cfr. también DÖLLE-ZWEIGERT 90; HAMBURGER, *Die Behandlung feindlichen Eigentums in den USA,* JR 1949, 337 y s.

33 Cfr. sobre ello DOMKE, *The Control of Corporations,* International Law Quarterly (1950) 52 y s.; contra el mismo en vista de la exposición del desarrollo durante la segunda guerra mundial: SEELIGER, comentario en RabelsZ 16 (1951) 171 (172); además DOMKE 3 y s. (5); BISHOP, *Judicial Construction of the Trading with the Enemy Act,* 62 Harvard Law Review (1949) 749 y s.; FINK, *That Pierced Veil-Friendly Stockholders and Enemy Corporations,* 51 Michigan Law Review (1953) 651. La legislación hasta 1942 por RUPP en RabelsZ 14 (1942) 227 y s. Sobre la regulación definitiva de los valores afectados por las disposiciones sobre bloqueo: DOMKE, *Deutsche Auslandswerte in den Vereinigten Staaten von Amerika* 1945-1950, BrunsZ 13 (1950/51) 537; cfr. allí (555 nota 88) la interesante referencia a una proposición de ley del miembro de la Cámara de Representantes KEOGH, de 3.1.1951 (H. R. 133, 82 Congreso), según la cual los accionistas americanos de una sociedad enemiga pueden encontrar satisfacción a base de los valores sociales confiscados en los Estados Unidos, aunque la actual propietaria de esos valores, la sociedad enemiga, tenga excluida toda

El Tribunal Supremo la confirmó después de la guerra en el caso *Clark v. Übersee Finanz-Korporation AG.*[34] Entre otros problemas, esta decisión planteó el de si una *Corporation* quedaba tachada de enemiga en virtud del influjo ejercido sobre la misma de una manera distinta que mediante la posesión de acciones. Pero el Tribunal lo dejó sin resolver, por no ser indispensable hacerlo para decidir el caso[35]

Por el contrario, en *Alemania* se produjo una evolución en sentido contrario durante la segunda guerra mundial. El *Kontrollprinzip* que fue el empleado durante la primera guerra mundial para calificar de enemiga a la persona jurídica, fue abandonado y se determinó esta cualidad en atención a la regla del domicilio, a pesar de que éste es de tan fácil variación.[36]

---

pretensión de restitución. Cfr. en conexión con esta propuesta *Kaufman v. Société Internationale pour Participations Industrielles et Commerciales S. A.,* 343 U. S. 156, 96 L. Ed. Adv. Pos. pág. 22, 72 S. Ct. 611, 38 American Bar Association Journal (1952) 674: «Los accionistas no enemigos de una sociedad dominada por el enemigo se considera que tienen derecho a intervenir en una acción para recuperar bienes ocupados por un depositario de bienes de extranjeros». En esta sentencia, las participaciones de los accionistas no enemigos fueron puestas en relación con el patrimonio de la sociedad anónima y con el mismo identificadas. Sobre ello: CZAPSKI, *Die Behandlung von Beteiligungen nichtfeindlicher Personen bei der Konfiskation des Vermögens feindlicher juristischer Personen,* información de la Sociedad de Estudios para los Intereses Extranjeros de Derecho Privado, 1954, núm. 15, pág. 32.

34 *Clark v. Ubersee, Finanz. Korporation AG,* 332 U. S. 480, 42 American Journal of International Law (1948) 470, 68 S. Ct. 174, igualmente N. Y. S. Ct. 119; *Fifth Avenue, Inc. v. Taiyo-Trading Company, Inc.,* 73 N. Y. S. 2d 774, 775 (1947): «Aunque una sociedad local, la demandada era de nacionalidad extranjera puesto que la mayoría de sus acciones pertenecía a súbditos de un país extranjero»; cfr., además, *Ubersee Finanz-Korporation, AG. v. McGrath,* 343 U. S. 205, 96 L. Ed. Adv. Ops. 517, 72 S. Ct. 618, 38 American Bar Association Journal (1952) 674 (control sobre un usufructo); DOMKE, BrunsZ 13 (1950-51) 548; el mismo, *Aktionärinteressen an Schweizer Gesellschaften vor dem amerikanischen Obersten Bundesgericht,* SchwJZ 1952, 156. DOMKE se ocupa primordialmente en este lugar del problema de la consideración de los intereses de accionistas no enemigos. Para ello aprovecha la jurisprudencia norteamericana.

35 También en Francia y en Inglaterra durante esta guerra rigió de nuevo la teoría del control; por lo que se refiere a Francia, cfr. el art. 1 ap. *2b,* c del Decreto de 1.9.1939, JO 4.9., 11 089 11 090), Interdictions et restrictions des rapports avec les ennemis (Decreto para la ejecución del Decreto-ley, 1.9.1939, JO 4.9., 11 087: Décret relatif aux interdictions et restrictions de rapports avec les ennemis et les personnes se trouvant sur un territoire ennemi ou occupé par l'ennemi); sobre ello ZWEIGERT en KEGEL-RUPP-ZWEIGERT 264 y ss. Jurisprudencia: Tribunal civil del Sena 22.11.1939, D. H. 1940, 22; Tribunal civil del Sena 16.11.1939, D. H. 1940, 11. Cfr. además y nuevamente el Tribunal de Apelación de Colmar 6.1.1954, Recueil Législatif Bas-Rhin, Haut-Rhin-Moselle 9 (1954) Jurisprudencia 169, donde se expone que no basta el principio del domicilio para determinar la nacionalidad de una persona jurídica en el Derecho público, de manera especial para determinar su cualidad de enemigo. Más bien ha de tenerse en cuenta en este caso la clase de fundación de la persona jurídica, la nacionalidad de sus fundadores, las diferentes fases económicas de su evolución, la composición del patrimonio y especialmente la nacionalidad de las personas que la dominan. Para Inglaterra, cfr. *Trading with the Enemy Act 1939,* 2 & 3 Jorge VI c. 89, art. 2 (1); cfr. sobre ello también E. WOLFF, *Vorkriegsverträge in Friedensverträgen* (1949) 17 y s.

36 KRIEGER-HEFERMEHL, *Behandlung des feindlichen Vermögens, Kommentar* (1942) § 3 A IV, pág. 7; SEELIGER, *Das ausländische Privateigentum in der Schweiz* (1949) 75 y s.; cfr. también SIEBER, *Reichsgesellschaften und Besatzungsmacht – Requisition oder Konfiskation?* (zona de los Estados Unidos), BB 1950, 656 y s.; DÖLLE-ZWEIGERT, dictamen en el asunto Elma del 8.1.1951 (no publicado), 20 y s.; HEFERMEHL, *Die Behandlung des feindlichen Vermögens,* DJ 1940, 165 (166/167); MÖHRING, *Die Behandlung feindlichen Vermögens im Inland,* ZAkDR 1940, 125.

En el Decreto para la adopción de medidas relativas al patrimonio enemigo, dictado el 15 de enero de 1940,[37] se hace constar: «se considerarán enemigos... las personas jurídicas del Derecho privado ... cuando, o bien tengan su domicilio o su sede principal en el territorio de un Estado enemigo o cuando su capacidad jurídica originaria se funde en el Derecho de un Estado enemigo». En una Orden del Ministerio de Justicia del *Reich*[38] destinada a poner en claro problemas dudosos, se dispone expresamente, que las personas jurídicas de Derecho privado domiciliadas en el país que se hallan bajo el influjo decisivo del enemigo, no han de ser consideradas como enemigas en virtud del § 3 (1) n.° 3 del Decreto antes citado, sino como empresas alemanas. Su patrimonio no es un patrimonio del enemigo según el § 4 del Decreto. Finalmente, se hace destacar que lo mismo rige cuando todas las participaciones de una persona jurídica corresponden a un enemigo.[39] [40]

Inversamente, el Ministerio de Justicia del *Reich* ha recurrido al principio de la dominación *(Kontrollprinzip)* en el caso *Gosho Kaboshiki – Kaisha, Osaka, Ltd.*[41] para declarar expresamente exenta de la cualidad de enemiga a una sociedad anónima que era una persona jurídica de Derecho inglés (indio) con domicilio en Bombay, es decir, en territorio inglés no ocupado, en conformidad con el § 3 (ap. 2) del Decreto sobre patrimonio enemigo.[42] Para resolverlo así se consideró decisivo que la sociedad anónima estuviese completamente dominada por japoneses. Este quebrantamiento de las reglas legales sobre la determinación de la cualidad de enemigo por el Ministerio de Justicia del *Reich* muestra claramente que la autoridad competente en esta materia en virtud de la legislación entonces existente, no dudaba en hacer uso de la posibilidad que se le reconocía de prescindir de las normas que ella misma había promulgado

---

37 RGB1 I, 191.

38 Administración de empresas que se hallan bajo el decisivo influjo del enemigo (§§ 12 y s. del Decreto sobre el tratamiento de patrimonios enemigos del 15.1.1940 [RGB1 I. 191]). AV d. RJM del 20.6.1940 (91/34/5-V a 2685), DJ 1940, 728, núm. 144 del Diario Oficial del *Reich* alemán y de Prusia del 21.6.1940; igualmente, OLG Colonia del 16.4.1940 con anotación aprobatoria de HEFERMEHL, DJ 1940, 519.

39 Por el contrario, el principio del control ha sido adoptado por la legislación alemana para Francia, en el decreto para la ejecución y ampliación del decreto sobre el patrimonio de enemigos del 23.9.1940, VOB1 núm. 10, pág. 97, § 4. Pero aquí se trata de un precepto para la administración del patrimonio de enemigos en el extranjero, no en el propio país, que por lo demás no ha sido imitado por otros Decretos sobre la administración de patrimonios de enemigos en el extranjero; cfr., por ejemplo, para Bélgica, Decreto sobre la declaración del patrimonio americano de 10.11.1941, VOB1 61, edición núm. 3, pág. 773, § 1 (2) c; para Holanda, Decreto número 26 del Comisario del *Reich* para los territorios holandeses ocupados sobre el tratamiento del patrimonio enemigo del 24.7.1940, VOB1 para los territorios holandeses ocupados, parte 7, pág. 66.

40 Según el § 12 del Decreto del 15.1.1940 (RGB1 I, 191) podía en todo caso ser nombrado un administrador para la seguridad y conservación del patrimonio de las personas jurídicas con domicilio en Alemania, si la empresa se encontraba bajo la influencia directa o indirecta del enemigo; fue utilizado con frecuencia. Sobre ello, véase, por ejemplo, la decisión de la Oficina de Patentes alemana del 23.4.1953 (con referencia a un acuerdo del Tribunal Territorial Superior de Jena del 25.5.1942 en el asunto M. B. *Werke-AG, Berlín).*

41 Cfr. *supra* pág. 178.

42 Véase además el caso parecido *Vermuth Firma Cinzano, Turín,* en el que la sociedad, aunque no ha sido expresamente dejada en libertad, de hecho tampoco ha sido tratada como enemiga; citado según consta en el dictamen no publicado del Instituto Kaiser Guillermo para el Derecho privado extranjero e internacional, de fecha 7.7.1943, en el asunto *N. V. Nederlandsche Instrumenten Compagnie «Nedinsco».*

cuando lo estimaba más adecuado en vista de las circunstancias. Lo cual asimismo demuestra que el concepto de enemigo es un concepto que se limita a responder a una finalidad que es inabordable con consideraciones dogmáticas.

III

La misma divergencia que manifiestan las respuestas a la pregunta acerca de las normas que determinan la cualidad de enemiga de una persona jurídica y que durante la guerra se manifestó entre Alemania por un lado y por otro los Estados Unidos, Inglaterra y Francia,[43] también se encuentra en la legislación y la jurisprudencia de otros Estados en materias iguales o similares. Mientras en Suecia, por ejemplo, la llamada ley de administración forzosa[44] había previsto que una persona jurídica pudiera quedar sometida a tal administración si se trataba de una sociedad sometida a la influencia decisiva del *Reich* alemán, de una persona jurídica alemana, de un súbdito alemán o de otra persona residente en Alemania, en Holanda no fue considerada enemiga una sociedad anónima creada en Holanda según Derecho holandés, con sede en la misma Holanda, ni en el caso de que las acciones fueran propiedad alemana.[45]

---

43 La teoría del control ha encontrado aceptación en las convenciones internacionales y tratados de paz más recientes, en lo que concierne a los valores alemanes en el extranjero, bajo la influencia preponderante de los aliados occidentales; así, por ejemplo, en el anexo tercero a la convención sobre reparaciones de París de 14.1.1946, *Inter Allied Reparation Agency, Report of the Secretary General for the Year 1947* (Bruselas 1948), en los Tratados de paz del 10.2.1947 con: Italia, art. 78 (4 b); Hungría, art. 26 (4 b); Rumania, art. 25 (4 b); Bulgaria, art. 23 (4 b); Finlandia, art. 25 (4 b); citados según DOMKE 6, nota 43 y nota 10. Cfr. también VEITH, *Die Staatszugehörigkeit einer juristischen Person in der Kriegsgesetzgebung,* información de la Sociedad de Estudios para los Intereses Extranjeros de Derecho Privado, 1952, núm. 12/13, pág. 18.

44 Ley del 14.12.1945 sobre la administración forzosa de determinadas sociedades, etc. (S. F. S.), Colección Legal Sueca 1945, núm. 885, la llamada ley de administración forzosa que se halla en estrecha conexión con la ley del 29.6.1945 sobre el control de determinada propiedad extranjera, etc. (S. F. S.) Año de 1945, número 552, la llamada ley de control; citado según HEPNER, *Die Liquidation deutschen Vermögens in Schweden,* JR 1949, 1; igualmente es decisivo el control en Bélgica con referencia a la liquidación de patrimonios alemanes de las personas jurídicas; cfr. art. 1, *Loi relative au séquestre et à la liquidation des biens, droits et intérêts allemands* (Monitor belga del 2.9.1951, Pas. 1951, 790) (traducción alemana), Blatt fur-Patent-, Muster- und Zeichenwesen de 1951, 337. Para Francia: ley núm. 53-323 del 15.4.1953 relativa a los bienes, derechos e intereses sarreses puestos bajo secuestro en Francia, JO 1953, 16.4.1953, pág. 3537. Para Suiza: *Regesten zu Entscheidungen der Schweizerischen Rekurskommission,* informes de la Sociedad de Estudios para los Intereses Extranjeros de Derecho Privado 1952, núm. 12/13, pág. 41 (tratamiento de los patrimonios de fundaciones en relación con la convención de Washington): «Por consiguiente, el bloqueo está justificado cuando de manera decisiva aparecen interesados en concepto de destinatarios personas naturales o jurídicas con domicilio, residencia o lugar de la dirección de los negocios en Alemania o subditos alemanes en Suiza».

45 Holanda: VO núm. E 133 sobre patrimonio de enemigos, de 20.10.1944, art. 2, núm. 3 (Staatsblad van het Koninkrijk der Nederlanden núm. 473), Blatte fur Patent-, Muster- und Zeichenwesen 1950, 171; CZAPSKI, *Die Behandlung des deutschen in den Niederlanden befindlichen Vermögens,* JR 1950, 39 y s. (40); cfr. además CZAPSKI, *Die Einwirkung der niederländischen Konfiskationsgesetzgebung auf Filialen, Tochtergesellschaften und Beteiligungen deutscher Firmen in den Niederlanden,* MDR 1950, 279; también en la ley de restitución brasileña del 8.11.1950 la nacionalidad de los socios carece de influencia; cfr. SCHNITZLEDM, *Juristische Personen unter dem brasilianischen Freigabegesetz,* información de la Sociedad de Estudios para los intereses extranjeros de Derecho privado, 1951, núm. 8, pág. 33.

IV

Si ha de recaer un juicio sobre el valor de la legislación y de la jurisprudencia sobre personas jurídicas enemigas bajo el aspecto que ahora hemos considerado dominante de la conexión de normas, se llega a los siguientes resultados:

En lo que concierne a la pregunta de si puede aplicarse a una persona jurídica una disposición legal que se refiera a los seres humanos, ha de comenzarse por comprobar los siguientes puntos de vista cuando no exista un precepto expreso de la ley que ordene la aplicación: ¿exige el sentido de la norma —que ha de averiguarse por todos los medios de interpretación admisibles— que también se aplique a las personas jurídicas? Si se contesta afirmativamente, ha de averiguarse a continuación cómo ha de determinarse que en la persona jurídica concurren los supuestos que en la norma aparecen adaptados al ser humano. Este problema también se plantea cuando el legislador quiere aplicar expresamente a las personas jurídicas una regla de Derecho de tal clase, pero ha dejado sin resolver la cuestión relativa a cómo ha de determinarse el contenido normativo. El método exige que se pregunte cuál es la finalidad que debe alcanzarse con la *ratio* de la norma puesta en duda. Con tal criterio se decide si deben adoptarse medidas que alcancen a los hombres que se ocultan detrás de la persona jurídica o si en definitiva es necesario que se descarte la forma de la persona jurídica. Tampoco cabe dar a esta pregunta una respuesta exacta, como si fuera algo que resultara de un dogma preconcebido acerca de la esencia de la persona jurídica, sino que únicamente puede contestarse a base de la captación del sentido que posea la norma concreta.

En las leyes más recientes muchas veces el legislador ha contestado al mismo tiempo a una y otra pregunta en conexión con la cualidad de enemiga de la persona jurídica.[46] En semejantes casos las leyes han determinado, tanto que una persona jurídica puede ser considerada enemiga como que esta cualidad puede determinarse en atención al domicilio, al lugar de la fundación o según ambas circunstancias. Pero también es posible que para la determinación de la cualidad de enemiga de la persona jurídica se estime decisiva la consideración de los hombres que están detrás de la misma y que la dominan. Si son enemigos, también lo ha de ser la persona jurídica. Con frecuencia se presentan acumulados el principio de la dominación *(Kontrollprinzip) y* el principio del domicilio *(Sitzprinzip).*

Pero si falta una regulación legal expresa en tal sentido y, a base del método de investigación que hemos señalado, se llega al resultado de que es necesario penetrar hasta los hombres que se ocultan detrás de la persona jurídica, todavía ha de comprobarse si para determinar la cualidad de enemiga de la persona jurídica han de tomarse en consideración datos objetivos de estos hombres (por ejemplo, su nacionalidad) o razones determinantes de índole subjetiva, como su mentalidad de enemigo. Muchas veces la respuesta dependerá de la comprobación de hasta qué

---

[46] Por ejemplo, el legislador también ha determinado expresamente que el beneficio de pobreza puede ser concedido a una persona jurídica (§ 114 IV ZPO). Sobre ello LG Kassel, acuerdo del 5.5.1953. Para el tratamiento favorable en materia de costas en conformidad con el § 53 de la ley de Patentes, cfr. acuerdo del Tribunal Supremo Federal (BGH) del 24.2.1953. (El sentido de este precepto sobre ventajas en materia de costas exige que se aplique a las personas jurídicas de la misma manera que a las naturales, sin que sea necesario la concurrencia del supuesto especial del que depende la concesión del beneficio de pobreza a las personas jurídicas [§ 114 IV ZPO]).

punto el legislador ha determinado la cualidad de enemigo de personas naturales en consideración a datos objetivos o subjetivos.

El método con el que se averiguó si las personas jurídicas pueden ser enemigas no está, sin embargo, limitado a este caso. Es cierto que los criterios establecidos no pueden ser aplicados sin más a otros casos que dependen de suposiciones completamente diferentes, como por ejemplo cuando se trata de determinar la nacionalidad de la persona jurídica. Mas, por otra parte, tampoco sería justo que solo se admitiera la posibilidad de penetrar hasta los hombres que se ocultan detrás de la persona jurídica cuando se tratara de hacer constar la cualidad de enemiga de ésta, con la argumentación de que en este caso se trata de leyes de guerra que tienen carácter excepcional. El principio de la dominación que en este caso se aplica es más bien de aplicación general, como demuestran muchos ejemplos de la nueva legislación y jurisprudencia.[47]

En todo caso particular cabe formular, pues, la pregunta: ¿corresponde al sentido de la ley que los supuestos normativos se obtengan a base de los hombres

---

47 Cfr., por ejemplo, en Alemania § 1 (2) (b) de la ley sobre el derecho de abanderamiento de los buques del mar y el uso de bandera en los de navegación fluvial (ley sobre el derecho de abanderamiento) del 8.2.1951 (BGB1 I, 79, volumen 1951, 171). En cuanto a la indemnización procedente por daños causados por la tripulación, cfr. *supra* pág. 37, nota 27. Sobre ello, von LAUN, *Das neue Flaggenrechtsgesetz,* MDR 1951, 206 (207); pero cfr. sobre ello la sentencia del Consejo Privado del 8.5.1950 en el asunto *The Unitas* (1950), 2 All E. R. 219, 66 Law Quarterly Review (1950) 421 (ref.), BB 1950, 491 (ref.), BrunsZ 15 (1953) 160 (ref.) En este caso se resolvió que para determinar la nacionalidad de un buque es decisivo la bandera que lleve (buque con bandera alemana, del que era propietaria una *Margarme Verkaufs-GmbH,* y propietaria participe la *Margarine Union, Vereinigte Fettwerke AG,* ambas inscritas en Alemania). La totalidad de las acciones de la *Margarine Union Vereinigte Fettwerke AG* pertenecían a sociedades holandesas. Las firmas holandesas afirmaban que se trataba de un buque holandés. El Tribunal de Presas tenía la obligación de mirar a la realidad existente detrás de la fachada jurídica para comprobar quién era el verdadero propietario. Contra ello se opuso que la teoría del control solo era aplicable a casos en los que la propiedad formal enemiga o (neutral) oculta la realidad económica de una propiedad enemiga, pero no cuando se trata de un caso de propiedad enemiga solo desde un punto de vista formal. En la legislación de los Gobiernos militares en Alemania: en MRG núm. 52, que ciertamente no se refiere al problema de la nacionalidad de las personas jurídicas, a tal efecto artículo VII d (fundación o establecimiento), pero sí por lo que se refiere a la determinación del titular del patrimonio en el sentido del MRG núm. 52. Así, cuando el patrimonio de una persona jurídica está sometido a la dominación de otra persona que pertenece a las afectadas por el bloqueo, la misma persona jurídica está considerada como sujeto afectado por el bloqueo; cfr. DÖLLE-ZWEIGERT 77, 78, núm. 56; para la zona americana véanse además: leyes núms. 52 y 53 del Gobierno militar americano con aclaraciones adicionales, publicadas en *Wurtt. Sparkassen- und Giroverband in Stuttgart,* pág. 25; TROJAN-HINTZE, *Beschäftigungsverbot, Vermögenssperre und Sühnemassnahmen nach dem Gesetz zur Befreiung von Nationalsozialismus und Militarismus vom 5.3.1946* (1947) 34. Además, para la zona francesa, de manera expresa: *Manuel de contróle de biens,* Déc. 1947, III/4, 5a; para el Sarre: art. 16 de la ley para la aprobación del convenio entre Francia y el Saar en el terreno de la protección de la propiedad industrial del 22.12.1948, Diario Oficial del Saar, Saarbrucken 3.6.1950, núm. 32, 373, 376; para Austria: ley austríaca para la administración de 26.7.1946, BGB1 austríaca núm. 157; para ello también OGH 31.5.1950. Más ejemplos y referencia bibliográfica en VAN HECKE, *Le Droit international des Sociétés et les Travaux de la 7éme Conference de Droit international privé,* Rev. prat. soc. 1952, 161 y s. (175). Para el Derecho constitucional de la empresa, cfr. FIEGLE, *Zum Begriff der Familien-Aktiengesellschaft,* BB 1953, 594.

situados detrás de la persona jurídica? Si se contesta afirmativamente, resultará que con ayuda de la teoría de la dominación – hemos de prescindir ahora de la consideración de otros medios auxiliares – podrán atribuirse a la persona jurídica cualidades de los hombres que la integran.

§15. *Personas jurídicas como titulares del derecho de autor*

I

En el dominio del derecho de autor es muy conocida la discusión de si las personas jurídicas pueden ser titulares de tal derecho, y, en su caso, hasta qué punto.

En el derecho de autor hay que distinguir dos factores diversos:[1] por un lado un derecho patrimonial que debe permitir al autor la explotación financiera de su obra; por otro, un derecho ideal que tiene por objeto el honor que como creador debe reconocerse al autor.

Antes[2] era muy discutido si ambos factores constituían dos derechos diferentes que conceptualmente debían quedar radicalmente separados (la llamada teoría dualista), o si solo se trataba de un derecho único con una «doble función» (la llamada teoría monista), pero en la actualidad[3] predomina por completo el criterio de que el derecho de autor, con todas sus partes componentes, representa un derecho único.

Una de estas partes componentes es el llamado derecho personalísimo de autor *(Urheberpersönlichkeitsrecht)*,[4] que en la doctrina también se califica de *droit moral* en vista de las conclusiones adoptados en la Conferencia de Roma sobre derechos de autor,[5] y sirve para la protección de los intereses ideales que tiene en su obra quien la ha creado.[6] Este *droit moral* ocasiona a la doctrina graves dificulta-

---

1 REIMER 11.

2 Bibliografía: MICHAÉLIDÉS-NOUAROS, *Le Droit Moral de l'Auteur* (París 1935) 32 y s.; DESBOIS, *Le Droit d'Auteur* (Paris 1950); sobre ello el comentario de OBERLIN, 64 Harvard Law Review (1951) 1042; KÖHLER, *Urheberrecht an Schriftwerken und Verlagsrecht* (1907) 1 y s.; O. GIERKE, *Deutsches Privatrecht* I (1895) 764 y s.; ALLFELD, *Urheber- und Erfinderrecht* (1923) 2 y s.; RIEZLER, *Deutsches Urheber-und Erfinderrecht* (1 sección 1909) 18 y s., con muchas referencias bibliográficas; ALLFELD, *Das Urheberrecht an Werken der Literatur und Tonkunst*[2] (comentario) (1928) 14 y s.; SMOSCHEWER, *Der Persönlichkeitsschutz in der neuesten Urheberrechtsgesetzgebung*, en Ufita (1928) 494; BENKARL, *Persönlichkeitsrecht und Erfindungsschutz*, GRUR 1950, 481 y s.

3 DE BOOR 692 y s. (696); ULMER, *Urheber und Verlagsrecht* (1951) 65; ei mismo, *Die Zwangsverwertung deutscher Geisteswerke im Ausland und die Grundregeln des Urheberschutzes*, Sudd. JZ 1948, 445; en el Derecho italiano ha preconizado especialmente esta evolución CASELLI, *Codice di diritto di autore, Commentario della nuova legge*, 22 abril 1941 (1943).

4 Expresado por primera vez en una sentencia del Tribunal del *Reich* del 26.1.1929 según ELSTER, *Das Urheberpersönlichkeitsrecht in der Rechtsprechung des Reichsgerichts*, en: Die Reichsgerichtspraxis im deutschen Rechtsleben IV (1929) 253.

5 Cfr. art. 11 bis, en relación con el art. 6 bis del Convenio de Berna revisado; copia de los arts. 6 bis hasta 11 bis (acuerdos adicionales de la Conferencia de Roma a la Convención de Berna del 9.9.1886) en Ufita 1928, 307; para ello véase MITTELSTADT, Das *'droit moral' nach den Beschlüssen der römischen Urheberrechtskonferenz von 1928*, GRUR 1930, 43 y s. De manera fundamental ENGEL, *Das 'droit moral' im Urheberrechtssystem und seine Beziehung zum 'domaine public payant'*, öJBl 1950, 336; cfr. además HENSSLER, *Urheberschutz in der angewandten Kunst und' Architektur, nach deutschem, schweizerischem, französischem, englischem und amerikanischem Recht* (1950) 145.

6 Cfr. ULMER, *Urheber- und Verlagsrecht*, lugar citado 69 y ss., y DE BOOR 695.

des en relación con el problema de si la persona jurídica puede ser titular —originario o derivativo— de este derecho. ¿Puede ser una persona jurídica creadora de una obra del espíritu? De la respuesta a esta pregunta depende que se atribuya a la persona jurídica la facultad de ser titular con carácter originario del derecho personalísimo de autor y con ello titular originario del derecho de autor, y también si la persona jurídica puede adquirir este derecho derivativamente. La cuestión de resolver a favor de una u otra decisión no solo tiene importancia teórica (que en este aspecto debe considerarse que está en primer lugar), sino también importantes consecuencias prácticas, especialmente en el dominio del derecho de autor de la obra cinematográfica.[7]

Las leyes vigentes están anticuadas en cuanto solo consideran el derecho de autor como un derecho patrimonial que «puede ser transmitido a otros de manera limitada o ilimitada»[8] y no reconocen el derecho personalísimo del autor.

Con ello ha de recurrirse a las doctrinas que la ciencia —en parte también manifestada en proyectos— y la jurisprudencia han desarrollado en este punto.

II

1. La opinión dominante en Alemania niega que a una persona jurídica de Derecho privado [9] pueda serle reconocido un derecho personalísimo de autor a

---

[7] MÖHRING 675, 676. Para la problemática actual del derecho de autor en los films, cfr. ULMER, *Zur Neuregelung des Filmrechts,* GRUR 1952, 5 y ss.; el mismo, *Kinematographie und Urheberrecht,* GRUR (parte extranjera e internacional, núm. 6) 1953, 182 y s.; BAUM, *Zur Neuregelung des Filmrechts,* GRUR 1952, 480 y s.; ROEBER, *Urheberrecht und Leistungsschutz beim Film,* Ufita 18 (1954) 9 y s.; la más reciente posición adoptada por el Ministerio de Justicia federal, en: Proyectos de la Ponencia para la Reforma del Derecho de Autor, publicado por el Ministerio de Justicia federal (1954) 217 y s. (cfr. en la pág. 220 la indicación acerca de la reglamentación en Derecho inglés y en la ley turca sobre la propiedad intelectual del 10.12.1951). Sobre los derechos de autor en la obra cinematográfica en el extranjero, cfr. WERHAHN, *Der Filmurheber im Ausland,* Ufita 18 (1954) 173 y ss. Para los Estados del bloque oriental (Rusia soviética, Rumania, Bulgaria, Polonia, Checoeslovaquia): VESELY, *Das sozialistische Urheberrecht, Rechtswissenschaftlicher Informationsdients 3* (1954), núm. 20, pág. 564 (566, 567).

[8] § 8 LUG. La observación de ENGELS, lugar citado, 338, de que la LUG, en su § 9, ya ha tenido en cuenta el derecho moral del autor, es inexacta; como aquí, DE BOOR 692, REIMER 5.

[9] La cuestión de si una persona jurídica puede ser titular originario del derecho de autor es tratada en parte en conexión con el § 3 de la LUG, que determina que las personas jurídicas del Derecho público que publican una obra como editores y cuyos autores no se nombran en la portada, en la dedicatoria, en el prefacio o al final de la obra, han de ser consideradas como autores de la obra cuando otra cosa no se ha convenido. Acerca de si una persona jurídica de Derecho público puede adquirir o no un derecho originario de autor según el § 3 LUG, también se discute en este caso; en sentido afirmativo, ALLFELD, *Das Urheberrecht an Werken der Literatur und Tonkunst,* comentario[8] (1928) 73 y s. (ficción del derecho de autor de la persona jurídica de Derecho público), con numerosas referencias de las fuentes; además, ELSTER 163; en contra, MARWITZ-MÖHRING, *Das Urheberrecht an Werken der Literatur und Tonkunst in Deutschland,* comentario (1929) 49 (con razones dignas de ser tenidas en cuenta). Pero si se reconoce que las personas jurídicas de Derecho privado no pueden adquirir de manera originaria el derecho moral o personalísimo de autor, y con ello, a causa de la íntima ligazón de este derecho con el de autor, tampoco éste debe entonces entenderse lo mismo dogmáticamente respecto de las personas jurídicas de Derecho público. Por tanto, en cuanto a éstas concierne, solo cabe recurrir a la ficción de una adquisición originaria del derecho moral de autor y del derecho de autor; en este sentido, VOIGTLÄNDER,

título originario.[10] Se funda para ello en el carácter primordialmente inalienable del derecho personalísimo del autor en virtud del vínculo personal que existe entre el creador y su obra,[11] por lo que una persona jurídica no puede realizarla por la misma razón que no puede odiar o amar.[12]

Con ello queda, al mismo tiempo, negado que la persona jurídica pueda ser titular del derecho de autor de manera originaria,[13] en vista de que el derecho personalísimo del autor es una parte inseparable del derecho de autor según la teoría monista que predomina.

En varios proyectos de ley —algunos oficiales— relativos al derecho de autor, el problema recibe la misma solución. En la exposición oficial del proyecto de ley de 1932 sobre el derecho de autor se hace constar, ante todo, que es autor de una obra quien la ha creado (§ 7 I),[14] y luego expresa que el proyecto no establece ninguna excepción a esta regla fundamental. Se hace constar que el proyecto prescinde de que en los §§ 3, 4, 32 LUG y 5, 6, 25 II KUG, se reconoce el derecho de autor a favor de personas jurídicas cuando se trata de obras que ellas publiquen. La razón está en que las personas jurídicas no pueden desarrollar ninguna de las actividades intelectuales que fundamentan el derecho sobre recopilaciones o sobre obras de otra clase, sin que sea necesario dictar una norma especial a favor de las personas jurídicas de Derecho público o sobre las que publican obras colectivas, pues la persona jurídica puede hacerse transmitir por el autor los derechos de aprovechamiento de la obra. En concordancia con ello, el § 20 del Proyecto de la Academia[15] no concede ningún derecho de autor a los titulares que sean sujetos de Derecho público, sino solo un derecho exclusivo al aprovechamiento de la obra. También el proyecto de HOFFMANN tenía previsto,[16] en el § 4 III, que el derecho personalísimo

---

Gesetz über das Urheberrecht von 1901, comentario (1942) 79, y también RUNGE 53. Pero véase también sobre ello, VOIGTLÄNDER-ELSTER-KLEINE, *Urheberrecht*[4] (1952) 46: «El conocimiento más reciente de que el derecho moral de autor es una parte integrante del derecho de autor que no puede transmitirse, impide que pueda reconocerse un derecho de autor a las personas jurídicas». Esta regulación especial para la persona jurídica de Derecho público no es, sin embargo, un punto de partida adecuado para la resolución del problema general.

10 KOCH, *Das originäre Urheberrecht des Filmherstellers* en Ufita 7 (1934) 261 (262); MÖHRING 680; REIMER 13.

11 MÖHRING 680.

12 KOCH, lugar citado, 262.

13 REIMER 11, también rechaza un derecho de autor a título originario en las obras cinematográficas; igualmente RUNGE 263 y s., 268; KLAUER, *Der Stand der Urheberrechtsform nach dem Ergebnis der deutsch-österreichischen Angleichsverhandlungen,* GRUR 1932, 642; MÖHRING 675; ELSTER-HOFFMANN-MARWITZ, *Zur deutschen und österreichischen Urheberrechtsreform,* Ufita 1929, 142; BAUM, *Die Brüsseler Konferenz zur Revision der Revidierten Berner Übereinkunft,* GRUR 1949, 7; ULMER, *Urheber- und Verlagsrecht* (1951) 122, repudiando expresamente las consecuencias que GIERKE deduce de la teoría orgánica.

14 Proyecto de una ley sobre el derecho de autor en las obras de literatura, arte y fotografía, con sus fundamentos, publicado por el Ministerio de Justicia del *Reich* (1932) 40.

15 Proyecto de una ley sobre el derecho de autor (sobre la base del proyecto oficial de 1933 y de las propuestas formuladas por las comisiones técnicas para los derechos de autor y de editor de la comunidad alemana de trabajo para la protección jurídica de la propiedad industrial e intelectual en la Academia para el Derecho alemán), GRUR 1939, 242 y s.

16 HOFFMANN, *Ein Deutsches Urheberrechtsgesetz. Entwurf eines Gesetzes über das Urheberrecht mlt Begründung* (1933).

del autor no puede corresponder a una persona jurídica, sino únicamente un derecho de aprovechamiento de la obra en virtud de una *cessio legis*, cuando la persona jurídica publica una obra cuyo autor no está designado.[17] En cambio, para las obras cinematográficas propone HOFFMANN que el derecho de autor de una obra realizada de manera normal en esta industria corresponda al empresario, aunque éste sea una persona jurídica (§ 4 del proyecto). Esta formulación es la adoptada en el § 3 II del proyecto llamado NSJ.[18] Para fundamentar esta adquisición originaria del derecho de autor por parte del empresario se tienen en cuenta consideraciones prácticas.[19] Debe lograrse la completa eliminación de la inseguridad que necesariamente resulta en el campo de la producción cinematográfica acerca del alcance del derecho de autor en cada caso concreto, pues basta pensar en el gran número de personas que participan en la producción de una película.[20] Finalmente, el proyecto más reciente presentado por la ponencia del Ministerio de Justicia federal en 1954, se ajusta al principio fundamental formulado en el proyecto de 1932, que no reconoce el derecho de autor a favor de personas jurídicas, ni en el caso de obras que hayan publicado. Para ello se da la misma razón que en el proyecto de 1932.[21]

2. La jurisprudencia alemana no se manifiesta de forma unitaria en este problema del derecho de autor a favor de personas jurídicas. En una sentencia penal,[22] el Tribunal del *Reich* niega que una persona jurídica de Derecho privado pueda ser titular de un derecho de autor, pues este derecho presupone necesariamente la existencia de un hombre. Por el contrario, en una sentencia civil del 30 de enero de 1924,[23] el Tribunal del *Reich* atribuye a la editorial PH. el derecho de autor de un mapa de turismo, en atención a que puede desarrollar una actividad creadora, por supuesto que no como tal persona jurídica sino por medio de personas naturales, y sin que por ello se entre en la cuestión de si en este caso se trata de un derecho de autor originario o derivativo.

Por ello no debe sorprender que el criterio de que una persona jurídica pueda ser titular originario de un derecho de autor y de un derecho personalísimo de autor siempre haya tenido defensores, sin que pueda desconocerse que ello responde a cierta necesidad práctica.

Cuando la discusión sobre la esencia y el significado del *droit moral* en Alemania todavía no estaba completamente planteada, dominaba el criterio especialmente sostenido por GOLDBAUM[24] de que el empresario, que en la mayoría de los casos

---

17 Fundamentación en el lugar citado 35. Asiente REIMER 11.

18 Proyecto de una nueva ley alemana de propiedad intelectual (NSJ-Entwurf), con anotación de KOPSCH y consideración fundamental, Ufita 1934, 383 y s.

19 HOFFMANN, lugar citado, 34.

20 En contra REIMER 11; RUNGE 268; MARWITZ-MÔHRING, lugar citado 43, quien trata a fondo del problema del derecho de autor de las obras cinematográficas.

21 Cfr. § 5 del Proyecto de la ponencia de 1954 (*supra* pág. 186, nota 7), así como las aclaraciones acerca del mismo, en el lugar citado, pág. 85 y s.

22 RGSt. 48, 331.

23 RGZ 108, 62 (64); en el terreno de las artes plásticas, una decisión parecida en RGZ 139, 214 y ss.; el Tribunal Cameral, con una formulación precavida, atribuye el derecho de autor de obras cinematográficas a la persona jurídica, 2.4.1923; igualmente RGZ 106, 363 (365).

24 GOLDBAUM, *Urheberrecht und Urhebervertragsrecht* (comentario)^{2} (1927) 43 y s.; más referencias bibliográficas en ERLANGER, *Der Unternehmer als Urheber und Erfinder,* GRUR 1930, 391.

era una persona jurídica, podía ser originariamente titular del derecho de autor; pero, más tarde, este parecer solo se ha sostenido de manera muy esporádica. Han sido propuestos tres caminos para fundar el criterio de que una persona jurídica puede ser originariamente titular del derecho de autor.

ERLANGER trata de alcanzar este objetivo con la interpretación de la ley y una argumentación conceptual. Cree que a las personas jurídicas les puede corresponder el derecho de autor de manera originaria porque ello resulta incuestionablemente del § 32 LUG y del § 29 KUG. El derecho de autor del empresario se apoya ante todo en una analogía con el § 4 — no con el § 3— LUG. [25] Además, está reconocido en la más reciente jurisprudencia del Tribunal del *Reich* que las personas jurídicas pueden ser titulares de derechos personalísimos; por ejemplo, la protección al nombre en virtud del § 12 del Código civil se concede también a las personas jurídicas.[26] [27] Pero este razonamiento no resiste un examen detenido. La ley sobre el derecho de autor procede de una época en que la discusión científica sobre el derecho moral del autor todavía no había empezado. Pero el reconocimiento de la importancia del *droit moral* constituye precisamente la base de que en la actualidad se considere que debe negarse que la persona jurídica pueda ser titular originaria del derecho de autor. Este nuevo criterio no puede quedar desvirtuado por una antigua ley. Además, el *droit moral* tiene una naturaleza jurídica distinta que el derecho al nombre. Este es inmanente al hombre y por ello constituye un auténtico derecho de la personalidad. Por el contrario, el derecho moral del autor es una relación entre el creador y su obra que solo surge en virtud de la actividad creadora; por ello no se trata de un auténtico derecho de la personalidad.[28]

A causa de la diversidad de supuestos en que se fundan, no cabe deducir de la existencia del derecho al nombre a favor de las personas jurídicas que también les corresponde el derecho moral de autor. Pero incluso en el caso de que en el derecho moral se quiera ver un auténtico derecho de la personalidad, tampoco del hecho de que la persona jurídica pueda ser titular de un derecho al nombre lo mismo que una persona natural cabe llegar a la conclusión de que por ello la persona jurídica también debe ser titular del derecho moral de autor.

Que la persona jurídica pueda tener un derecho al nombre es una consecuencia de la equiparación con la persona natural. Pero de esta equiparación de ninguna manera cabe deducir que también correspondan a las personas jurídicas otros o quizá todos los derechos de la personalidad de la misma manera que a las personas naturales. La cuestión de si una persona jurídica puede ser titular de un determinado derecho de la personalidad más bien depende del contenido interno y de la peculiaridad de este derecho.[29]

---

25 ERLANGER, lugar citado, 394; asiente ELSTER 163.

26 ERLANGER, lugar citado, 394; igualmente Ross, *Das Urheberrecht des Architekten, Gegenstand und Erwerb,* GRUR 1928, 456 (458).

27 Que una persona jurídica tiene derecho a una protección del nombre, es cuestión que en la actualidad está generalmente reconocida; cfr. sobre ello, nuevamente, Tribunal Federal (BGH) 30.3.1953.

28 DE BOOR 695; NEUMANN-DUESBERG, *Das gesprochene Wort im Urheber-und Persönlichkeitsrecht* (1949) 158.

29 Por ejemplo, hay que reconocer a una persona jurídica que explota una empresa el derecho personalísimo a la actividad industrial; cfr. HUBMANN, *Das Recht am Unternehmen,* ZfH 117 (1954) 57; el mismo, *Das Persönlichkeitsrecht* (1953) 245.

Aunque pueda tomarse como punto de partida la posibilidad de equiparar la persona jurídica a la persona natural en el tráfico jurídico, sin embargo lo antes expuesto demuestra que ello no constituye un dogma que deba ser mantenido sin excepción. Más bien ha de ser comprobado caso por caso si semejante equiparación se compagina con la esencia y el contenido del derecho o del precepto legal que está en discusión.

Contra la solución propuesta por ERLANGER *more mathematico* se pronuncia finalmente de manera decisiva el hecho de que el problema tiene también un fondo social que debe ser tenido en cuenta.

El segundo camino lleva a considerar la esencia de la persona jurídica. ELSTER[30] cree que el Derecho alemán, en oposición al romano, al construir la persona colectiva no ha absorbido a la persona singular o la ha volatizado jurídicamente, sino que ha colocado en una situación de primacía a la comunidad en relación con las personas singulares que la constituyen. De ello se sigue[31] que existe una creación colectiva que puede naturalmente imputarse en sus detalles a los hombres singulares, pero que por el resultado puede aparecer como el producto de una empresa colectiva.

Nunca se advertirá bastante contra la operación que consiste en deducir de la esencia de una persona jurídica la cuestión de si una norma es aplicable. Pues, en el fondo, la esencia de la persona jurídica está todavía tan inexplorada como la esencia del hombre, de manera que todo puede quedar fundado según el punto de partida que se adopte.

Además, tampoco resulta de la esencia del hombre que determinados derechos solo puedan corresponderle a él y no tal vez asimismo a la persona jurídica, sino que debe investigarse si el derecho de que se trate solo rjuede corresponder al hombre.

El camino que solo dogmáticamente podría justificar el derecho de autor a favor de la persona jurídica se refiere a la norma que debe quedar enlazada con la persona jurídica. El derecho moral de autor debe proteger al creador de la obra. Para no dejarle privado de esta protección el *droit moral* ha sido configurado como un derecho personalísimo e intransferible. Pero existen obras en las cuales las personas singulares que colaboran no necesitan semejante protección. Entre «La Cena» de Leonardo da Vinci, «Resurrección» de Tolstoi y un mapa de turismo, una guía o un catálogo existen diferencias de valor tan pronunciadas que ni tan siquiera cabe establecer una comparación. Si se consiguiera resolver este problema cardinal del derecho de autor, el problema del valor[32] y con ello el problema de la obra,[33] el camino quedaría libre para atribuir a la persona jurídica un derecho de autor originario sobre obras que por su contenido no representen una creación artística.

---

30 ELSTER, *Deutsche Rechtsgedanken im Urheherrecht,* Ufita 1933, 201.

31 ELSTER 163; en el trabajo publicado en Ufita 1933, 201 se hace referencia expresa a este artículo anterior.

32 MÖHRING 678; partiendo del problema del valor, también busca ELSTER 163 la solución por el camino antes señalado.

33 Para ello véase ELSTER, *Das Urheberrecht des mittätigen Anregers, insbesondere des Verlegers,* GRUR 1912, 99 y s.; ELSTER, *Formgebung und Ausdrucksmittel in ihrer Bedeutung für das Recht des Urhebers,* Ufita 1929, 595 y s.; ELSTER 162; para una nueva concepción del concepto de obra puede verse SCHAPP, *Die neue Wissenschaft vom Recht* II: Wert, Werk und Eigentum (1932) 33 hasta 78.

DE BOOR, en un trabajo anterior,[34] sostenía que la persona jurídica podía tener un derecho de autor originario en tales obras colectivas *(Sammelwerken)*, etc.; pero luego ha manifestado reparos conceptuales. Acertadamente reconoce que la cuestión de si cabe reconocer el derecho de autor a favor de la persona jurídica no es ningún problema de lógica sino que depende de la decisión legal; que no debe decidirse según un criterio doctrinal sino por medio de una voluntad ajustada al fin que se proponga.

Naturalmente que tampoco DE BOOR cree que una persona jurídica pueda componer versos o música. La cuestión que plantea es más bien la de si la creación de una obra colectiva y sobre todo su planeamiento que exige la organización, distribución, elección e instrucción de los colaboradores, puede ser de alguna manera atribuido a la persona jurídica.

El camino que propone es audaz y nuevo en la ciencia jurídica alemana: «Para ver con claridad en este punto no podemos seguir con la institución técnica de la persona jurídica sino que debemos llegar a los hechos jurídicos que tras ella se ocultan. Como es natural, encontramos entonces a hombres que actúan dentro de la organización que llamamos persona jurídica, que realizan sus tareas, llevan a cabo su obrar». Por ello estima DE BOOR[35] que la solución del problema no depende de la forma con que la persona jurídica se manifiesta al exterior, sino de los procesos vitales que oculta. Si éstos quedan alcanzados, entonces será posible que los «hechos» de la persona jurídica (que por mediación de ella han sido ocasionados y que, en definitiva, solo para ella tienen un valor digno de protección) sean directamente imputados a la misma en concepto de derecho de autor.

III

También en el extranjero[36] ha preocupado la cuestión de si el derecho de autor puede corresponder con carácter originario a la persona jurídica.[37] Pero donde ha prevalecido una respuesta afirmativa han sido propuestos caminos completamente diferentes. Cabe llamar primeramente la atención sobre el hecho de que en la Unión Soviética,[38] por ejemplo, una persona jurídica solo puede ser titular del derecho de autor si lo obtiene derivativamente del mismo autor porque, según la opi-

---

[34] DE BOOR, *Der Urheber als schöpferische Einzelpersonlichkeit,* en: Das Recht des schöpferischen Menschen, Festschrift der Akademie für deutsches Recht: escritos de la Academia de Derecho alemán con ocasión del Congreso de la Asociación Internacional para la protección de la propiedad industrial que tuvo lugar en Berlín del 1.º hasta el 6 de junio de 1936 (1936), 239 y s.

[35] DE BOOR 246.

[36] Cfr. sobre ello también SAPORTA, *Les sujets du droit d'auteur, Droit d'au-teur 1954,* 168, con referencias bibliográficas y de jurisprudencia, aunque en parte anticuadas.

[37] Acerca de la posición jurídica del «droit moral» en los Estados sudamericanos, cfr. GOLDBAUM, *Le droit moral dans la législation en Amérique latine,* Droit d'auteur 1953, 92. Véanse en la pág. 94 las declaraciones de la Delegación chilena en la Conferencia de Washington: «No cabe admitir que el derecho moral pueda cederse. El derecho moral y su carácter intransmisible pertenecen a la esencia del derecho de autor. Permitir tal cesión es tanto como atentar contra el derecho de autor desde su aspecto originario, en atención a que, en las condiciones prácticas en que los autores entran en negociación con las poderosas empresas industriales, la cláusula de cesión constaría en todos los contratos de tal clase».

[38] Para ello véase VESELY *(supra* pág. 186, nota 7) 563. El derecho de autor sobre la obra cinematográfica en su totalidad corresponde a la empresa productora de obras cinematográficas que haya producido la película (VESELY 566).

nión dominante en Rusia, la creación de la obra solo puede ser resultado de la creación de hombres vivientes. En Rusia una persona jurídica nunca puede adquirir a título originario el derecho de autor.[39]

Diferente es la situación jurídica en Italia. Estima GHIRON,[40] en relación con el art. 26, último párrafo, de la ley italiana de 7 de julio de 1925 [41] sobre el derecho de autor (que corresponde por completo[42] al principio fundamental contenido en el art. 11 de la nueva ley italiana sobre el derecho de autor de fecha 22 de abril de 1941),[43] que los derechos que resultan de la creación de la obra intelectual corresponden originariamente al que es autor de la obra. Sigue diciendo: «Así como para las invenciones industriales, también para las obras intelectuales cabe afirmar que solo las personas físicas pueden poseer el derecho de autor correspondiente. Las sociedades, academias, administraciones públicas y privadas pueden estimular la producción de obras intelectuales, pero solo el espíritu humano está en condiciones de comunicarles vida. Pero de la misma manera que la ley en ocasiones puede conceder la personalidad jurídica a determinadas corporaciones, tampoco se opone nada a que el legislador pueda tratar a determinados organismos que no tienen la posibilidad de crear obras del espíritu como si efectivamente la poseyeran, con la consiguiente atribución de todos aquellos derechos que corresponden a la persona física del autor. En el vigente Derecho italiano tenemos un caso que indudablemente es de esta clase en el art. 26, último apartado».

Con ello resulta que, al recurrir el legislador a la ficción como medio auxiliar de técnica jurídica, admite que el derecho de autor es de naturaleza personalísima que solo corresponde al hombre. Pasa por encima de esto, pero lo hace conscientemente. Por supuesto que con ello sigue debiéndonos una fundamentación. El recurso a la ficción equivale a confesar que no puede darnos ninguna razón del punto de partida elegido.

Por el contrario, en Hungría la jurisprudencia había afirmado en algunos casos la procedencia de reconocer el derecho de autor a las personas jurídicas, incluso sin contar para ello con una base legal.[44] En numerosas sentencias del anterior Tribunal

---

[39] Cfr. art. 8 de la ley federal acerca del derecho de autor en obras literarias y artísticas del 7.12.1922; para ello, DEL BIANCO, *Le droit d'auteur et ses limites* (Lausanne 1951) 37: «Rehusar a una persona moral la capacidad de ser autor es uno de los principios fundamentales de nuestro Derecho de autor y el corolario necesario del principio según el cual solo el creador puede ser llamado autor»; TROLLER, *Der schweizerische gewerbliche Rechtsschutz* (Basilea 1948) 113; además, TROLLER, *Le droit moral de l'auteur en droit suisse,* Droit d'Auteur 1951, 18: «El autor queda personalmente ligado a su obra, incluso cuando no ha dado a conocer esta relación (obra publicada con seudónimo o anónima). La cesión de los derechos pecuniarios del autor no hace desaparecer el vínculo personal que le une a la obra». Tribunal Federal de Suiza, sentencia de 16.3.1948.

[40] Gaceta Oficial núm. 270, del 20.11.1925, Derecho de autor 1926, 52 (francés); comentario de SMOSCHEWER, *Die Neuordnung des Urheberrechts in Italien,* GRUR 1926, 322; sobre ello véase también la formulación parecida en el art. 7 del Proyecto francés sobre el derecho de autor y el derecho de editor, Ufita 1936, 490 (491) (Proyecto Jean ZAY).

[41] Gazetta Ufficiale núm. 166 del 16.7.1941.

[42] Sobre ello GIANNINI, *Il diritto d'autore* (Florencia 1942) 37, núm. 5.

[43] GHIRON, *Grundsätzliche Betrachtungen über die Urheberrecht.* Del Corso di diritto industriale (Roma 1929), traducido y con breves anotaciones por SCHMOSCHEWER, Ufita 1932, 34 y s. (46).

[44] Desconozco cuál sea el actual estado jurídico.

Supremo de Hungría se afirma que el productor es el titular del derecho de autor de la película realizada y que le corresponde a título originario en virtud de la actuación conjunta de quienes la crean porque ya de antemano ha sido previsto que la realización del film sería una obra de conjunto.[45] Esta solución parte igualmente de la obra y no de la persona jurídica, funda el derecho de autor a favor de ésta a base de la voluntad de los hombres que participan en la producción de la obra y no se apoya en el valor de la obra creada. En una nueva ley de propiedad intelectual de Guatemala del 8 de febrero de 1954[46] se atribuye dentro de estrechos límites un derecho originario de autor a las personas jurídicas que actúan profesionalmente *(«berufsmassig»)* a través de sus empleados dentro de sus fines estatutarios, como las que preparan diccionarios o enciclopedias que publican, pero incluso las que producen películas. Con ello no queda afectado el derecho de autor de los colaboradores.[47] [48]

IV

Puede llegarse a la conclusión de que en la actualidad el Derecho alemán deja primordialmente excluido que una persona jurídica pueda tener un derecho personalísimo de autor a título originario, por lo que no puede adquirir originariamente ningún derecho de autor. En cambio, pueden transmitirse a la persona jurídica facultades parciales contenidas en el derecho de autor, especialmente el derecho a percibir los beneficios de la obra.[49]

---

45 Von BOEHMER-REITZ, *Das Tonfilm-Urheberrecht des Auslandes,* Ufita 1936, 433 (447); SZALAI, *Die Urheberrechtspraxis der ungarischen Gerichte im letzten Jahrzehnt,* Ufita 1937, 423 (427).

46 El Guatemalteco 19.2.1954, núm. 76 (en traducción francesa en Droit d'Auteur 1954, 105).

47 Cfr. art. 3: «Los empresarios y las empresas de personería jurídica que producen profesionalmente obras mediante las entregas de obras de sus empleados y/o contratistas, especialmente las editoriales de diccionarios y enciclopedias, y las fábricas de obras cinematográficas gozan del derecho de autor en dichas obras, sin perjuicio del derecho de autor de sus empleados y contratistas en sus respectivos apartes a las obras amparadas por la presente ley». Cfr. para ello GOLDBAUM, *La loi guatémaltèque, du 8 février 1954, concernant le droit d'auteur sur les oeuvres littéraires et artistiques,* Droit d'auteur 1954, 114 y s. (115). Además, en algunos casos, como el del art. 21 de la ley polaca sobre los derechos de autor del 29.3.1936, era legalmente posible un derecho de autor originario a favor de una persona jurídica; citado según HOFFMANN, *Urheberrechtsgesetze des Auslands* (1939) 198; en la actualidad rige en Polonia una nueva ley de propiedad intelectual del 10.7. 1952, núm. 234. Titular del derecho de autor sobre la obra cinematográfica lo es, según el art. 13, la empresa productora, a la que también corresponde el derecho moral de autor sobre tal obra (art. 15), citado según WERHAHN *(supra* pág. 186, nota 7) 185.

48 De los autores extranjeros que quieren reconocer un derecho de autor originario de la persona jurídica, citaremos a MICHAÉLIDÈS-NOUAROS, *Le droit moral de l'auteur* (París 1935) 163 y s. Afirma: «La primera opinión lleva a negar el derecho moral a las personas jurídicas. No podemos admitirlo. Lo que cuenta para las personas morales es mucho más el respeto del prestigio y de la autoridad de que gozan que las ventajas pecuniarias de la explotación de la obra».

49 MOHRING 691; DE BOOR 701; acerca del problema de la intransmisibilidad del derecho de autor y de la transmisibilidad del derecho de aprovechamiento de la obra (de manera completamente general), REIMER 11, 13. El criterio que hemos expuesto como el dominante, según el cual las personas jurídicas no pueden ser titulares originarios del derecho de autor, encuentra apoyo en el art. 6 bis de la Convención de Berna (redacción según la Conferencia para su revisión celebrada en Bruselas en junio de 1948). El art. 6 *bis* se ocupa del derecho moral de autor. Dice así: «Con independencia de los derechos patrimoniales de autor, e incluso después de la cesión de tales derechos, el autor conserva durante toda su vida el derecho de reivindicar la paternidad de la obra y de oponerse a toda deformación, mutilación o a otra modificación de esta obra o a cualquier otra medida que afecte a

Dentro de los límites del problema que nos hemos propuesto investigar no podemos entrar en el examen de otras peculiaridades que ofrece este difícil tema, pues nos apartarían del problema de la aplicabilidad de las normas y de su conexión con la persona jurídica y nos llevarían a cuestiones especiales del Derecho de propiedad intelectual.[50]

Si resumimos lo que precede, cabe afirmar: con la intransmisibilidad del *droit moral* se dispensa una protección necesaria para los hombres de actividad creadora frente a otras personas naturales y frente a las personas jurídicas. Si se admite que también necesitan protección aquellas obras en las cuales el elemento creador es muy escaso, resultará que una persona jurídica jamás podrá ser titular del *droit moral* porque solo el hombre puede desarrollar una actividad creadora. Pero también podría sostenerse que para contestar a la pregunta de si siempre debe corresponder un derecho de autor al creador de una obra debe considerarse decisivo el valor que ofrezca como creación la obra producida. Si es muy escaso, como puede suceder en el caso de tratarse de obras colectivas, parece que ha de ser posible negar simplemente el derecho de autor de las personas que han participado en la obra y dejar que surja con carácter originario a favor de la persona jurídica que ha dirigido la obra cuando sus intereses en la misma aparecen como más dignos de protección que los de los hombres que han realizado el trabajo bajo la completa dirección de la persona jurídica a la que también se deba por entero la financiación.

§16. *Problemas de delimitación de las conexiones de normas*

I

El Código civil suizo,[1] en su art. 53, determina que las personas jurídicas son capaces de toda clase de derechos y de obligaciones que no tengan por supuesto indispensable las propiedades naturales del hombre, como el sexo, la edad o el parentesco. Esta sencilla regulación parece convincente y agotadora. Sin embargo, es demasiado simple para poder resolver satisfactoriamente el problema tan diferenciado de las conexiones de normas tratándose de personas jurídicas. Es demasiado amplio porque no traza límites terminantes y con ello

---

la misma obra, que perjudique su honor o su reputación»; reproducido en GRUR 1949, 49. Cfr. las explicaciones de BAUM, *Die Brusseler Konferenz zur Revision der revidierten Berner Übereinkunft*, GRUR 1949, 1 y s.; SCHULZE, *Die Revisión der revidierten Berner Übereinkunft in Brussel und ihre Ausioirkung für Deutschland*, NJW 1950, 361 (363).

50 En el Derecho de patentes se plantean problemas completamente similares. Rige la regla de que solo una persona natural y no una explotación puede tener la consideración de inventor como resultado de una petición de patente a base de las disposiciones legales; cfr. la decisión de la Oficina alemana de patentes del 6.8.1951: «Pero toda invención es el resultado de una creación personal ... Tampoco una invención de la empresa' *(Betriebserfindung)* queda realizada por una persona jurídica o por una anónima pluralidad de personas, sino por inventores que son hombres singulares».

1 Código civil suizo del 10.12.1907; sobre la regulación completamente correlativa mantenida en Licchtenstein en los establecimientos, GUGGI, *Die Anstalt als privatrechtliche Unternehmungsform gemäss liechtensteinischen Recht*, öJBl 1950, 125 (127). Sobre lo mismo también puede verse lo que señala BERLE, *The Theory of Enterprise Entity*, 47 Columbia Law Review (1947) 353: «El Derecho de Ohio sobre sociedades, por ejemplo, faculta a una *Corporation* para que pueda hacer todo lo que las 'personas naturales' pueden hacer. No me ha sido posible consultar directamente esta misma ley.

deja sin contestar la cuestión de saber hasta dónde debe alcanzar la esfera de aplicación de esta determinación legal.[2]

Es demasiado estrecho porque existen casos en los que deben ser aplicadas a personas jurídicas, y por cierto que sin modificación de su supuesto normativo, normas que presuponen una cualidad natural de un hombre.

De esto vamos a ocuparnos en particular en las secciones que siguen. Por ello ante todo hay que poner en claro qué normas, de las que toman como punto de partida propiedades *naturales* de un hombre también deben ser aplicadas a las personas jurídicas; después, de dónde, en el caso de semejantes normas, han de ser obtenidos los rasgos conceptuales obtenidos de la persona natural. El mismo problema se plantea cuando la norma presupone peculiaridades *jurídicas* que parecen exigir como titular un ser humano. ¿Qué criterio permitirá decidir si también pueden tenerse en cuenta en relación con una persona jurídica? ¿Qué sucede, por otra parte, con aquellos derechos que por su naturaleza exigen un ejercicio personal? ¿Quedan excluidos de las personas jurídicas o pueden admitirse excepciones también en este caso?

II

En la jurisprudencia y en la doctrina norteamericanas también encontramos planteados esos problemas, aunque por desgracia falta una investigación sistemática.[3]

1. Acerca de la cuestión de precisar hasta qué punto una persona jurídica puede ostentar cualidades naturales tenemos una decisión del Tribunal Supremo de Apelación de Virginia en el asunto *People's Pleasure Park Co. v. Rohleder*.[4] Se trataba de resolver si una persona jurídica puede ser de color o no. El Tribunal sostuvo que mediaba una radical separación jurídica entre los miembros y la sociedad. Con este punto de partida llegó a la conclusión de que, incluso en el caso de que sean negros todos los miembros de la sociedad, la persona jurídica no queda por ello afectada como entidad jurídica independiente, pues como tal no puede ser de color.

WORMSER[5] critica esta decisión. Estima que el Tribunal ha pasado por alto lo siguiente: la única finalidad de la sociedad ha consistido en burlar una prohibición

---

[2] Por ejemplo, en Derecho suizo se discute si puede reconocerse una protección del honor a favor de la persona jurídica en la medida en que el honor implica la atribución de cualidades morales como veracidad, fidelidad y convicción, benevolencia, rectitud, etc., o de si la persona jurídica solo goza de protección del honor cuando la duda repercute en su significación económica; a favor de la concepción más amplia, puede verse, GMUR-HAFTER, *Kommentar zum Schweizerischen Zivilgesetzbuch* I (Berna 1919), art. 53; EGGER, *Kommentar zum Schweizerischen Zivilgesetzbuch I: Das Personenrecht* (Zurich 1930), art. 53, *3b*. Cfr. también la crítica de RHODE 15.

[3] En la definición de la esencia de la persona jurídica se encuentran ocasionalmente referencias a los «límites» de las personas jurídicas; cfr., por ejemplo, THOMPSON, *On Corporations* I, § 3, pág. 4; cfr. allí la célebre afirmación de COKE en el caso *Sutton Hospital*, 10 Coke I, 77 E. R. 960: «Una *Corporation*, agregado de muchos, es invisible, inmortal y solo se funda en la intención y en la consideración del Derecho ... No pueden cometer un acto de traición, ni ser declaradas fuera de ley o excomulgadas, pues carecen de almas, ni pueden comparecer en persona, sino representadas por un defensor».

[4] *People's Pleasure Park Co. v. Rohleder*, 109 Va. 439, 61 S. E. 794, 63 S. E. 981.

[5] WORMSER 27. Además, la apreciación crítica de RATÓN, *The Endless Problem of Corporate Personality*, 32 Columbia Law Review (1932) 661; cfr. allí también la referencia: «Si recordamos la decisión de que el Estado de California no es un hombre blanco (*People v. Awa*, 27 Cal. 638, 1865), la afirmación del tribunal parece estar perfectamente de acuerdo con la doctrina admitida».

contractual según la cual los negros no podían adquirir determinado inmueble, para lo cual fue creada una persona jurídica compuesta de negros. Es evidente que esta crítica no afecta al propio problema que, como señala Martin WOLFF,[6] consiste en saber si una persona jurídica que en sentido natural no puede ser de color, a pesar de ello puede ser calificada como tal en el tráfico jurídico. WOLFF llega al resultado de que una persona jurídica también puede ser de color a los efectos de un contrato de tal clase: que sea de color, es una cuestión que se determina en atención a los miembros de la persona jurídica, según su sustrato.

2. En Alemania, durante la dominación nacionalsocialista, la doctrina y la legislación se han ocupado de un problema completamente afín.

En relación con la llamada transformación de las empresas judías en arias tuvo que resolverse si una persona jurídica puede ser una u otra cosa, y, en caso afirmativo, como debían determinarse esas cualidades.

Ya en el año 1935 el llamado *Reichsjuristenführer* había dictado una orden[7] en la que se prohibía a los «*NS-Rechtswahrern*» que representaran a judíos ante los tribunales. En esta disposición se equiparaban a los judíos: las sociedades anónimas, personas jurídicas y firmas cuya dirección o capital no estuviese en manos arias de manera dominante. El pensamiento a que respondía esta disposición fue legalmente sancionado por el Decreto n.° 3 dictado para la aplicación de la ley sobre ciudadanía del *Reich*.[8]

El art. 1, párrafo 1.°, apartado 1 de este Decreto determina que una industria se considera judía cuando lo es su titular. PFUNDTNER-NEUBERT[9] explicaban este precepto en el sentido de que «judío» es un concepto del Derecho racial que por ello solo puede ser directamente aplicable a las personas físicas. Por tal razón el Decreto solo habla de las industrias que se consideran judías y no de las que lo son. En el art. 1, párrafo 1.°, apartado 3 de este Decreto n.° 3 se dice: La explotación industrial a cargo de una persona jurídica se considera judía: *a)* cuando son judías una o varias de ¡as personas que tienen su representación legal, o lo son uno o varios de los miembros que componen el consejo de administración; *b)* cuando de manera decisiva participan en ella personas judías, ya sea en atención a su capital o a su derecho de voto. Se considera que una participación en el capital es decisiva cuando más de una cuarta parte del mismo pertenece a judíos, y existe una participación decisiva en el voto cuando los votos de los judíos llegan a la mitad del número total de votantes. En el art. párrafo 3.°, este criterio para calificar como judía a una persona jurídica es desarrollada de manera consecuente al determinarse que una industria también se considerará judía cuando de hecho se encuentre bajo la influencia dominante de judíos.[10] Según el art. párrafo 6.°, las disposiciones citadas se aplican de

---

[6] M. WOLFF, *Legal Persons* 513 y s.

[7] Citado según BEITZKE 228, nota 48.

[8] Tercer decreto sobre la ley de ciudadanía del *Reich* del 14.6.1938 (RGBl I, 627), que ha sido dictado en virtud del 5 3 de la ley de ciudadanía del *Reich* del 15.9.1935 (RGB1 I, 1146). Cfr. también sobre ello el decreto contra la ayuda al enmascaramiento de industrias judías del 22.4.1938 (RGBl I, 404); sobre ello NUBELL 746 (747).

[9] PFUNDTNER-NEUBERT, *Das neue'deutsche Reichsrecht,* situación agosto 1940, 23 I: Derecho público *a)* Constitución núm. 23, pág. 23.

[10] Para «evitar abusos con las posibilidades de configuración del Derecho civil», PFUNDTNER-NEUBERT, lugar citado, 23 I a núm. 23, pág. 25.

manera correlativa a asociaciones, fundaciones, establecimientos y a otras empresas que no son explotaciones industriales.[11]

En el mismo sentido cabe formular la pregunta opuesta de si una persona jurídica ha podido ser perseguida por motivos raciales.

Después de 1945 el problema se ha presentado y discutido en la jurisprudencia relativa al derecho de reparación, y en parte también ha sido objeto de regulación legal. Con criterio consecuente se ha afirmado igualmente en este caso[12] que una persona jurídica ha podido ser perseguida por motivos raciales [13] y para ello se ha tenido en cuenta quiénes la componían.[14]

---

11 Detalles en H. ZIMMERMANN, *Staatsangehörigkeit und Reichsbürgerschaft unter besonderen Berücksichtigung des Judenproblems* (disertación en Dusseldorf 1940) 60 y s.; HEFERMEHL, *Das judische Unternehmen,* DJ 1938, 988; cfr. también HACHENBURG, *Probleme der Rückerstattung* (1950) 23: «A los apartados de la vida económica alemana también pertenecen sociedades anónimas y otras personas jurídicas. También ellas pueden ser judías. Esto parece extraño. Pero está dispuesto expresamente. Basta que la mayoría del consejo de administración o del consejo de inspección sean judíos o que participen judíos de manera decisiva con capital y derecho de voto (tercer decreto sobre la ley de ciudadanía del *Reich,* § I, ap. 3)».

12 Cfr. la ley dictada por el Gobierno militar americano con el núm. 59, de 10.11.1947, reproducida en la colección de leyes HEMKEN, art. 1: «La ley tiene por finalidad la restitución con la posible rapidez y alcance de objetos patrimoniales ... a las personas que comprobadamente fueron desposeídas de ellos en la época comprendida entre el 30 de enero de 1933 hasta el 8 de mayo de 1945, por motivos raciales, religiosos, de nacionalidad, concepción del mundo o por ser adversarios políticos del nacionalsocialismo...», y el art. 9 de esta ley: «Si una sociedad o persona jurídica del Derecho mercantil fue disuelta o bien obligada a disolverse ella misma por las causas del art. 1, cualquiera de los socios puede ejercitar la pretensión de restitución en la medida en que no está determinado que le suceda ninguna organización»; para ello cfr. KUBUSCHOK-WEISSTEIN, *Rückerstattungsrecht* (comentario) (1950), art. 1, anotación 10; de manera expresa en el art. 1 del MRG británico número 59 de 12.5.1949, VOB1 49/152, restitución de objetos patrimoniales que pudiera comprobarse que fueron sacrificados por las medidas opresivas del nacionalsocialismo: en su virtud, las personas jurídicas podían haber quedado injustamente privadas de objetos por motivos raciales, religiosos, de nacionalidad, de concepción política o por ser adversario del nacionalsocialismo; sobre ello OLG Celle 3.4.1951; Board of Review, Herford 23.4.1951; igualmente de manera expresa el art. 1 de la Ordonnance núm. 120 JOGM (zona francesa) 1947, 1219, Ordonnance núm. 120 relativa a la restitución de los bienes que han sido objeto de actos de expoliación (10.11.1947): Baviera: ley sobre el reconocimiento como perseguidas de personas jurídicas y asociaciones personales sin capacidad del 19.11.1952, Bayer. GVOB1 número 31 del 26.11.1952, 301, volumen 1952, 1437. Cfr. para Austria, por ejemplo, la decisión de la comisión superior de devolución del 3.7.1948 en HELLER-RAUSCHER, *Die Rechtsprechung der Rückstellungskommissionen* (Viena 1949) 221 (224); igualmente NEUBURG, *Kommentar zu den Rückstellungsgesetzen* (Viena 1949) 38. Cfr. también aquí el § 2 (4) de la tercera ley de restitución del 6.2.1947 sobre la nulidad de privaciones patrimoniales (Austria), BGB1 372, núm. 54.

13 También entran en consideración motivos religiosos; cfr. Cour Sup. pour les Restitutions 14.3.1951 (Asociación para el bienestar sobre una base cristiana) o por razones políticas (por ejemplo, por lo que se refiere a Austria, ORK 25.11.1950, cfr. *supra* pág. 12, núm. 7). De todos modos, en tales casos la causa de la persecución igualmente solo puede haber consistido en la determinación del fin de la asociación y la manera de actuar; cfr. OLG Colonia 14.1.1953, con más referencias de jurisprudencia: «Por lo que se refiere a las personas jurídicas, lo que resulta por ello decisivo, en el sentido del art. 3 ap. 1 b REG, es si ellas mismas, como grupo de personas jurídicas, debían quedar excluidas de la vida cultural y económica de Alemania a consecuencia de medidas persecutorias, lo que tam-

Pero en este punto hay que separar radicalmente la cuestión de si solo fueron perseguidos los socios o si también lo fue la persona jurídica. Por ejemplo, se consideró que la persona jurídica era judía porque lo eran sus socios. La comprobación de que éstos fueron perseguidos todavía no bastaría para llegar a la conclusión de que también lo fue la persona jurídica. Para ello fue necesario que se hubiesen adoptado medidas de persecución contra dicha persona por causa de sus socios judíos.[15] Si no se la hubiese molestado, no podría hablarse de que fue perseguida porque con tales medidas se hubiese procedido contra sus miembros aislados.

Cabe señalar que también la regulación del art. 9 de la ley del Gobierno militar americano y la contenida en el art. 7 de la dictada por el británico con el n.° 59, según las cuales el socio de la persona jurídica puede ejercitar la pretensión de restitución si ésta ha quedado disuelta, significa una medida legal que afecta al substrato de la persona jurídica, pues los socios quedan equiparados a ésta. Con rigor jurídico formal debería decirse: si la persona jurídica fue objeto de persecución, no lo fueron los socios; y si la persona jurídica ha sido disuelta, los socios no podrán ejercitar aquellas pretensiones de restitución que hubiesen pertenecido al patrimonio de la persona jurídica.[16]

---

bién era perfectamente posible sin persecución del socio aislado». De la persecución de una persona jurídica a causa de su composición personal (por ejemplo, porque se trataba de judíos) ha de ser, por tanto, distinguida la persecución a causa del fin que tenía señalado.

[14] Von GODIN, *Rückerstattung feststellbarer Vermögensgegenstände in der amerikanischen Besatzungszone* (comentario) (1948), art. 1, anotación 5, art. 3, anotación 5; WK Berlín 12.10.1950: «Ahora resulta completamente claro que a una persona jurídica, como tal, no pueden serle sustraídos valores patrimoniales por las razones del art. 1 REAO. Con ello resulta que esta disposición solo tiene sentido si se refiere a las personas naturales situadas detrás de la persona jurídica, como titulares económicamente de los valores patrimoniales reunidos en poder de aquélla»; para Austria cfr. ORK 25.11.1950 (*supra* pág. 39, nota 34). Trató del caso de restitución del patrimonio de una asociación, aunque ésta nunca dejó de ser propietaria de tal patrimonio, porque la asociación, estrechamente relacionada con determinado partido político, después de la derrota de éste, quedó configurada de tal manera como resultado de la intervención pública, que los que hasta entonces habían sido socios fueron expulsados de la misma y, con el apoyo de quien entonces tenía el poder estatal, otro partido político pasó a dominar la asociación.

[15] Así, el WK de Ulm, en una decisión del 8.3.1950, ha declarado que una sociedad como la limitada, con derechos y obligaciones independientes, no puede, sin más quedar equiparada a los socios judíos, sino que para ello haría falta que se dictaran disposiciones generales o especiales contra la sociedad por causa de su capital judío; cfr. también WK Berlín 12.10.1950; igualmente el OLG Hamm 2.12.1950: si una corporación de Derecho público (AOK) estaba dominada por los enemigos del nacionalsocialismo, de ello solo no debe seguirse que también la corporación persiguiera los mismos fines que se oponían a la concepción política del nacionalsocialismo; otro criterio, OLG Colonia 24.2.1951: «Una persona jurídica no solo puede ser considerada como perseguida en el caso en que se haya procedido directamente contra la misma. Más bien debe bastar, desde el punto de vista de la persecución individual, que el principal accionista ... sea perseguido como judío; en tal sentido la persecución solo afecta al patrimonio del accionista judío en la medida en que resulta perceptible a través de la forma de la persona jurídica» (cfr. KUBUSCHOCK-WEISSTEIN, art. 3, anot. 8 y 11, y en general NUBELL, JR 50, 746 y s.).

[16] Cfr. también WK Stuttgart 28.6.1952 (tajante separación entre la empresa y la participación). Detalles acerca del problema de los derechos de socios particulares a base de la regulación jurídica positiva, en BEYER, *Rückerstattung zu Gunsten Dritter?*, MDR 1950, 326; NUBELL 746; el mismo, *Der Rückerstattungsanspruch der handelsrechtlichen Gesellschaften* (II),

Igualmente significa una penetración hasta el substrato personal de la persona jurídica lo que manifiesta el Tribunal Territorial Superior de Celle, en su decisión del 2 de marzo de 1953, en el sentido de que el reconocimiento de una nueva persona jurídica como continuadora de otra es una cuestión que esencialmente se ha de decidir en consideración a los miembros que la compongan. Cuanto más numerosos sean los miembros de la unión disuelta que todavía existan y se hayan incorporado a la nueva organización, con tanta mayor facilidad será aconsejable su reconocimiento como continuadora.[17]

3. Finalmente, hay que resolver la cuestión solo en apariencia diferente de si una persona jurídica puede ser «pariente» o puede tener «parientes» en el sentido de determinadas normas. Parece que el parentesco solo es posible tratándose de personas naturales y lo mismo hay que afirmar de la cuestión de si una persona jurídica puede ser «cónyuge» o tenerlo. Este problema ha adquirido especial importancia en el Derecho de concursos, en las impugnaciones por fraude de acreedores y en el procedimiento de transacción.[18]

Así, el § 31 de la Ordenanza alemana de concursos[19] concede al administrador del concurso la facultad de impugnar los contratos onerosos que durante los últimos años anteriores a la apertura del procedimiento el deudor común haya celebrado con su cónyuge (antes o durante el matrimonio), lo mismo que con los parientes próximos de su cónyuge, en la medida en que el contrato perjudique a los acreedores de dicho deudor común y si la otra parte no demuestra que en el momento de la celebración del contrato no conocía que el deudor tuviera la intención de perjudicar a sus acreedores. Cabe preguntar si esta disposición también es aplicable

JR 1951, 163; GOETZE, *Die Rückerstattung in Westdeutschland und Berlin* (1950), art. 9, anot. 5; OLG Karlsruhe 3.10.1950. Dogmáticamente debería considerarse la pretensión de restitución como si después hubiese pasado a la masa en liquidación, de manera que esta liquidación debiese proseguir; así proceden los tribunales en la zona de ocupación francesa, donde en la VO 120 falta una regulación que corresponda a la de las zonas americana y británica. Cfr. para ello, por ejemplo, RK Tubinga 23.3.1950; Cour Sup. pour les Restitutions Rastatt 20.6.1952. Con criterio dogmático jurídico también el Tribunal de Apelación de París 20.10.1952, Rev. des sociétés 1952, 404: «Pero considerando que es una cuestión de principio que una sociedad se sobreviva para las necesidades de su liquidación; que su disolución deje subsistir su personalidad moral hasta la liquidación total y definitiva de los asuntos sociales». No sería muy inexacto hablar en este caso de una «muerte aparente» *(Scheintod)* de la persona jurídica. La expresión es de VON HASEMANN, *Scheintod einer Aktiengesellschaft?,* JW 1934, 962. Para Austria: ORK 30.6.1950: «Los socios de una sociedad de responsabilidad limitada no están legitimados para pedir en nombre propio la restitución de un patrimonio del que la sociedad ha sido privada, pues la sociedad de responsabilidad limitada tiene derechos y obligaciones independientes y es propietaria del patrimonio social».

17 RzW 1953, 175.

18 Véase también aquí para el Derecho suizo BG 22.1.1946, BGE 72 II 67, donde en conexión con el art. 173 del Código civil suizo (prohibición fundamental de la ejecución forzosa entre cónyuges durante el matrimonio) hubo que contestar a la pregunta de si una sociedad anónima podía oponer su identificación con el único accionista frente a los actos de explotación por parte de la esposa de éste.

19 Cfr. en conexión con esto también § 32 KO, en el que se presenta el mismo problema. El § 32 coincide completamente por su contenido con el § 3 I número 4 de la ley de impugnaciones (ley relativa a la impugnación de los actos jurídicos de un deudor fuera del procedimiento de concurso de 21.7.1879).

cuando una persona jurídica ha caído en concurso y debe ser impugnado un negocio jurídico que su director y socio haya otorgado con su esposa o con un pariente próximo dentro del período sospechoso. Esta cuestión ha sido muy discutida en el Derecho de concurso y en el de impugnación por fraude de acreedores. Los principales comentarios en la actualidad se inclinan, sin duda con toda razón, a favor de la consideración de que en tal caso existe una relación de parentesco o de matrimonio con la persona jurídica, especialmente cuando se trata de una sociedad unipersonal. Por lo mismo, parte de la doctrina ha sostenido que los indicados preceptos pueden aplicarse a la persona jurídica cuando tal medida corresponde al sentido y a la finalidad de las disposiciones legales.[20] También deberá admitirse la existencia de una relación de parentesco o de matrimonio, en el sentido de la ordenanza de concursos, en el caso opuesto de que el deudor común sea una persona natural y quien ha sido beneficiada con la atribución sea una persona jurídica detrás de la cual se oculta el cónyuge o un pariente del deudor.[21] Tanto en este caso como en el anterior, la equiparación entre la persona jurídica y su socio o socios representa un acto con el que se penetra hasta las personas que la componen.

Todavía va más lejos el § 108 II de la ley sobre concurso de acreedores de 1935,[22] redactada según el modelo del § 32, ap. 2 de la ley austríaca de concursos del 20 de febrero de 1925.[23] En el § 108 II 1 se determina que los socios y quienes lo han sido, cuando se han separado de la sociedad en el último año anterior a la solicitud de apertura del procedimiento, se consideran como próximos parientes de la sociedad en el sentido del § 4 II de la ley de concursos cuando se trata del que afecta a una sociedad de responsabilidad limitada. Según el § 108 II 2 rige lo mismo para los

---

20 MENTZEL, *Kommentar zur Reichskonkursordnung*[5] (1937), § 31, nota 19; SYDOW-BUSCH-KRIEG, *Konkursordnung, Vergleichsordnung und Anfechtungsgesetz*[16] (1932), § 31, anot. 12, con invocación de la sentencia del KG (relativa a una sociedad unipersonal) en KTW 31, 158; también BÖHLE-STAMSCHRÄDER, *Konkursordnung* (1950), § 31, *3e;* además, SCHUMACHER, JW 1937, 2251; SCHOLZ, JW 1935, 1522; cfr. también RGZ 130, 340, donde nada se resuelve acerca de la justicia de este principio general por lo que se refiere al Derecho de concurso, pero donde se afirma en cambio expresamente por lo que afecta al Derecho de revalorización (§ 22/1 de la ley de revalorización); en contra JAEGER, quien solo afirma que existe un caso de penetración por lo que se refiere al propio director de la sociedad unipersonal, y por lo demás *de lege lata* niega la procedencia de una ampliación. Cfr. especialmente las reservas que ha formulado, por lo que se refiere al señalamiento del límite, etc., JAEGER, *Kommentar zur Konkursordnung und den Einführungsgesetzen* I (6.ª y 7.ª edición nuevamente redactada 1931), § 31, anot. 30; GADOW, § 15, anot. 8, 2. Cfr. sobre ello también LG Hof 19.6.1952 para una cuestión estrechamente relacionada con ello: también cabe impugnar un contrato según el § 3 I núm. 2 de la ley de impugnaciones cuando el contrato ha sido celebrado entre una sociedad de responsabilidad limitada cuyos únicos socios son dos hermanos y uno de ellos, con referencia a WASSERTRUDINGER, *Die Verwandtenanfechtung bei juristischen Personen,* LZ 1926, 581.

21 Griebel 144.

22 Del 26.2.1935 (RGB1 I, 321, 336).

23 Ordenanza de concursos austríaca del 20.2.1925, § 32 II: «Si el deudor común es una sociedad de responsabilidad limitada, los socios actuales y anteriores separados de la sociedad en el último año antes de la apertura del concurso, se consideran como próximos parientes de los socios. Lo mismo rige en cuanto a los próximos parientes de los socios señalados en la prop. 1». Cfr. acerca de ello BARTSCH-POLLAK, *Konkursordnung* II (Viena y Leipzig 1937), § 32, anot. 22. En todo caso, se sostiene aquí la concepción que esa relación no puede actuar en opuesto sentido. En el concurso de un socio, la sociedad y sus socios no pueden, por ello, ser considerados como próximos parientes del deudor común.

parientes próximos de esta sociedad. Según la regla 1 de este precepto existen personas naturales que se consideran como parientes de la persona jurídica, y por cierto que sin que detrás de ésta exista una persona natural que permita fundar esta relación de parentesco, como sucedía en los casos antes tratados.[24] Esta notable regulación se funda en que el socio, como miembro de la sociedad de responsabilidad limitada, puede considerarse como una parte de la misma persona jurídica desde un punto de vista económico.[25] Al mismo tiempo, la regla 2 confirma la concepción antes sostenida de que debe admitirse que existe una relación de parentesco con la persona jurídica cuando se trata de parientes de sus miembros, de manera que esta relación resulta fundada en la mediación de personas naturales.

Merece aprobación la fundamental decisión de aplicar a las personas jurídicas ciertas normas que aparecen adaptadas a las personas naturales, por estar ello en conformidad con su sentido. Ninguna consideración dogmática debe permitir que se formulen reparos contra la aplicación de semejantes reglas de Derecho a las personas jurídicas, por tratarse en este caso de normas que por su finalidad no pueden quedar limitadas a las personas naturales. [26]

III

Con el anterior problema se hallan estrechamente relacionados los demás relativos a si una persona jurídica puede ser titular de los derechos que el Derecho ha creado en atención a la dignidad humana y para la protección de la voluntad del hombre, o si la persona jurídica puede tener atribuidas aquellas cualidades que representan una valoración de la conducta humana.

1. Los derechos fundamentales, por ejemplo, pertenecen al primer grupo. El honor, la cualidad de ser digno de confianza y la falta de gratitud pueden ser nombrados como ejemplos de las cualidades señaladas.

Aunque los derechos fundamentales ya no estén concebidos de una manera tan estricta como los quería entender G. JELLINECK, a saber, como derechos sagrados y congénitos no enajenables,[27] se presentan grandes dificultades cuando se formula la pregunta de si las personas jurídicas pueden ser titulares de derechos fundamentales, porque precisamente los derechos fundamentales están mentalmente enlazados con el hombre. [28]

---

24 Sobre ello: BÖHLE-STAMSCHRÄDER, *Vergleichsordnung*[2] (1953), § 108, 3.

25 Para ello véase también VOGELS, *Vergleichsordnung vom 26 Februar 1935* (1935), § 108, III, 4: el § 108 ap. 2 «se hace cargo de la circunstancia de que en una sociedad de responsabilidad limitada los socios son económicamente los titulares del patrimonio social (fundamentación 1933, pág. 87)».

26 También un precepto de Derecho fundado en la hipótesis de temor, esto es, un estado natural humano, puede ser aplicado a las personas jurídicas cuando tiene por objeto especiales consecuencias de Derecho patrimonial. Es evidente que para determinar la existencia de temor debe penetrarse hasta los hombres que intervienen de manera decisiva en la formación de la voluntad de la persona jurídica. Cfr. sobre ello BGE 76, II, 346: «También la persona jurídica puede ser impelida a la celebración de un contrato si se ha provocado un temor fundado» (367).

27 G. JELLINEK, *Die Erklärung der Menschen- und Bürgerrechte. Ein Beitrag zur modernen Verfassungsgeschichte* (1895) 42; para los derechos fundamentales, cfr. de manera general C. SCHMITT, *Verfassungslehre* (1928) 157; APELT, *Die Geschichte der Weimarer Verfassung* (1946) 291 y s.

28 C. SCHMITT, *Inhalt und Bedeutung des zweiten Hauptteils der Reichsverfassung,* en: Handbuch des deutschen Staatsrechts II, 591, opina que los derechos fundamentales solo pueden ser reconocidos a favor exclusivamente de personas físicas.

La Enmienda XIV [29] de la Constitución americana[30] de 17 de septiembre de 1787 determina que ningún Estado podrá privar a persona alguna de la vida, la libertad o la propiedad, a no ser por medio de un procedimiento judicial ajustado a forma y a la ley. Ningún Estado puede negar a persona alguna dentro de su territorio la misma protección de las leyes.[31] La jurisprudencia[32] y la doctrina jurídica[33] han aclarado que la expresión «persona» comprende en este caso tanto a la persona natural como a la jurídica, por lo que este artículo de la Constitución es directamente aplícale a las *corporations.*

Por otra parte existen disposiciones constitucionales con referencia a las cuales la jurisprudencia y la doctrina rechazan el criterio de estimar que las palabras «ciudadano» o «persona» también se refieren a las personas jurídicas. Cabe citar dos ejemplos. El art. 4, párrafo 2, de la Constitución americana excluye a la persona jurídica del disfrute de determinados derechos. Este artículo dice así: *The Citizens of each State shall be entitled to all Privileges and Immunities of Citizens in the severa! States.*[34] Como fundamento para ello, la jurisprudencia ha señalado que la intención del legislador ha sido la de que todos los Estados deben conservar la dominación o control de las personas jurídicas que tienen negocios en su territorio.[35] Otro ejemplo lo proporciona la Enmienda V, antepenúltimo párrafo, de la Constitución americana. Prohíbe que nadie sea obligado a declarar en perjuicio propio en un procedimiento criminal. Tampoco este artículo adicional se aplica a las personas jurídicas.[36]

El fundamento de este tratamiento diferencial de los derechos fundamentales en su relación con la persona jurídica está expuesto con excesiva brevedad incluso en las obras más extensas. Así, THOMPSON expone, en el capítulo sobre los «Casos en los que la palabra *persona* no se aplica a las personas jurídicas», lo siguiente: «resulta establecido con autoridad que cuando de las disposiciones de una ley cabe inferir que la *corporation* no queda incluida en su razón de ser o en su finalidad, o se desprende así de la intención legislativa, los tribunales la excluirán».[37]

---

29 Constitución de 1787, artículo adicional XIV, sec. 1: «... tampoco ningún Estado privará a persona alguna de ... propiedad sin el debido proceso legal *(due process of law),* ni denegará a persona alguna dentro de su jurisdicción la igualdad de protección de las leyes».

30 En idioma inglés y alemán, en: FRANZ, *Staatsverfassungen.* Una colección de constituciones importantes del pasado y de la actualidad, en el texto original y en traducción (1950) 14 y s.

31 FRANZ, lugar citado, 43. Artículo adicional XIV, 1, entra en vigor en 1868.

32 Jurisprudencia sobre el artículo adicional XIV: *Missouri Pac. R. Co. v. Patrick Mackey,* 127 U. S. 205, 32 L. Ed. 107, 8 S. Ct. 1161; *Pembina Con. Silver & Milling Co. v. Common wealth of Pennsylvania,* 125 U. S. 181, 31 L. Ed. 650, 8 S. Ct. 737.

33 BALLANTINE, *On Corporations* (1927), § 8, pág. 43; THOMPSON I, § 11, página 19, 20; STEVENS, § 10, pág. 10, 52.

34 Jurisprudencia relativa al problema de si el art. IV también puede encontrar aplicación a las personas jurídicas: *Samuel B. Paul v. Commonwealth of Virginia,* 8 Wall (U. S.) 168, 19 L. Ed. 357; *Ducat v. Chicago,* 10 Wall (77 U. S.) 410, 19 L. Ed. 972.

35 Cfr. STEVENS (1936), § 12, pág. 56. Cfr. sobre ello también NUSSBAUM, *Grundzüge des internationalen Privatrechts unter besonderer Berücksichtigung des amerikanischen Rechts* (1952) 140, nota 64.

36 *Re Bornn Hat Co.,* 184 Fed. 506 (1911), S. C. 223 U. S. 713; *Orvig Dampskibselsskap Actieselkabet v. New York & Bermúdez Co. et al.,* 229 Fed. 293 (1915), Bibliografía relativa a este problema: COOK, *On Corporations* I, § 15a, pág. 111; BALLANTINE, *Manual,* § 8, pág. 43.

37 THOMPSON, Ora *Corporations* II, § 12, pág. 21; igualmente BALLANTINE, *Manual,* § 8, pág. 42; véase también sobre lo mismo, TIMBERG, *Corporate Fictions, Logical, Social and International Implications,* 46 Columbia Law Review (1946) 537 y ss.: «La sombra corporativa adquiere sustancia constitucional», y 18 *Corpus Juris Secundum* (1939), Corporations, § 8, pág. 386 y ss., y su Suplemento Anual Progresivo (1954), § 8.

Por sí mismas, pues, las personas jurídicas son idóneas para ser titulares de derechos fundamentales. Para saber qué derechos de esta clase quedan así excluidos, es menester recurrir al sentido de la norma jurídica fundamental y a la intención legislativa. Para el Derecho alemán este criterio queda confirmado por el tenor literal del art. 19 de la ley fundamental. Según el mismo, los derechos fundamentales rigen incluso para las personas jurídicas del país, en la medida en que por su propia esencia les son aplicables.[38] Según esta misma concepción debe interpretarse también el proyecto elaborado por la *International Law Commission,* la llamada *Draft Declaration on Rights and Duties of States,*[39] en cuyo art. 6 se dice: Todo Estado tiene la obligación de tratar a todas las personas que están bajo su jurisdicción respetando los derechos humanos y las libertades fundamentales, sin nacer distinción en cuanto dependa de raza, sexo, lenguaje o religión.

Cabe preguntar si esta protección también ha de ser dispensada a las personas jurídicas. La pregunta produce de momento un efecto peculiar, pues en este art. 6 se trata de los derechos humanos y de las libertades fundamentales que han de ser respetados sin hacer distinciones en cuanto a raza, sexo, lenguaje o religión. Pero está justificado formularla porque la palabra «persona» puede comprender tanto a las naturales como a las jurídicas. A mi entender la respuesta solo puede ser afirmativa, pues cuando se admite que una persona jurídica puede ser de color, aria o perseguida, y se concede que puede ser titular de derechos fundamentales, no existe nada que justifique que dicha disposición protectora no se aplique también a las personas jurídicas. Por supuesto que es una cuestión que ha de ser objeto de deteni-

---

[38] Cfr. Constitución de la República Federal Alemana del 23 de mayo de 1949 (BGB1 1). Sobre ello von MANGOLDT, *Das Bonner Gmndgesetz (Kommentar)* (1953), art. 19, anot. 5. Como se hace constar, los derechos fundamentales que garantizan la propiedad o la inviolabilidad del domicilio no cabe duda que también son aplicables a las personas jurídicas nacionales, mientras que en otros casos no dejarían de suscitar graves dudas. La cuestión, por ejemplo, de si el derecho fundamental a la libertad de creencia y de conciencia también corresponde a personas jurídicas, parece que solo lo afirma von MANGOLDT, en el lugar citado, art. 4, anot. 2, para él derecho parcial al ejercicio sin cortapisas de la religión. Acerca del problema con esto relacionado de si una persona jurídica puede ser llamada a contribuir a la construcción de una iglesia (¿es una sociedad «evangélica» o «católica»?), cfr. EISEMANN, *Die Kirchenbausteuer juristischer Personen,* BB 1953, 1059 (lo rechaza y se manifiesta contrario a la sentencia que cita del Tribunal Administrativo de Badén del 28 de junio de 1932, Zeitschrift für badische Verwaltung und Rechspflege 65, 88). EISEMANN expone, entre otras cosas: «En este caso solo se afirma que las personas jurídicas son indiferentes desde el punto de vista religioso y de la concepción del mundo ... Es cierto que las personas jurídicas son sujetos de derecho independientes. Pero no debe pasarse por alto que detrás de las mismas, en especial detrás de las sociedades de capitales, existen hombres de carne y huesos. Esos hombres son, en definitiva, los que están legalmente obligados a pagar impuestos con los medios de «sus» sociedades a las comunidades religiosas a las que no pertenecen ni ellos ni la sociedad». Cfr. además la información que publica BB 1954, 741: *Kirchenbausteuer juristischer Personen* (Baden). Otro ejemplo: el derecho garantizado en el art. 101 de la Constitución de ser juzgado por el juez a quien corresponda legalmente y el derecho reconocido en el art. 103 a ser oído justamente, también rige indudablemente para las personas jurídicas; cfr. BVG, acuerdo del 26.2.1954.

[39] Proyecto de Declaración sobre los Derechos y Deberes de los Estados, informe de la Comisión Jurídica Internacional, Asamblea General, actas oficiales de la 4.ª Sesión, Suplemento núm. 10 (UNDoc. A/925, 24 junio 1949, pág. 8 y s.), BrunsZ 13 (1950/51) 390; sobre ello JAENICKE, Proyecto de una Declaración sobre los Derechos y Deberes de los Estados, preparado por la International Law Commission, BrunsZ 13 (1950/51) 386.

do examen caso por caso y puede suceder que sea procedente la contestación afirmativa en relación con uno de los derechos humanos y negativa respecto a otro.[40]

2. Las tentativas para resolver el problema de si una persona jurídica puede tener un honor[41] han proporcionado abundante material que permite fundar la convicción de que no puede resolverse *a priori* el problema de qué cualidades jurídicas fundadas en el concepto de ser humano pueden ser enlazadas con las personas colectivas. Es indiscutible que esas personas pueden ostentar tales cualidades. Pero la determinación de cuáles sean depende de la intención del legislador o del sentido que ofrezca en su conjunto el ordenamiento jurídico. El ejemplo del honor visto en perspectiva histórica nos demuestra que dentro de una misma esfera jurídica puede transformarse la concepción del Derecho y que, en definitiva, no se trata ahora de verdades sino solo de necesidades.[42]

Según BINDING,[43] el honor es un bien jurídico personalísimo, un «valor que corresponde a un hombre como tal y a base de su manera de obrar, por tanto, en la medida en que cumpla sus deberes morales y jurídicos». De esta concepción se desprende sin dificultad que no es posible imaginar un honor que corresponda a personas jurídicas o a comunidades. Tampoco puede atribuir el concepto de honor a una persona jurídica quien busque su esencia en la vida interior del ofendido,[44] pues, considerada psicológicamente, tal persona no puede tener ninguna sensibilidad.[45]

Pero si se cambia de punto de partida, si en el honor se quiere ver menos el valor interior o la dignidad de un hombre que el valor que corresponde a una persona dentro de la sociedad humana, resulta que una persona jurídica también puede ser ofendida. En todo caso, la ciencia establece una excepción importante y dogmáticamente rica en enseñanza: personas jurídicas cuya base está simplemente formada por objetos patrimoniales —por tanto, fundaciones — no pueden ser ofendidas.[46] Esta limitación muestra que en el fondo se ha pensado en el substrato personal de la persona jurídica cuando a la misma ha sido atribuido un honor. Sin embargo, desde el punto de vista del Derecho positivo, señala OLSHAUSEN que el Código penal del *Reich,* después de la evolución de sus disposiciones procedentes del Código penal

---

40 BINDING, *Lehrbuch des gemeinen deutschen Strafrechts,* parte especial I (1902), 132 y s. (136); igualmente BERNER, *Lehrbuch des deutschen Strafrechts*[15] (1888) 466 y s.

41 También en la ley sobre la Convención para proteger los derechos humanos y las libertades fundamentales del 7 de agosto de 1952 (BGB1 II, 685) pueden presentarse problemas parecidos.

42 Bibliografía: DAUM 1 y s.; SCHÖNKE (1944), anotación preliminar al § 185 III para la época nacionalsocialista con numerosas referencias bibliográficas; OLSHAUSEN (12 edición, 1944), § 185; NIETHAMMER, *Lehrbuch des besonderen Teils des Strafrechts* (1950) 192; DOHNA, *Beleidigung einer Genossenschaft,* DJZ 1925, 1027; para el Derecho comparado von GROSS, *Die Beleidigung con Personenverbanden unter Berücksichtigung des schweizerischen, des deutschen und des französischen Rechts* (1941).

43 El problema no solo tiene importancia para el Derecho penal, sino también para el Derecho civil, por ejemplo, en conexión con el § 823 II del Código civil en relación con el § 185 del Código penal; puede verse la decisión del Tribunal del *Reich* de 19.11.1938.

44 Cfr. sobre ello DAHM 6.

45 Von BAR, *Zur Lehre von der Beleidigung mit besonderer Berücksichtigung auf die Presse,* GS 52 (1896) 81 (189).

46 OLSHAUSEN (11.ª edición 1927), § 185, núm. 2, núm. 11.

prusiano, simplemente reconoce una capacidad de ofensa de categorías particulares de unidades personales colectivas, y ciertamente de las autoridades (§ 196) y de las entidades políticas. No es posible entrar en esta regulación de Derecho positivo. También cuando se trata de las autoridades, se toma por base el substrato, es decir, los hombres. No es imaginable la posibilidad de ofender a una autoridad, etc. haciendo por completo abstracción de los hombres que la constituyen.[47]

Durante la dominación nacionalsocialista la idea de honor experimentó una profunda transformación en la jurisprudencia y en la doctrina, a consecuencia de la fuerte acentuación del pensamiento de comunidad.[48] Junto al honor individual[49] se exigió y predicó la existencia de un honor de la comunidad que debía distinguirse de aquél y que supone una unidad suprapersonal con una viva conciencia de comunidad y una determinada orientación respecto al pueblo en su totalidad.[50] De esta definición se dedujo que el Partido, las S. A. y organizaciones parecidas podían ser ofendidas, pero igualmente se siguió de ello que podía serlo una Universidad. A base de esta determinación conceptual la ciencia negó que las fundaciones y sociedades capitalistas del Derecho mercantil poseyeran un honor.[51] Durante el llamado Tercer *Reich* también el Tribunal del *Reich* adoptó esta concepción que la doctrina había sido la primera en sostener. En una decisión fundamental ha sostenido que poseen el honor de la comunidad las unidades de personas «que el Derecho reconoce y que están destinadas al cumplimiento de funciones públicas con aprobación estatal».[52] En cambio, se rechazó que tuvieran capacidad para sufrir injurias las personas jurídicas cuya finalidad estriba en la persecución de fines económicos.[53]

Después de 1945, la doctrina alemana ha persistido de manera general en esta dirección. Sin embargo, últimamente se puede comprobar un nuevo cambio. El honor es considerado de manera preferente como un concepto social que tiene por contenido la estimación en la comunidad fundada en el valor de la personalidad que una persona posee de hecho justificadamente o bien puede pretender.[54] Si el

---

47 OLSHAUSEN (11.ª edición), anot. 11*b*, anot. 12, con abundantes referencias bibliográficas.

48 BUCH, *Des nationalsozialistischen Menschen Ehre und Ehrenschutz,* DJ 1938, 1657 y s.; FRANK, *Nationalsozialistischer Ehrenschutz,* DR 1937, 265 y s.; FREISLER, *Gedanken zum Gemeinschaftsehrschutz,* DJ 1936, 1458 y s.; RAMM, *Der Ehrbegriff als Grundlage des Ehrenschutzes im Strafrecht,* Strafrecht. Abh. 366 (1936).

49 Véase, por ejemplo, la definición del honor individual en OLSHAUSEN (12 ed. 1944), anotación ante 185 y anotación 4 al § 185.

50 FREISLER, DJ 1936, 1458 y s. (1462); cfr. además, acerca del honor colectivo, DAHM 31 y s.; SCHÖNKE (1944), ante el § 185 III, 1; WELZEL, *Über die Ehre von Gemeinschaften,* ZStW 57 (1937) 43 y s.

51 FREISLER, DJ 1936, 1461; FRANK, *Nationalsozialistische Leitsatze für ein neues deutsches Strafrecht,* parte especial (2) (1936) 115; DAHM 25 y s.

52 RGSt 70, 140; RGSt 74, 268 y s.

53 OLG Düsseldorf 13.11.1935 (sociedad de responsabilidad limitada); OLG Königsberg 12.6.1939 (Unión de Cajas de Préstamos); RG 13.6.1941.

54 Así, por ejemplo, WELZEL, *Das deutsche Strafrecht in seinen Grundzügen*² (1949) 146 (cfr. también 4.ª edición [1954], 224), o bien KOHLRAUSCH-LANGE, *Strafgesetzbuch* (39 y 40 ed. 1950) 263: objeto del ataque (de la ofensa) lo es tan pronto la consideración de que efectivamente goza una persona, tan pronto una pretensión a no ser tratado despectivamente, tan pronto ambas al mismo tiempo; o bien SCHÖNKE-SCHRÖDER ⁷ (1954), anotación preliminar al § 185 I: «El honor significa, por un lado, el interés de una persona a no ser tratada y juzgada por debajo de su íntimo valor y, por otro, su buena fama», con invocación de KERN, *Die*

honor se concibe de esta manera, entonces no hace falta ninguna especial determinación conceptual para el honor de la comunidad: también una persona jurídica puede, según ello, merecer consideración y tener una pretensión dirigida a no ser tratada despectivamente. De esta manera tanto la doctrina como la jurisprudencia han atribuido a las comunidades y, con ello, también a las personas jurídicas la capacidad de tener honor. Se ha reconocido que pueden ser ofendidas.[55] En la jurisprudencia, el Tribunal Territorial de Hannover ha afirmado la capacidad para sufrir ofensas de la Asociación de Abogados,[56] mientras que el Tribunal Territorial Superior de Frankfurt, en un acuerdo del 15 de noviembre de 1949,[57] deja sin resolver si la decisión del Tribunal del *Reich*, en RGSt 70, 140, todavía puede pretender validez en la actualidad, en atención al pensamiento nacionalsocialista contenido en los fundamentos. De todos modos, se hace notar que el resultado alcanzado ya había sido considerado deseable en la época anterior al nacionalsocialismo. El Tribunal Territorial Superior considera posible que la decisión del Tribunal del *Reich* pueda ser mantenida con otro fundamento.

Si en el honor se ve una idea social en el sentido que antes hemos expuesto, ninguna razón impide atribuir también un honor a las sociedades de capitales, considerándolas también como pasivamente capacitadas para la ofensa. No se comprende por qué una sociedad de capitales no debe disponer igualmente de una pretensión dirigida a que no se la trate despectivamente y por qué razón no deben igualmente beneficiarle las ventajas que en el Derecho civil resulten de semejante concepción. Por ello ha resuelto acertadamente el Tribunal Federal, en una nueva sentencia,[58] que una persona colectiva *(Personengesamtheit)* que cumple una finalidad social (y también económica) jurídicamente reconocida y que puede formar una voluntad unitaria, disfruta de la protección penal del honor. En un caso concreto reconoció la capacidad de sufrir ofensas de una sociedad de capitales, que era una sociedad de responsabilidad limitada cuya actividad consistía en la edición de un periódico.[59]

Beleidigung, en Festgabe Frank II, 338, entre otras; pero téngase en cuenta la concepción rigurosamente individualista del BGH 26.4.1951, con crítica de WELZEL («es difícil admitir que el BGH quiera verdaderamente retroceder hasta BINDING en el concepto del honor, en contra de la doctrina absolutamente dominante»).

55 SCÖNKE-SCHRÖDER, lugar citado, observación preliminar al § 185 III, 1; KOHLRAUSCH-LANGE, lugar citado, observación preliminar al § 185 III; KERN, *Grundriss des Strufrechts,* parte especial (1950) 45; DALCKE, *Strafrecht und Strafverfahren* (1950) 133; WELZEL, lugar citado (4.ª ed.); METZGER, *Strafrecht,* parte especial⁴ (1954) 98; NIETHAMMER, *Lehrbuch* (1950) 192. Más referencias bibliográficas en NJW 1954, 1412.

56 LG Hannover 7.11.1947, con anotación disconforme de MULLER, NJW 1948, 349.

57 OLG Frankfurt 15.11.1949, relativo a la capacidad de ofensa de la «Dena» (Sociedad Alemana de Noticias, constituida como sociedad de responsabilidad limitada en Bad Nauheim), que la sentencia resuelve negativamente; crítica de METZGER, Sudd. JZ 1950, 355, que afirma la idoneidad de la «Dena» para sufrir ofensas; cfr. también las muy moderadas consideraciones («influido por el nacionalsocialismo») del OLG de Neustadt, HESt 2, 270; lo rechaza LG Lübeck 17.10.1950; BOCKELMANN, anotación a BayObLG 9.4.1952, NJW 1953, 554; «problemas discutidos».

58 Sentencia del Tribunal Supremo Federal (BGH) de 8 de enero de 1954.

59 Acerca de ello véase también la solución del problema completamente similar de si puede deberse fidelidad a una sociedad anónima. También en este caso se trata primordialmente de la interpretación del concepto de fidelidad. Si como hace FECHNER se toma como punto de partida el carácter moral de la fidelidad, resulta que solo podrá ser debido a personas

3. La persona jurídica también puede ser digna de confianza. Pero, en todo caso, para que pueda comprobarse la existencia de esta cualidad jurídica es preciso tener en cuenta a los hombres que se hallan detrás de la persona jurídica.[60] Este problema tiene importancia, por ejemplo, cuando la cualidad de ser digno de confianza de una de las partes contratantes aparezca como «una cualidad de la persona esencial en el tráfico», de manera que en el caso de un error del contratante, el contrato puede ser impugnado en conformidad con el § 119 ap. 2 del Código civil. En una litigio que el Tribunal del Reich tuvo que resolver, una de las partes contratantes era una sociedad de responsabilidad limitada cuya aptitud para ser digna de confianza era especialmente problemática. El socio principal de esta sociedad de responsabilidad limitada inspiraba muy poca confianza. El Tribunal del *Reich* resolvió que en semejante caso «hasta cierto punto no puede evitarse en la vida práctica la identificación de la sociedad con la persona natural que está al frente o que permanece detrás de ella».[61]

4. La pregunta de si una persona jurídica puede incurrir en ingratitud adquiere importancia en un doble sentido con la aplicación de los §§ 530 y 531 del

naturales o a comunidades vivientes, «pero no a la figura abstracta de la persona jurídica bajo la que se nos manifiesta la sociedad anónima», y que «como tal se compone de meras participaciones en el capital». Si también se pretende alcanzar una vinculación del accionista a la fidelidad, entonces cabe seguir el camino propuesto por FECHNER acerca de la empresa. Esta concepción es la que ahora resulta más adecuada para superar la abstracción de la persona jurídica. Según FECHNER, la empresa es un grupo organizado de hombres en vista de determinados fines económicos, y que están ligados entre sí y con los medios de trabajo en parte por una ordenación jurídica positiva y en parte por la actividad efectivamente desarrollada; cfr. sobre ello FECHNER 62 y s. (63, 67). Esto es más que el «substrato» de la persona jurídica —es decir, más que sus miembros y su objeto—, pues con ello más bien se trata de todo el fondo económico de la persona jurídica. ¡Un «problema de penetración», en amplio sentido, dogmáticamente rico en enseñanza! Acerca del problema del deber de fidelidad del accionista (y en su caso del socio de una sociedad de responsabilidad limitada), cfr. BGHZ 14, 25, con referencias de jurisprudencia y bibliografía; también C. FISCHER, *Der Gemeinschaftsgedanke in der Aktiengesellschaft,* Die Bank 1935, 1101 y ss. (con jurisprudencia); también R. FISCHER, *Die Grenzen bei der Ausübung gesellschaftsrechtlicher Mitgliedschaftsrechte,* NJW 1954, 777. Acerca del concepto de empresa, cfr. BRECHER, *Das Unternehmen als Rechtsgegenstand* (Bonn 1953); HUBMANN, *Das Recht am Unternehmen,* ZfH 117 (1954) 41 y ss., esp. las referencias bibliográficas contenidas en la nota 1. SCHURMANN, *Das Recht der gemischtwirtschaftlichen und öffentlichen Unternehmungen mit privatrechtlicher Organisation,* Ztschr. SchwR. 72 (1953) 78a.

60 Igualmente, en la respuesta al problema de si las personas jurídicas tienen capacidad pasiva para sufrir molestias, y hasta qué punto, en el sentido del § 2 I MSchG, es menester penetrar hasta el substrato personal de la persona jurídica. Cfr. acerca de ello las consideraciones contenidas en la sentencia del Tribunal Territorial de Dusseldorf de 18.2.1954, donde se afirma que una persona jurídica es pasivamente capaz de sufrir molestias, precisamente al recaer sobre las personas naturales que la representan y administran; cfr. la anotación disconforme de BETTEHMANN, NJW 1954, 1204, con razones que a mi juicio no convencen.

61 RGZ 143, 429; asiente GIERKE 290; SIEBERT, BB 1954, 417; LEHMANN, *Handelsrecht (Gesellschaftsrecht)* (1949) 22; SCHUMACHER, JW 1937, 2249 y s. La cuestión de si una persona jurídica puede ser intimidada ha sido discutida *supra* (página 206). En cuanto a la posibilidad de confiar en ella, hay que tener en cuenta que se trata de una peculiaridad humana acentuadamente jurídica, mientras que en el temor, por el contrario, se trata de un estado natural que el ordenamiento jurídico ha hecho objeto de valoración como punto de apoyo.

Código civil: [62] por un lado, en cuanto a saber si una persona jurídica puede incurrir en ingratitud como donataria; por otra, acerca de si una persona natural puede incurrir en ingratitud como donataria frente a una persona jurídica.

En la doctrina encontramos defendido el criterio de que el § 530 del Código civil no es aplicable a las personas jurídicas.[63] No se encuentra una fundamentación más detallada en este sentido. Tampoco se precisa si ello únicamente es procedente cuando alguien haya incurrido en ingratitud frente a una persona jurídica o si también debe comprender el supuesto de que la ingratitud sea imputable a la misma persona jurídica.

En una sentencia del Tribunal del *Reich* de 2 de febrero de 1931[64] se afirma que la revocación de una donación según el § 530 presupone que el donante es una persona natural, pues, prescindiendo del mismo donante, resulta del ap. 2 que el derecho de revocación solo corresponde a sus herederos y con un alcance limitado. De la relación entre los preceptos legales también resulta que el derecho de revocación es personalísimo y no puede cederse, aunque esta limitación no alcanza a los mismos derechos obtenidos con la revocación. Esta argumentación es una pura deducción conceptual que, además, carece de fuerza persuasiva. Aunque no cabe que una persona jurídica muera o se le cause la muerte y a pesar de que tampoco cabe, por ello, que tenga un heredero, con ello nada se ha dicho acerca de que no se pueda incurrir en ingratitud respecto a una persona jurídica en su cualidad de donante. El defecto estriba en que se quieren obtener los supuestos generales de la regla jurídica a base de disposiciones que solo tienen en cuenta un caso determinado.

Pero si se advierte que el § 530 del Código civil es una norma que rige para el tráfico jurídico patrimonial, y que las personas jurídicas, como sujetos de derecho autónomos, precisamente han sido creadas para que participen en la vida jurídica patrimonial, resultará que también cabrá afirmar que dicha norma puede aplicarse a personas jurídicas como donantes o donatarios.[65] Para comprobar la ingratitud de una persona jurídica debe prestarse atención a los hombres que se hallan detrás de la misma.[66] Lo que con ello resulta importante es la determinación de si han incurrido en ingratitud los hombres que dominan a la persona jurídica en un momento determinado y a la que han impuesto su voluntad, como puede suceder con la mayoría de los socios que asistan efectivamente a una asamblea general en la que se adopte un acuerdo que signifique incurrir en «ingratitud». Por ejemplo: si en una asociación que cuenta con cuarenta miembros se adopta un acuerdo de tal clase en una asamblea de socios por una mayoría de 18 a 17, la persona jurídica habrá

---

[62] El § 530 del Código civil dice: «Una donación puede ser revocada si el donatario se hace culpable de ingratitud grave por una falta grave contra el donante o contra un pariente próximo del mismo.
«El derecho de revocación solo corresponde al heredero del donante si el donatario, dolosa y antijurídicamente, ha dado muerte al donante o le ha impedido la revocación».
Disposiciones parecidas se encuentran, por ejemplo, en el Derecho francés y en el italiano (cfr. art. 955 Code civil, art. 801 Códice civile).

[63] PALANDT-GRAMM, § 530, 1; STAUDINGER-KOBER II, § 530, I, 4; WEYL, *System der Verschuldensbegriffe im Bürgerlichen Gesetzbuch für das Deutsche Reich* (1905) 591, nota 5; ERMAN-BÖHLE-STAMSCHRÄDER, *Handkommentar zum Bürgerlichen Gesetzbuch* (1952), § 530, 2.

[64] SA 85, núm. 124, pág. 237.

[65] Por el resultado igualmente M. WOLFF, *Legal Persons* 515.

[66] También así M. WOLFF, lugar citado.

incurrido en ingratitud incluso en el posible caso de que los únicos socios que no asistieron no aprueben el acuerdo adoptado.[67]

IV

Un último grupo de reglas de Derecho se funda en actividades de carácter personalísimo o en una actuación que responde a relaciones con otra persona fundadas en el parentesco la mayoría de las veces. Al primer grupo pertenecen, por ejemplo, las normas que tratan de la capacidad de una persona para la actividad económica o agrícola, o para la actividad como abogado o procurador.

1. La idoneidad para ser campesino, como concepto en que se fundaba la primitiva ley del patrimonio familiar hereditario, ha perdido su importancia al quedar derogada por la ley de consejos de control n.° 45[68] la ley del *Reich* de patrimonios familiares de 29 de septiembre de 1933.[69] En su lugar destaca el concepto de capacidad para el ejercicio de una actividad económica como idea central de todas las leyes promulgadas en sustitución de la ley del patrimonio familiar hereditario, aunque pueda ser diferente la formulación legal de los casos concretos.[70]

En el § 6 V del reglamento dictado en la zona británica para el patrimonio campesino, el concepto de aptitud económica está descrito negativamente. Según esta disposición carece de tal capacidad quien haya perjudicado la normal explotación económica de las fincas en perjuicio de la situación alimenticia general. Los Tribunales territoriales superiores y el más alto Tribunal de la zona británica han concebido en particular de manera diferente la idea de capacidad económica.[71] Unos entienden por capacidad económica, no una teórica capacidad económica de cualquier clase, sino que únicamente consideran con capacidad económica personal a quien «realmente tiene capacidad de cultivador y a quien, por la actividad a que hasta el momento se ha dedicado, puede suponerse que explotará la finca debidamente».[72] Otros la conciben con más amplitud. Parten de que, en lo fundamental, solo tiene capacidad económica quien por su formación posee la capacidad de explotar independientemente su finca. Pero conceden

---

67 No ofrece dudas el criterio para determinar la ingratitud de una persona natural contra una persona jurídica como donante, porque en este caso se toma como punto de partida la persona natural.

68 Ley núm. 45 del 20.2.1947 que derogó la ley sobre patrimonios familiares y que introdujo nuevas disposiciones para las fincas de explotación agrícola y forestal, reproducida en la colección de leyes HEMKEN-REINEKE, *Die neuen Agrargesetze* (1948) 1.

69 Ley del *Reich* sobre patrimonios familiares del 29.9.1933 (RGB1 I, 685).

70 Así, acertadamente, BAUR 222; cfr. también allí las diversas formulaciones: zona británica: «capacidad económica» *(wirtschaftsfahig)* (art. III, núm. 5 VO 84, § 6 V Decreto sobre el patrimonio familiar *(Hofeordnung)* del 24 abril 1947); Baviera: «agricultor por su principal profesión» *(«Landwirt im Hauptberuf»)* (§9 1 núm. 1 VO 127); Württemberg-Baden: «agricultor por su profesión principal o en gran medida en ocupación accesoria» *(«Landwirt im Hauptberuf oder in erheblichem Masse im Nebenberuf»)* (§ 11 I VO 166); Hesen: «... que no ejerce la agricultura como un agricultor corriente» *(«... der die Landwirtschaft nicht wie ein ordentlicher Landwirt ausübt»)* (§ 8, I núm. 1 VO del 11.7.1947); Rheinland-Pfalz: «... cuando el ad-quirente no puede cultivar la finca de manera adecuada por sí mismo o por medio de sus familiares» (§ 5 I a, VO del 11.12.1948), entre otras.

71 BAUR 223; cfr. ademán BARNSTEDT, *Die Rechtsprechung der Oberlandesgerichte zum Begriff der Wirtschaftsfähigkeit,* MDR 1949, 457; examen de conjunta en Deutsche Rechtsprechung II (282) 1 (sumario).

72 OLG Hamm 27.1.1948; igualmente OLG Celle 16.1.1948.

que excepcionalmente la explotación de la finca por otras personas competentes puede ser considerada suficiente.[73]

Cualquiera que sea la manera de concebir la capacidad económica, siempre reaparece el problema de si puede tenerla una persona jurídica. La ley de patrimonios familiares hereditarios del *Reich* no tuvo que afrontar el problema paralelo de si una persona jurídica puede tener capacidad para ser campesino porque el § 17 ap. 2 de esta ley determinaba que un patrimonio familiar *(Erhhof)* no podía pertenecer a una persona jurídica.[74]

El Tribunal Superior de la zona británica se ha ocupado a fondo de la capacidad económica de las personas jurídicas en un acuerdo de fecha 28 de septiembre de 1949.[75]

Por ser excesivamente restrictiva rechaza la concepción de las autoridades de la economía agrícola de que solo pueden tener capacidad económica las personas naturales, pero no las jurídicas. En definitiva, la persona jurídica está compuesta por personas naturales que pueden tener capacidad económica y que por ello permiten a la persona jurídica la explotación autónoma de una posesión, por lo menos decidir acerca de su explotación regular y fomentarla en caso necesario. Sin embargo, la sola existencia de tales personas peritas no basta para afirmar la capacidad económica de una persona jurídica; debe añadirse la garantía de que esas personas peritas también existirán en el futuro.

2. En el Derecho laboral se plantea el problema afín de si una persona jurídica puede ser empleado, en todo caso cuando bajo el concepto de trabajo dependiente no solamente se entiende el cumplimiento de un deber del Derecho de obligaciones del trabajador frente al patrono, sino que en ello se ve «un poco de entrega de la misma persona», con lo que se afirma un poder de disposición corporal del patrono sobre la fuerza de trabajo del empleado.[76]

Partiendo de esta concepción resulta la consecuencia de que se ha de rechazar de manera general que una persona jurídica pueda ser trabajador porque falta en ella el rasgo de la enajenación de la personalísima fuerza de trabajo que impide que resulte creada una dependencia personal y corporal con el patrono.[77]

Este resultado es procedente. Que por un lado se afirme la capacidad económica de la persona jurídica, pero que por otro lado se le niegue la capacidad de ser

---

[73] BAUR 223, con referencia a OGHbZ 13.7.1949; OLG Düsseldorf HEZ 2, 129 (131); OLG Oldenburg 10.6.1948 y OLG Oldenburg 6.1.1949, citado en BARNSTEDT, lugar citado 459. El Tribunal Federal, para la determinación del concepto de la capacidad económica, sigue al OGHbZ; cfr. acerca de ello PRITSCH, *Aus der Rechtsprechung des Bundesgerichtshofs in Landwirtschaftssachen,* MDR 1951, 533 (534).

[74] Detalles en DÖLLE, *Lehrbuch des Reichserbhof rechts*[2] (1939) 71 y s.; VOGELS, *Reichserbhofgesetz vom 29 September 1933* (1937), § 17 I 1.

[75] OGHbZ 2, 314 (315), igualmente OGHbZ 3, 216 (218), coincidiendo KOLLMEYER, *Der Begriff der Wirtschaftsähigkeit in der Rechtsprechung,* DNZ 1950, 276 (277), la decisión de 12.3.1953 adoptada por el Tribunal agrario de Neckarbischofsheim: según decisiones de los tribunales superiores, las fundaciones y congregaciones eclesiásticas tienen capacidad económica aunque por sí mismas no puedan cultivar las fincas adquiridas. Para ello basta que dispongan de personas peritas que vigilen la explotación.

[76] KASKEL-DERSCH, *Arbeitsrecht*[4] (1932) 19; SINZHEIMER, *Grundzüge des Arbeitsrechts* (1927) 12 y s.; NIKISCH, *Grundformen des Arbeitsvertrags und des Anstellungsvertrags* (1926) 117 y s. (121); JACOBI, *Grundlehren des Arbeitsrechts* (1927) 44.

[77] JACOBI, lugar citado 44; KASKEL-DERSCH, lugar citado 19; NIKISCH, *Arbeitsrecht* (1944) 83.

trabajador, es algo que está en correspondencia con el hecho de que, en el primer caso, lo que importa es la prosperidad del patrimonio familiar, mientras que en el segundo lo decisivo, junto con la prestación que se ha de realizar, es la personalidad del trabajador. El enlace que se da en el concepto de trabajador entre el trabajo y la personalísima idoneidad para realizarlo, impide que tal concepto pueda referirse a la persona jurídica.

3. El Tribunal Territorial Superior de Hamm, en un acuerdo del 18 de agosto de 1950, ha negado que una persona jurídica pueda actuar como defensor, en conformidad con el § 138 de la ley de Enjuiciamiento criminal.[78] Los argumentos que para ello expone el Tribunal territorial superior demuestran hasta qué punto son poco claras, en el fondo, las cuestiones planteadas. En la resolución se expone que, en conformidad con el § 138 de dicha ley, solo pueden ser nombrados defensores los abogados o los profesores de Derecho de escuelas superiores y en casos excepcionales otras personas; «por tanto, en todo caso solo personas naturales». De la misma manera, solo pueden ser nombrados procuradores causídicos las personas naturales.

A esto hay que añadir: no cabe duda que una persona jurídica no puede ser abogado. Esto es lo que resulta espontáneamente del Derecho alemán[79] por el hecho de que la actividad del abogado se hace depender de una calificación personal que se concede después de un proceso formativo y mediante la aprobación en determinados exámenes.[80] A ello se añaden deberes éticos y personalísimas obligaciones profesionales. Pero la persona jurídica tampoco puede actuar como abogado a base de la expresión «otra persona» a que se refiere el § 138 de la ley de Enjuiciamiento criminal, porque semejante actividad cae fuera de los fines para los cuales el ordenamiento jurídico ha conferido propia personalidad a la persona jurídica.

En cuanto a si puede actuar como representante o procurador en el proceso civil, es cuestión discutida. La doctrina dominante lo niega en vista de que la persona jurídica no tiene capacidad de negociación.[81] Pero este argumento no convence.

---

78 OLG Hamm 18.8.1950; igualmente BayObLG 17.12.1952; coincide SIEBERT, NJW 1952, 809, y OLG Neustadt, acuerdo del 1.4.1935.

79 En Derecho norteamericano tampoco se admite que una persona jurídica pueda ser abogado; cfr., por ejemplo, COOK, *Principies* 27; COOK, *On Corporation* I, § 15a, pág. 112: «Una *Corporation* no puede ejercer la abogacía ni mediante emplear a otros para llevar a cabo los asuntos jurídicos que le han sido encomendados», con referencia al caso *Matter of City of New York,* 144 N. Y. App. Div. 107 (1911), aff'd, 204 N. Y. 625.

80 Acerca del problema del asesoramiento jurídico por medio de asociaciones, téngase en cuenta la ley para evitar abusos en materia de asesoramiento jurídico del 13.12.1935 (RGB1 I, 1478). Sobre ello BRANGSCH, *Rechtsberatung und Rechtshilfe durch Verbande,* NJW 1953, 732, y la referencia a BB 1954, 1043 al BGH 30.11.1954 (¿asesoramiento jurídico remunerado por medio de asociaciones de inquilinos?).

81 Sobre esto OVG Berlin 2.10.1951: «Una persona jurídica es ciertamente idónea para ser parte, pero no tiene capacidad procesal y ha de ser representada en el proceso por medio de una persona natural que tenga capacidad procesal. Por ello no puede actuar en un procedimiento representando a otra persona en virtud de apoderamiento. Solo una persona natural puede desempeñar semejante representación. El poder concedido a una persona jurídica solo puede ser interpretado en el mejor de los casos en el sentido de que, en la duda, quien sea representante legal de esta persona jurídica —por tanto, su presidente *(Vorstand)* tratándose de una asociación— debe ser considerado como apoderado (también así STEIN-JONAS, anot. II, 3a al § 80 de la Ordenanza Procesal Civil y las decisiones del OVG prusiano del 17.12.1934-RVerwBl Bd. 56, pág. 985 -y del 2.2.1952- RVerwBl Bd. 54,

En Derecho civil se reconoce actualmente que la persona jurídica tiene plena capacidad de obrar de manera indirecta, a través de sus órganos;[82] pero esto significa que tiene plena capacidad negocial.[83] La pregunta decisiva ha de formularse en el sentido de si la actividad de una persona jurídica como procurador causídico se halla dentro de la esfera de competencia que el ordenamiento jurídico puede atribuirle con pleno sentido. A mi entender, ha de contestarse afirmativamente.[84] Mientras en el proceso no se trate de realizar actos que requieran personas especialmente calificadas, como en el caso de la abogacía, debe reconocerse que una persona jurídica también tiene la posibilidad de desempeñar semejante actividad en el proceso, tanto para sí misma como en representación de otro. Sería un resultado extraño que una persona jurídica pudiera celebrar un contrato de compraventa como representante de otra y en cambio no pudiera representar a su poderdante en un litigio referente al precio de compra. Puesto que en el proceso solo se trata del ejercicio o de la defensa de derechos, también deberá reconocerse a la persona jurídica el derecho de ejercitar como representante procesal aquellos derechos que no pueden surgir en su propia persona. En efecto, solo se trata en tal caso del ejercicio de un derecho ajeno, de una actividad que debe ser posible a una persona jurídica en la medida en que esté simplemente admitida una representación general. Por ello nada se opone a que una persona jurídica —como una sociedad fiduciaria— pueda ejercitar judicialmente una pretensión para obtener una indemnización por daño personal *(Schmerzensgeld),* o por quebrantamiento de la promesa de matrimonio, actuando para ello en nombre del titular.

4. De las normas que acabamos de examinar han de distinguirse aquéllas que tienen por objeto el ejercicio de una actividad de asistencia a favor de otra persona. El vínculo entre esta persona y la que actúa muchas veces resulta del parentesco o de la tutela.

a) Así, el § 1.909 del Código civil describe los supuestos en que procederá una cúratela complementaria diciendo: «Quien está bajo patria potestad o bajo tutela, recibe un curador para los asuntos para cuyo cuidado está entorpecido el titular de la patria potestad o el tutor». Se pregunta si semejante tutela también puede aplicarse a la persona jurídica en el caso de que su representante legal no pueda atender sus asuntos. PALANDT[85] dice que la razón jurídica para el nombramiento de un curador, en conformidad con el § 1.909 del Código civil, es el entorpecimiento que sufre el titular de la potestad paternal o el tutor, por lo que no cabe que se nombre curador

página 31—)». Cfr. además STEIN-JONAS-SCHÖNKE, *Kommentar zur Zivilprozessordnung* I[17] (1952), § 80, II, 3a, en relación con el § 51, III, A, 1; sobre ello cfr. también ROSENBERG, *Lehrbuch des deutschen Zivilprozessrechts*[6] (1951) 136 y s.; BAUMBACH-LAUTERBACH, ZPO[22] (1954), § 52 B.

82 Cfr., por ejemplo, LEHMANN 409; PALANDT-DANCKELMANN, *Einführung vor § 21,* 3; ENNECCERUS-NIPPERDEY, primer volumen 403.

83 STAUDINGER-RIEZLER [10] I, *Juristische Personen,* introducción V, 21; LUDE-WIG, *Juristische Personen im Zivilprozess,* ZZP 52 (1927) 169 (170).

84 Lo mismo, por el resultado a que llega, LUDEWIG, lugar citado, y BONDI, *Kann eine Handelsgesellschaft oder eine juristische Person des bürgerlichen oder des öffentlichen Rechts Handlungsbevollmächtigter, Handlungsgehilfe, Handlungsagent und dergleichen sein oder andere Vertreter- und Vertrauensstellungen, wie Liquidator, Testamentsvollstrecker, Konkursverwalter und dergleichen annehmen?,* ZHR 4 (1929) 34 (38). También produce consecuencias prácticas que se preconice una u otra solución. Basta pensar en la responsabilidad.

85 Palandt-Lauterbach, § 1909, 1.

a una persona jurídica en conformidad con dicho precepto.[86] Creemos que tiene razón. Tampoco en este caso pueden aplicarse correlativamente a las personas jurídicas los conceptos que emplea el legislador. Una persona jurídica nunca puede estar bajo la «patria potestad», pues no puede ser menor de edad, sino que desde el instante de su creación tiene plena capacidad negocial y de obrar a través de sus órganos. Lo mismo rige en cuanto a la tutela, pues tampoco cabe pensar en una incapacitación de la persona jurídica.

b) Distinta es la situación jurídica en el caso del § 1.911 del Código civil.[87] Una ley federal ha resuelto actualmente, dentro de la esfera de su validez, que a una persona jurídica puede nombrársele un curador de ausentes para atender a sus asuntos patrimoniales cuando ha quedado interrumpida la unión o enlace con las personas autorizadas para representarla, o cuando está de tal manera entorpecida que sus asuntos patrimoniales en esa esfera de validez no pueden ser atendidos de manera adecuada.

Antes de tal regulación legal se manifestaba con viveza la diversidad de criterios acerca de si el § 1.911 del Código civil rige también para las personas jurídicas. A mi entender, la pregunta debía contestarse en sentido afirmativo por las siguientes razones:

También en el caso de dicho precepto se trata de una cúratela personal cuya finalidad legislativa consiste en proteger los asuntos patrimoniales de una persona mayor de edad que no puede atenderlos por estar ausente.[88] Que en el § 1.911 del Código civil se trate de un mayor de edad, no impide que la norma sea aplicable a personas jurídicas, pues, aunque la idea de mayoría de edad procede de la esfera de la persona natural, siempre hay que equiparar la persona jurídica a un mayor de edad por tener plena capacidad de obrar desde el momento de su creación. En cambio, es discutible que pueda estar ausente, pues la ausencia presupone una determinada movilidad que solo es peculiar de las personas naturales. Pero lo que importa, a los efectos del § 1.911, es que se encuentre ausente quien por otra parte tiene efectivamente a su cuidado los asuntos patrimoniales. Esto no lo hace la misma persona jurídica sino las personas naturales que constituyen sus órganos. Por ello su ausencia debe ser considerada como ausencia de la persona jurídica para la finalidad del § 1.911 del Código civil. Solo con el nombramiento de curador de ausentes de la persona jurídica puede la persona a la que haya sido confiado este cargo alcanzar también la posición de órgano que le es indispensable para tener a su cuidado los asuntos patrimoniales de dicha persona. Esto no podría lograrse con el nombramiento de un curador de ausentes para la persona natural ausente.

---

[86] Igualmente KG 14.5.1920 con la siguiente fundamentación: «El § 1909 del Código civil es evidente que solo se refiere a personas naturales, por lo que en conformidad con su sentido no puede ser aplicado a personas jurídicas, especialmente a sociedades anónimas, en el caso de que su representante legal se encuentre imposibilitado de atender a sus asuntos». Cfr. también PALANDT-LAUTERBACH, introducción al § 1909, 2; KGJ 34, A. 53; STAUDINGER-BRANDIS IV, 2, anotación que precede al § 1909, anotación 29.

[87] Ley relativa a la ampliación de la competencia en materia de Derecho civil, mercantil y penal del 7.8.1952 (BGBl I 407). Para la regulación en Suiza, cfr. KAUFMANN, *Die Beistandschaft für juristische Personen* (art. 393, núm. 4 del Código civil suizo), Zeitschrtit für Vormundschaftswesen 1953, 41.

[88] Palandt-Lauterbach, § 1911, 1.

Por tanto, antes de la regulación legal tampoco era procedente oponer reparos a la aplicación analógica del § 1.911 del Código civil,[89] por ejemplo, a las personas jurídicas con domicilio en la zona oriental, cuando sus órganos allí radicados no podían ejercitar sus facultades de representación en la zona occidental a consecuencia de la separación impuesta por el telón de acero.[90]

Pero otra cuestión es la de saber si el nombramiento de tutor o de curador puede recaer en la misma persona jurídica. Que la tutoría no solo puede ser desempeñada por personas naturales, lo demuestran las disposiciones sobre la tutela de oficio que contiene la ley de asistencia a la juventud.[91] Pero esas disposiciones, fundadas en determinadas condiciones de adecuación a una finalidad, han de ser interpretadas restrictivamente.[92] En la tutela se trata de una relación de Derecho de familia en sentido estricto en la que ocupa el primer plano el elemento personal.[93]

89 MERKEL, *Pflegschaft für juristische Personen* (zona británica), BB 1950, 854: en la zona británica y en Bremen se hizo extensivo a las personas jurídicas el nombramiento de curadores de ausentes en conformidad con el § 1911 del Código civil y en virtud de disposiciones del mismo tenor literal del Presidente del Tribunal Territorial Superior, ya desde 1946 (cfr. los decretos de igual redacción de los ocho presidentes de los Tribunales Territoriales Superiores de Kiel 15.4.1946; SchlHA 124; Hamm 30.3.1946, JB1 Hamm 45, Celle 18.4.1946, HannRpf. 41; Colonia 18.1.1946, JB1 Colonia 29, Dusseldorf 18.1.1946, JB1 Dusseldorf 2, Oldenburg 2.5.1946, JB1 Oldenburg 57; Braunschweig 15.4.1946, JB1 21; Hamburg 3.4.1946, VOB1 Hamburg 37; Bremen 3.4.1946, GB1 63, citado según PALANDT [1952], apéndice que sigue al § 1911); cfr. también BB 1950, 854. Sostienen un criterio distinto: KG 19.3.1920; PALANDT-LAUTERBACH, § 1911, 1; cfr. también LG Munich, con la fundamentación de que en tal supuesto debe intervenir el legislador, citado por MERKEL, BB 1950, 854. En todo caso es posible sostener el criterio de que el § 29 del Código civil excluye la correspondiente aplicación del § 1911 del mismo Código a las personas jurídicas, KG (West) 9.4.1949; pero esto presupone que el § 1911 del Código civil también es aplicable en lo fundamental a las personas jurídicas y que solo queda excluido en virtud de la disposición especial del § 29. En este trabajo solo se trata de la solución del problema de si, en definitiva, la norma puede ser aplicada a las personas jurídicas.

90 También el problema de si el § 1913 (curatela para los interesados desconocidos) puede ser aplicado a las personas jurídicas ha de ser resuelto en sentido afirmativo. Cfr. PALANDT-LAUTERBACH, § 1913, 1; pero si solo es desconocido o incierto el representante de la persona jurídica, no entra en consideración el § 1913, KG 19.3.1920. Con ello también hay que dar la razón a KIPP que preconiza el establecimiento de una cúratela a favor de una persona jurídica futura, en garantía de sus derechos futuros, en conformidad con el § 1912; cfr. ENNECCERUS-KIPP-WOLFF, *Lehrbuch des bürgerlichen Rechts* IV (7.ª revisión), Derecho de familia (1931) 573, con referencia KG OLGE 24, 246. La aplicabilidad de esas dos normas a las personas jurídicas no produce dificultades si se sigue el punto de vista que sostiene el autor.

91 Ley del *Reich* para la protección de la juventud de 9.7.1922 (RGB1 I, 633) § 32 y s.

92 Respecto a la tutela de la asociación, en el sentido del § 47 de la ley citada en la nota anterior, cfr. LENT, *Zur Praxis der Veireinsvormundschaft,* DNZ 1954, 588: «La primera pregunta se refiere a si puede nombrarse tutor a una asociación. Ha de negarse sin reservas, pues el § 47 de la misma JWG habla expresamente de la directiva de la asociación. La consecuencia del nombramiento de la asociación debe ser la nulidad de este nombramiento, pues el Derecho alemán no reconoce para nada semejante clase de tutor —el nombramiento de la oficina de dirección de la juventud como si se tratara de una autoridad es una cosa completamente diferente— y aunque el nombramiento de un hombre incapaz para la tutela es nulo (Código civil § 1780), tanto más debe serlo el nombramiento de una persona jurídica que ya no está admitido en términos generales».

93 Cfr. sobre ello, por ejemplo, PLANCK-KNOKE, *Kommentar*[4] I (1913), 2.° título, Personas jurídicas 2, 56 (antes de entrar en vigor la ley de protección de la juventud).

Que una persona jurídica pueda ser nombrada curador, es cuestión que deberá resolverse según el ámbito de su actuación. Nada cabría objetar, por ejemplo, a que fuera nombrada curador para atenciones puramente de Derecho patrimonial.

5. Los casos que acabamos de examinar solo pretenden tener el valor de ejemplos. Han de servir como punto de partida de las consideraciones que permitan resolver la cuestión de si también es aplicable a una persona jurídica una norma que supone, o parece suponer, una actividad personal con especiales cualificaciones. Si proseguimos el desarrollo del mismo pensamiento para la solución de otros problemas afines, cabe afirmar lo siguiente:

Una persona jurídica también puede ser ejecutor testamentario, según afirma de manera coincidente la doctrina dominante,[94] porque en este caso se exige el desarrollo de una actividad en interés ajeno que por su propia esencia no debe quedar limitada a las personas naturales. Debe entenderse lo mismo cuando se trate de la ejecución de una tarea o del ejercicio de una actividad cuyas raíces deberían buscarse en el Derecho de familia. En este caso resulta que la persona jurídica ha de limitarse, simplemente, a la ejecución de una voluntad ajena, de manera que, incluso como ejecutor testamentario, entra desde fuera en la esfera del Derecho de familia para desempeñar su cometido.

La respuesta a la pregunta de si una persona jurídica puede ser administrador de un concurso depende de cómo el ordenamiento jurídico haya configurado semejante cargo. La doctrina dominante niega que una persona jurídica pueda desarrollar tal actividad porque los preceptos relativos al cargo de administrador están adaptados al caso de un administrador personalmente responsable que también mantenga personalmente relación directa con los intereses y con el tribunal, que esté sometido a una constante inspección y que pueda incurrir en responsabilidad penal. Por ello toda la garantía depende de la habilidad y confianza precisamente del hombre en quien el tribunal del concurso deposite su confianza y que constantemente pueda tener bajo su vigilancia.

Las personas jurídicas no pueden ofrecer esta garantía en la medida requerida, tanto más cuanto mayores son, sobre todo cuando tienen órganos amovibles.[95] Será preciso aceptar este criterio de la doctrina dominante si el cargo de administrador del concurso se estima personalísimo en tan alto grado. Por el contrario, si se le concibe de una manera impersonal —cosa que estimo perfectamente posible — no hay ningún reparo para que también una persona jurídica pueda ser nombrada administradora del concurso. Algunos autores ya lo admiten así de *lege lata.*[96]

---

[94] KIPP-COING, *Erbrecht*[9] (1953) 476; BARTHOLOMEYCZIK, *Erbrecht* (1954) 234; SOERGEL-EDER, § 2197, 2; PALANDT-RECHENMACHER, § 2197, 2; PALANDT-RECHENMACHER, § 2197, 3, § 2210, 1; comentario del RGR V (1940), § 2197, 1.

[95] Así JAEGER, *Kommentar zur Konkursordnung*[6] *y*[7] II (1936), § 78 I 7; MENTZEL, *Kommentar zur Reichskonkursordnung*[5] (1937), § 78, 2; OLG Hamburg, acuerdo del 12.5.1931.

[96] HACHENBURG, § 13, anot. 4; BONDI, *Kann eine Handelsgesellschaft oder eine juristische Person des bürgerlichen oder des öffentlichen Rechts Handlungsbevollmächtigter, Handlungsgehilfe, Handlungsagent und dergleichen sein, oder andere Vertreter- und Vertrauensstellungen wie Liquidator, Testamentsvollstrecker, Konkursverwalter und dergleichen einnehmen?* (Una sociedad mercantil o una persona jurídica de Derecho civil o de Derecho público, ¿puede ser nombrada apoderado general, dependiente, agente o para otros cargos semejantes, o puede aceptar otros puestos de representación y de confianza, como liquidador, ejecutor testamentario, administrador del concurso y otros parecidos?) ZHR 4 (1929) 34 (38); cfr. sobre ello también STAUDINGER-COING I, *Juristische Personen,* introducción V, anotación 26.

En cuanto a si una persona jurídica puede ser árbitro, la doctrina no se manifiesta unánime. Unos sostienen el criterio de que para el ejercicio del cargo de árbitro solo tienen capacidad las personas naturales. Según ello, cuando tal nombramiento ha recaído en una persona jurídica, hay que estimar, mediante la interpretación del contrato, que ha sido nombrado quien en el momento de que se trate sea su representante legal.[97] Otros creen que puede desempeñar el cargo la misma asociación a través de sus órganos.[98] Si admitimos el criterio de que solo pueden ser árbitros las personas naturales, la interpretación del contrato de arbitraje de la manera señalada, según la cual deben ser llamados los representantes legales de la persona jurídica nombrada en dicho contrato, significará en consecuencia que las normas sobre el procedimiento arbitral no son aplicables a las personas jurídicas. Por ello, si a base de dicha interpretación actúa su representante legal, ha de ser considerado como persona privada y no cabe que las pretensiones resultantes de la actividad ajrbitral se atribuyan a la persona jurídica, ni en la medida en que comportan beneficios (por ejemplo, pretensiones por honorarios), ni en cuanto implican inconvenientes. Este criterio es el que, a mi juicio, debe prosperar. Aunque la actividad de árbitro, en contraste con el carácter estatal de la actuación del juez, no exija un determinado proceso de formación ni que se pase con éxito una prueba de capacitación, la concepción tradicional exige que un juez arbitral tenga, como tal juez, una personalidad a la que puedan quedar referidos ciertos valores éticos, como la imparcialidad, y que pueda conciliar su dictamen judicial con su conciencia.

Finalmente, por lo que se refiere a la actuación de una persona jurídica como factor *(Prokuristen)*, la doctrina dominante niega que pueda desempeñar semejante actividad, aunque sin razones convincentes.[99] Muchas veces se señala que son consideraciones de orden práctico, que pueden estar relacionadas con la inscripción del apoderamiento *(Prokura)* en el Registro mercantil y con otros extremos, las que impiden que sea confiada a la persona jurídica. Nada cabría oponer a la doctrina dominante si esas razones fueran de tanto peso desde el punto de vista práctico que aconsejaran descartar la posibilidad de que una persona jurídica actuara como factor, aunque dicha exclusión no resulta ni de la ley ni de la finalidad propia de la persona jurídica. Por el contrario, desde este punto de vista resulta admisible el nombramiento de una persona jurídica como factor porque esta esfera de actividad no está fuera del círculo de su razón de ser, que resulta con pleno sentido de los fines para los que el ordenamiento jurídico ha creado las personas jurídicas. Pero este caso demuestra que alguna de las actividades que propiamente corresponden a las personas jurídicas puede quedar excluida aunque se trate de una de las que por sí mismas pueden aquéllas desarrollar. Semejante medida puede quedar justificada si se llega a la conclusión de que precisamente esta actividad por medio de la persona jurídica, en lugar de representar una facilidad para la vida de los negocios y del tráfico jurídico, representa una dificultad.[100]

---

97 Stein-Jonas-Schönke, *Kommentar zur Zivilprozessordnung*[17] II (1951), § 1032 I, con referencia a RG 25.11.1904; Baumbach-Lauterbach, ZPO[22] (1954) § 1025, 5 C.

98 Rosenberg, *Lehrbuch des deutschen Zivilprozessrechts*[6] (1951) 782, que también tiene en cuenta para fundar su opinión la decisión del Tribunal del *Reich* de 25.11.1904.

99 Gessler-Hefermehl-Hildebrandt-Schröder, *Handelsgesetzbuch*[2] I (1950), 5 48 I 4; Würdinger, *Kommentar zum Handelsgesetzbuch*[2] (anteriormente publicado por miembros del Tribunal del *Reich)* I (1953), § 48 I 6; asimismo Heymann-Kötter, *Handelsgesetzbuch* (1950), § 48, anot. 5.

100 Acerca de la cuestión de si una persona jurídica puede ser liquidador, dependiente, etc., cfr. Bondi, lugar citado 34; KG acuerdo del 26.9.1929 (una persona jurídica puede también

V

Esta investigación ha demostrado que la doctrina y la jurisprudencia afirman que, a pesar de no disponerlo ningún precepto especial, en muchos casos concretos cabe aplicar a las personas jurídicas ciertas normas que se fundan en la concurrencia de cualidades que, al margen de toda consideración jurídica, solo pueden ser imputadas a los hombres. Puede tratarse de rasgos naturales (corporales o espirituales) o de cualidades jurídicas concretamente adaptadas a los seres humanos. Por tanto, aunque se fundan en cualidades que desde un punto de vista natural (prejurídico) solo pueden convenir a los hombres, el ordenamiento jurídico tiene el poder de separarlas de su fondo natural y de atribuirlas también a las personas colectivas, Mas para ello es preciso, las más de las veces, penetrar hasta su substrato con el fin de garantizar también a la persona jurídica, o de ordenarle o prohibirle, lo que el legislador, de una manera expresa, solo ha concedido, ordenado o prohibido al hombre.

---

ser nombrada liquidador de una sociedad de responsabilidad limitada o de una sociedad mercantil de otra clase). La decisión es rechazada por BRODMANN en una anotación JW 1930, 1410.

Según la doctrina dominante a la que hay que asentir, una persona jurídica puede ser partícipe en una sociedad colectiva, cfr. GIERKE 165; RGZ 105, 101 (una sociedad de responsabilidad limitada puede ser personalmente socio responsable de una sociedad comandita). Por lo que se refiere a problemas afines en Bélgica y Francia, cfr. HEENEN, *De la possibilité, pour une personne morale, d'être l'organe d'une société ou d'une association ayant la personnalité juridique,* Revue pratique des sociétés civiles et commerciales 53 (1954) 81 num. 4358. HEENEN tiene el siguiente criterio: «Qu'une personne morale ne peut avoir pour organe qu'une ou plusieurs personnes physiques». Este trabajo contiene numerosas referencias a la doctrina y a la jurisprudencia, tanto en pro como en contra de tal criterio. Cfr. acerca de ello, además, Cour d'Appel de Bruselas 10.3.1952, Revue pratique des sociétés civiles et commerciales 53 (1954) 87 núm. 4359: «Nulle disposition légale n'interdit à une association d'assurances mutuelles de désigner comme directeur une société commerciale. S'il a été admis qu'une société peut exercer les fonctions d'administrateur ou de liquidateur, on n'aperçoit pas pourquoi elle ne pourrait exercer celle de directeur». En el Derecho alemán de sociedades anónimas, el nombramiento de una persona jurídica como miembro del consejo directivo o del consejo de inspección de una sociedad anónima está expresamente prohibido, cfr. §§ 75 I 3 y 86 II 1. Aunque en el Derecho de sociedades de responsabilidad limitada no existe una regulación expresa del problema de si una persona jurídica puede ser nombrada director de la misma, creemos que debe igualmente entenderse que solo pueden serlo las personas naturales; cfr. BAUMBACH-HUECK, GmbH-Gesetz § 6 C. Así resulta de una comparación del problema con la correspondiente regulación legal en la más reciente ley de sociedades anónimas, en la que el legislador ha adoptado una posición clara acerca del mismo.

PARTE II

PROBLEMAS DE INTERPRETACIÓN

En la primera parte del libro segundo hemos expuesto que la forma de la persona jurídica puede quedar descartada cuando una norma que está ideada para su aplicación a las personas naturales también debe aplicarse a la persona jurídica y los supuestos de la norma exigen que la aplicación penetre hasta el substrato personal de la persona jurídica. Los atributos humanos reflejados en semejante norma que hacen que aparezca como dudosa la aplicabilidad de los preceptos jurídicos a las personas jurídicas justifican que se adopten medidas que penetren hasta los nombres situados detrás de dicha clase de persona para que pueda determinarse si concurren los supuestos de aplicación de la norma.

Ahora hay que discutir el problema de si existen otros supuestos normativos que también requieran que se descarte la forma de la persona jurídica. A diferencia de la primera parte, ahora vamos a tratar de preceptos de Derecho cuya aplicabilidad a personas jurídicas no da lugar a ninguna clase de indagaciones. Los supuestos de la norma de que ahora se trata no tiene nada que ver con cualidades humanas. En lo que sigue trataremos de demostrar que ha de estar permitido observar lo que existe detrás de la forma de la persona jurídica cuando han de aplicarse preceptos de Derecho que suponen que en un negocio jurídico participan de hecho diversas personas. Carece de importancia que tales supuestos normativos resulten directamente del tenor literal de la ley o solo indirectamente de su finalidad, tal vez consistente en evitar un conflicto de intereses. Lo que aquí sucede es que la exacta aplicación de la norma exige que se levante el velo de la persona jurídica porque de lo contrario sería un obstáculo para que se viera que existe una efectiva unidad personal que se ofrece jurídicamente como una diversidad de personas.

§17. *Problemas especiales en las normas que presuponen un negocio de tráfico o una pugna de intereses*

En relación con los problemas de interpretación de las normas ha de comprobarse en definitiva si también ha de estar permitido observar lo que ocurre detrás del velo de la persona jurídica cuando una norma, cuya aplicabilidad a las personas jurídicas por lo demás no resulta problemática, presupone que las partes en el negocio jurídico no solo serán personas diferentes desde un punto de vista puramente jurídico, sino que lo serán efectivamente de hecho. Tal es el caso del § 892 del Código civil. La misma cuestión se plantea en las normas que solo deben aplicarse cuando actúa una persona en la que están en pugna efectiva sus intereses y otros intereses ajenos, o los intereses ajenos de dos personas diferentes. Como ejemplo cabe citar en este sentido el § 181 del Código civil, siempre que adoptemos el criterio que en la doctrina predomina de que este precepto jurídico, a pesar de su texto literal, además de la identidad de la persona, exige la concurrencia de una pugna de intereses. Estos preceptos jurídicos pierden su sentido si no se trata de su aplicación a un negocio de tráfico o si no existe la pugna de intereses, y por ello ha de comprobarse si esta especial configuración jurídica justifica que se observe lo que sucede entre los bastidores de la persona jurídica. La respuesta ha de ser afirmativa, pues sin duda en este caso estamos ante la estricta y peculiar posibilidad de que surja un conflicto entre los supuestos de aplicación de la norma y la pretendida estructura de la persona jurídica. Debido a esa estructura puede suceder que en un negocio jurídico en el que por una parte intervenga una persona jurídica, exista de hecho una identidad con las personas naturales que intervengan por la otra parte, sin que ello se manifieste jurídicamente. Una mirada a lo que existe detrás de la forma de la persona jurídica evita la aplicación de esas normas en casos para los que no han sido creadas. Por el carácter excepcional de esta situación no se dará lugar a que las posibilidades de alcanzar el substrato de la persona jurídica se multipliquen de manera ilimitada. Ahora no se trata de que la forma de la persona jurídica deba ceder ante el fin general de una norma, sino que la observación de lo que ocurre detrás de la persona jurídica solo sirve para comprobar si en definitiva el legislador quiso que tal caso quedara sometido a la norma. Esto es lo que debería negarse en el caso de que la persona natural que por un lado interviniera en el negocio jurídico fuera el único miembro de la persona jurídica que interviniera por el otro, de manera que, por ello, detrás de la diversidad jurídica entre las personas existiera de hecho una identidad de sujeto. En este caso, por tanto, es la misma forma de la persona jurídica lo que exige que se observe cuál es su substrato personal, y no la finalidad general de una norma.[1]

---

[1] Pero si esos presupuestos no concurren y tampoco se trata de alguno de los casos que han sido examinados en la primera parte del libro segundo, no puede quedar afectada la estructura formal de una persona jurídica con la interpretación de una norma. Si un precepto de Derecho internacional privado enlaza consecuencias jurídicas al concepto de «patrimonio inmueble», hay que atenerse a la radical separación entre patrimonio corporativo y patrimonio del socio. Cuando —como sucedió con la materia que fue sometida a un dictamen del Instituto del Kaiser Guillermo para el Derecho privado extranjero e internacional— pertenecen al caudal relicto de un extranjero todas las participaciones sociales de una sociedad de responsabilidad limitada inmobiliaria, cuyo único patrimonio consiste en un inmueble situado en Alemania, y si la respuesta a la pregunta acerca del Derecho de sucesiones que debe regular la transmisión hereditaria depende de que las participaciones de la sociedad de responsabilidad limitada sean calificadas de patrimonio mueble o inmueble, es preciso separar radicalmente el patrimonio social del patrimonio propio del socio, esto es, de sus participaciones. Es cierto que en Alemania se aplicará el § 1551 II del Código civil, que propiamente solo delimita el concepto de patrimonio inmueble con referencia al Derecho de la comunidad matrimonial de bienes muebles, y cabe perfectamente interpretar este precepto dentro de su peculiar esfera de aplicación en el sentido de que también se refiere a cualquier forma de propiedad económica sobre inmuebles, como sucede tratándose de la pretensión de entrega de un inmueble. Pero, en lo que concierne a la esfera del Derecho internacional privado no cabe estimar justificada esa interpretación extensiva; por el contrario, hay que insistir en la separación de las masas patrimoniales que rige para todo lo demás. Sobre ello véase NEUHAUS, anotación al OLG Frankfurt, acuerdo del 2.7.1953, RabelsZ 19 (1954) 566. Por razones de equidad, sin embargo, las participaciones pueden no ser consideradas como patrimonio inmobiliario. La decisión austríaca del ORK de 19.7.1952, dictada en un caso de reposición, en el que la enajenación de las acciones del único accionista en Italia fue considerada en Austria como una confiscación de bienes porque allí se encontraba el patrimonio de la sociedad anónima, no puede ser admitida, por las razones expuestas, en la medida en que el patrimonio de la sociedad fue equiparado a las participaciones.

Dos ejemplos permitirán advertir claramente el problema de que se trata.

I

Es indiscutible que el § 892 solo puede aplicarse cuando se trata de un negocio de tráfico. Así resulta de manera indudable de la finalidad de la norma, que trata de proteger el tráfico de buena fe. Por tanto, el § 892 no debe aplicarse cuando las dos partes de un negocio jurídico son la misma persona.[2] Si, por ejemplo, alguien está inscrito falsamente en el Registro inmobiliario como propietario y de buena fe constituye sobre su propiedad una deuda inmobiliaria de propietario, no adquiere ningún derecho, aunque sigue pareciendo que se trata del supuesto del § 892 a juzgar por su tenor literal.[3]

Pero, ¿qué sucederá si los propietarios aparentes *A y B,* inscritos en el Registro y que proceden completamente de buena fe, fundan una sociedad de responsabilidad limitada y aportan a la misma el inmueble? Desde el punto de vista estrictamente formal, nos encontramos ante un negocio de tráfico, pues el socio no se identifica con la sociedad ni en el caso de que ésta se halle formada por un solo hombre. La diversidad de los sujetos de derecho que intervienen como partes en el negocio jurídico solo puede quedar denegada si se descarta la forma de la persona jurídica y se demuestra que, en realidad, la persona jurídica es *A* y *B.* En tal caso no existe ningún negocio de tráfico y el § 892 ya no es aplicable.[3]

Este problema lo ha planteado y resuelto la jurisprudencia dictada en materia de revalorización,[4] en relación con el § 20 de la ley de revalorización del 16 de julio de 1925,[5] que se remite al § 892 del Código civil.[6]

El Tribunal del *Reich,* en una jurisprudencia consolidada, ha formulado la regla del Derecho de revalorización de que la protección de la fe pública del Registro en virtud del § 892 del Código civil, debe quedar en todo caso eliminada en materia de revalorización cuando se trata de una adquisición por negocio jurídico en el que actúan como enajenante y adquirente las mismas personas naturales, aunque bajo una diversa unión y configuración jurídica. En tal caso y a pesar del cambio jurídico de titular, no aparece la necesidad de proteger la confianza del sucesor en la existencia del derecho de su antecesor que el Registro garantiza.[7] El §

---

[2] Cfr. acerca de ello ENNECCERUS-WOLFF, § 45, 4, pág. 130; STAUDINGER III 1, § 892, 20; PALANDT-HOCHE, § 892, *3b;* WARNEYER-BOHNENBERG, § 892 I; PLANCK III, § 892 II *1e;* ROSENBERG, *Sachenrecht* (1919) 416; BIERMANN, *Sachenrecht* (1914), §§ 892/893, *5b;* otro criterio HECK, *Grundriss des Sachenrechts* (1930), § 44 II 183/184.

[3] BIERMANN, lugar citado 116; PLANCK III, § 892, 2, *1e,* también con referencias de jurisprudencia; ENNECCERDS-WOLFF, § 45, 4, 130. Coincide en el resultado ROSENBERG, lugar citado II *3e.* Igualmente FRITSCH, *Der öffentliche Glaube des Grundbuchs bei Personengleichheit des Verfügenden und des Erwerbers,* JhJ 82 (1932) 253 (260).

[4] Sobre ello puede verse LANGE, *Boden, Ware und Geld* II (Bodenrecht)[2] (1944) 51.

[5] RGB1 1925, 117.

[6] Esta jurisprudencia fue introducida por KG 20.1.1927 (con anotación de BING, JW 1927, 1431). La siguieron el KG 17.2.1927; BayObLG 25.6.1927; OLG Karlsruhe 25.8.1927; RGZ 119, 126; RGZ 126, 46, con anotación de EMMERICH, JW 1930, 255. Para bibliografía especial, cfr. FRITSCH, lugar citado 253 y s.; EPPING 171 y s.; von MANGOLDT, *Löschung von Hypotheken in der Rückwirkungszeit, Unrichtigkeit des Grundbuchs und Anwendung des § 892 BGB im Aufwertungsrecht,* AcP 134 (1931) 81 y s.; HEINSHEIMER 174 y s.; GRASSHOF, *Ansicht des Reichsgerichts über den guten Glauben bei § 892 BGB im Lichte der Bestimmungen der §§ 20 und 21 Aufwertungsgesetz,* LZ 1927, 580 y s.

[7] RGZ 119, 131 con referencia a MÜGEL, *Das gesamte Aufwertungsrecht (Kommentar)* (1927), § 20, anot. 6.

892 del Código civil exige precisamente un negocio de tráfico que no existe en el caso de identidad económica de las partes. Por ello esta norma ni tan solo es aplicable cuando el enajenante no tenga ninguna intención de perjudicar al verdadero titular porque desconociera la verdadera situación jurídica. En la decisión del 26 de noviembre de 1927, el Tribunal del *Reich* ha señalado que otro criterio jurisprudencial permitiría una aplicación abusiva de los §§ 892 del Código civil y 20 de la ley de revalorización, para eliminar de manera ilegal derechos existentes.[8]

En la doctrina sobre el Derecho de revalorización ha sido bien acogida esta jurisprudencia[9] y sus resultados han sido después extendidos a todo el ámbito de aplicación del § 892 del Código civil.[10]

Si es procedente observar lo que ocurre entre los bastidores de la persona jurídica cuando ha de averiguarse si concurren los supuestos de aplicación del § 892 del Código civil, no por ello queda contestada la segunda pregunta enlazada con el mismo problema, la de saber en qué casos los miembros de la persona jurídica pueden quedar identificados con ésta.

Para resolver esta cuestión hay que partir de la regla formulada por el Tribunal del *Reich,* en el sentido de que los socios pueden quedar identificados con la persona jurídica cuando «las mismas personas se contraponen como enajenantes y adquirentes, aunque diversamente unidas y bajo otra configuración jurídica».[11] Cabe preguntar si esto es lo que sucede cuando solamente actúan como adquirentes parte de los enajenantes. Martín WOLFF lo afirma.[12] La conclusión de que en el más está incluido el menos, es un argumento afín. Si una sociedad de responsabilidad limitada formada por *A, B y C* que tiene falsamente inscrita la propiedad de un inmueble en el Registro, lo enajena a A, *B y C,* los adquirentes no quedan protegidos. Podría sacarse la consecuencia de que lo mismo debe regir cuando la sociedad de responsabilidad limitada formada por *A, B y C* enajena el inmueble solo a *A y B.*

En cambio, cuando se trata de casos en los que por la parte adquirente concurren otras personas con los enajenantes, está reconocida la aplicabilidad del § 892 del Código civil.[13] Los adquirentes de buena fe pueden, pues, en este caso invocar el precepto de protección.

La diferencia entre los dos casos expuestos se justifica por lo que sigue: En el primer caso concurren por la parte adquirente, que es a la que se refiere exclusiva-

---

8 RGZ 119, 130. En este caso hay que tener en cuenta, ante todo, que el verdadero titular ha de demostrar la mala fe del adquirente.

9 Cfr., por ejemplo, MÜGEL, lugar citado § 20, anot. 7.

10 Cfr. PLANCK-STRECKER, § 892, exposición II, le; EPPING 171 y s.; HEINSHEIMER 174 y s., y la decisión del Tribunal del *Reich* del 25.2.1931, que, en la medida en que puede deducirse de lo que se expone en el apéndice, no es ninguna decisión relativa al problema de la revalorización. Cfr. también MEISE 121.

11 Cfr. *supra* pág. 221.

12 ENNECCERUS-WOLFF, § 45 I, 4, pág. 130, con apelación al RGZ 129, 119, un caso de revalorización, en el que la propiedad sobre un inmueble que pertenecía en mano común a una comunidad, fue transmitida a uno de los comuneros.

13 ENNECCERUS-WOLFF, § 45 I 4, nota 14 e, pág. 130; RG 8.2.1930: existe un negocio de tráfico de los que presupone el § 892 del Código civil cuando se vende un inmueble a una sociedad de responsabilidad limitada fundada por el enajenante junto con otro, de la cual, además, son ambos administradores conjuntamente, y en la que dicho enajenante participa en tres cuartas partes.

mente la finalidad legal del § 892 del Código civil, solo las personas que también concurren por la parte enajenante. No merecen ninguna protección. Por el contrario, en el segundo caso concurren asimismo por la parte adquirente unas personas que no concurren al mismo tiempo como enajenantes. Tales personas son dignas de protección y efectivamente la necesitan. Pero, en vista de que la protección del § 892 del Código civil no es divisible, ha de beneficiar a todos los adquirentes.

La cuestión de si esta diferencia también es procedente cuando en el negocio jurídico solo intervienen personas naturales unidas por vínculos jurídicos diferentes (por ejemplo, como copropietarios por un lado y como socios de una colectiva por el otro), es problema que ahora no hemos de investigar. Pero si el enajenante es una persona jurídica, no cabe duda que la protección del § 892 beneficia a todos los adquirentes aunque solo uno de ellos no sea socio de la persona jurídica. Esta persona es digna de protección, por lo que el § 892 debe aplicarse a todos los adquirentes. Por el contrario, es problemático que sea procedente lo mismo cuando por la parte adquirente solo se encuentran algunos de los socios de la persona jurídica enajenante. A mi juicio también en este caso ha de concederse a los adquirentes la protección del § 892. Ante todo, parece lo más procedente establecer alguna diferencia. Es muy diferente, en efecto, que un pequeño accionista adquiera de buena fe un inmueble de su sociedad anónima que ha logrado practicar una inscripción falsa en el Registro inmobiliario, o que sea el titular de casi todas las participaciones de una sociedad de responsabilidad limitada quien lo adquiere de ésta bajo las mismas circunstancias. Cabría muy bien sentirse inclinado a entender que solo en el primer caso existe un negocio de tráfico, en vista de que el adquirente no está informado de las circunstancias en que opera el enajenante, por lo que su posición es como la de un tercero,[14] mientras que en el segundo caso no cabe afirmar lo mismo. Pero semejante matización no aparece justificada si se tiene en cuenta que la equiparación de la persona jurídica con las personas naturales que la forman siempre tiene carácter excepcional. Por otra parte, la distinción sería insuficiente para las necesidades de la práctica.

Por ello, cuando interviene una persona jurídica, el § 892 del Código civil siempre debe aplicarse a favor del adquirente de buena fe si no media absoluta identidad entre las personas naturales que se contraponen como enajenantes y adquirentes. No procede hacer diferencias fundadas en que por el lado del adquirente concurren más personas que por la parte enajenante, o a la inversa. Si en el caso de una identidad solo parcial se negara la existencia de un negocio de tráfico, tendríamos que una situación que de hecho no ofrece ninguna unidad de personas entre quienes son partes en el negocio jurídico, recibiría el mismo tratamiento que si tal unidad existiera. Pero la persona jurídica no quedaría entonces identificada con las personas naturales que intervienen encubiertas por la forma jurídica de aquélla, como la otra parte contratante, por razón de la identidad efectiva entre esas personas y los socios de aquélla, sino por otras razones. No cabe encontrar una justificación de este resultado en razones propias del Derecho de sociedades. El desplazamiento de la forma de la persona jurídica debe quedar reducida al carácter de excepción. Puede justificarse cuando la causa radica en la misma forma de la persona jurídica. Esto es lo que sucede cuando los supuestos normativos se fundan en que por una y otra parte concurren personas diferentes y cuando de hecho existe identidad personal entre los socios de la persona colectiva y las personas naturales que

[14] RGZ 119, 126 (132).

intervienen en el negocio jurídico como la otra parte, aunque tal identidad no se manifieste de manera ostensible precisamente debido a la forma de la persona jurídica. Solo esto puede dar lugar a la identificación de una y otra parte, de manera que no concurra lo que es el supuesto decisivo para la aplicación del § 892 del Código civil, a saber, un negocio de tráfico entre diferentes personas.[15]

A mi juicio todavía cabe invocar una consideración práctica a favor del criterio de que no solo existe un negocio de tráfico cuando por la parte adquirente concurren *más* personas naturales que por la enajenante, sino también en el caso opuesto. De lo contrario resultaría difícil trazar los límites. Si se pretendiera diferenciar el segundo caso, siempre quedaría planteada la cuestión de precisar según qué criterios ha de quedar determinado si concurre o no un negocio de tráfico. Cabría preguntar si debe atenderse a la relación numérica de los socios con las personas naturales que intervienen como adquirentes, o si debe estimarse decisivo el derecho de voto o la participación de capital de estas personas naturales. Nos parece muy conveniente optar por la clara solución de que la persona jurídica debe quedar equiparada con las personas naturales que se hallan en la otra parte del negocio jurídico y de que puede negarse que se trate de un negocio de tráfico, en el caso, pero solo en este caso, de que los socios de la persona jurídica sean las mismas personas naturales que intervienen por la otra parte, ni una más ni una menos; de lo contrario, lo único que entonces se consigue es disminuir el carácter previsible de la decisión judicial y, con ella, la seguridad jurídica.[16][17]

A la objeción de que con una interpretación tan restrictiva de un negocio de tráfico queda libre el camino para que la figura de la persona jurídica sea empleada

---

15 Mientras que en este caso cabe deducir de la finalidad de la norma un ulterior supuesto de la misma, como es el requisito de que efectivamente concurra una diversidad de personas entre las que participan en el negocio, que por las razones antes dichas exige que se desestime la estructura formal de la persona jurídica, de manera que ello conduzca a una restricción del ámbito de aplicación del § 892 del Código civil, hay que rechazar la extensión de dicha norma a casos que no encajan en su tenor literal. Así, el Tribunal del *Reich* ha expuesto acertadamente que la protección de la fe pública del Registro no actúa cuando no se trata propiamente de la transmisión de la propiedad jurídica sobre el inmueble, sino que económicamente pasa a otras personas naturales el poder de disposición, por ejemplo, con la venta de todas las acciones de la propietaria; cfr. RGZ 119, 126 (131), con referencia a RGZ 118, 385. Una equiparación de las acciones enajenadas con el patrimonio de la sociedad anónima debe ser rechazada en este caso, en interés de la garantía de la estructura formal de la persona jurídica, pues, aunque se admitiera que se trata de un caso que está comprendido por la finalidad del § 892 del Código civil, sin embargo no se ajusta a la hipótesis de aplicación de este precepto.

16 Por el resultado, como nosotros HEINSHEIMER 192. Se remite a RG 13.3.1929, aunque lo único que se expone en tal decisión es que la enajenación de un inmueble por parte de una sociedad anónima a uno de sus accionistas que posee un número de acciones inferior a la mitad de la totalidad, solo con la concurrencia de circunstancias muy especiales puede quedar privado del carácter de un verdadero negocio de tráfico en el sentido del § 892. A mi juicio, la diferencia que en este caso se establece no es acertada por las razones que en el texto se exponen. La observación y crítica de GOLDSCHMIDT II, JW 1929, 1387, debe estimarse acertada.

17 Las consideraciones formuladas respecto al § 892 del Código civil también deben estimarse procedentes en relación con la adquisición de buena fe de cosas muebles en conformidad con el § 932 del Código civil. Por ello, una sociedad unipersonal no puede, por ejemplo, adquirir de buena fe de su único socio ninguna cosa mueble.

para aplicar abusivamente el § 892 del Código civil, hay que oponer que si se prueba dicho abuso procederá descartar la forma de la persona jurídica siguiendo los principios generales que antes, § 3 (fraude de ley), hemos expuesto. Si de esta manera la sociedad queda identificada con sus socios, no cabe estimar la existencia de un negocio de tráfico.

HEINSHEIMER[18] opina que la regla de que está excluida una adquisición amparada en el § 892 del Código civil cuando todos los socios de la persona jurídica que figura como una de las partes intervienen al mismo tiempo como la otra parte en el mismo negocio, no puede quedar explicado ni fundado con puntos de vista que pertenezcan exclusivamente al Derecho de sociedades pues no los contradice sino que los supera. Apoyándose en ENNECCERUS-NIPPERDEY,[19] añade que esta regla es un ejemplo que demuestra cómo los hombres, incluso cuando tanto se ocultan detrás de una persona jurídica, reaparecen como tales en determinados momentos, al traslucirse su actuación, por así decir, a través de la persona jurídica.[20]

Este razonamiento precisamente demuestra que ni en este caso el problema ha sido visto con decisiva claridad. Resulta ciertamente difícil sostener con seriedad que no se halla en pugna con los criterios tradicionales del Derecho de sociedades la solución de adoptar medidas que alcancen a los hombres que se hallen detrás de la persona jurídica, dejándolos identificados con ésta. Para explicarlo de alguna manera, tal vez haría falta tener una concepción de las sociedades que no les atribuyera una personalidad jurídica de carácter absoluto, sino únicamente relativo, con el resultado de que, en supuestos estrictamente delimitados, sería admisible descartar la existencia de dicha personalidad jurídica.[21]

II

El problema de si mediante una persona jurídica queda encubierta una efectiva unidad de persona, también tiene importancia cuando se trata de la aplicación de

---

18 HEINSHEIMER 194; cfr. también allí (195, nota 58) la observación de que sería un problema atractivo averiguar si la jurisprudencia hubiese resuelto el problema de la misma manera en una época anterior, si se hubiese planteado, y hasta qué punto han hecho posible o han exigido la elección de este resultado las corrientes filosóficas de nuestro tiempo. EPPING 174 también cree que todavía no se ha pronunciado la última palabra en esta cuestión.

19 ENNECCERUS-NIPPERDEY (13 ed.), § 96, anot. la, pág. 291.

20 HEINSHEIMER 195.

21 En conexión con lo mismo también es preciso referirse al precepto del § 1197 II del Código civil. Dispone que los intereses procedentes de una deuda inmobiliaria de propietario solo corresponden al propietario cuando el inmueble ha sido puesto bajo secuestro a los fines de su administración forzosa a petición de otro. La pretensión queda temporalmente limitada a la duración de la administración forzosa. Cabe preguntar si el socio único puede pretender la percepción de intereses a base de la deuda inmobiliaria que a su favor ha quedado inscrita en un inmueble de la sociedad, cuando el mismo ha pedido la administración forzosa, o si también en tal caso ha de tenerse en cuenta la limitación del § 1197 II del Código civil. La solución depende de como se interprete el § 1197 del Código civil. Si se toma como punto de partida, como es procedente, que los supuestos de aplicación de la norma, según resultan de la finalidad de la misma, no ofrecen ninguna oportunidad de investigar si existe una identidad de hecho cuando lo que se ofrece desde el punto de vista jurídico formal es una diversidad, en tal caso el socio único puede pretender intereses de la deuda inmobiliaria (así acertadamente RG 29.10.1928; coinciden PALANDT-HOCHE, § 1197, *2b;* HACHENBUBG-SCHILUNG, § 13, apéndice anot. 3; Rum, 295, nota 13; GRIEBEL 131). La limitación del § 1197 II del Código civil no se aplica en la relación entre la sociedad unipersonal y el socio único.

una norma que presupone la existencia de una pugna de intereses. Esto es lo que puede demostrarse a base del ejemplo que brinda el § 181 del Código civil.

El socio único y único administrador de una sociedad de responsabilidad limitada había prestado a la misma 64.000 marcos de su patrimonio particular. La operación había sido contabilizada en los libros de la sociedad como un préstamo mutuo. La sociedad de responsabilidad limitada cayó en concurso. El socio único demando al administrador del concurso para que se reconociera la existencia de su crédito resultante del préstamo. El demandado invocó el § 181 del Código civil para sostener la ineficacia del negocio jurídico de préstamo. El Tribunal del *Reich* desestimó la demanda[22] porque el socio único no podía contratar consigo mismo como gerente de la sociedad de responsabilidad limitada en conformidad con dicho § 181.[23] No cabe estimar permitida en este caso la autocontratación, en el sentido del § 181, porque al autorizar la operación la sociedad estaba representada por la misma persona, por lo que también dicha autorización está afectada por la prohibición del § 181. Autorización y otorgamiento del negocio jurídico constituyen un negocio jurídico unitario.

SCHREIBER[24] estima que la sentencia es claramente insostenible desde el punto de vista sustantivo. De un atento examen resulta que falta la contraposición de intereses que presupone el § 181 y que, por ello, el administrador no es representante de «otro» cuando actúa como prestatario en interés de su sociedad de responsabilidad limitada en el sentido de aquella disposición. Por ello no cabe oponer reparos al negocio de préstamos.[25]

Esta crítica solo es aceptable si se entiende que el § 181 del Código civil es una norma que por su finalidad, y por encima de su texto literal, presupone forzosamente la existencia de una contraposición de intereses, sin que se limite a prohibir que la misma persona participe en el negocio por una y otra parte. No cabe resolver este problema dentro de los límites del presente trabajo. Solo en el primer caso haría falta que para la debida aplicación de la norma se pudiera examinar lo que ocurre detrás del velo de la persona jurídica. En el caso de mediar una identidad económica de las partes interesadas en el contrato, el § 181 no sería aplicable por faltar la contraposición de intereses.[26]

---

22 RGZ 68, 132 y s.

23 La demanda fue rechazada por el Tribunal territorial, pero prosperó ante el Tribunal territorial superior con el razonamiento de que no cabe entender que exista una contraposición de intereses que pueda perjudicar a la sociedad y que por ello falta toda razón para exigir además una autorización especial.

24 SCHREIBER, *Die Kommanditgesellschaft auf Aktien* (1925) 34.

25 Posteriormente el Tribunal del *Reich* ha puesto en duda la exactitud de la sentencia de 20.3.1908, RG 21.10.1924; HACHENBURG, en una anotación JW 1925, 247, estima que en RGZ 68, 172 el formalismo ha conducido a un resultado económicamente inaprovechable; además, lo rechaza HACHENBURG, § 36, 13a; pero no cabe duda que sus razonamientos solo obligan a comprobar si no es posible concebir de otra manera el supuesto del § 181; solo entonces sería posible una identificación entre la sociedad y el socio. RHODE 7 (con fundamentación insuficiente, en sentido contrario acertadamente RGZ 68, 172 y s.); FRIEDLANDER 25; se manifiestan conformes con RGZ 68, 172 y s.: BRODMANN, GmbH § 2, anot. 8; el mismo, «Réplicas, GmbH y § 181 BBB», JW 1925, 596.

26 El problema de si un juez que es socio único de una sociedad puede actuar como tal en un litigio en el que se halle interesada como parte su sociedad unipersonal, ha de quedar

Por el contrario, si adoptamos el criterio de que el § 181 del Código civil sirve de manera primordial para evitar que surjan relaciones jurídicas poco claras y que solo de manera indirecta persigue la finalidad de excluir una pugna de intereses, de modo que la seguridad del tráfico jurídico sea lo colocado en primer plano y no la finalidad de evitar las pugnas de intereses,[27] en tal caso es completamente lógico resolver el problema de la misma manera que lo decidió el Tribunal del *Reich*. Puesto que el socio único por una parte obra en propio nombre como persona privada y por otra como administrador de la sociedad unipersonal, contrataba consigo mismo y, en consecuencia, el negocio jurídico era ineficaz. Desde el punto de vista del Tribunal del *Reich*, no es decisiva la identidad económica de los que intervenían y la sociedad unipersonal, con la falta de contraposición de intereses que de ello resulta.

---

resuelto en conformidad con el § 41 I de la Ordenanza procesal civil. Según se desprende directamente de la norma, esta regla de Derecho quiere evitar que actúen como jueces aquellos que al mismo tiempo sean partes. Lo que sin duda tenemos con ello, en primer término, es que debe excluirse que en la persona del juez se produzca un inevitable conflicto de intereses. Puesto que la forma de la persona jurídica da lugar en la sociedad unipersonal a que quede oculta la unidad efectiva entre el juez por una parte y su sociedad unipersonal por otra, el supuesto de la norma autoriza en este caso que sea desatendida la estructura formal de la persona jurídica. Por tanto, el juez no puede actuar como tal en este proceso, porque debe quedar identificado con la persona jurídica. Como nosotros, por el resultado, SIEBEL 124. Pero esto solo rige cuando el juez al mismo tiempo es socio único. Solo en tal caso tenemos efectivamente que en ambas partes del litigio aparece una y la misma persona, aunque bajo diversa apariencia jurídica. Por tanto, como causa de exclusión no basta que el juez pueda ser accionista, junto con otros, de la sociedad anónima que actúe como parte; así STEIN-JONAS-SCHÖNKE, *Kommentar zur Zivilprozessordnung*[17] I (1953), § 41 III 1: «Por el contrario, no constituye ninguna causa de exclusión un simple interés mediato en el litigio, por ejemplo, como ... accionista». Cfr. sobre ello también RGZ 7, 311; además, RG 29.3.1909.

Supra pág. 31 se expuso que en el procedimiento arbitral la decisión ha de proceder de terceros, pero que, sin embargo, los accionistas de una sociedad anónima no están excluidos de la posibilidad de actuar como árbitros en un litigio en que la sociedad anónima interviene como parte, en virtud de la eficacia del principio de la separación. Pero si la parte es una sociedad unipersonal, también se ofrece en primer término el hecho de que, en virtud de la regla que acabamos de citar, debe quedar excluida una directa pugna de intereses en la persona del juez arbitral que interviene activamente en un asunto propio. Quien sea socio único no puede por ello ser juez arbitral en un litigio de su sociedad unipersonal.

Las mismas consideraciones sirven para contestar la pregunta de si puede reconocerse a un socio único el derecho a negarse a declarar como testigo en un proceso de la sociedad unipersonal, fundándose en el § 384, núm. 1 de la Ordenanza procesal civil. También esto ha de ser afirmado. Por el contrario, si no se trata de un socio único, sino —por ejemplo— de un accionista entre otros, no le asiste el derecho a negarse a testificar. También coincide, por el resultado, HACHENBURG, § 13, anotación 11.

27 Así, por ejemplo, PALANDT-DANCKELMANN, § 181, 2; WARNEYER-BOHNENBERG, § 181 I; otra concepción, BIERMANN, *Bürgerliches Recht* I (1908), § 77, 3, página 284. Cfr. además sobre lo mismo MUGDAN, *Die gesamten Materialien zura Bürgerlichen Gesetzbuch für das Deutsche Reich* I, Ley de Introducción, parte general (1899); RGZ 68, 176.

LIBRO TERCERO
RECAPITULACIÓN DE LOS RESULTADOS

El presente estudio ha demostrado que la estructura formal de la persona jurídica puede ser desestimada en dos casos: una de ellas, cuando se la utiliza abusivamente para fines ilícitos, y otra para enlazar determinadas normas con la persona jurídica. En ambos casos se penetra hasta alcanzar el substrato personal o real que la constituye, ya sea para evitar el abuso, ya se procure la realización del sentido contenido en la norma de cuya aplicación se trata.

Las respuestas que ha dado la jurisprudencia a la pregunta de cuándo puede ser negada la forma de la persona jurídica, son contradictorias. Por ello no cabe limitar la investigación de este problema a las decisiones judiciales. Está en conformidad con su sentido procurar la elaboración de las reglas fundamentales que determinen la posibilidad de penetrar hasta el substrato de la persona jurídica, para lo cual han de tenerse en cuenta los resultados que nos brinda el Derecho comparado. Que es preciso contar urgentemente con tales principios en interés de la seguridad jurídica, lo ha demostrado la jurisprudencia dictada hasta ahora. Con ellos también ha de hacerse frente al peligro que amenaza con la disolución y desvalorización de la institución de la persona jurídica. El autor se ha preocupado, por ello, de resumir los resultados de su trabajo en las siguientes reglas fundamentales:

Primera proposición

Si la estructura formal de la persona jurídica se utiliza de manera abusiva, el juez podrá descartarla para que fracase el resultado contrario a Derecho que se persigue, para lo cual prescindirá de la regla fundamental que establece una radical separación entre la sociedad y los socios.

Existe un abuso cuando con ayuda de la persona jurídica se trata de burlar una ley, de quebrantar obligaciones contractuales o de perjudicar fraudulentamente a terceros.

Por tanto, solo procederá invocar que existe un atentado contra la buena fe, como razón justificativa de que se prescinda de la forma de la persona jurídica, cuando concurren los supuestos del abuso que han sido señalados.

Explicación:

La figura de la persona jurídica hace posible que bajo la apariencia de un acto ajustado a Derecho se persigan fines ilícitos. Existe en tal caso un abuso de la forma de la sociedad que el ordenamiento jurídico no puede tolerar, pues atenta contra las bases morales y lleva el descrédito a la misma institución de la persona jurídica. Quien abusa de la forma de la persona jurídica, en realidad desestima esta misma institución.

Cuando en semejantes casos el juez aparta la forma con que se presenta la sociedad y penetra hasta lo que constituye su substrato personal o real, se limita a confinar a la persona jurídica a la esfera que precisamente el Derecho le tiene asignada. La sociedad, como tal, solo merece ser reconocida cuando se mueve dentro de los fines para los que ha sido creada. En la esfera del Derecho civil ha sido creada como un instrumento del tráfico jurídico de buena fe que permite a los individuos participar en la vida jurídica y comercial en una forma independiente de la personal de los interesados y que excluye su responsabilidad personal. De ello resulta la radical separación entre la persona jurídica y sus miembros, que es un rasgo peculiar de la personalidad colectiva. Los componentes de la sociedad pueden confiar de manera primordial en tal efecto. Pero esto solo rige mientras se sirvan de tal instrumento dentro de la esfera señalada a tal efecto por el ordenamiento jurídico. Quien intente utilizar abusivamente la forma de la persona jurídica para fines ilícitos, no merece ninguna protección. Debe soportar que sea rasgado el velo corporativo y que se adopten medidas que le afecten personalmente. Si la persona jurídica viola los límites que le ha fijado el ordenamiento jurídico, la radical separación entre la sociedad y los socios pierde toda su razón de ser.

Pero se preguntará, ¿dónde se hallan esos límites? Para determinarlos es indispensable tener en cuenta las diversas posibilidades que existen de explotar una forma social para finalidades que el ordenamiento jurídico desaprueba. En primer lugar, la forma de la persona jurídica puede ser utilizada abusivamente para dejar sin efecto un mandato especial o una prohibición de una ley que no tendría eficacia frente a la persona jurídica por no adaptarse a ella los rasgos específicos de dicha norma. Basta pensar en la prohibición legal de competencia del § 60 del Código de comercio, dictada para los empleados del comerciante y que se intenta dejar sin efecto con la fundación de una sociedad de responsabilidad limitada. También puede ser utilizada para sustraerse a obligaciones contractuales y precisamente en tal forma que alguien deja que una persona jurídica que él domina realice el acto a cuya omisión está obligado. Finalmente, es posible que se abuse de la forma de la persona jurídica de manera fraudulenta para perjudicar a terceros. Por ejemplo, cuando un socio único no proporcione a su sociedad el capital necesario para acometer grandes negocios, de modo que, en lugar de la correspondiente elevación de su capital, le hace un préstamo, para que si fracasa pueda aparecer en la posición de un acreedor, lo cual necesariamente repercute en perjuicio de los otros acreedores. Es común a todos esos casos el hecho de que la persona jurídica solo en apariencia actúa de la manera que le permite el ordenamiento jurídico. Lo que en todos ellos resulta jurídicamente relevante es que no cabe imaginar a la persona jurídica sin la existencia de personas naturales que actúan bajo su apariencia. Ellas son las que determinan el obrar de la persona jurídica y es su conducta la decisiva para saber si existe o no un abuso de la persona jurídica. No obstante, semejante abuso solo puede ser evitado si se aparta la forma de la persona jurídica y se adoptan medidas que penetren hasta los hombres que se hallan detrás de la misma. La sociedad, por tanto, no puede ser considerada separadamente de las personas que la componen, pues solo la contemplación de lo que sucede detrás de su apariencia puede poner en claro si todavía se mueve dentro de la esfera que para ella ha sido creada por el legislador. También en esa contemplación existe ya una cierta desestimación de la forma de la persona jurídica, aunque siempre se justifica por el hecho de que solo de tal manera podrá comprobarse si existe la clase de abuso que, como hemos visto, autoriza en este caso la denegación de la personalidad jurídica. Mediante las posibilidades de abusar de la persona jurídica que antes han sido puestas de relieve, han quedado igualmente señalados los límites dentro de los cuales únicamente es admisible la desatención de su forma jurídica. Si no cabe probar la existencia de un abuso y se trata de un caso de recta aplicación de la persona jurídica al tráfico de los negocios, no cabe afirmar que sea contraria a la buena fe la conducta de quien recurra a la radical separación existente entre la sociedad y los socios. Pues, en cuanto se refiere al ámbito que acabamos de delimitar, falta toda base jurídica para que se penetre hasta el substrato de la sociedad. Al dejar configurada el legislador la persona jurídica de una manera determinada, ha dado a entender que siempre quiere verla respetada, excepto en los casos de abuso que el legislador nunca protege. Solo el mismo legislador puede en este punto admitir desviaciones, sin que para ello tenga suficiente poder la jurisprudencia. Además, así lo exige la seguridad jurídica, que sufriría gravemente si tan claros límites quedaran borrados. Por tanto, la buena fe solo autoriza dichas medidas de penetración hasta el substrato de la persona jurídica cuando en el caso concreto existe uno de los supuestos de abuso antes referidos.

La pregunta acerca de los fines ilícitos que cabe perseguir con ayuda de la persona jurídica podría recibir una respuesta concluyente.

Pero si además se pregunta de qué manera la forma de la persona jurídica puede ser aprovechada para alcanzar dichos fines, en tal caso resulta que ya no es posible dar una respuesta decisiva. Por lo regular un abuso supondrá que aquel que abusa de la sociedad está en situación de dominarla a voluntad. En la mayoría de los casos esto sucede con el ejercicio de derechos que le corresponden como socio, según puede claramente percibirse en los casos de sociedades unipersonales y de personas jurídicas dependientes. Pero también cabe imaginar que el decisivo influjo de la voluntad consista en que alguien domine a una persona jurídica valiéndose de una relación de Derecho de obligaciones, como, por ejemplo, a base de la concesión de un préstamo. En todos esos casos, el desplazamiento de la forma de la persona jurídica tiene en definitiva por objeto la adopción de medidas que afecten a quien, de manera abusiva, obliga a la sociedad a someterse a su voluntad. Pero tal relación de dominación no constituye ningún supuesto necesario para que exista abuso de la forma de la persona jurídica. También puede consistir el abuso en que alguien, al recurrir posteriormente a su forma jurídica, se coloque en contradicción con su anterior conducta. Así sucederá cuando el inmueble de una sociedad inmobiliaria deba ser transmitido mediante la cesión de todas sus participaciones sociales, por haberlo convenido así las partes, y el enajenante de las participaciones, al oponerse a una demanda del adquirente fundada en defectos del inmueble, alegue que se ha limitado o transmitir las participaciones sociales y no ha enajenado ningún inmueble. En casos excepcionales incluso el Estado puede abusar de la forma de la persona jurídica sin influir en la formación de su voluntad. Así se desprende de los casos relativos a la expropiación forzosa. Cuando un Estado pretende, por ejemplo, que una expropiación sin indemnización alcance incluso al patrimonio de una persona jurídica situado en el extranjero, se encuentra con que su pretensión fracasa ante el reconocido principio general de que la intromisión del Estado en la propiedad privada tiene eficacia limitada al país donde se realiza la confiscación. El producto de la liquidación del patrimonio situado en el extranjero correspondería a los accionistas expropiados, como antes hemos señalado. Por ello, debe estimarse que también se abusa de la forma de la persona jurídica cuando el Estado intenta privar a los accionistas incluso de este patrimonio a base de expropiar, no a la persona jurídica, sino a los accionistas, de manera que se produciría el resultado de que la sociedad seguiría siendo propietaria de los valores situados en el extranjero.

Cabe preguntar, finalmente, qué consecuencias jurídicas se producen cuando el juez desplaza la forma de la persona jurídica por haberse abusado de la misma. De manera general solo cabe afirmar que el juez debe fundar su decisión en la construcción jurídica apropiada para que se frustre la finalidad ilegítima perseguida. De ello se sigue que la posible consecuencia jurídica se determina según la peculiaridad de cada caso concreto. Así, por ejemplo, la tentativa de burlar una prohibición de concurrencia de origen legal o contractual a base de utilizar una persona jurídica, conduce a su identificación con el socio que la domina o trata de utilizarla abusivamente, con el resultado de que la prohibición se hace extensiva a la misma persona jurídica. Para poner otro ejemplo, si alguien quiere obtener una dádiva ilícita haciendo que el dinero sea pagado a una persona jurídica que él domine, debe ser tratado de la misma manera que si el dinero le hubiese sido entregado personalmente. A diferencia de lo que sucede en el primer caso, en éste la consecuencia afecta directamente al socio de la persona jurídica y queda, por ello, completamente ignorada la personalidad de la sociedad. También cabe imaginar la equiparación entre el patrimonio social con el patrimonio de los socios para que los acreedores de la sociedad tengan la posibilidad de dirigirse contra el patrimonio de los socios o para que los acreedores de uno de éstos puedan dirigir la ejecución contra el patrimonio de la sociedad. Para destacar todavía con un ejemplo las múltiples posibilidades que se ofrecen, es posible que un socio haya realizado una aportación de capital en forma de préstamo para que, con semejante configuración, el riesgo de un negocio atrevido sea transferido, por lo menos en parte, sobre los acreedores de la sociedad. En este caso, la desestimación de la forma de la persona jurídica radica en que el prestamista, que si conservara este carácter se mantendría frente a la sociedad como un tercero, será considerado como parte de la persona jurídica, a saber, como socio. Finalmente, en los casos citados de expropiación de los socios, sin indemnización se considerará que se trata de una confiscación de la misma sociedad.

Segunda proposición

No basta alegar que si no se descarta la forma de la persona jurídica no podrá lograrse la finalidad de una norma o de un negocio jurídico.

Sin embargo, cuando se trate de la eficacia de una regla del Derecho de sociedades de valor tan fundamental que no deba encontrar obstáculos ni de manera indirecta, la regla general formulada en el párrafo anterior debe sufrir una excepción.

Explicación:

Con las normas promulgadas el legislador siempre persigue determinados fines. Los preceptos de la ley sobre la compraventa a plazos deben proteger, por ejemplo, al comprador económicamente débil; el precepto de forma del § 313 del Código civil debe oponerse a que el dueño del inmueble venda irreflexivamente su propiedad. Pero esos fines normativos no pueden quedar logrados a costa de la forma de la persona jurídica. Al exponer las razones en que se funda la primera proposición hemos visto que ello no justifica que se desestime la forma de la persona jurídica.

Cuando por existir un abuso de la persona colectiva hay que descartar la forma jurídica de la misma, ello se debe a que se pretende utilizarla para fines que el Derecho rechaza. Con ello se coloca en un terreno en el que su forma jurídica no merece ninguna consideración. Pero ahora, en cambio, consideramos su actuación de buena fe en la esfera del tráfico negocial, para la cual la ha creado el legislador. Si allí la insistencia en su forma jurídica resultaría precisamente insoportable porque con ello quedaría sancionado el abuso, ahora en cambio su desestimación suscitaría serias reservas al prescindir el juez de la estructura en la que pueden confiar cuantos intervienen de buena fe en el tráfico jurídico y con la cual también todos han de contar. La necesidad, por un lado de respetar la voluntad del legislador que ha tenido buenas razones para configurar de una determinada manera la institución jurídica de la sociedad, y la de seguridad jurídica, por otra, en relación con la justificada confianza en esa configuración, obligan a estimar inadmisible que se adopten medidas de penetración hasta el substrato de la persona jurídica para la realización de una finalidad normativa de carácter general.

Lo mismo rige por lo que se refiere al problema de si cabe desplazar la forma de la persona jurídica cuando solo con tal medida pueda alcanzarse la finalidad que, con una valoración objetiva de todas las circunstancias, parece que está implícita en el contrato. También en este caso hay que insistir en el principio de la radical separación entre la sociedad y el socio, en la medida en que no pueda demostrarse que la voluntad de las partes se manifiesta en sentido contrario. Si todas las participaciones de una sociedad de responsabilidad limitada inmobiliaria se transmiten a base de un contrato de compraventa, este solo hecho todavía no basta para justificar, respecto al inmueble que integra el patrimonio de la sociedad, que deban aplicarse los preceptos relativos a la responsabilidad por defectos de la cosa. Es cierto que en un caso semejante hay que admitir que la valoración objetiva de todas las circunstancias, permitirá entender que, por lo regular, con la enajenación de todas las participaciones lo que se buscaba era transmitir el inmueble. Pero si en realidad no es tal cosa lo que las partes han tratado de hacer o si precisamente han elegido la forma de la compraventa de participaciones sociales con el fin de dejar excluidas las reglas sobre responsabilidad por defectos del inmueble, el juez no podrá descartar la forma de la persona jurídica y considerar que la compraventa de participaciones ha sido una compraventa de inmueble. Por otra parte, no cabe duda que las partes tienen plena libertad para realizar la compraventa de un inmueble, con todas las consecuencias jurídicas que le son peculiares, por medio de una compraventa de participaciones sociales. Si tal cosa es la que han realizado, resultaría un abuso de la forma de la persona jurídica que el vendedor posteriormente apelara al hecho de haberse limitado a realizar una normal venta de participaciones.

La regla expuesta *supra* de que la finalidad de una norma no puede ser realizada a costa de la forma de la persona jurídica, debe admitir excepciones a favor de algunos preceptos del Derecho de sociedades.

Nos referimos a normas creadas por el legislador para garantizar que una persona jurídica de una clase determinada pueda cumplir con pleno sentido las funciones que tiene atribuidas y a las que ha atribuido tan decisiva importancia para esta persona jurídica que no quisiera ver impedida su finalidad ni de una manera indirecta. Pero tal impedimento precisamente será posible por la estructura de la persona jurídica, en especial por el principio de la radical separación entre la sociedad y el socio. Con ello se produce un conflicto entre un principio general del Derecho de sociedades y una norma especial de la misma clase, sin que en la mayoría de los casos el legislador lo haya regulado expresamente. Esto ha de atribuirse a que se trata de un conflicto que solo se plantea en casos excepcionales de especial configuración, a saber, cuando una persona jurídica provoca por medio de otra los efectos jurídicos que el legislador no ha querido que pudiera realizar la primera. Así, el § 33 I de la ley de sociedades de responsabilidad limitada dispone que la sociedad no puede adquirir participaciones sociales cuyo valor nominal todavía no ha sido completamente desembolsado. No puede afirmarse que esta disposición sea directamente infringida cuando no es la misma sociedad de responsabilidad limitada sino otra persona jurídica que de ella depende la que adquiere tales participaciones, pero no cabe duda que sufriría un serio quebranto su finalidad de asegurar la aportación y conservación del capital fundacional. Aunque la persona jurídica dependiente puede hacer efectiva la cantidad todavía no desembolsada, ha de tenerse en cuenta que desde el punto de vista económico ello sucederá, por completo o de manera decisiva, a base del patrimonio de la sociedad dominante cuando ésta posea todas o casi todas las participaciones de la persona jurídica dependiente. Pero este resultado es, precisamente, lo que debe ser evitado a tenor del § 33 I de la ley de sociedades de responsabilidad limitada. En semejante caso esta finalidad de la ley podrá lograrse a base de identificar a la persona dominante con la dependiente, de manera que el § 33 I de la ley de sociedades de responsabilidad limitada es directamente aplicable. Que cabe admitir un desplazamiento semejante de la forma de la persona jurídica cuando se va a cometer un abuso, es un punto que ya ha sido expuesto antes. Ahora se trata de saber si semejante identificación también puede quedar justificada cuando simplemente se trate de lograr la finalidad que se haya propuesto una norma del Derecho de sociedades. Esto solo puede resolverse según el valor que tengan las normas discutidas dentro del sistema del Derecho de sociedades de responsabilidad limitada. Pues, cuando resulta posible demostrar que el legislador ha atribuido a un precepto jurídico una importancia tan decisiva que quisiera ver realizada su finalidad en todos los casos, deberá respetarse semejante voluntad del legislador aunque para ello sea menester desplazar la forma de la persona jurídica. Nos encontramos entonces con una regulación especial del Derecho de sociedades a la que debe quedar pospuesto el principio general de este mismo Derecho. Esto no contradice la regla que antes hemos establecido de que no puede quedar desatendida la forma de la persona jurídica simplemente porque de otra manera no podría alcanzarse la finalidad de una norma. Hay que tener en cuenta que mientras allí se trata de normas que no tienen nada que ver con la configuración de la persona jurídica, ahora nos encontramos con que son los mismos rasgos de un determinado tipo de persona jurídica los que quedan decisivamente marcados por dicha norma. El conflicto que en este caso ha de resolverse se desarrolla, pues, dentro de la esfera del Derecho de sociedades y la limitación del principio general se halla por ello condicionado por la configuración de la persona jurídica.

Pero hay que preguntar cómo debe averiguarse el valor de las normas cuya finalidad, bajo determinadas circunstancias, puede quedar perjudicada por la forma de la persona jurídica. En primer término hay que comprobar si el mismo legislador ha dado a entender que no quiere admitir ni un entorpecimiento indirecto de la finalidad de la norma. Por ejemplo, en la ley de sociedades anónimas de 1937 una serie de preceptos legales disponen que las prohibiciones en ellos contenidas también deben aplicarse a las personas jurídicas en situación de dependencia. Con ello ha expresado que no está dispuesto a tolerar que se atente contra la finalidad de la norma por la vía indirecta de las personas jurídicas dependientes. En la ley de sociedades de responsabilidad limitada de 1892 las prohibiciones de la misma clase no aparecen extendidas a las personas jurídicas en situación de dependencia. Pero la voluntad legislativa que halla expresión en la ley de anónimas también debe tener virtualidad en este caso, mientras no resulte lo contrario de la estructura de las sociedades de responsabilidad limitada. Con referencia al ejemplo antes expuesto, esto significa: En el § 65 I de la ley de sociedades anónimas el legislador ha formulado una prohibición absoluta de la adquisición de las propias acciones que no estén completamente desembolsadas, y en el apartado V ha extendido la prohibición a las personas jurídicas en situación de dependencia. De ello resulta que esa prohibición normativa debe tener preferencia frente a la norma general que reconoce personalidad a las sociedades. Esto es lo que también debe regir con respecto a la norma prohibitiva del § 33 I de la ley de sociedades de responsabilidad limitada, pues los mismos peligros ofrece el hecho de que esta clase de sociedades adquiera sus propias participaciones sociales que no estén completamente desembolsadas. Por ello, en tal caso, la persona jurídica que se halla en situación de dependencia puede ser identificada con la persona jurídica dominante. Las mismas consideraciones resultan procedentes cuando la regla del Derecho de sociedades de responsabilidad limitada de que se trate no pase de ser una norma de derecho consuetudinario, como sucede, por ejemplo, con la prohibición de voto por las propias participaciones. Una comparación con la ley de sociedades anónimas (§114 VI) demuestra igualmente en este caso que el legislador ha atribuido a la prohibición de voto por las propias participaciones una importancia tan considerable que tampoco cabe admitir que sufra menoscabo de manera indirecta a través de una persona jurídica dependiente. La emisión de voto por parte de la persona jurídica dependiente en la asamblea de socios de la sociedad de responsabilidad limitada dominante debe por ello ser tratada de manera igual que si esta misma hubiese votado con sus propias participaciones.

Por supuesto que no siempre ha quedado directamente expresada la voluntad legislativa. En tal caso lo que primeramente ha de comprobarse son las consecuencias que tendría semejante menoscabo de la finalidad normativa para la clase de persona jurídica de que se tratara. Si se llega a la conclusión de que el cumplimiento de sus funciones sufriría un quebranto decisivo, también debe atribuirse preferencia a la realización de la finalidad de la norma frente a la forma de la persona jurídica.

Esto es lo que, por ejemplo, rige en el caso del § 114 V de la ley de sociedades anónimas. Este precepto dispone que un accionista que deba quedar exonerado en virtud de un acuerdo, carece de voto en la adopción del mismo. Si se trata de exonerar a un miembro del consejo directivo de una sociedad anónima dominada completamente por otra persona jurídica que aparece como socio de aquélla, la prohibición de voto también debe afectar a la persona jurídica. Es cierto que el legislador no ha previsto este caso de manera expresa (el § 114 VI de la ley de sociedades anónimas se refiere solamente a la relación entre la sociedad anónima y una de las personas jurídicas de ella dependientes), pero no solo quedaría gravemente desvirtuado el sentido de los preceptos acerca de la exoneración del consejo directivo, sino que también representaría un peligro para los demás accionistas y sufriría un desequilibrio inadmisible la distribución de funciones entre los órganos de la sociedad de la que depende de manera decisiva que su constitución se ajuste a lo previsto por el legislador, si el consejo directivo pudiera exonerarse a sí mismo por la vía indirecta de una persona jurídica por él mismo dominada. Este ejemplo demuestra que la finalidad de una norma del Derecho de sociedades que afecta al derecho de voto, no solo puede conducir a la equiparación de aquella persona jurídica que celebra su asamblea general o de socios con una de las sociedades que dependen de la misma, sino también a una identificación de un socio, que aparece bajo la forma de una persona jurídica, con un tercero que la domina por completo (como sucede, por ejemplo, tratándose de la sociedad unipersonal). En tal caso, la emisión de voto de la persona jurídica debe ser valorada como la emisión de voto por parte del tercero al que afecta la prohibición de votar.

Los ejemplos que antes y ahora hemos expuesto no agotan la materia. Tampoco cabría esperarlo. De manera especial, las relaciones jurídicas entre sociedad madre y filial, *trusts y konzerns* todavía han de ser objeto de una investigación a fondo. No cabe duda que si se llevara a cabo un estudio completo de los problemas concretos aparecerían claramente muchos de diversa clase que autorizarían que se postergara la forma de la persona jurídica.

Tercera proposición

Las normas que se fundan en cualidades o capacidades humanas o que consideran valores humanos también deben aplicarse a las personas jurídicas cuando la finalidad de la norma corresponda a la de esta clase de personas. En este caso podrá penetrarse hasta los hombres situados detrás de la persona jurídica para comprobar si concurre la hipótesis de que depende la eficacia de la norma.

Explicación:

Tanto la jurisprudencia como la doctrina aplica normas a las personas jurídicas que se enlazan con conceptos cuyos rasgos esenciales solo pueden advertirse en seres humanos cuando se procede a un examen natural. Resulta que, por ejemplo, se admite que una persona jurídica puede tener la cualidad de enemigo, judío o negro, o puede tener aptitud para la agricultura, mientras que se les niega la capacidad para ser obrero o abogado. Es cierto que no requiere ningún razonamiento la demostración de que una persona jurídica no puede contraer matrimonio o no puede estar bajo la patria potestad. Así resulta por la misma naturaleza de las cosas. Pero, en cambio, ya no es tan evidente que puedan atribuirse cualidades o capacidades humanas a una persona jurídica de manera general, y exigiría un prolijo razonamiento poner en claro por qué ello solo procede en relación con cualidades determinadas.

En este sentido es significativo que el legislador, cuando se trata de normas que no ha promulgado especialmente para las personas jurídicas, tome siempre al hombre como punto de partida. Cuando las cualidades o facultades humanas se toman como puntos de apoyo de determinados preceptos jurídicos, no nos encontramos con ninguna diferencia esencial, sino solo de grado con respecto a las demás normas. El legislador ha creado la persona jurídica como un sujeto de derecho del mismo valor o equiparable al hombre, que puede entrar en relación con el mismo en un pie de igualdad y sobre la base del ordenamiento jurídico; de ello resulta que, en lo fundamental, todas las normas que rigen para el hombre también deben ser aplicables a la persona jurídica. Por supuesto que existen excepciones, pero en todo caso requieren una especial fundamentación en la medida en que no se desprenden de la misma naturaleza de la cosa. La sola circunstancia de que una norma se halle enlazada con atributos humanos no es suficiente para excluir su aplicación a las personas jurídicas. Ello más bien ha de decidirse con el análisis de la regla de derecho afectada, de los motivos legislativos a que se debe y de la función atribuida a la norma en la trama del ordenamiento jurídico. Solo cuando la finalidad así comprobada del precepto de derecho no puede conciliarse con la finalidad de la persona jurídica en el sistema legal, ha de estimarse inaplicable la norma a las personas jurídicas.

Si nos encontramos, por ejemplo, con que una norma emplea el concepto de cónyuge o de pariente, ha de comprobarse si regula relaciones que específicamente tengan el carácter de Derecho de familia o de las personas o si se trata de la descripción de un fenómeno de Derecho patrimonial, en general, en el que se halle interesado precisamente un cónyuge o un pariente. Solo en el primer caso no será aplicable a las personas jurídicas. Hay que tener en cuenta que entonces se tratará de materias que no podrán conciliarse con la finalidad negocial o de tráfico a que responde la existencia de la persona jurídica. En cambio, en el segundo caso, la aplicabilidad de la norma a las personas jurídicas ha de afirmarse de manera fundamental. Basta pensar en los preceptos del Derecho de concurso relativos a la impugnación de los negocios jurídicos entre cónyuges o parientes, que también se aplican a las personas jurídicas que están dominadas por un cónyuge o por un pariente. Sucede en este caso que se trata de regular fenómenos del Derecho patrimonial que no tienen sus raíces en el Derecho de familia y en los que pueden participar las personas jurídicas por razón de su misma finalidad.

De estas consideraciones resulta claramente que las personas jurídicas no pueden adoptar ni ser adoptadas, no pueden ser tutor ni pupilo, pero tampoco obrero o abogado, pues se trata de casos en los que predomina el elemento de Derecho de la persona. De la misma manera, tampoco pueden ser titulares del derecho moral de autor, porque precisamente se trata de un derecho que debe proporcionar una protección inalienable al hombre que se dedica a una labor creadora. En este caso, la misma finalidad de la institución impide que sea aplicable a las personas colectivas. Por supuesto que el legislador tiene el poder de hacer extensivas incluso tales normas y derechos a las personas jurídicas, en la medida en que la misma naturaleza de la cosa no lo excluya. Por el contrario, la persona jurídica puede ser enemiga en el sentido de la legislación de guerra, puede ser demandada en el sentido de la legislación de restitución y puede tener aptitud para la explotación agrícola en el sentido de las disposiciones que regulan las haciendas familiares, pues en todos esos casos, la finalidad de las normas que aparecen enlazadas con esas cualidades humanas puede ser conciliada con el fin peculiar de las personas jurídicas.

Cuando ahora hablamos de la necesidad de tener en cuenta la finalidad de la norma, no nos referimos a nada que tenga que ver con la desestimación de la forma de la persona jurídica. A dicha finalidad solo se recurre porque es necesario comprobar si el precepto de derecho de que se trata puede tener aplicación, en general, a las personas jurídicas. Este problema no debe ser confundido con el que ha sido tratado en el primer libro: el de saber si para la realización de la finalidad de una norma debe penetrarse hasta alcanzar a los hombres que se hallan detrás de la persona jurídica. Allí nos hemos encontrado con que existía una colisión de la norma con la forma de la persona jurídica y era menester decidir a cuál corresponde la preferencia. Por el contrario, ahora es preciso averiguar si puede aplicarse la norma a la persona jurídica a base de comparar la finalidad de aquélla con la finalidad a que responde la institución de semejante clase de personas.

Si resulta aplicable, queda planteado el problema ulterior de comprobar si en la persona jurídica concurren las cualidades o capacidades previstas en la hipótesis de la regla de derecho. Para ello se ofrecen dos caminos: En muchos casos puede ser procedente adaptar la cualidad humana a la peculiaridad de la persona jurídica. Esto significa que son diferentes en las personas jurídicas y en las naturales los supuestos de la norma de que se trata, pero que las consecuencias jurídicas son las mismas. Por ejemplo, cuando la legislación de guerra de un país determina la cualidad de enemigo de un hombre por su residencia en un territorio enemigo, resulta posible aplicar esta disposición a las personas jurídicas de manera que su condición de enemigas se rija por su domicilio. Pero semejante sustitución de la base normativa solo es admisible si se halla en consonancia con la finalidad legislativa. Por lo regular este objetivo solo podrá lograrse penetrando hasta los hombres que se encuentran detrás de la persona jurídica para determinar si concurren las cualidades presupuestas por la norma. Se comprende que en muchos casos no cabe adaptar las cualidades humanas contenidas en la norma a la peculiaridad de la persona jurídica sin alterar su finalidad. Pero incluso cuando no se trata de este caso, de la finalidad de la norma puede resultar improcedente realizar una adaptación si lo pretendido con la norma por el legislador era afectar a hombres que reunieran determinadas cualidades. Con referencia al concepto de enemigo esto significa, por ejemplo, que cuando el legislador de un Estado que enlaza consecuencias jurídicas al concepto distintivo de enemigo, quería precisamente alcanzar a los hombres enemigos, esta cualidad referida a la persona jurídica debería determinarse en atención al hecho de que sea dominada por enemigos. De la finalidad perseguida por el legislador resulta el criterio para determinar los *supuestos* necesarios para la aplicación de la norma a la persona jurídica. Ha de resolverse de la misma manera la cuestión de si esas cualidades deben concurrir en las personas que dominan a la persona jurídica (así, especialmente, tratándose de normas combativas que por lo regular tienen en cuenta el principio de la dominación o control), o en las que representen la mayoría numérica de los socios, o en las que constituyen sus órganos o actúan por ella de alguna otra manera.

Finalmente, todavía debe mencionarse que tratándose de determinados preceptos de Derecho que se apoyan en cualidades humanas o que precisamente han sido creadas para los hombres (como, por ejemplo, los derechos constitucionales), no crea ninguna dificultad la determinación de los supuestos normativos cuando ya ha sido comprobada la aplicabilidad de la norma a las personas jurídicas. En tal caso se trata de normas que no se enlazan con cualidades naturales, sino en determinadas valoraciones jurídicas de la conducta humana o en las garantías jurídicas concedidas a los hombres que con pleno sentido cabe enlazar con la persona jurídica. Basta pensar en el concepto del honor o en el derecho fundamental a ser oído en juicio.

Cuando para la determinación de los supuestos normativos debe penetrarse hasta los hombres que se hallan detrás de la persona jurídica, se plantea el problema de si esta penetración no se halla en contradicción con la regla fundamental, antes expuesta, de que no es suficiente para que se desestime la forma de la persona jurídica la circunstancia de que, en otro caso, no podría alcanzarse la finalidad de una norma. Pero es preciso contestar en sentido negativo. Ahora se trata de la determinación del contenido de la norma y de concretar la voluntad legislativa que puede justificar la penetración. Allí, en cambio, la forma de la persona jurídica representaba un obstáculo ocasional, en un caso determinado, para lograr la finalidad de la norma, sin que para nada se planteara el problema de si la norma era aplicable a las personas jurídicas. Cuando el § 313 del Código civil, pongamos por caso, determina que para la venta de un inmueble debe observarse una determinada forma, resulta completamente indiferente la circunstancia de que en el negocio jurídico, se hallen interesadas personas naturales o jurídicas. Lo único que se exige para que la regla de Derecho sea aplicable es que efectivamente se trate de la compraventa de un inmueble. Pero si nos encontramos con el caso de una compraventa de todas las acciones de una sociedad anónima inmobiliaria cuyo patrimonio consiste exclusivamente en un inmueble, advertiremos que el supuesto queda fuera de la hipótesis de aplicación del § 313 del Código civil. A lo sumo podría dudarse de si la finalidad de este precepto exige que se prescinda de la forma de la persona jurídica para que la venta de las acciones pueda ser identificada con la compraventa del inmueble. Antes ya hemos demostrado que semejante identificación no es admisible. Para dejar de lado la forma de la persona jurídica no basta el hecho de que, en otro caso, no podría lograrse la finalidad de una norma en un determinado caso concreto. No obstante, los casos que ahora consideramos se distinguen del ejemplo que acabamos de citar porque en ellos la finalidad de la norma aparece de manifiesto en los mismos supuestos de que depende su aplicación, los cuales exigen dicha penetración. Por tanto, cuando una norma enlaza determinados efectos jurídicos a la cualidad de enemigo que pueda apreciarse en una persona y de la finalidad del precepto se desprende que éste también es aplicable a las personas jurídicas, a cuyo efecto debe penetrarse hasta los hombres que la integran para conocer sus cualidades, la aplicación de la norma presupone necesariamente que este examen ha sido practicado. De ello resulta que también en este caso la penetración tiene un carácter diferente que en los examinados hasta ahora. No se trata de la identificación entre la persona jurídica y los socios, ni de una equiparación entre éstos y el patrimonio de la sociedad, sino simplemente de una transferencia de cualidades o capacidades de los socios a la persona jurídica.

Cuarta proposición

Si la forma de la persona jurídica se utiliza para ocultar que de hecho existe identidad entre las personas que intervienen en un acto determinado, podrá quedar descartada la forma de dicha persona cuando la norma que se deba aplicar presuponga que la identidad o diversidad de los sujetos interesados no es puramente nominal, sino verdaderamente efectiva.

Explicación:

Al explicar la regla tercera se ha demostrado que la forma de la persona jurídica puede ser desatendida en determinados casos, cuando la aplicación de la norma a dicha clase de personas dependa de la comprobación de unos supuestos que correspondan a cualidades humanas. Pero cabe preguntar si existen otros casos que también justifiquen que se atraviese el velo que cubre la persona jurídica para averiguar debidamente el supuesto de aplicación de alguna norma. Hay que contestar afirmativamente. Así lo exigen aquellas reglas cuyos supuestos de aplicación se hallan estrechamente enlazados con aquel rasgo fundamental de la persona jurídica: la radical separación entre la sociedad y sus socios. Cuando una norma solo deba aplicarse si por ambas partes del negocio jurídico concurren efectivamente personas diferentes, como sucede en el caso del § 892 del Código civil, puede suceder que la intervención de una persona jurídica trate de ocultar que detrás de la diversidad jurídica de las partes existe una efectiva unidad de persona. En tal caso el juez debe desatender la forma de la persona jurídica porque solo de tal manera cabrá resolver satisfactoriamente el conflicto entre los supuestos de aplicación de la norma y la forma de la persona jurídica. Si limitara su examen a la estructura de la persona jurídica, llegaría al resultado de aplicar una regla de Derecho que en realidad debería quedar excluida en tal caso atendidos sus propios supuestos. Por tanto, provocaría un resultado injusto. La penetración resulta justificada cuando la interpretación de la norma permite averiguar que el legislador ha tenido en cuenta una diversidad de personas efectiva y no puramente jurídica, por cuya razón ha establecido la norma que tiene en cuenta la forma de la persona jurídica. Por lo general, el Derecho se limita a tener en cuenta la diversidad jurídica de las personas que intervienen en un contrato, como sucede con las disposiciones relativas al contrato de compraventa, al préstamo, lo mismo que con la prohibición de intereses que establece el § 1197 del Código civil en el caso de deuda inmobiliaria de propietario. Por tanto, cuando se trata de un contrato en el que se halla interesado una persona jurídica, ha de tenerse en cuenta lo que el Derecho ha querido que se aplique en el caso normal, para lo cual será mantenida la radical separación entre la sociedad y los socios.

Pero si la norma enlaza determinadas consecuencias jurídicas a la circunstancia de que concurra una efectiva diversidad de personas, estará justificado que se atraviese el velo de la persona jurídica, sin que ello dependa de cómo el legislador haya configurado en concreto este principio que se halla en el fondo de la cuestión. Junto a normas que presuponen un negocio de tráfico, como el § 892 del Código civil, existen preceptos que prohíben actos con el fin de impedir que se susciten conflictos de intereses, como el que se produce regularmente cuando alguien interviene como juez en asuntos propios. Basta citar el § 41 de la Ordenanza Procesal Civil. Cuando en este caso la forma de la persona jurídica también oculta una efectiva unidad de persona, es preciso identificarla con la persona natural. El resultado es que la norma que de otra manera no podría invocarse, resulta aplicable al caso. Inversamente, puede suceder que no exista un conflicto de intereses a pesar de que la estructura formal de la persona jurídica oculte semejante unidad de persona. Así ocurre si en el negocio jurídico están enfrentadas unas mismas personas, aunque bajo una forma jurídica diferente. Por ello, si una norma prohíbe la realización de un acto determinado cuando existe un conflicto de intereses en la persona de quien interviene en el negocio jurídico, como sucede en el caso del § 181 del Código civil alemán, el precepto legal deberá considerarse inaplicable en conformidad con la doctrina dominante cuando la forma de la persona jurídica oculte semejante unidad de persona.

En estos casos la penetración se funda en otros supuestos y en consecuencias jurídicas diferentes que las propias de la tercera regla. Mientras allí solo sirvió para proyectar sobre la persona jurídica ciertas cualidades de los nombres situados detrás de la misma, ahora da lugar a la completa identificación entre la persona jurídica y su socio o socios. Pero ello supone que se hallan efectivamente contrapuestas las mismas personas, en igual número, aunque bajo diversa apariencia jurídica, pues en otro caso a lo sumo solo se daría una parcial identificación de personas. Pero si la norma se funda en una efectiva unidad de persona y no en una más amplia igualdad económica, no es posible desatender la forma de la persona jurídica por razones fundadas en el Derecho de sociedades cuando la identidad de las personas que concurren solo es parcial.

VISIÓN DE CONJUNTO

La exposición abstracta de los casos en que se penetra a través de la persona jurídica proporciona un criterio para la ordenación del material empírico y pone fin a la presente investigación. También queremos terminar este trabajo con la formulación de una pregunta que tal vez tiene más alcance. Los casos patológicos, ¿obligan a introducir una variación en el concepto de persona jurídica? ¿Afectan al concepto que se tenga de su esencia?

Ahora no es posible responder a esas preguntas. Brindan tema suficiente para un trabajo independiente que nos llevaría más allá del campo del Derecho civil. Por ello, cuando en lo que sigue intentamos encajar los casos de penetración en la figura de la persona jurídica, solo pretendemos señalar puntos de apoyo para una investigación ulterior. No pretenden más estas reflexiones.

I

Los casos de abuso sirven para demostrar las excepciones que sufre la regla de que los derechos y obligaciones de la sociedad no pueden ser nunca considerados como derechos y obligaciones de los socios (y a la inversa). Los casos en que la norma se aplica revelan que las cualidades de los hombres que se hallan detrás de la persona jurídica deben ser consideradas como cualidades propias de ésta en determinados supuestos. Entonces queda identificada la persona jurídica con su substrato real o personal, o se considera que ciertas cualidades de los socios son propias de la sociedad. Cabe preguntar si de ello resulta que la personalidad de las llamadas personas jurídicas solo tiene carácter relativo. En realidad, esta es la idea que permite comprender con pleno sentido los resultados de este trabajo. Aunque por lo regular hay que partir de la radical separación entre la persona jurídica y sus socios, como personas privadas, este principio general quedará diversamente afectado al afirmarse que si bien la personalidad de las llamadas personas jurídicas deberá generalmente ser mantenida, en el caso concreto podrá quedar descartada si concurren determinadas circunstancias.

Pero como esta penetración hasta el substrato de la persona jurídica siempre tiene carácter excepcional, cuando alguien invoque los hechos que pueden justificar que se descarte la forma de dicha persona tiene el deber de probarlos en todos los casos en que sea pertinente hablar de una carga de la prueba (por ejemplo, cuando alguien pide que sea desestimada la forma de la persona jurídica). Por tanto, se presumirá la personalidad de la persona jurídica, sin perjuicio de la prueba en contrario. No debe estimarse que semejante afirmación ataca la teoría de la ficción. Nada tiene que ver con ella. La teoría de la ficción se ocupa de la esencia de la persona jurídica, mientras ahora solo se trata de hacer constar que la forma de la persona jurídica ha de quedar desvirtuada en algunos casos y que la carga de la prueba recae sobre quien afirme que concurren los supuestos propios de tales situaciones excepcionales.

En el libro segundo se ha demostrado que todas las reglas jurídicas que rigen para las personas naturales también son fundamentalmente aplicables a las personas jurídicas. De ello tal vez cabe deducir que la persona jurídica puede desempeñar una segunda función junto a su posición de sujeto de derecho y de destinatario de las normas. Esta función consistiría en estimar que en el concepto de persona jurídica se halla implícita una norma general de remisión. Esto significaría que con la figura de la persona jurídica el Derecho ha creado la posibilidad de enlazar el efecto de las normas a un sujeto de derecho distinto del ser humano; y no solo tratándose de las normas que sin violencia pueden serle imputadas, sino incluso de las que se fundan en la concurrencia de cualidades humanas. La cuestión de si una persona jurídica puede ser «campesina», «perseguida», «de color», no se decide en atención a si cabe enlazar tales cualidades con la esencia de la persona jurídica sino solo observando si la finalidad de la ley exige la aplicación de semejante norma a las personas jurídicas. Con ello resulta que el círculo de obligaciones y la esfera de poderes que el Derecho atribuye a la persona jurídica en el terreno del Derecho privado, está determinado, lo mismo que para el hombre, por la suma de todas las normas vigentes.

II

Estas contadas alusiones a problemas enlazados con el concepto de persona jurídica, conducen a una última y breve pregunta acerca de su esencia. No creemos posible contestar a la pregunta por la esencia de la persona jurídica sin tener en cuenta los fenómenos que se suceden en el terreno de los hechos.

¿Qué significa para la esencia de la persona jurídica que se trate de un sujeto de derecho relativo, que por tanto pueda ser negada su existencia en un caso concreto y que, en principio, todos los preceptos del ordenamiento jurídico puedan serle imputados, sin que para todo ello haya hecho falta la previa formulación de la pregunta acerca de su esencia? El juez que, por ejemplo, en un caso de abuso prescinde de la forma externa de la persona jurídica no aprecia que en ésta exista una vida autónoma, una personalidad jurídica intangible con su propia vida independiente junto a la del hombre. Para él representa menos que el nombre y considera que éste la ha creado como un mero instrumento. El hombre puede ciertamente subsistir sin la persona jurídica, pero no la persona jurídica sin el hombre. La mente humana ha ideado la persona jurídica, le ha dado forma con su inventiva y cabe afirmar que, así vistas las cosas, esa persona debe su existencia al ordenamiento jurídico. La persona jurídica del Derecho civil es lo que el ordenamiento jurídico hace de ella.

Resulta de cuanto hemos dicho que en la vida del Derecho la persona jurídica no es un fenómeno natural previamente dado, sino una figura ideal para la persecución de determinados fines jurídicos. De este principio de su existencia espiritual cabe inferir su elasticidad antes señalada, que permite descartar su personalidad jurídica en un caso concreto para penetrar hasta los hombres o los objetos que se hallan detrás de la persona colectiva. La figura conceptual está siempre enlazada con una determinada realidad sociológica. Si se siguiera nuestra indicación también perderían mucho de su aspecto problemático ciertos casos como el planteado en Derecho alemán interlocal con la expropiación de las personas jurídicas realizada en la zona oriental —con el fenómeno de la destrucción sin liquidación de una persona jurídica en el Este y su simultánea subsistencia en el Oeste – o los que surgen en el tráfico jurídico internacional con el reconocimiento de personas jurídicas extranjeras– para señalar solo algunos de los muchos ejemplos que se ofrecen. La pregunta por la esencia de la persona jurídica no debería ser un problema de conciencia para el hombre de Derecho, sino que debe mantener su carácter puramente jurídico.

COMENTARIO DEL TRADUCTOR

José Puig Brutau

1. Realidad y trascendencia en Derecho español del problema discutido por Serick

La personalidad jurídica de las sociedades mercantiles plantea problemas acuciantes en cuantos lugares el desarrollo económico suscita conflictos como los que de manera tan atractiva expone, discute y resuelve Serick en las páginas que preceden. Aunque en España la doctrina jurídica que podemos designar abreviadamente con la expresión *disregará* no ha sido objeto de abierta discusión, en realidad está presente en una serie de problemas que tratan de hallar el criterio orientador que les brinde la solución más adecuada.[1] Si no exige someter a profunda revisión el concepto de persona jurídica,[2] por lo menos puede servir para señalar los límites más allá de los cuales aparece como el resultado absurdo de una jurisprudencia puramente maquinal la obtención de deducciones a base de esta premisa tan ilusoriamente acariciada: el concepto de persona jurídica.

A pesar de las exageraciones que todavía produce la aceptación desmedida de este concepto, creemos que ya está madura entre nosotros la convicción que ha de transformar la tradicional y rutinaria creencia en la personalidad jurídica de las sociedades mercantiles.

---

1 El libro de Serick ha sido muy comentado y discutido fuera de España, pero entre nosotros hasta ahora no ha sido objeto de la atención que sin duda merece. La doctrina *disregard* ha sido en algunos casos objeto de referencia expresa por parte de autores españoles. Por ejemplo: Carlos Fernández Rodríguez, al comentar *La nueva ley británica sobre acuerdos restrictivos de la libre concurrencia,* en la Revista de Derecho Mercantil, abril-junio de 1957, pág. 385 y ss., donde señala los casos en que la *Restrictive Trade Practices Act* de 1956 «aplica de una manera implícita la doctrina angloamericana del *disregard of legal entity,* la cual propugna que si una persona jurídica es empleada para lograr fines ajenos a aquellos para los que fue constituida, debe prescindirse de la persona jurídica y tomarse en consideración los hombres e intereses que tras la misma se esconden». Y en la nota 13 advierte el mismo autor: «Una completa exposición de esta doctrina y de sus aplicaciones jurisprudenciales puede verse en Serick...». También, de Carlos R. Fernández Rodríguez, la recensión bibliográfica en Anuario de Derecho Civil, julio-septiembre 1956, págs. 975-979.

2 Según Ascarelli, «en el estudio de la fenomenología del capitalismo contemporáneo resulta completamente inadecuado el perfil de la simulación y también el del fraude o del abuso, y lo que en cambio procede es someter a revisión la doctrina de la personalidad jurídica». Véase en su estudio *Cooperativa e Società: Concettualismo giuridico e magia delle parole,* Rivista delle Società, mayo-junio 1957, pág. 434, final de la nota 31. Últimamente, del mismo autor, en la misma revista: *Personalità giuridica e problemi delle società,* noviembre-diciembre de 1957, págs. 981 a 1.047. Pero véase la posición de Serick, *supra* págs. 28 y 259.

En 1950, cuando se estaba discutiendo el Anteproyecto de Ley sobre el régimen jurídico de las sociedades anónimas, Federico DE CASTRO publicó en la «Revista de Estudios Políticos» un trabajo que tuvo y sigue teniendo gran resonancia: *¿Crisis de la sociedad anónima?*[3] El vigoroso toque de atención que dio contra el desmedido alcance técnico de la personalidad jurídica de las sociedades anónimas no se perdió en el vacío sino que, sobre todo en las páginas del «Anuario de Derecho Civil», vemos cómo influye para que muchos discípulos señalen exageraciones del concepto de persona jurídica, especialmente al comentar o anotar decisiones de la jurisprudencia.[4]

Numerosas observaciones de Federico DE CASTRO apuntan hacia el problema que SERICK ha tenido el valor y el gran acierto de afrontar plenamente. «Para los autores —dice DE CASTRO—, la sociedad anónima llega a ser la persona jurídica típica, la más semejante a la persona física, y con delectación morosa se va señalando la identidad de sus atributos: la nacionalidad, el nombre, el patrimonio personal y hasta los derechos de la personalidad». Señala a continuación que esa entelequia de la persona jurídica se utiliza para establecer una total separación entre la sociedad y los socios, hasta el punto de que, reducido el concepto a una abstracción, existe «la posibilidad de convertirse en instrumento encubridor y justificador de las más diversas e ingeniosas combinaciones financieras». Señala, en efecto, una serie de posibilidades que ahora vemos convertidas en ejemplos vivos en los casos que expone el libro de SERICK. Por ello, al comentar uno de los que precisamente expone el autor alemán,[5] el español emplea la gráfica expresión que tanto utilizan las decisiones de tribunales angloamericanos: «Los tribunales y la doctrina se vieron obligados —quizá por vez primera— *a descorrer el velo artificial de la sociedad* y a juzgar conforme a la realidad». Y luego añade: «Perdido el respeto supersticioso a los conceptos abstractos, cada vez serán más los casos en que se considere necesario *no detenerse ante la forma jurídica,* ante la persona jurídica, e *investigar el fondo real de la situación'.* Esta investigación del fondo real de la situación, por encima de la forma jurídica, es lo que hace el libro de SERICK y lo que explica el título de su obra: *Rechtsform und Realität juristischer Personen.*

---

3 Federico DE CASTRO Y BRAVO, *¿Crisis de la Sociedad Anónima? Reflexiones sobre la proyectada reforma legislativa de la sociedad anónima,* Revista de Estudios Políticos, volumen XXIX, núm. 49. Parte de este trabajo había sido publicado en el Anuario de Derecho Civil, octubre-diciembre 1949, págs. 1397-1415, con el título: *La Sociedad Anónima y la deformación del concepto de persona jurídica.*

4 Por ejemplo: Anuario de Derecho Civil, enero-marzo de 1956, pág. 347, al exponerse la doctrina de la sentencia de 11 de octubre de 1955, afirmativa de que 'la esencia de la sociedad está en la constitución de una entidad independiente de las personas de los contratantes», el anotador L. D. P. observa que tal afirmación «no puede mantenerse de manera general, aunque otra cosa pueda deducirse de la sentencia. La constitución de una persona jurídica... no solo no es esencial al contrato de sociedad, que es simplemente la puesta en común de bienes, dinero o industria para partir las ganancias (art. 1665 del Código civil), sino que es algo completamente accidental y yuxtapuesto al contrato». Cita, al efecto, el estudio de Federico DE CASTRO y el de Alfonso DE COSSÍO al que vamos a referirnos en el texto a continuación. En el mismo sentido, otras observaciones del mismo Anuario que citaremos más adelante.

5 Véase supra, pág. y las páginas 93 del vol. 29 de la citada Revista de Estudios Políticos y 1412 del citado Anuario de Derecho Civil. En las frases que a continuación transcribimos en el texto subrayamos por nuestra cuenta lo que ahora importa destacar.

Otros autores han planteado también en España el mismo problema en sus términos más auténticos. Así, Alfonso DE Cossío: «¿Qué es lo que afirmamos cuando decimos que un determinado complejo de personas, de bienes o de relaciones se halla dotado de personalidad jurídica?». Combate también lo que podríamos llamar el antropomorfismo jurídico aplicado a las sociedades mercantiles: «... es un sujeto que no puede ser identificado con el sujeto humano, que entre un hombre y una persona colectiva no puede existir sino una similitud muy relativa». Y más adelante añade: «La crisis actual del concepto de persona jurídica deriva por tanto de su insuficiencia para explicar una serie de fenómenos de vida colectiva, y de otra de su falta de contenido y excesiva vaguedad... Ello explica... todas las aplicaciones abusivas que de la misma se viene haciendo...».[6]

La misma cuestión vemos claramente planteada en un importante estudio de José Lois ESTEVEZ: «Preguntemos ahora, antes que nada, *¿qué es una persona jurídica»*. Y luego añade: «... entre el fenómeno asociativo y la personalidad humana, si prescindimos del alcance metafórico de la designación, no existe paridad legal». Según este autor, la persona jurídica surge como resultado de una «comunidad de riesgo estable en que una agrupación humana se pone ante el Derecho». Por ello cree que la definición esencial de la personalidad corporativa debería quedar formulada de la siguiente manera: «Ente social con poder de autodeterminación independiente y una efectiva comunidad estable de riesgo jurídico». Por lo mismo estima que no debe merecer la consideración de persona jurídica la llamada sociedad de un solo socio ni otras aplicaciones puramente instrumentales del concepto de persona jurídica, desconectado del contenido social y económico que puede justificarlo. Y nos interesa especialmente llamar la atención de la crítica que hace Lois ESTÉVEZ de la jurisprudencia del Tribunal Supremo relativa a casos de traspaso de locales de negocio, porque señala que en ocasiones se ha movido simplemente «por la fascinación de una metáfora», la de persona jurídica.[7]

En la obra de un destacado mercantilista español, el profesor GIRÓN TENA,[8] también podemos observar una hábil exposición —con la consiguiente llamada de atención— de los problemas discutidos en la obra de SERICK. «En el Derecho inglés y americano —nos dice—, a través del *case law,* se ha ido elaborando una doctrina de la relatividad de la persona jurídica, que tiene sus expresiones muy significativas: *pierce the veil o lift the curtain* indican bien la significación instrumental del recurso de la personalidad. En el alemán, *Mantel* o *Aktienmantel* viene también a significar la figura como esquema jurídico sin correspondencia real. No me parece importante tratar de traducir esas expresiones y hablar de un *velo, cortina* o *capa* anónimos. Entiendo que se puede formular la cuestión jurídicamente como problema de *adecuación del tipo legal a la realidad a que sirve»*. Añade el mismo autor español: «La cuestión tiene más amplitud que la correspondiente a la zona propia de la sociedad anónima. Las demás sociedades están creadas para servir fines para los cuales a veces no son utilizadas. La doctrina alemana habla entonces de un *Missbrauch* del tipo social. Incluso en el Derecho de obligaciones, los *negocios indirectos* de la doctrina italiana expresan el mismo fenómeno general...».

---

6 Alfonso DE Cossío, *Hacia un nuevo concepto de la persona jurídica,* Anuario de Derecho Civil, julio-septiembre de 1954, págs. 623-654, esp. 644-645.

7 José Lois ESTÉVEZ, *Sobre el concepto de «naturaleza jurídica»,* Anuario de Filosofía del Derecho, 1956, pág. 159 y ss., esp. 174-182.

8 José GIRÓN TENA, *Derecho de sociedades anónimas,* Valladolid 1952, páginas 75-76.

En la misma obra, señala GIRÓN TENA una serie de finalidades indirectas perseguidas a través de la figura de las sociedades que tienen abstractamente reconocida la personalidad jurídica, y casi resulta ser una enumeración del contenido de la obra de SERICK: «... eludir los gastos de una fundación nueva para lo cual se compra el esquema de una sociedad ya existente, al que luego se hacen los retoques necesarios; para eludir las precauciones legislativas que, por las razones que persiga el legislador, centran su atención en un control de fundaciones nuevas; para aprovechar el respeto que una nueva legislación haya otorgado a la configuración estatutaria se aprovechan las que dominen la vieja arquitectura social; para obtener la explotación de una concesión, otorgada quizás en atención a circunstancias personales de los que inicialmente fueron los socios de la sociedad anónima, que se traspasa como fórmula jurídica, por razones fiscales, en su variedad de manifestaciones; para obtener el beneficio de la responsabilidad limitada; para eludir los impuestos —o la legislación sucesoria en general—; para concentrar en sentido económico un sector mediante el sistema de filiales, etc.».

Los nuevos hechos, sobre los que ya hace tanto tiempo llamó la atención GARRIGUES, siguen exigiendo que las previsiones normativas se adapten a la realidad y dejen de ser auténticas imprevisiones. Como advierte también GIRÓN TENA, «por pura deducción de los atributos de la persona jurídica, incluso con la limitación propia de no tratarse de una persona física, no es posible resolver aceptablemente un gran número de cuestiones. «No debe ... pensarse que no se haya de partir de aquella personalidad como un instrumento utilísimo, sino que hay que tener siempre a la vista *la relatividad del concepto*». Por ello, insiste el mismo autor en que es «una de las tareas más importantes de la doctrina y de la jurisprudencia continuar la elaboración de un cuerpo seguro de reglas sobre esta materia y podría utilizarse la aportación alemana por la semejanza legislativa en este punto».[9]

La existencia de tales problemas en Derecho español no está reducida, naturalmente, a una preocupación de la doctrina. El auténtico problema consiste, precisamente, en lograr que los preceptos del Derecho establecido proporcionen los criterios adecuados para solucionar los conflictos que surgen en la vida mercantil del país. En el trabajo que antes hemos citado de Federico DE CASTRO se da cuenta, en una nota, de lo siguiente: «En un periódico de Madrid, hará unos dos meses, se anunciaba 'la venta' de una sociedad anónima de tres millones de capital por un millón. En el boletín-periódico de una empresa individual se comunicaba el año pasado que tomaba la forma de sociedad anónima, advirtiendo que el cambio era solo externo».[10] En una nota de BAS Y RIVAS a la Resolución del Tribunal Económico Administrativo Central de 3 de mayo de 1955, leemos también la siguiente observación: «En alguna ocasión hemos visto anunciada la venta de una sociedad anónima».[11] Por nuestra parte podemos afirmar que en el momento de redactar estas líneas tenemos a la vista ocho recortes de prensa con anuncios aparecidos en pocas semanas en un periódico de Barcelona, dos de ellos ofreciendo en venta una sociedad limitada, tres relativos a la venta de sociedades anónimas y otros tres con ofertas de compra de la misma clase de sociedad. No cabe afirmar, pues, que la expresión alemana *Mantelkauf*

---

[9] José GIRÓN TENA, en la misma obra, págs. 80 y 81.

[10] Federico DE CASTRO, en la nota 91 del trabajo publicado en la Revista de Estudios Políticos, correspondiente a la nota 32 del publicado en el Anuario de Derecho Civil.

[11] Federico BAS Y RIVAS, Nota a la Resolución del TEAC de 3 de mayo de 1955, publicada en Revista de Derecho Privado, noviembre de 1955, página 1030 nota 2.

exprese algo que no exista en la vida española y lo que fue en Alemania el caso «Mitropa», en cualquier momento podría tener actualidad entre nosotros.[12]

Pero, sobre todo, la realidad a que responde la doctrina *disregard* la hemos visto palpitar, diríamos que descaradamente, en las páginas de un periódico de Barcelona con el siguiente anuncio: «Tienda en Madrid. Calle superficie 9 por 22, más sótanos, apta para todo lo relacionado con la industria del vestir, autorización y contrato para toda clase de obras, renta 1.500 mes. Se venden todas las acciones de la sociedad anónima arrendataria. Oportunidad excepcional para establecerse en Madrid sin riesgo. Escribir a No puede estar más claramente expresado que se trata de realizar un traspaso de local de negocio mediante la compraventa de todas las acciones de la sociedad arrendataria. Y sin perjuicio de la legalidad del caso correspondiente al anuncio de referencia, no cabe duda que formas iguales o equivalentes pueden emplearse, y efectivamente se emplean, para fines que pueden significar un fraude de ley.

Por todo ello sin duda es conveniente que pasemos a examinar con algún detalle semejante fenómeno y su manifestación en diferentes sectores de la vida jurídica española.

2. La doctrina «disregard» y el traspaso de local de negocio

En la aplicación de la ley de arrendamientos urbanos el concepto de persona jurídica es utilizado muchas veces para obtener soluciones a base de una deducción maquinal, en lugar de fundarse en una clara consideración de las razones de política jurídica que pueden señalar los límites del trato de favor que se concede al arrendatario. Con reiteración se afirma que hay traspaso cuando a la persona natural arrendataria de un local de negocio sucede una sociedad con personalidad jurídica, sin que se indague si se trata de un auténtico cambio de sujetos o si la situación arrendaticia permanece sustancialmente igual por debajo de lo que Federico DE CASTRO llama —como hemos visto— «el velo artificial de la sociedad». También se afirma que nos encontramos ante un resultado lógico o una solución inevitable cuando una sociedad se transforma, es decir, adopta otra forma jurídica, a pesar de que posiblemente no han variado los socios y subsiste el mismo objeto social. Pero igualmente es admitido el mismo resultado supuestamente lógico, cuando al arrendatario individual le sustituye una sociedad irregular, a pesar de que entonces —si se estima que tal clase de sociedades carece de personalidad jurídica— falta la base para tal argumentación maquinal. Por otra parte, el mismo concepto de persona jurídica produce resultados igualmente dudosos en sentido opuesto, cuando subsiste formalmente la misma persona jurídica a pesar de que tal subsistencia formal solo ha servido para encubrir un efectivo cambio de titular. Para ello basta pensar en la posibilidad que sugiere el anuncio que hemos transcrito.

Vamos a ver cómo los criterios de política jurídica a que responde la doctrina que seguiremos designando con la palabra *disregard* pueden aportar claridad a este tema. Por supuesto que no se trata de una fórmula mágica que también de una manera automática sirva para resolver nuestros problemas; basta con que pueda ofrecernos un nuevo punto de vista para estudiarlos y que sacuda nuestra rutina

---

[12] Véase antes pág. 56.

obligando a someter a detenido examen las razones de política jurídica susceptibles de brindarnos la solución más adecuada.[13]

La sentencia de 9 de marzo de 1956 nos permite estudiar el caso de un recurso —en definitiva rechazado— que se fundó en un razonamiento que podía responder perfectamente a la siguiente rúbrica. *Disregarding the Corporate Entity for Stockholders Benefit* (descartando la personalidad jurídica en beneficio de los accionistas).[14] Afirmaba la parte recurrente que «la personalidad de la sociedad de responsabilidad limitada no constituida hasta el año 1947, actual ocupante, cuyo lanzamiento se ha decretado, es la misma, sin más mutación que la externa, de forma o vestidura jurídica, sin trascendencia a la superestructura del radical fenómeno económico al que sirve el Derecho, que la de una sociedad civil de ilimitada responsabilidad ... fundada en 1943...».

Tenemos, por tanto, que la entidad arrendataria y recurrente pretendía *to pierce* o *to lift the veil* (atravesar o levantar el velo: la forma o vestidura jurídica de que habla el recurso) de la persona jurídica, para que se viera la identidad sustancial entre el cedente y el cesionario del derecho arrendaticio. El Tribunal Supremo lo rechaza y para ello argumenta a base de una deducción maquinal apoyada en el concepto abstracto de persona jurídica. Solo nos permitimos observar que la procedencia de que así se hiciera no debería ser obstáculo para que se precisaran los límites de validez de este concepto, pues, como hemos visto acertadamente afirmado por GIRÓN TENA, se trata de un concepto relativo.

Una decisión del Tribunal Supremo de Puerto Rico nos proporciona una interesante base para la comparación. En el caso *Sucesión de Salvador Pérez y otros contra Tomás E. Gual y la Borinquen Furniture Co., Inc.*,[15] el arrendatario, para evitar el desahucio por subarriendo inconsentido, hacía notar que poseía el 85 por ciento de las acciones de la sociedad subarrendataria y que las demás pertenecían a su hermana, por lo que de hecho se trataba del mismo negocio y de la misma persona. El Tribunal *a quo* había aceptado su criterio, pero la decisión fue revocada por el Tribunal Supremo. En la opinión de este Tribunal redactada por el Juez Asociado señor PÉREZ PIMENTEL se afirma: «Sabido es que una corporación tiene personalidad jurídica separada y distinta a la de sus accionistas y que la regla general es al efecto de que la existencia de la corporación, independientemente de sus accionistas, no puede ser ignorada o descartada *(disregarded)* ... Hay, sin embargo, algunas excepciones a esta regla. Según se dijo en *Swigget v. Swigget, Inc., supra,* citando de un caso de California, los actos y obligaciones de una corporación pueden considerarse

[13] Sobre el papel de la doctrina, en términos generales, en la investigación y aplicación del Derecho, son extraordinariamente interesantes unas páginas de Josef ESSER, *Grundsatz und Norm in der richterlichen Fortbildung des Privatrechts,* Tubinga 1956, especialmente págs. 248, 305 y 317.

[14] La frase inglesa transcrita en el texto es el título de un artículo de Raout BERGER publicado en Columbia Law Review, junio de 1955 (vol. 55, núm. 6), págs. 808-829. De los casos que estudia en que se descarta la estructura corporativa en interés del socio, citaremos como más congruente con el problema a que ahora nos referimos en el texto, el siguiente: un convenio por el que un arrendatario se obligaba a no permitir que el local fuese ocupado por ninguna otra persona *(not to permit occupancy by «any other person»),* se estimó que no se había quebrantado por el hecho de que en el local pasara a figurar como ocupante una sociedad que pertenecía exclusivamente al mismo arrendatario.

[15] *Decisiones de Puerto Rico,* volumen 76, junio de 1954, págs. 959-966.

como actos de una persona particular y viceversa, siempre que concurran las siguientes circunstancias: «Primero: Que la corporación no solo esté influenciada y gobernada por esa persona, sino que haya entre ellas, tal identidad de interés y propiedad, que la corporación y la persona se hallen confundidas; segundo: que los hechos sean de tal naturaleza que el sostener la ficción de dos entidades distintas, bajo las circunstancias especiales del caso, equivalga a sancionar un fraude o promover una injusticia».

Más adelante, la misma opinión previene especialmente contra la posibilidad de que los accionistas puedan determinar ellos mismos, según convenga a sus intereses, cuándo la corporación (la sociedad diríamos en España) tiene personalidad independiente y cuándo está confundida con sus accionistas. Y añade: «La doctrina de 'rasgar el velo corporativo' ... persigue un propósito distinto. Es dudoso o por lo menos muy debatible que bajo los hechos de este caso deba considerarse que los actos de la corporación, en tanto se refieren al disfrute del uso del local arrendado, son los actos de Gual, cuando todos los indicios de la prueba son que para otros fines la corporación tiene personalidad distinta a la de sus accionistas. Lo menos que puede decirse es que el texto de las cartas escritas por la Borinquen Furniture Co., Inc., a los arrendadores, proveían a éstos información suficiente al efecto de que el negocio de mueblería establecido en el local arrendado a Gual, era explotado ahora por una corporación, y no por Gual».

La doctrina *disregard* exige un detenido examen y valoración de las circunstancias de cáela caso para que sea posible adoptar una solución que se halle en concordancia con la razón de política jurídica a que responde la norma que se aplica. Contra lo que pueda parecer al observador superficial, la aplicación de soluciones adoptadas por deducción maquinal a base del concepto de persona jurídica, no proporciona verdadera seguridad. Estimamos que es preferible el método de exponer detalladamente las circunstancias del caso y enlazar con ellas los criterios de política jurídica a que responde la razón de ser del Derecho.[16]

En la sentencia de la Sala primera del Tribunal Supremo, de 15 de febrero de 1957,[16bis] se afirma que la personalidad de una sociedad de responsabilidad limitada no se modificó por el hecho de que en determinado lapso de tiempo todas las participaciones sociales cambiaran de titular. No cabe duda que, en términos generales, ello es exacto. El mal está en que la misma generalidad de la afirmación puede contribuir a oscurecer la solución de otros casos. Lo decisivo ha de ser que las circunstancias que concurren permitan apreciar que no se trata de un negocio indirecto que persigue un resultado en fraude de ley.[17] Precisamente es un defecto

---

16 Desarrollamos nuestra idea de que a la imprevisión solo se la puede atajar debidamente con la recta aplicación de criterios de política jurídica y no con ejercicios de lógica maquinal, en el tomo I de nuestra obra *Fundamentos de Derecho Civil.* Sobre la tan traída y llevada seguridad jurídica, véase últimamente el esclarecedor trabajo de Josef ESSER, *Realität und Ideologie der Rechtssicherheit in positiven Systemen,* publicado en el libro Festschrift für Rittler, Innsbruck 1957, págs. 13-20. Acerca de la falsedad de la pretensión del conceptualismo de favorecer la seguridad jurídica, puede verse lo que afirma ASCARELLI, *Cooperativa e società* (trabajo citado en nuestra anterior nota 2), esp. págs. 436 y 437.

16 bis Existen dos sentencias, por lo menos, de esta misma fecha 15 de febrero de 1957, que se refieren a litigios sobre arrendamientos urbanos. La citada ahora en el texto es la señalada con el número 710 en el Repertorio de Jurisprudencia «Aranzadi».

17 Sobre el negocio indirecto aplicado al logro de un resultado en fraude de ley, puede verse Domenico RUBINO, *El negocio jurídico indirecto,* traducción española de L. RODRÍGUEZ-ARIAS,

de nuestra jurisprudencia que se afana por buscar una línea doctrinal clara a base de relegar a segundo término y convertir en imperceptibles las particularidades de cada caso.[18] Por ello creemos que es un razonamiento circular el de un distinguido comentarista, NAVAS MULLER, cuando al referirse a la misma sentencia afirma: «la sociedad de responsabilidad limitada tiene una personalidad social ajena a la de los socios, por lo que el cambio o alteración de los socios es accesoria para la subsistencia de la sociedad e incluso para su identidad».[19] Si permitiéramos que el brillo de las imágenes ocupara el lugar de las consideraciones de política jurídica que son la razón de ser de las normas, no tendríamos ningún criterio adecuado para atajar los fraudes de ley.

Que la deducción a base del concepto de persona jurídica no es más que un razonamiento aparente tras el que se oculta una decisión —tal vez inconsciente— de restringir la aplicación de los beneficios de la legislación de arrendamientos urbanos, lo demuestra el hecho de que se utiliza el mismo argumento — porque interesa alcanzar la misma solución— cuando la sociedad no tiene personalidad jurídica según las normas de nuestro Derecho positivo. Como dicen CASTÁN y CALVILLO, «el Tribunal Supremo considera irrelevante —para la aplicación de la doctrina sobre la conceptuación de traspaso de la aportación social del arrendamiento— la circunstancia de que en la sociedad concurran o no los requisitos prevenidos por el Derecho positivo para alcanzar la personalidad jurídica. Parte de la existencia de hecho de una sociedad y no considera necesario investigar si se han llenado o no aquellos requisitos».[20]

En la sentencia de la Sala primera del Tribunal Supremo de fecha 24 de enero de 1956, puede advertirse claramente la tendencia a formular razonamientos maquinales a base de determinada premisa incluso cuando ésta resulta problemática.

Madrid 1953, págs. 121-124. Esta relación entre el negocio indirecto y el fraude a la ley también es un tema predilecto de ASCARELLI. Por ejemplo, en sus *Saggi di Diritto Commerciale,* Milán 1955, pág. 410. Concretamente en España, por lo que se refiere al problema referido en el texto, puede verse el libro de José F. Javier LÓPEZ JACOISTE, *El arrendamiento como aportación social,* Pamplona 1955, pág. 231: «Mediante la enajenación de las acciones en un sentido preordenado se puede lograr un resultado práctico similar al del traspaso...»; pág. 232: «... parece evidente que no debe acudirse a la doctrina de la simulación, pues los socios quisieron de manera real y efectiva vender sus títulos y el tercero adquirirlos en compra. Hay una compraventa real y efectiva. La nulidad de aquellos actos debe fundarse en el resultado contrario a la ley obtenido con deliberado estudio...»; pág. 233: «... tales ventas, preordenadas a los aludidos fines, merezcan la consideración conjunta de negocios indirectos... Pero la validez y eficacia de los negocios indirectos está condicionada por la licitud del fin ulterior...».

18 Puede verse lo que afirmamos en nuestro artículo *Cómo ha de ser invocada la doctrina civil del Tribunal Supremo,* Revista Jurídica de Cataluña, enero-febrero de 1953.

19 En la Revista de Derecho Privado, julio-agosto de 1957, pág. 823.

20 José CASTAN y Julio CALVÓLO, *Tratado práctico de arrendamientos urbanos,* tomo II, Madrid, 1957, pág. 811. Contra el sentido que orienta nuestra exposición podría objetarse que si no se apreciara la personalidad colectiva de la sociedad, el resultado sería el mismo porque se tendría en cuenta la personalidad individual de quienes la componen. Pero lo que importaría, en vista de la manera —defectuosa a nuestra manera de ver— de invocar la doctrina del Tribunal Supremo a base de sus declaraciones más generales, sería evitar que éstas pudieran utilizarse en casos que por sí solos no hubiesen podido justificarlas. Ahora resulta que, a base de lo dicho por el Tribunal Supremo, no puede saberse qué solución sería procedente si la sociedad irregular quedase constituida por los mismos que ocupan el local como arrendatarios.

Afirma la existencia de la sociedad a la que se aportó el local de negocio arrendado y sostiene que ello es compatible con la certificación negativa del Registro mercantil, a pesar de que, por esta razón, la pretendida sociedad no pudo adquirir personalidad jurídica. Es natural que, al comentar esta sentencia M. BROSETA PONT, formulara la siguiente observación: «Interesante sería pensar cómo estima la personalidad jurídica necesaria a toda titularidad el Tribunal Supremo, supuesto que la sociedad irregular mercantil carece de ella».[21] Pero ya tendremos ocasión de hacer otras observaciones en relación con el problema de las llamadas sociedades irregulares.

Otra sentencia, la de 8 de marzo de 1957, afirma, en síntesis, que entre el arrendatario y un tercero se constituyó una sociedad a la que fue aportado el negocio establecido en el local arrendado, por cuya razón estima procedente el desahucio por traspaso. Para llegar a esta solución se rechaza la calificación de contrato de cuenta en participación que las partes dieron al que habían celebrado; pero lo curioso es que se rechaza también la objeción alegada ante el Tribunal Supremo de que, si se tratase de un contrato de sociedad, carecería la misma de personalidad jurídica por falta de inscripción en el Registro, pues se estimó que tal argumento planteaba una cuestión nueva a los efectos de la casación. Pero es claro que entonces el razonamiento maquinal, a base de» deducir consecuencias de un imaginario cambio de persona, resulta poco convincente. Como se hace notar en el «Anuario de Derecho Civil», en la observación puesta a esta sentencia, «la solución parece excesiva». Y añade: «El puro hecho de entrar en sociedad no puede ser causa de traspaso».[22] Creemos que si la jurisprudencia siguiera un método tal vez menos técnico,[23] pero más sincero y humano, valorando las circunstancias concurrentes a la luz de los criterios de política jurídica inspiradores de la legislación de arrendamientos urbanos, quedaría de manifiesto que, en definitiva, es el hecho de la agravación de la posición del arrendador lo que determina que se prive al arrendatario de la protección extraordinaria que supone la legislación de arrendamientos urbanos.

Otra circunstancia que permite advertir la artificiosidad de los razonamientos maquinales apoyados en el concepto abstracto de persona jurídica, es la de que el Tribunal Supremo suele estimar que la transformación de una sociedad mercantil arrendataria implica que concurre una causa de resolución del contrato de arrendamiento, en tanto que la doctrina mercantil es favorable al criterio de que en la transformación de sociedades no hay cambio de personalidad jurídica.[24]

---

21 Véase Revista de Derecho Mercantil, abril-junio 1957, pág. 427.

22 Observación de L. D. P. en Anuario de Derecho Civil, julio-septiembre de 1957, págs. 944-945.

23 Hacemos esta concesión a la opinión tan corriente de que se trata de una depurada «técnica», aunque distamos de creerlo así. Que los conceptos dogmáticos carecen por sí mismos de fuerza normativa y que sus construcciones siguen en pie cuando ya ha desaparecido la conciencia de su función, ha sido objeto de brillante demostración por Josef ESSEB, obra citada en nuestra anterior nota 13, especialmente pág. 305.

24 No se trata de ningún fenómeno de la naturaleza que por su consistencia física pueda ser designado de manera exacta con la palabra «transformación», sino de una nueva disposición de fuerzas sociales y económicas que requieren la intervención de diversos criterios de política jurídica. Si se percibe la necesidad de asegurar a los acreedores la garantía que trata de proporcionarles el art. 1911 del Código civil, puede adquirir todo su sentido lo que dispone el primer párrafo del art. 137 de la ley sobre el régimen jurídico de las sociedades anónimas; incluso puede tenerse en cuenta para juzgar si en algún caso lo previsto en el segundo párrafo del mismo artículo puede realizarse con intención fraudulenta. Véase también lo dispuesto en el art. 139 de la misma ley y téngase en cuenta lo que

Ejemplo: La sentencia de 15 de diciembre de 1956 estima que la transformación de una sociedad de comandita en anónima *altera* la base personal del contrato de arrendamiento de local de negocio. Pero, ¿qué significa «cambio de personalidad»? Creemos que deberían tenerse claramente en cuenta las razones de política jurídica que pueden dar un sentido racional a esta manera de expresarse; pero, en esta materia, el razonamiento jurídico muchas veces se deja arrastrar «fascinado por una metáfora», para emplear la acertada frase de Lois ESTÉVEZ que antes hemos citado.[25]

Algunas veces se ha llamado la atención sobre la posible incongruencia entre los arts. 137 y 140 de la ley sobre el régimen jurídico de las sociedades anónimas y el párrafo cuarto del art. 31 de la ley de arrendamientos urbanos de 1956, interpretado *a contrario sensu*. Pero creemos más bien que la contradicción solo resulta de la imputación de una y otra solución al mismo concepto abstracto: a la fabulosa personalidad jurídica de las sociedades. La incongruencia desaparece si se tienen en cuenta los distintos criterios de política jurídica que inspiran uno y otro precepto. Por eso se dice en el «Anuario de Derecho Civil», al formularse una observación a dicha sentencia, que a pesar de ser «de graves consecuencias prácticas, la adopción de uno u otro criterio es cuestión doctrinal opinable».[26] Pero seguramente todos estaremos de acuerdo en que unas consecuencias graves no deberían depender de un azar.

Más significativos son los casos en que, sin atreverse el Tribunal Supremo a negar la personalidad jurídica diferente, encuentra la manera de evitar los efectos de una deducción maquinal apoyada en esta premisa mayor, ante el resultado injusto que ello produciría.

La sentencia de la Sala primera del Tribunal Supremo de 26 de enero de 1952 tuvo que ocuparse del siguiente caso: dos únicos propietarios indivisos de una finca

acerca de la redacción de este precepto advierte POLO: *Leyes Mercantiles y Económicas*, Madrid 1956, tomo I, pág. 67 del Apéndice II. Pero, en cambio, con la misma palabra «transformación» puede quedar planteado un problema muy diferente, como el que examina C. ALBIÑANA, en su estudio *Tarifa II de Utilidades. La transformación de sociedades mercantiles*, Revista de Derecho Privado, octubre de 1950, págs. 811-822: una sociedad anónima o limitada podía transformarse en colectiva solo para disolverse a continuación y adjudicar a los socios el haber líquido resultante; si se pretendía someter a gravamen las reservas por Tarifa II de Utilidades al acordarse la transformación, había que afrontar la objeción de que la transformación social no altera la personalidad jurídica de la sociedad y que los socios no llegan a devengar la parte que les corresponde en las reservas constituidas, las cuales, en virtud de lo dispuesto en el art. 46, párrafo segundo, de la ley de 16 de diciembre de 1940, llegaban libremente a poder de los socios de la sociedad colectiva que solo había existido para disolverse con este resultado.

25 Lois, página 180 de su estudio citado en nuestra anterior nota 7. Certeras son las preguntas de ALBIÑANA, formuladas en el trabajo citado en nuestra nota precedente: «¿Por qué... (se) proclama la subsistencia de la personalidad jurídica de la sociedad transformada? ¿Qué contempla o previene? ¿Qué trata de impedir?». Igualmente significativas, como indagadoras de una razón mal expresada, son las preguntas que pueden formularse en sentido opuesto en vista de la jurisprudencia del Tribunal Supremo sobre arrendamientos urbanos. ¿Qué significa «cambio de personalidad»? No creemos que signifique gran cosa más que la forja de una premisa mayor que después quizá producirá consecuencias indeseables o —cuando menos— imprevistas. El razonamiento maquinal a base de imágenes es un mal sucedáneo de la clara exposición de las razones de política jurídica que pueden justificar un resultado, tanto en la fase de creación general del Derecho (legislación) como en la de creación particular (jurisprudencia).

26 Véase la observación de D. I. en Anuario de Derecho Civil, abril-junio 1957, pág. 628.

constituyeron una sociedad regular colectiva a la que aportaron el inmueble. Antes de la constitución de la sociedad desahuciaron a un inquilino fundados en la necesidad de realizar obras en el inmueble y luego pretendieron que no les afectaba la obligación de reserva de locales a favor del inquilino ¡por haber cambiado la personalidad de la parte arrendadora! Esta descabellada pretensión fue justamente rechazada, pues sin duda lo que intentaba era un verdadero fraude de ley. El Tribunal Supremo se encuentra con la misma realidad que justifica que en otros sistemas jurídicos se hable de la doctrina *disregard,* y dice: «aunque no haya sido demandada la sociedad, integrada exclusivamente por los dos demandados, como, de una parte, la acción se ejercita por el inquilino contra los arrendadores del local como tales, y, de otra, *la sociedad se halla exclusivamente integrada por los dos hermanos propietarios pro indiviso de la finca aportada por ellos a la sociedad,* no cabe eludir la responsabilidad contraída por virtud de la sentencia primitiva ... sobre la base de que ésta no afecta a la sociedad; ya que, *formada ésta exclusivamente por ambos propietarios,* ningún mayor perjuicio se sigue a la entidad por ellos integrada por el cumplimiento del fallo dictado contra ella».

Por tanto, con esta certera argumentación, el Tribunal Supremo lo que hace en realidad es algo que podría quedar descrito con la expresión de que *lifts or pierces the veil of the legal entity:* levanta o atraviesa el velo de la persona jurídica; tarea tanto más fácil si se advierte que era muy tenue el velo o vestidura que cubría —y se pretendía que encubriera— a los socios que integraban una sociedad colectiva. Además, a continuación expresa también el Tribunal Supremo lo necesario para que se advierta que debe cerrarse enérgicamente el camino a todo fraude de ley: «... de lo contrario, bastaría a los propietarios afectados por el fallo con formar una sociedad entre ambos a espaldas del inquilino para evitar el obligado cumplimiento de la reserva de locales ... lo que ni moral ni jurídicamente puede admitirse».

En este mismo sentido es de sumo interés —y por ello la citamos en este lugar a pesar de no tratarse de un caso de arrendamiento— la sentencia de la misma Sala primera del Tribunal Supremo de 22 de junio de 1956: los propietarios de una comunidad de bienes concedieron un derecho de opción a favor de A, y luego, antes del vencimiento de la opción, los mismos propietarios constituyeron la sociedad X a la que aportaron exclusivamente los mismos bienes que tenían en copropiedad. Intentaron sustraerse el cumplimiento de la opción y se frustró su propósito al afirmar el Tribunal Supremo que debía rechazarse porque la sociedad no tiene el carácter de tercero respecto de las obligaciones contraídas por los socios y antes comuneros. Con lo que vemos que el concepto de tercero recoge en este caso la razón de política jurídica a que atendería en el sistema angloamericano la doctrina *disregard* en este caso concreto. Acaba afirmando el Tribunal Supremo que otra cosa pugnaría con los más elementales principios jurídicos y morales.

El anotador de la sentencia a que acabamos de referirnos, en el «Anuario de Derecho Civil», formula la siguiente interesante observación: «De todas formas merece resaltarse el distinto criterio que el mismo organismo (se refiere al Tribunal Supremo) sigue en materia de arrendamientos urbanos, al entender que hay cambio de personalidad jurídica, y por consiguiente de arrendatario, cuando éstos mismos se constituyen en sociedad y se incurre por ello en causa de desahucio».[27]

---

[27] Anuario de Derecho Civil, enero-marzo 1957, pág. 306.

Nosotros creemos que la contradicción solo existe por el empeño del Tribunal Supremo de pretender operar con el fantasmal concepto de persona jurídica. En un caso se obtienen deducciones maquinales a base de utilizar a este concepto como premisa mayor y en otro caso se rechazan. Desde el punto de vista de una lógica abstracta puede parecer contradictorio. Pero, más allá de las ornamentaciones mentales que pretenden usurpar el puesto de un auténtico razonamiento, luchan por imponerse los verdaderos criterios de política jurídica a que debe responder la solución de cada caso. Sin duda cabe entonces preguntar si no convendría superar este juego de unos conceptos que producen consecuencias que es necesario eliminar cuando se advierte que son indeseables.[28]

En la sentencia de 4 de diciembre de 1954 podemos ver que a veces se acepta tan a ciegas el valor invariable del concepto de persona jurídica, que, en lugar de razonar, parece que los juristas obtienen consecuencias por efecto de simples reflejos fisiológicos. Y tal vez lo son: meros reflejos cerebrales condicionados por una educación jurídica cautiva de la jurisprudencia de conceptos. Habla BRUSIIN de que la esquematización de la realidad en conceptos permite al jurista el indispensable dominio sobre los hechos que ha de regular.[29] Pero esta esquematización, junto a tal ventaja, ofrece graves peligros. Cuando una solución parece dudosa, es menester proceder a un riguroso careo entre los conceptos jurídicos y los hechos que, en definitiva, justifican la existencia de aquéllos. Por ello es más que dudoso que merezca el mismo régimen jurídico la gran empresa que la de tipo familiar. Resulta, además, que de nuevo nos encontramos hablando en prosa sin saberlo: hablando en la prosa que explica las razones de política jurídica que en los Estados Unidos, por ejemplo, han exigido que se hable de la *close corporation:* la sociedad de reducido número de accionistas.[30]

Concretamente en esta materia de arrendamientos, no es justo que tenga que sufrir las consecuencias de los mismos reflejos mentales de los órganos de decisión la gran empresa, la sociedad anónima de magnas proporciones, que la de reducido alcance y la de tipo familiar. No es lo mismo que un local de negocio, en lugar de estar ocupado por un comerciante individual, pase a ser el domicilio social de mía sociedad poderosa con un capital de muchos millones, múltiples factorías, vasta organización, con emisión de valores mobiliarios a base de recurrir al crédito público para su financiación, etc., que si lo sigue ocupando, de hecho, el mismo arrendatario, pero organizado con sus hijos, bajo la vestidura de una sociedad limitada o de una anónima de reducido capital. Hechos tan diferentes desde el punto de vista social y económico también exigen una diferenciación en el régimen jurídico.[31] Pero esto es lo que no se ha tenido debidamente en cuenta hasta ahora y será lo más probable que en uno y otro caso —supuesta la «aportación» del local arrendado, o del derecho arrendaticio, a una y otra sociedad— se decrete el desahucio a base de un razonamiento maquinal apoyado en el concepto de «cambio de persona».

---

28 Que es inútil pretender que el pensamiento jurídico se agota en puras deducciones, puede verse en el estudio de Otto BRUSIIN, *Über das juristische Denken,* Helsinki 1951 (en alemán), pág. 104 y ss.

29 Obra citada en la nota anterior, páginas 70-79.

30 Véase lo que exponemos más adelante, pág. 331.

31 Que la legislación permita que aparezca bajo la vestidura de sociedad anónima tanto lo que es un mero *alter ego* de un modesto comerciante individual como la organización poderosa, incluso supranacional, con un activo superior al presupuesto de algunos Estados, no quiere decir que esté jurídicamente dispuesto que el juez deba prescindir de tal diferencia. Cfr. BERLE y MEANS, *The Modern Corporation and Private Property,* Nueva York 1932, págs. 1-5.

En este caso resuelto por la sentencia de 4 de diciembre de 1954, la Audiencia, en vista de las circunstancias concurrentes, había *liftet the veil of the legal entity:* levantado el velo de la persona jurídica, y había considerado que la pretendida sociedad no tenía consistencia independiente de los socios, con el resultado de negar el traspaso. Por tanto: había *disregarded o missachtet* la forma de sociedad. Pero el Tribunal Supremo revocó la sentencia y estimó la existencia de traspaso. Según dice: «No puede obstar a estimarlo así la alegación que se hace por el demandado, G. P., de que tal sociedad fue puramente simulada con la exclusiva finalidad de facilitar la continuación de los familiares de dicho demandado al frente de la sociedad en caso de fallecimiento de éste, porque dicha hipótesis no está demostrada suficientemente, ni cabe tampoco deducir del hecho de que otros subarriendos anteriores fueran tolerados por el propietario la autorización tácita de éste para consentir todos los subarriendos o cesiones que posteriormente pudiera verificar el inquilino».[32]

Nosotros creemos que, en lugar de las deducciones abstractas a base del concepto de persona jurídica, tendrían más sentido y, en definitiva, incluso ofrecerían más seguridad, los razonamientos que pusieran en claro si el cambio sobrevenido había implicado una agravación excesiva, en vista de la que ya supone para el arrendador la protección que la ley de arrendamientos urbanos dispensa al arrendatario. En definitiva, estas serán las razones que se tendrán en cuenta cuando los órganos estatales se decidan a legislar sobre este punto; y, por lo mismo, sin duda son las que ya se tuvieron en cuenta al promulgarse el Derecho vigente. Precisamente lo que sostenemos es que produciría más seguridad jurídica tener en cuenta las mismas razones en el momento de juzgar. En otras palabras: sostenemos la necesidad de concebir como una unidad fundamental la actividad legislativa y la judicial, como dirigidas ambas al desarrollo de unas mismas razones de política jurídica.[33] Para verlo claramente, en relación con el problema que nos ocupa, creemos que basta meditar esta pregunta: ¿es más radical el cambio de titular cuando el arrendatario y sus hijos se organizan en forma de sociedad limitada para seguir la explotación del negocio ya existente, que cuando los dos copropietarios arrendadores constituyen una sociedad a la que aportan el inmueble? Porque resulta que en este último supuesto se ha impuesto la *ratio* a que responde la existencia de la ley.

En efecto: la sentencia de 7 de febrero de 1956, aunque también trata de dar a su razonamiento la apariencia de deducción inevitable a base de forzar la construcción de las artificiosas premisas de su silogismo, tiene en cuenta las verdaderas razones de política jurídica que pueden justificar la solución. Afirma que no hay traspaso porque no hay cambio de sujeto cuando un condominio romano se transforma en una sociedad regular colectiva constituida por los mismos comuneros (a la vez cotitulares del derecho arrendaticio), a la que cada uno aportó su cuota. Añade que la existencia del traspaso, como la de todo contrato, es imposible sin la dualidad de sujetos contratantes, con intereses distintos, que excluye la identidad o unidad del propietario colectivo, sea sociedad de personas o comunidad.

---

32 Es muy posible que no fuese un acierto plantear el problema en torno al concepto de simulación. ¿Sería una simulación absoluta o relativa? Parece que lo primero. Pero cabe perfectamente que la constitución de la sociedad para el fin indicado no fuese simulada. En este supuesto quedaría planteado el problema de si, a pesar de ello, se trataba de un fraude de ley en perjuicio del arrendador.

33 Hemos de remitir al tomo I de nuestros *Fundamentos de Derecho Civil.*

No es de extrañar lo que dice el comentario del «Anuario de Derecho Civil» a esta sentencia: «Por ello (y aunque la argumentación utilizada negando el cambio de sujeto no sea defendible), creemos digna de alabanza esta sentencia del Tribunal Supremo, en cuanto a la idea central y al resultado básico de negar la existencia del traspaso en un caso como el de autos en que, excluida toda intención fraudulenta, tres hermanos condueños de un negocio y coarrendatarios de un local, constituyen entre sí una sociedad regular colectiva sin admisión de socios extraños».[34]

Con ello tenemos que el resultado justo se ha obtenido a base de negar lo que se afirma en tantas otras ocasiones —y probablemente también para obtener un resultado justo (I) —; con todo lo cual puede verse que poco ayuda a la previsibilidad de cada solución la aplicación maquinal del concepto de persona jurídica. Lo más probable es que la doctrina española ganaría en claridad y en apariencia racional si, con una clara ponderación de las circunstancias del caso y de las razones de política jurídica que con ellas deben enlazarse, se precisara cuándo el recurso instrumental de la persona jurídica deberá prevalecer como realidad diversa de sus miembros componentes y cuándo, por el contrario, deberá atravesarse tal cobertura para adoptar medidas en consideración directa a los socios.[35]

Veamos a continuación la lección que nos brinda la sentencia de 19 de octubre de 1957. Estima que constituye traspaso la eliminación de una comunidad de dos titulares por adquirir uno de ellos mediante cesión la cuota del otro. Sostiene que ha habido cambio en el sujeto usuario, «toda vez que la relación obligacional se estableció con esta dualidad de sujeto obligado y al individualizar una de las partes del contrato se ha sustituido el sujeto de la relación, asumiendo derechos y obligaciones que no se le otorgaron, como es el uso por sí de la integridad del local cuando antes era en unión de otra persona». Y como si ello no bastara para servir de ejemplo de una jurisprudencia de conceptos que convendría superar, añade: «...además, no estando pactada la responsabilidad solidaria de los obligados, tanto del pago de la renta como de cualquier otra índole, se ha de entender mancomunada conforme a lo prevenido en el art. 1.137 del Código civil, por lo que no se puede reclamar del subsistente la integridad del pago... todo lo cual hace ver que al cesar un comunero en el uso del local y explotación del negocio, ha habido modificación subjetiva sin autorización del dueño».[36]

---

34 Anuario de Derecho Civil, abril-junio de 1956, págs. 712 y 713.

35 Acerca de que la normativa expresada con el concepto de persona jurídica siempre es un instrumento de intereses individuales, que carece de sentido la pregunta de si determinada colectividad es o no una persona jurídica y que lo único procedente es averiguar la disciplina jurídica aplicable, puede verse el importante trabajo de ASCARELLI, *Personalità giuridica e problemi delle società,* Rivista delle società, nov.-dic. 1957, páginas 981 a 1047, especialmente pp. 988 y 992. Según Félix COHEN, la persona jurídica figura entre los conceptos que impiden la investigación de la realidad social y la formulación de la política jurídica procedente: *Transcendental Nonsense and Functional Approach,* 35 Columbia Law Review (1935) pp. 809 y 820.

36 Cabe preguntar qué procedería si la eliminación de uno de los comuneros hubiese sucedido por su fallecimiento dejando instituido heredero al sobreviviente. Tal vez se diría que entonces no hay cambio de sujeto usuario por ser el heredero continuador del causante; con lo que tendríamos que si la adquisición del mismo derecho fuese a título de legado la solución podría ser diferente. Pero creemos que todo ello solo demuestra que, como ha dicho FULLER, el mal de los juristas está en que olvidan el sentido de lo que tratan de hacer. Véase la siguiente nota 47.

Pero resulta sumamente curioso que en otra sentencia, la de 21 de octubre de 1952, se diga (Considerando segundo): «...se siga o no pagando el precio del arrendamiento al arrendador por el arrendatario cedente, como puede hacerlo cualquiera persona según el art. 1.158 del Código civil».[37] De modo que esta decisión reconoce que un tercero puede pagar el precio del arrendamiento en defecto de hacerlo el arrendatario, en virtud de lo que dispone el art. 1.158 del Código civil, a pesar de las graves consecuencias que para el propietario arrendador significa esta intervención de un tercero (pues no solo se paga una deuda ajena, sino que se conserva en beneficio del arrendatario y detrimento del arrendador la eficacia de la legislación de arrendamientos urbanos), y en cambio, la sentencia de 19 de octubre de 1957 habla como si no fuera admisible que tuviera interés y el consiguiente derecho a pagar la totalidad del precio el arrendatario que ha adquirido por cesión la parte de su condueño.

En la sentencia de 17 de febrero de 1956 seguramente tenemos otro ejemplo de los efectos de la *cattiva lógica* que no tiene en cuenta las razones de política jurídica que deben orientar la aplicación de la ley.[38] Afirma que el art. 55 de la ley de 1946[39] solo se extiende al caso de la asociación que entre sí realicen los hijos del titular arrendatario fallecido, sin extenderse a otros supuestos distintos, aunque se trate de la sociedad formada por el arrendatario y sus hijos. Nosotros creemos que esta argumentación desvía el problema: el art. 55 de la ley de 1946 partía de la base de que el arrendatario había fallecido y permitía que en tal caso los hijos asociados, ocuparan el local. No debería bastar un argumento *a contrarío* para excluir del local al arrendatario solo porque se asocia a sus hijos. A la luz de la razón de ser del precepto, resulta absurdo que el arrendatario que tiene derecho al local y los hijos que tendrán derecho al mismo cuando el primero fallezca, no puedan prevenir esta sucesión de derechos a base de asociarse entre sí, sin intromisión de personas extra-

---

37 Véase en Anuario de Derecho Civil, octubre-diciembre de 1952, págs. 1509 y 1510, la observación de J. A. P. a esta sentencia. Como señala, se trataba de la calificación del supuesto como de subarriendo o de traspaso, cosa que tenía mucha importancia «porque de ella dependía la aplicación o no en favor del subarrendatario de la disposición transitoria 2.ª de la L. A. U. El T. S., adoptando el punto de vista favorable al propietario, sienta una presunción: la total ocupación del local por una sociedad con personalidad jurídica distinta de la del arrendatario «implica» traspaso. Salta a simple vista la falta de enlace lógico entre la conclusión y los hechos de los que pretende derivarse: no hay ningún motivo para presumir el traspaso en lugar del subarriendo... la presunción sentada por el T. S. en la actual sentencia puede tener consecuencias peligrosas: en los casos en que el arrendador haya autorizado el subarriendo, ¿bastará que ocupe los locales una persona física o jurídica distinta del arrendatario para que se presuma la existencia de una cesión de vivienda, o de un traspaso ilegal de local de negocio, y haya de decretarse la resolución del arrendamiento, a pesar de la expresada autorización del subarriendo por el arrendador? Téngase en cuenta lo difícil que resultará siempre desvirtuar la presunción de traspaso o de cesión probando la *realidad* de un mero subarriendo —no simulado—». Nos hemos permitido transcribir parte de esta interesante observación porque, si no encaja con la razón por la que hemos citado la sentencia en el texto, en cambio demuestra lo que tantas veces, y en estas mismas páginas, hemos señalado: la posibilidad de que, por su excesiva generalidad, las declaraciones de las sentencias no arrojen luz, sino sombra, sobre otros problemas afines.

38 Véase en la pág. 436 del estudio de ASCARELLI citado en la precedente nota 16: non *é dalla cattiva lógica che puó derivare la certezza.*

39 Véase art. 31, párrafo primero, de la L. A. U. de 1956.

ñas. Una vez más, la deducción maquinal a base del mito de la persona jurídica ha desplazado a lo que sería racional. No desconocemos que el art. 31, párrafo tercero, de la vigente ley de arrendamientos urbanos de 1956 puede servir de base a un argumento *a contrario,* opuesto a lo que sostenemos, al disponer que no se considerará traspaso la conversión de una empresa individual en cualquier forma de sociedad, cuando ello tenga lugar por ministerio de la ley. Nosotros creemos que también en este caso la lógica maquinal será un mal sucedáneo de un auténtico juicio de valor. En realidad, el legislador no ha considerado el caso de una sociedad solo formada por el arrendatario y sus hijos, a pesar de lo cual dicho argumento *a contrario* puede interpretar en tal sentido el texto legal. Como otras veces, la pretensión de respetar la ley lleva a la «interpretación» de lo que no existe.

El mismo razonamiento maquinal a base del concepto de persona jurídica también muestra sus defectos en sentido inverso, cuando lleva a excluir la existencia de un traspaso en casos francamente contrarios a la razón de ser de la ley. Así, la sentencia de 3 de octubre de 1955 afirma que no procede la resolución del arrendamiento cuando todas las acciones de una sociedad anónima se transmiten a uno de los socios. Esta afirmación, así en términos generales, no siempre será procedente. No es difícil percibir lo que tiene de incierto el concepto, aunque pueda producir efectos convenientes dentro de las circunstancias del caso. Basta tener en cuenta que el interés de la persona que concentra en sus manos todas las acciones de la sociedad arrendataria puede responder a las finalidades que se persiguen en los casos de *Mantelkauf.*[40]

Otra sentencia de la misma fecha, 3 de octubre de 1955, afirma que a la disolución de la sociedad arrendataria no puede suceder en el uso del local arrendado uno de los socios, pues no cabe equiparar a la muerte del arrendatario, comerciante individual, sin dejar heredero, dicho caso de disolución de la sociedad, ni procede recurrir a la analogía a que se refería el art. 13 de la ley de arrendamientos de 1946 (en la actuahdad art. 8).[41]

---

40 Además, véase antes pág. 267. Para ver lo que tenía de peculiar el caso a que acabamos de referirnos, véase la nota que sigue.

41 Hay ocho sentencias de la Sala 1.ª del Tribunal Supremo dictadas con fecha 3 de octubre de 1955 y siete de ellas se refieren a litigios sobre arrendamientos urbanos. Véanse en *Jurisprudencia Civil – Edición Oficial del Ministerio de Justicia – Colección Legislativa de España – Primera Serie–* tomo 42, correspondiente a sentencias del mes de octubre de 1955, páginas 5, 26, 33, 39, 49, 62, 76 y 83. En el texto acabamos de referimos a dos de ellas: primero, la señalada con el núm. 364 en la página 83 y ss., relativa al caso de concentración de acciones de una sociedad anónima en una sola mano a consecuencia de la aplicación del Decreto-ley de 23 de abril de 1948 y Órdenes ministeriales de 23 de febrero y 18 de abril de 1950 y Orden de 19 de enero de 1951, sobre expropiación por causa de seguridad nacional de bienes de súbditos alemanes, de manera que la adjudicación de todas las acciones a una sola persona física fue consecuencia de la aprobación del remate a favor del mejor postor; después hemos citado la sentencia que en la expresada colección está señalada con el núm. 359, en la pág. 33 y ss., afirmativa de que hay traspaso cuando uno de los socios sustituye a la sociedad en el goce y uso de la cosa, sin que lo dispuesto en el art. 73 de la L. A. U. pueda equipararse a la situación resultante de la disolución voluntaria de la sociedad. Con todo ello resulta que los conceptos que se manejan pueden permitirse el gesto altivo de no darse por enterados de que en el primer caso se protege a un arrendatario que es una poderosa sociedad con vinculaciones supranacionales, mientras que en el segundo caso se desahucia a un pequeño industrial que explotaba un bar.

Una sentencia anterior dictada en el mismo sentido, la de 31 de octubre de 1953, ya afirmó que a los efectos de la sucesión en el arrendamiento preceptuado por el art. 73 de la ley de arrendamientos urbanos de 1946 (ahora art. 60), no hay posible analogía entre la muerte natural de una persona física y la disolución de una sociedad mercantil por terminación del plazo para el que fue constituida, como subrayó J. M. FERRÉ CILLANUEVA en su comentario de la «Revista de Derecho Privado».[42]

Sin embargo, hay que convenir que no es imposible —ni tal vez improbable— que se suscite algún litigio por el hecho siguiente: un comerciante actúa con responsabilidad limitada a través de una sociedad de cómodo,[43] es decir, de la constituida merced a un negocio dirigido indirectamente a lograr tal limitación de responsabilidad; luego, decide despojarse de esta vestidura o apariencia de sociedad. Cabe preguntar si será procedente aplicar también en este caso la doctrina de las dos anteriores sentencias. Si predominan los razonamientos de tipo automático o maquinal a base del concepto de persona jurídica, se impondrá una solución afirmativa. Sin embargo, parece que precisamente no concurre la *ratio* que expresa el segundo considerando de la sentencia anteriormente citada de fecha 31 de octubre de 1953: «lo que la ley no autoriza —sentencia de 10 de julio de 1950— llámese traspaso, cesión o subarriendo, es que el local arrendado a determinada persona sea transmitido a otra y por ésta disfrutado contra la voluntad del propietario».

En el caso resuelto por la sentencia de 19 de noviembre de 1955, uno de los dos socios de una sociedad limitada adquirió la participación del otro socio y ocupó en arrendamiento un local de negocio; después la sociedad se disolvió, adjudicándose el socio la totalidad del activo y del pasivo, pasando a ser comerciante individual, continuando en el uso y disfrute del local arrendado sin dar cumplimiento a lo prevenido en el art. 45 de la ley de arrendamientos urbanos (ahora art. 32). En el segundo considerando se afirma que el art. 116 del Código de comercio no establece como motivo de disolución la reunión en una sola mano de todo el capital de la sociedad, y que el art. 221 tampoco comprende tal causa entre las que dan lugar a su disolución. Lo mismo resulta de los arts. 150 de la ley sobre el régimen jurídico de las sociedades anónimas y en el 30 de la ley sobre sociedades de responsabilidad limitada. Por ello estima que subsistía la sociedad al celebrarse el contrato de arrendamiento entre el propietario del local y el único socio de la sociedad arrendataria; por lo mismo afirma que al disolverse la sociedad y adjudicarse su activo y pasivo el demandado, quien pretendía seguir en el local como comerciante individual, tuvo efecto una variación de la persona del titular arrendatario. En este caso, sin embargo, no prosperó el desahucio solicitado porque el Tribunal estimó que el arrendador consintió la sustitución y consiguiente modificación del contrato.[44] Sin embargo, nos parece que incluso prescindiendo de esta razón para rechazar la pretendida resolución del contrato, es sumamente dudoso que no fuese procedente tener en cuenta que la sociedad solo existía de una manera formal al celebrar el contrato y que, en realidad, contrataba quien poco después disolvía la sociedad y quedaba como comerciante individual. Este caso se prestaba extraordinariamente a la aplicación de los criterios de política jurídica a que responde la *disregard doctrine.*

---

42 Revista de Derecho Privado, febrero de 1954, págs. 155-157.

43 Cfr. ASCARELLI, *Soggi di Diritto Commerciale,* Milán 1955, págs. 150 y 151; del mismo autor, *Studi in tema di società,* Milán 1952, págs. 60, 71 y 337.

44 Véase lo que decimos en nuestras anotaciones a la traducción española de la obra de Gustav BOEHMER, *El Derecho a través de la Jurisprudencia – Su aplicación y creación,* § 7.

3. La doctrina «disregard» y la llamada sociedad de un solo socio

Especial relieve adquiere también la *disregard doctrine* en relación con los problemas que plantea la llamada sociedad unipersonal.[45] Resulta igualmente preciso en este punto evitar que la unidad de un concepto, como es el de persona jurídica, induzca al desconocimiento de la diversa realidad social y económica que puede ocultar. Sucede que, bajo la apariencia de un solo problema, están planteados dos o tres de diferentes. Oscurece más esta cuestión un defecto tan fundamental como la falta de claridad del Derecho sobre sus propios fines y la manera de alcanzarlos.[46]

Debería comenzarse, como siempre, por una indagación acerca de los criterios fundamentales de política jurídica. ¿Conviene o no conviene que el empresario individual pueda limitar su responsabilidad? En caso de contestarse en sentido afirmativo, ¿conviene o no conviene que para lograrlo pueda recurrir a la forma de la sociedad unipersonal?

En lugar de este claro y sincero planteamiento, la literatura jurídica muchas veces da la impresión de que se trata de «descubrir» un fenómeno físico, como si la concentración de acciones o de participaciones sociales en manos de un solo socio debiera ser objeto de la misma observación que un fenómeno de la naturaleza. Pero es evidente que nada puede suplir debidamente la falta de criterio de política jurídica para contestar las anteriores preguntas; con la particularidad, además, de que esta falta de criterio impide lo que sería consecuencia de contestar en sentido afirmativo a la primera de las anteriores preguntas, pero no evita que en la realidad ya suceda como si hubiese sido afirmada la segunda. La falta de decisión para resolver un problema no impide que la práctica lo haga en forma indirecta. Suele olvidarse que la indecisión supone la elección inconsciente de los efectos de alguno de los criterios pendientes de elección. Por no encontrarse lo mejor, se tolera lo peor. Pero una eficaz elección de criterios de política jurídica exige que se comience por diferenciar cada uno de los problemas que están involucrados en la discusión en torno a las sociedades de un solo socio.[47]

---

45 La bibliografía española sobre esta materia puede verse citada en POLO, *Leyes Mercantiles y Económicas,* tomo I, Apartado II, pág. 873, y en el trabajo de Federico DE CASTRO a que antes nos hemos referido, en la nota 102 del lugar también citado del Anuario de Derecho Civil. Véanse nuestras anteriores notas 3 y 10. Además, A. ROBLES ÁLVAREZ DE SOTOMAYOR, *La nulidad de sociedad mercantil en el Derecho español,* Revista de Derecho Mercantil, núm. 1.º de 1949, pág. 161 y ss., concretamente pág. 211 y ss.

46 Véase lo que se dice sobre la ciencia del Derecho en la obra de FULLER y PERDUE, *Indemnización de los daños contractuales y protección de la confianza,* traducción española, Barcelona 1957, pág. 7. También, FULLER, *The Law in Quest of Itself,* 1940, pág. 41.

47 Cfr. Rudolf MÜLLER-ERZBACH, *Die Rechtswissenschaft im Umbau,* Munich 1950, págs. 61-64 y 92. En las sociedades de tipo personalista no suele haber motivo para discutir si su reducción a un solo socio entraña la disolución de la sociedad debido a que la muerte de uno de los socios colectivos es causa de disolución de la compañía (cf. art. 222 núm. 1.º del Código de comercio). Véase F. TRÍAS DE BES, en La Notaría, 1944, pág. 129 y ss., y F. PALA MEDIANO, *Sociedades unipersonales,* Curso de Conferencias en el Ilustre Colegio Notarial de Valencia, 1946, páginas 93-131, especialmente pág. 99 nota 1. Pero, como señala este autor, cabe que la situación se produzca en virtud del pacto expreso de continuar la sociedad entre los socios sobrevivientes. Si solo sobrevive un socio surge el problema de la sociedad personalista de un solo socio que, en Italia, resolvió a favor de la subsistencia la Casación de Turín en 30 de diciembre de 1911. Pero creemos que en este caso el problema en realidad es el de asegurar el paso de empresa colectiva a empresario individual sin

Son completamente diferentes los problemas relativos a si ha de reconocerse como posible y como lícito que un comerciante individual pueda limitar su responsabilidad y, en su caso, en qué forma, y los que surgen cuando una sociedad de capitales queda reducida a un solo individuo, a un único socio. Los problemas son diferentes y también lo son las razones de política jurídica que han de inspirar la respuesta a una y otra pregunta.[48] La falta de una orientación adecuada de política jurídica repercute en la falta de criterio para diferenciar los problemas que surgen en los siguientes casos: 1) concentración de acciones o de participaciones sociales en manos de un solo socio como resultado ya previsto en la constitución de la sociedad; 2) la misma concentración como fenómeno fortuito y posiblemente pasajero; 3) concentración no buscada intencionadamente al constituirse la sociedad, pero sobrevenida luego con carácter definitivo; 4) caso de la sociedad cuyas acciones o participaciones sociales están concentradas en poder de otra sociedad; 5) sociedad cuyo patrimonio es objeto de una efectiva transmisión bajo la apariencia de una simple compraventa de acciones; 6) sociedad cuya vida económica ha quedado de hecho extinguida y que subsiste como mera estructura susceptible de ser objeto de un negocio de transmisión.

Cada situación peculiar debería ser considerada por sus propios méritos, a la luz de los criterios que en Derecho han de ser siempre decisivos: los de política jurídica. No se advierte que cuando se habla de la necesidad de limitar la responsabilidad del socio o del accionista, pueden estar involucradas dos cosas muy diferentes: o) la limitación de responsabilidad como conveniencia de unos comerciantes o industriales, esto es, de quienes la desean como base de su actividad personal en el ejercicio del comercio o de la industria; *b)* la limitación de responsabilidad como medio indispensable para inducir a los capitales y al ahorro a participar en una empresa. Un sociólogo o un economista no confundirá jamás la limitación de responsabilidad que busca un industrial o comerciante para no arriesgar en una empresa todo su patrimonio, con la limitación de responsabilidad del comprador de acciones de una gran sociedad anónima. En cambio, el legislador solo maneja el concepto unitario de limitación de responsabilidad y a través del mismo se limita a contemplar el punto en que aquellas dos situaciones coinciden, sin advertir que

---

quebrantar la unidad y continuidad de la misma empresa o explotación. Lo procedente es lo que señala Alfred HUECK, *Gesellschaftsrecht,* Munich y Berlín 1953, págs. 81 y 82, en relación con la ley alemana, al conceder a un socio el derecho de asumir la empresa como un todo, sin liquidación.

48 Véase SPETH, *La limitation de la responsabilité commerciale individuelle,* Revue Internationale de Droit Comparé, enero-marzo de 1957, págs. 27 a 39. Señala este autor (pág. 37) que el Derecho comparado demuestra que la empresa de una sola persona que actúa con responsabilidad limitada es una realidad viva y advierte (pág. 39) que si algún día se llega a consagrar de manera general la participación del elemento trabajador en la gestión y en los beneficios de la empresa, se verá claramente la necesidad de reconocer la limitación de responsabilidad incluso en la empresa de una sola persona, porque será preciso individualizar el patrimonio en relación al cual la cogestión y la participación en los beneficios habrán de producir efectos. Felipe DE SOLÁ CAÑIZARES, *L'entreprise individuelle á responsabilité limitée,* Revue Trimestrielle de Droit Commercial, julio-septiembre de 1948, págs. 376 a 387, expresa la convicción de que si se admitiera la empresa individual de responsabilidad limitada, se daría un gran paso para resolver el problema de las formas jurídicas de las empresas modernas. «Repetimos —dice— que la empresa individual de responsabilidad limitada existe de hecho en la actualidad en todas partes» (pág. 387); «es preferible crear una nueva institución que deformar y desnaturalizar las instituciones clásicas» (art. 379).

proceden de sectores muy diferentes. La diversidad económica y social de cada una no tiene reflejo adecuado en las disposiciones legales.

Por ello no podemos considerar como una prueba de realismo —como algunas veces se ha dicho— la declaración de la Exposición de Motivos de la ley de 17 de julio de 1951, cuando en el apartado VIII afirma que «rindiendo tributo a realidades que no pueden desconocerse», no «considera causa de disolución la reunión de todas las acciones en una sola mano», porque «aun en los supuestos de reunión de acciones en una sola mano, que con harta facilidad puede eludirse mediante la interposición de verdaderos testaferros, no debe producirse la inmediata disolución de la sociedad, por lo menos, mientras subsista la posibilidad de que la normalidad se produzca, restableciéndose la pluralidad de socios». Poco realismo podemos atribuir a este parecer que no advierte la pluralidad de problemas de que se trata ni establece ningún criterio para resolverlos.[49] No solo deja que la subsistencia de la sociedad, en el caso de concentrarse todas las acciones en una sola mano, se deduzca de un argumento fundado en el sentido contrario de lo establecido (que es un argumento que puede tener razón de ser cuando lo utiliza el intérprete en vista de lo legislado, pero que resulta algo desplazado cuando es el mismo legislador quien lo considera en vista de lo que establece), sino que no proporciona ningún criterio a quien lo busque en la ley o en la intención legislativa para saber si puede admitirse la creación de una sociedad que sirva para limitar la responsabilidad de una empresa que de hecho sea individual.

La desorientación que reina en la doctrina española también aparece de manifiesto cuando califica de «trascendental» a la resolución de la Dirección General de los Registros de 11 de abril de 1945. Aparte del valor de las afirmaciones doctrinales que contiene *(obiter dicta)*, ciertamente dignas de ser tenidas en cuenta por la autoridad de la Dirección General, dicha Resolución se reduce a señalar que el Registrar Mercantil no debe considerar que una sociedad se encuentre en disolución por el hecho de apreciar que todas sus acciones estén concentradas en una sola mano. Pero lo cierto es que, a partir de tal Resolución y de la posterior afirmación contenida, como hemos visto, en la Exposición de Motivos de la ley de sociedades anónimas, ha adquirido la fuerza de un criterio normativo en Derecho español el que afirma la subsistencia de la sociedad cuyas acciones o participaciones sociales se han reunido en poder de un solo socio. Sin embargo, ello no permite saber si será más

---

49 José M.ª GONZÁLEZ ORDÓÑEZ, *Fundamentos de Derecho Mercantil*, tomo I, Madrid 1956, pág. 447, dice: «Estas frases de la E. de M. nos muestran al legislador vacilante y poco seguro de sus conceptos. Primero dice que no es causa de disolución la reunión de acciones en una sola mano, pues si la ley omitió esa causa, la omisión fue voluntaria. Pero después explica que ese hecho, la concentración de todas las acciones en una persona, no debe producir la *inmediata* disolución, por lo menos mientras subsista la posibilidad de que se produzca la normalidad, restableciéndose la pluralidad de socios. Estas palabras nos parecen bastante indescifrables. No sabemos si se quiere decir que la concentración unipersonal de las acciones no produce la disolución *inmediata*, pero puede producirla más adelante. Si es esto lo que se quiere decir, si se relega la disolución de la sociedad a un momento ulterior, en que deja de existir la posibilidad de que la normalidad se produzca, restableciéndose la pluralidad de socios, tampoco sabemos cuál es ese momento». Creemos que las páginas que este autor dedica al mismo problema —446 a 453— son del mayor interés y se inspiran en un criterio que, de hecho, es sumamente afín al de la doctrina *disregard*. Véase también VICENTE Y GELLA, *La responsabilidad limitada en la empresa individual*, Revista de Derecho Mercantil, 1953, pág. 153 y ss.

procedente estimar que la responsabilidad de este único socio seguirá limitada a lo que formalmente será el patrimonio social o si a pesar de todo deberá ser responsable a base de su propio patrimonio personal;[50] como tampoco se sabe si, en su caso, quedará en libertad para mantener concentradas indefinidamente en su poder todas las acciones o participaciones sociales o si se le deberá fijar un plazo para que deshaga la concentración.

Las decisiones judiciales españolas más citadas en relación con este problema de la sociedad unipersonal, son las siguientes:

La sentencia de la Sala primera del Tribunal Supremo de 13 de junio de 1891 contiene la afirmación de que no puede existir ninguna sociedad compuesta de un solo individuo; pero hay que tener en cuenta que tal afirmación se formula para reforzar el argumento de que, frente a terceros, es socio colectivo quien se manifiesta con semejante carácter junto al que ya pretende serlo, aunque en un documento privado suscrito por ambos el primero se considere excluido. Por tanto, en realidad atiende a otro problema. A lo sumo, en relación con la doctrina *disregard,* podría afirmarse que ésta no puede prevalecer porque en este caso los que aparecen como socios están impedidos *(estopped)* de pedir que se deje de tener en cuenta la forma jurídica de sociedad bajo cuya apariencia han actuado.[51]

---

50 Dice GONZÁLEZ ORDÓÑEZ, obra citada en la nota anterior, pág. 447: «... partiendo de la premisa de que la concentración de acciones no disuelve la sociedad, tal vez la consecuencia lógica sea la afirmada por URÍA: el socio único no debe responder de las deudas sociales. Pero, por otra parte, esta conclusión viola el principio de la responsabilidad patrimonial universal consagrado por el artículo 1.911 del C. c, porque es lo cierto que, estando concentradas las acciones en una persona, las deudas formalmente contraídas por la sociedad, en realidad, son deudas contraídas por el dueño de las acciones». Y añade después (pág. 449): «... creemos firmemente que la concentración, no ya de la totalidad de las acciones, sino de una cantidad de ellas que ponga todo el funcionamiento de la aparente sociedad bajo la voluntad de un accionista, disuelve la sociedad». Manuel GONZÁLEZ ENRÍQUEZ, *Algunas reflexiones en torno a la Ley de régimen jurídico de las sociedades de responsabilidad limitada,* Anuario de Derecho Civil, octubre-diciembre de 1953, pág. 857 y ss., opina que el socio único habrá de responder ilimitadamente de las obligaciones sociales durante el tiempo que dure la concentración, al estar la vida social en suspenso. JORDANO BAREA, en el mismo Anuario, julio-septiembre de 1954, *Denuncia unilateral y derecho de separación en sociedad limitada de dos socios constituida por tiempo indefinido* (Dictamen), pág. 895 y ss., dice: «A nuestro modo de ver, resulta perfectamente claro —de cara a la nueva ordenación legal— que la sociedad limitada reducida a un solo socio no se disuelve mientras subsista la *spes refectionis o* esperanza de que se rehaga la sociedad, lo cual, no habiéndose en nuestro Derecho señalado plazo para esta reconstitución, equivale en el fondo a reconocer la admisibilidad de la sociedad unipersonal, sin más límites que los derivados de la aplicación de la doctrina del abuso del derecho y del respeto al principio general de la buena fe... Por ello, entendemos que la cuestión de la responsabilidad del socio único se debe resolver aplicando el párrafo segundo del artículo 1.º de la Ley de Sociedades Limitadas, siempre que dicho socio se mantenga en la línea de representación del interés corporativo y respete los principios de la vinculación del patrimonio social y de la intangibilidad del mismo». Por su parte, GAY DE MONTELLA, *La sociedad de responsabilidad limitada en la ley de 17 de julio de 1953,* Barcelona 1954, opina que el socio único asumirá una responsabilidad subsidiaria en forma ilimitada (cf. pág. 235). En cambio SOLÁ CAÑIZARES, *Las sociedades de responsabilidad limitada en el nuevo Derecho español,* Madrid 1954, cree que el supuesto de que tratamos no puede implicar una responsabilidad personal e ilimitada, por faltar en nuestro Derecho un precepto que la imponga expresamente con carácter general (cf. pág. 209).

51 Sobre la relación entre el *estoppel* y la doctrina de los actos propios, puede verse lo que decimos en *Estudios de Derecho Comparado,* Barcelona, 1951, págs. 97 a 136. También, nuestras anotaciones a la obra citada en la anterior nota 44, § 9.

La sentencia de la misma Sala primera de fecha 8 de julio de 1903 no pudo entrar en el problema que hubiese tenido más interés porque el socio que se había reservado el derecho a continuar por sí solo el negocio al quedar extinguida la sociedad por el transcurso del plazo, lo pretendió extemporáneamente.

La sentencia de 7 de abril de 1922 se limitó a afirmar que tiene capacidad para comparecer en juicio en defensa de sus intereses el propietario único de una compañía de Marsella, subsistente de hecho y en el ejercicio del comercio bajo su razón social.

La sentencia de la Sala de lo Contencioso Administrativo del Tribunal Supremo de 21 de noviembre de 1925 puede servir para demostrar que —como a veces se ha dicho— en Derecho fiscal y en materia de impuestos, el Fisco y la jurisprudencia se atienen más a la sustancia o realidad económica de los casos que a su vestidura jurídica formal. Afirma esta decisión que «no siendo posible hacer efectivo el importe del impuesto de las utilidades... de la entidad que tenía la obligación de retenerlo y abonarlo al Tesoro, es indudable que aquella responsabilidad, que en forma solidaria y como segundo contribuyente le correspondía, ha de recaer de manera automática sobre el accionista, en su calidad de verdadero contribuyente, máxime... cuando, como acaece en el presente caso, concurren las circunstancias de ostentar el carácter de Director Gerente de la sociedad y Presidente de su Consejo de Administración la misma persona que los organismos fiscales conceptúan como único socio o accionista».

La Resolución de la D. G. de los Registros de 4 de abril de 1936 se refiere al caso de un accionista que delegó su representación para la Junta General a diferentes personas, «para evitar el caso singular de que a una Junta General Extraordinaria asistiera una sola persona». En definitiva, niega que pueda cancelarse la inscripción de una sociedad en el Registro mercantil «en virtud de una reunión de personas que ni directa ni indirectamente pertenecen a la misma».

En cuanto a la Resolución de la misma Dirección General de 11 de abril de 1945, ya nos hemos referido a ella. Solo nos interesa añadir que, al negar que la concentración de acciones en una sola mano obligue a la liquidación de la sociedad, añade: «sin perjuicio de que si el único titular, prevaliéndose de la laguna legislativa, cometiera abusos de derecho, puedan en su día los tribunales de justicia, a instancia de parte o de oficio, según los casos, dictar los acuerdos y hasta imponer las sanciones correspondientes».

La sentencia de 3 de octubre de 1955 ya hemos visto que contiene algunas generalizaciones excesivas y posiblemente peligrosas en relación con el caso que discute de posible cambio de sujeto arrendatario por cambiar de mano las acciones de la sociedad arrendataria. En lugar de discutir el problema en términos que dejen excluida la posibilidad de un fraude de ley en tal caso o en otros que en el futuro puedan presentarse, incurre en la excesiva generalización que consiste en afirmar que no afecta a la personalidad jurídica de la sociedad el hecho de que las acciones cambien de tenedor, «pues ello no afecta a su patrimonio, como conjunto efectivo de bienes, que subsiste con plena capacidad jurídica; y como esto es lo que ocurrió con la expresada sociedad, no cabe hablar de que con la adjudicación que se hiciese del total de sus acciones J. L. A., le quedase adscrito todo el patrimonio social y con éste el derecho de arrendamiento en cuestión».

Hemos de manifestar nuestra disconformidad con una doctrina general que, para sostener la decisión de un caso concreto, puede arrojar una sombra perjudicial sobre otros casos futuros. Nos parece desacertado mantener a rajatabla la ilusoria separación radical entre la sociedad y los socios, con el resultado de considerar que hay traspaso por el hecho de que un arrendatario constituya una sociedad familiar con sus hijos para seguir igualmente establecido en el mismo local arrendado, y, en cambio, considerar que no hay traspaso cuando la sociedad que tenía arrendado un local lo transmite a base de enajenar todas sus acciones, pudiendo tratarse de una operación exclusivamente dirigida a esta finalidad. Entendemos que hubiese sido conveniente y aun preciso subrayar, en dicha sentencia de 3 de octubre de 1955, que la enajenación de todas las acciones no había sido voluntaria.[52]

En cuanto a la sentencia de 19 de noviembre de 1955, ya nos hemos ocupado de ella. Solo añadiremos que al afirmar que «aun en el supuesto de una reunión de acciones en una sola mano no se produce la inmediata disolución de la sociedad, o por lo menos mientras subsista la posibilidad de que la normalidad se produzca, restableciéndose la pluralidad de socios, consideraciones que son de aplicación a las sociedades de responsabilidad limitada», resulta que deja la puerta abierta a litigios que directamente discutan este punto. Por tanto, lo que ha hecho la ley de sociedades anónimas, con su famosa declaración contenida en la Exposición de Motivos, ha sido señalar a la jurisprudencia una misión creadora. Es un caso más de delegación de hecho, por inhibición, de la legislación en la jurisprudencia. Pero así ha sucedido, en realidad, con casi todo el Derecho privado; lo cual no impide que después la ley reclame para sí el monopolio de la creación jurídica, cuando la creación ya ha brotado de la casuística.[53]

La Resolución de la Dirección General de los Registros de fecha 22 de noviembre de 1957 afirma, en su tercer considerando, que en cuanto «a la posibilidad de subsistir sociedades con un solo socio, se hace preciso extremar la atención, pues aunque se justifique la persistencia de la personalidad de la sociedad mediante la distinción entre requisitos exigidos para su constitución y requisitos exigidos para su subsistencia una vez creada, y entender que la pluralidad de partes es necesaria en el primer caso, pero no en el segundo, siempre resultarían de muy difícil, por no decir imposible, cumplimiento los preceptos que, como los artículos 12, 14, 17, 20 y 27, entre otros, de la Ley de 17 de julio de 1953, se refieren a las relaciones internas de los socios, relaciones inexistentes, dada la sola presencia personal del único socio, lo cual destruye la natural oposición del interés de la sociedad —entendida como pluralidad de socios— y el interés particular del socio, confundidos en uno, y sancionaría la posibilidad de patrimonios separados afectos a una determinada responsabilidad, en contravención con lo ordenado en el art. 1.911 del Código civil». Pero en el siguiente considerando añade: «sin embargo, el art. 30 de la ley de 17 de julio del953, no establece entre las causas de disolución de las sociedades de responsabilidad limitada la de concentración de todas las participaciones sociales en una

---

52 Véase la anterior nota 41.

53 Contra la pretensión de la ley de monopolizar la creación del Derecho, véase el decisivo libro de Josef ESSER, *Crundsatz und Norm in der richterlichen Fortbildung des Privatrechts,* Tubinga 1956. Un anticipo, ciertamente débil, pudo representarlo en España nuestro libro *La jurisprudencia como fuente del Derecho,* Barcelona 1951. Pero es preciso que, en España, el valor de las sentencias del Tribunal Supremo sea atribuido preferentemente a la razón decisiva del fallo y no a las declaraciones excesivamente generales de sus considerandos. Acerca de la posibilidad de distinguir entre *ratio decidendi* y *obiter dictum* en nuestras decisiones, hemos de remitir al tomo I de nuestros *Fundamentos de Derecho civil.* También puede verse el artículo citado en nuestra anterior nota 18.

sola mano... y como esta materia es de interpretación restrictiva, no deben aumentarse las citadas causas de disolución, conforme declaró este Centro directivo en la resolución de 11 de abril de 1945, y según doctrina de las sentencias del Tribunal Supremo de 3 de octubre y 19 de noviembre de 1955, por lo que habrá que considerar como temporalmente subsistente la sociedad limitada reducida a un solo socio, en tanto pueda producirse su vuelta a la normalidad y reconstitución mediante la disposición de parte de las participaciones por el único titular —circunstancia que ha tenido lugar en el presente caso—, sin que, por cierto, en Derecho español, a diferencia de algunos extranjeros, exista plazo para salir de tal situación, transitoria por naturaleza, y así no halle más límites que los del abuso del derecho y el respeto a la buena fe».[54]

Especial interés ofrecen dos resoluciones del Tribunal Económico Administrativo Central. En el caso atendido por la de 22 de abril de 1952 sucedía que el único accionista de una sociedad anónima se había adjudicado íntegramente el activo de la misma, declarando al mismo tiempo que no adquiría obligaciones a favor de terceras personas porque el pasivo quedaba extinguido por confusión, debido a consistir únicamente en un crédito a favor del declarante y estar igualmente en su poder todas las obligaciones no amortizadas, que eran al portador. A pesar de ello, la liquidación del impuesto de derechos reales calificó el caso como de adjudicación de bienes muebles e inmuebles en pago de deudas, además de la disolución de sociedad. El acuerdo del T.E.A.C, muy prolijo e interesante, confirmó la liquidación. Para ello invocó, entre otras razones, la tan repetida Resolución de la D. G. de los Registros de 11 de abril de 1945, a pesar de que los problemas respectivamente planteados y resueltos eran tan diferentes que solo podían compararse a base de las generalizaciones doctrinales de los respectivos «considerandos». En el caso de 1945 lo que se hizo fue simplemente resolver que el Registrador mercantil no debía considerar que se había producido la disolución de la sociedad por el hecho de que todas las acciones se hubiesen concentrado en un solo socio. Por el contrario, en el caso de 1952 se trata de un socio único que declara disuelta la sociedad. En el primer caso se negó la extinción automática; en el segundo, la extinción no podía negarse por haberse realizado expresamente por voluntad del único socio y se trataba de averiguar los efectos de este acto. Las resoluciones son, por tanto, profundamente diferentes si se atiende a lo decidido, aunque en parte coinciden si se atiende a lo que en ambas se dijo. Con lo que resulta que en España se repudia el sistema del *stare decisis* (estar a lo decidido en otro caso anterior) y en cambio parece que se sigue el sistema de *stare dictis* (estar a lo que en otro caso simplemente se dijo).[55]

La otra resolución del Tribunal Económico Administrativo Central a que nos hemos referido es la de 15 de febrero de 1955. Los dos únicos socios de una sociedad anónima vendieron todas las acciones a otra sociedad de igual naturaleza. La Oficina liquidadora giró una liquidación a cargo de la sociedad compradora por el

---

[54] Véase el interesante dictamen de JORDANO BAREA, citado en la anterior nota 50, relativo al problema de si el ejercicio del derecho de separación es posible en una sociedad limitada de dos socios y acerca de si el ejercicio del mismo derecho lleva aparejada la disolución de la sociedad.

[55] El sistema del precedente angloamericano se funda en la regla de estar a lo decidido *(stare decisis)* y no de estar a lo que se dijo *(stare dictis)*. Una comparación de este sistema con los europeos puede verse en el libro de A. von MEHREN, *The Civil Law System*, New Jersey 1957, pág. 825 y ss.

concepto de muebles, al 3 por ciento sobre el precio declarado. Formulada reclamación, el liquidador sostuvo —a nuestro juicio con un criterio coincidente con el de la doctrina *disregard*— que lo transmitido no eran unas simples acciones, sino la totalidad de un patrimonio. El Tribunal Económico Administrativo Provincial desestimó la reclamación, pero declaró anulada de oficio la liquidación girada y ordenó girar otras dos: una al uno por ciento sobre el precio fijado en la escritura, añadido el valor de las obligaciones e intereses devengados y no satisfechos, y otra sobre la misma base al 6 por ciento; todo ello por estimar que la concentración de acciones había producido la extinción de la sociedad cedente.

Interpuesto recurso ante el Tribunal Central, éste ordena sustituir la liquidación por otra al uno por ciento sobre el valor efectivo de las acciones transmitidas; además, que por la Oficina liquidadora se recaben los datos necesarios para calificar la posible existencia de cesiones de bienes, créditos y deudas sujetos al impuesto, como diligencia previa a las liquidaciones que entonces procedan. En definitiva, el Tribunal Central estima que la concentración no produce la extinción de la sociedad.

Al comentar esta resolución Gregorio FRAILE en la «Revista de Derecho Privado»,[56] manifiesta su disconformidad por entender que se trataba de un caso de fusión comprendido en el art. 142 de la ley de sociedades anónimas. Nosotros creemos que este parecer también está influido por los mismos criterios de política jurídica a que, en definitiva, responde en otro sistema de Derecho la doctrina *disregard*. El hecho de tratarse de la adquisición de la totalidad de las acciones induce a prescindir de la apariencia y a juzgar los actos por su contenido sustancial, como preconiza dicha doctrina. Y aunque tal vez el supuesto estaba más próximo al de absorción del art. 148 de la indicada ley, que al de fusión del art. 142, lo que en definitiva está latente en este caso es la dificultad de creer que la transmisión global de todas las acciones no equivale a la transmisión de los bienes de la empresa.[57]

4. La relatividad del concepto de persona juridica en las distintas clases de sociedades

Un distinguido autor ha dicho que la polémica sobre la personalidad jurídica de las sociedades mercantiles no tiene razón de ser en España porque «nuestro Derecho reconoce la personalidad de las sociedades en general, incluso de las civiles».[58] Nos permitimos creer que la verdad es todo lo contrario. Es fácil advertirlo si en lugar de reverenciar una declaración abstracta y general observamos detenidamente qué efectos produce. Con la declaración legal de que las sociedades tienen personalidad jurídica los problemas no terminan sino que empiezan. Por eso, como ya hemos visto, debe preguntarse qué significa tener personalidad jurídica, cuando la atribución se refiere a un substrato distinto de la persona humana.

La persona natural y la jurídica solo de una manera muy artificiosa pueden ser equiparadas. Tratándose de la primera, la respuesta a la pregunta «¿qué es una persona?» se contesta con referencia directa a una realidad extrajurídica (moral, sicológica, antropológica, social), mientras que la misma pregunta en el segundo caso solo permite llegar a la realidad extrajurídica a través de normas que regulan

---

56 Revista de Derecho Privado, enero de 1956, págs. 45 a 47.

57 Véase cómo reaparece el mismo criterio en otro caso en que también se produce una transmisión de bienes a través de una cesión de acciones, más adelante, pág. 334, nota 134.

58 E. LANGLE, *Manual de Derecho Mercantil Español*, tomo I, Barcelona 1950, pág. 387.

efectos muy diversos, contenidos en esta elipsis mental a que se refiere la expresión «persona jurídica».

ASCARELLI ha recordado varias veces la comparación de JHERING entre el concepto de persona jurídica y el paréntesis del lenguaje algebraico.[59] Especialmente en el caso de las sociedades mercantiles, la atribución de la personalidad jurídica no puede tener más que un sentido de expresión abreviada para hacer referencia a una serie de fenómenos que, en caso de duda, han de ser juzgados separadamente para comprender su sentido y darles el tratamiento adecuado: delimitar un patrimonio, conferir sobre el mismo cierta preferencia a determinados acreedores, disponer una organización al servicio de una finalidad, regular su efectiva actuación como empresa, señalar qué personas tendrán poderes de dirección y de representación, regular los derechos de los partícipes, etc. Todo esto y bastante más está encerrado en el paréntesis de que hablan JHERING y ASCARELLI y la tarea que consiste en despejarlo no puede quedar reducida a una simple deducción maquinal a base del concepto de persona jurídica y de la ilusoria equiparación de ésta a la persona natural.[60]

Sin duda lo que exponemos puede causar la impresión de contrariedad que se experimenta cuando se pierde un comodín. Afirmar que el concepto de persona jurídica es una simple referencia indirecta a diversos problemas que requieren una más precisa formulación, podrá parecer una vaguedad. Pero estamos convencidos que ello ha de permitir alcanzar más precisión. El carácter instrumental y relativo de dicho concepto se advierte más fácilmente en contraste con el de persona natural. La existencia del ser humano, por su indiscutible valor intrínseco, hasta tal punto exige determinado tratamiento que resulta superfluo señalar su carácter mediador, instrumental, entre unos hechos y unas normas. Poca especulación requiere el carácter mediador de las normas que reconozcan al ser humano lo que corresponde a su dignidad, por el carácter indiscutible del supuesto de hecho delimitado como base de los efectos jurídicos. Muy diferente es lo que sucede con la personalidad jurídica de las sociedades mercantiles. El valor puramente instrumen-

---

59 ASCARELLI, *Studi di Diritto Comparato e in tema di interpretazione,* Milán 1952, pág. XVI, y especialmente en sus dos artículos que hemos citado en nuestra precedente nota 2, en sus respectivas páginas 432 nota 30 y 982.

60 Georg DAHM, *Deutsches Recht,* Stuttgart y Colonia 1951, págs. 573-574, hace notar que las teorías relativas a la persona jurídica suelen dejar de lado el verdadero problema. «En realidad solo se trata de un fenómeno técnico. La verdadera pregunta ha de dirigirse a precisar la función que esté destinado a desempeñar en la vida el concepto de persona jurídica». En alguna ocasión se ha hecho notar que tal vez lo que significa una persona jurídica en Derecho americano no es lo mismo que en Derecho alemán. Véase la recensión de Max RHEINSTEIN al presente libro de SERICK en *Zeitschrift für ausländisches und internationales Privatrecht,* vol. 22, 1957, págs. 367-372. Pero, concretamente por lo que se refiere a la semejanza fundamental del Derecho de sociedades en países de *common law* y de Derecho civil de base romana, Rudolf B. SCHLESINGER, *Compartive Law — Cases and Materials,* Brooklyn 1950, pág. 409, dice que no es ninguna exageración afirmar que en cuanto a las teorías fundamentales de la persona jurídica *(basic theories of corporate entity)* no media ningún cisma decisivo entre los países de *common law* y de *civil law.* Un interesante estudio sobre el Derecho americano en este punto: Heinrich KRONSTEIN, *Probleme des modernen amerikanischen Corporation-Rechtes,* en la revista citada en esta misma nota con referencia a la recensión del libro de SERICK, vol. 21, 1956, pág. 456 y ss. Además, es sumamente vaho-so todo lo escrito por Angelo PIERO SERENI sobre el mismo tema. Puede verse reunido con otros estudios en su libro *Studi di Diritto Comparato: I — Diritto degli Stati Uniti,* Milán 1956, págs. 205 y ss., 177 y ss. y 205 y ss.

tal del concepto estará en razón directa del carácter artificioso del supuesto de hecho que tenga atribuida la personalidad. No solo se trata de normas que imputan ciertos efectos a determinados supuestos de hecho, sino que también esta determinación o delimitación ha de ser, en gran parte, obra creadora de la normativa.

Por todo ello es preciso reconocer que son preguntas que plantean falsos problemas las que nos interrogan acerca de si la sociedad mercantil colectiva o la sociedad civil tiene personalidad jurídica.[61] A lo sumo cabe entender que solo se refieren al verdadero problema de manera indirecta; mejor dicho, aluden a una serie de problemas que no pueden resolverse por deducción de la idea unitaria de persona jurídica.

En nuestra doctrina hay un ejemplo que permite verlo claramente. Cuando en el Derecho español se dice que la sociedad civil tiene personalidad jurídica, resulta que no solo se afirma directamente la aplicación a tal concepto de los arts. 1.665 a 1.708 del Código civil, sino que en principio se afirma la aplicabilidad de aquellos criterios normativos que pueden derivarse del concepto de persona jurídica. Pero, en realidad, ello introduce suma confusión, como lo demuestran las dudas que alguna vez se han suscitado acerca de si los socios responden personalmente de las deudas de la sociedad. En este caso, el concepto de persona jurídica, como base de enlace entre un supuesto de hecho y una normativa, ha dado lugar, por ejemplo, al razonamiento de PÉREZ y ALGUER, tan irreprochable desde el punto de vista de la lógica abstracta como improcedente en atención a las razones de política jurídica que intervienen en la regulación de la sociedad civil. Véase su deducción maquinal a base del concepto de persona jurídica: «No puede invocarse que la ilimitación de responsabilidad es regla tradicional del contrato de sociedad, porque tal regla era consecuencia de la falta de personalidad de la sociedad, que determinaba la responsabilidad única y directa de los socios. Pero, al ser la sociedad sujeto de derecho distinto de los socios, la obligación subsidiaria de éstos sería responsabilidad por deuda ajena, sería fianza (cf. art. 1.822 ap. 1) y la fianza no se presume (art. 1.827 ap. I)».[62]

Varios autores han puesto de reheve el error que significa razonar de tal manera a base del concepto de persona jurídica. Especial interés ofrece un trabajo de AZURZA en el que se advierte que «la existencia de la personalidad jurídica y subsiguiente autonomía patrimonial de la sociedad no implica necesaria ni ineludiblemente que su responsabilidad por las deudas sociales quede constreñida al patrimonio social», a cuyo efecto señala que el art. 127 del Código de comercio impone responsabilidad personal y solidaria a todos los socios que formen una compañía colectiva por las obligaciones de ésta, a pesar de que el precepto del párrafo segundo del art. 116 del Código de comercio («Una vez constituida la compañía mercantil, tendrá personalidad jurídica en todos sus actos y contratos») podía haber servido de base para la deducción contraria.[63] Por eso hemos dicho que con la declaración legal de que todas

---

[61] DAHM, en la obra citada en la nota anterior, pág. 574, hace notar que la sociedad colectiva alemana *(offene Handelsgesellschaft),* sin tener personalidad jurídica (aunque advierte que ello es discutido), puede adquirir derechos y contraer obligaciones bajo su *Firma,* causar inscripciones en el Registro de la propiedad, demandar y ser demandada, incurrir en concurso y ser responsable de la actuación de sus órganos de la misma manera que una persona jurídica por aplicación del § 31 del Código civil alemán.

[62] PÉREZ GONZÁLEZ y ALGUER, anotaciones al *Derecho de obligaciones* de ENNECCERUS y LEHMANN, II-2, 2.ª edición, Barcelona 1950, págs. 425 y 426.

[63] AZURZA, *Problemas de la sociedad civil,* Anuario de Derecho Civil, 1952, pág. 125.

las sociedades, civiles y mercantiles, tienen personalidad jurídica, los problemas no terminan sino que empiezan. La personalidad reconocida tanto a una anónima, como a una colectiva, como a una sociedad civil, no impide que en cada una tenga un tratamiento completamente diferente el problema de la responsabilidad de los socios por las deudas sociales. Y si además advertimos cómo se plantea y resuelve el mismo problema en los casos de sociedad mercantil irregular y de sociedad civil que no actúa como tal frente a terceros, veremos que lo de menos es la ayuda que para dar a cada caso el tratamiento más adecuado puede brindar el concepto de persona jurídica.

En contra de lo que acabamos de expresar, tal vez se afirmará que la atribución de personalidad a todas las sociedades mercantiles regularmente constituidas (art. 116, párrafo segundo, del Código de comercio) no impide que el legislador introduzca una excepción a lo que sería una consecuencia natural de tal concepto, como ha hecho efectivamente en el citado art. 127 del Código de comercio, por lo que, en defecto de previsión legal expresa, se impone la necesidad de que el razonamiento de los que «aplican» el Derecho obtenga las consecuencias necesarias del concepto de persona jurídica. Esta opinión no debe combatirse con otra opinión, sino que es preciso examinar y señalar lo que verdaderamente resulta de la legislación y de la jurisprudencia en este punto. Lo haremos seguidamente con la posible brevedad, pero no queremos dejar de señalar que el criterio expuesto exigiría, para ser cierto o simplemente para aproximarse a la verdad, que la persona jurídica fuese lo que Lois ESTÉVEZ llama «una institución jurídica irreductible». No lo es porque, como dice este autor, «aunque extirpáramos de nuestros cuerpos legales todos los artículos alusivos a las personas jurídicas, no habríamos eliminado, sin más, el fenómeno real que con este término se designa». Y este fenómeno real no es un fenómeno real que pueda equipararse al de la persona natural. Como dice el mismo autor, «entre el fenómeno asociativo y la personalidad humana, si prescindimos del alcance metafórico de la designación, no existe paridad legal». Y añade más adelante: «Es cierto que nuestras leyes dicen expresamente que las sociedades regulares tienen *personalidad jurídica;* pero no olvidemos que, si partimos de la hipótesis de que la persona jurídica es un *nomen iuris,* lo único que puede significar la frase es que esas sociedades se regirán por las normas colocadas bajo tal rúbrica... pero este hecho carece de valor decisivo a efectos de asunción de personalidad, puesto que otros entes sociales a los que se niega la persona jurídica, como las sociedades irregulares y comunidades de todas clases pueden, asimismo, dentro de sus modos peculiares, adquirir, poseer, contraer obligaciones y ejercitar acciones...».[64] En sentido que estimamos bastante afín, dice MÜLLER-FREINFELS: «Se discute, por ejemplo, acerca del problema de si el administrador del concurso celebra un negocio como representante o en nombre propio, si la sociedad mercantil colectiva es una persona jurídica o no lo es, y no se tiene la idea clara acerca de si con ello se busca un concepto con validez general o solo un dato de Derecho positivo. Cuando la contraposición corresponde a un concepto con validez general y a un problema de la misma índole, entonces no lo determina el Derecho positivo, sino que éste lo aplica tal como es o deja de aplicarlo. Pero si no corresponde a ningún concepto con validez general, en tal caso tampoco cabe formular una pregunta con validez general, sino que solo cabe preguntar: ¿qué personas jurídicas, qué representantes conoce el Derecho positivo? ¿Qué entiende esta o aquella ley por representante, por persona jurídica, etc.? Porque cabe que cada Derecho positivo entienda cosas diferentes con las mismas palabras».[65]

[64] José Lois ESTÉVEZ, lugar citado en la anterior nota 7, págs. 175 a 180.

[65] Wolfram MÜLLER-FREIENFELS, *Die Vertretung beim Rechtsgeschäft,* Tubinga 1955, pág. 23 nota 43.

Podemos afirmar de manera terminante que el concepto de persona jurídica no es un concepto con validez general en el sentido expresado. Para advertirlo, ni tan siquiera hace falta salir del mismo sistema jurídico. En el mismo Derecho positivo español carece de sentido uniforme debido a que tampoco es un concepto que se refiera directamente a la solución de un problema, sino que trata de establecer un enlace entre una serie de normas y una serie de hechos.

Para referirnos nuevamente a la cuestión de si la responsabilidad de la sociedad queda limitada a los bienes que forman su patrimonio, es corriente estimar que se trata de una consecuencia de su personalidad independiente de la que tienen los socios. Pero, aparte de que ello está en gran parte desmentido por el Derecho positivo, solo puede tratarse de la fórmula verbal que traduce en un concepto lo que en realidad es un postulado de política jurídica: la conveniencia de acometer empresas con medios más poderosos que los que están al alcance de un solo individuo.[66] No se trata, por tanto, de consecuencias forzosas como las que imponen las cosas de la naturaleza por su inevitable manera de ser. La personalidad jurídica atribuida a las sociedades es la expresión abreviada, la elipsis mental, en que ha cristalizado aquella política jurídica. Por tanto, es efecto y no causa. Es un efecto que se halla a mitad de camino entre la consideración de aquella conveniencia y la ordenación consciente y detallada de los medios precisos para lograr el resultado que se busca. La dificultad de recorrer la segunda mitad de tal camino induce al fatigado razonamiento a atribuir virtudes mágicas al concepto, como si pudiera resolver problemas por pura aplicación maquinal. Pero se olvida que la diversidad entre la sociedad y los socios no es como la que separa las distintas cosas de la naturaleza. En este sentido, sociedad y socios no están separados, no son cosas distintas: la diversidad es de tratamiento en atención a criterios de política jurídica. Por lo mismo, no puede excusarse el juzgador de tener en cuenta dichos criterios de política jurídica al pretender sacar consecuencias del concepto.

Con razón habla LATTY del pernicioso efecto del absolutismo filosófico reflejado en el pensamiento jurídico, que conduce al error de creer que una *Corporation* es una entidad distinta de los accionistas. Este absolutismo se revela en la creencia de que una definición deja definitivamente fijada la esencia de lo definido para toda clase de fines. En realidad, el problema de saber si una sociedad es una entidad independiente y distinta de los socios no puede ser indagada, ni contestada, en términos abstractos y con un valor absoluto.[67] El mismo autor cita la afirmación de Max RADIN de que la personalidad jurídica de la sociedad *(the corporate entity)* solo es una expresión o símbolo abreviado que permite hacer referencia a un comphcado grupo de relaciones.[68] En general, tal expresión sirve para expresar brevemente la posición tanto de los socios como de los terceros frente a lo que es *patrimonio de una empresa.* Como lo normal es que la identidad de los socios no tenga importancia en

---

[66] Adolf A. BERLE, Jr., *The Theory of Enterprise Entity,* Columbia Law Review, abril de 1947, pág. 343, afirma que la primordial ventaja de la sociedad con personalidad jurídica consiste en el aislamiento de los accionistas individuales que la componen, de manera que no respondan de las deudas de la empresa. Pero, además, en la actualidad —sigue diciendo— hay que añadir otra ventaja de peso: la distribución de la responsabilidad que implica una gran empresa entre los que la dirigen.

[67] Elvin R. LATTY, *The Corporate Entity as a Solvent of Legal Problems,* Michigan Law Review, marzo de 1936, pág. 601.

[68] LATTY, en el mismo lugar, pág. 616, con referencia al trabajo de Max RADIIN, *The Endless Troblem of Corporate Personality,* 32 Columbia Law Review (1932), págs. 643-665.

la gran empresa, la afirmación de que la sociedad tiene personalidad jurídica producirá efectos convenientes. Pero ello no asegura que en otros casos los efectos de la misma fórmula, si se obtuvieran de manera maquinal, también hubiesen de ser justos. Basta que en ciertos casos varíe la base sociológica de la fórmula para que la identidad individual de los socios adquiera relieve.

Por todo ello no existe incompatibilidad en que, como señala LATTY con referencia a decisiones norteamericanas, *a)* en unos casos se afirme que tener relaciones comerciales con una *Corporation* cuyos accionistas son todos súbditos de un país enemigo equivale a comerciar con el enemigo, y *b)* en otros casos se afirme que la responsabilidad de un accionista frente a los acreedores de la sociedad se limita a lo que ha aportado, o se ha comprometido a aportar a la misma.[69]

En el primer caso parece que se niega la personalidad jurídica independiente, mientras que en el segundo se afirma. Una jurisprudencia maquinal que tratara de obtener consecuencias automáticas del concepto supuestamente unitario de persona jurídica, podría estimar que se trata de sentencias contradictorias. Pero lo cierto es que unas y otras se armonizan con los criterios a que ha de estar siempre subordinado el concepto supuestamente unitario de persona jurídica.

A la luz de esta concepción resulta fácilmente explicable que no produzca consecuencias prácticas de importancia el hecho de que la sociedad colectiva tenga o no tenga atribuida personalidad jurídica. La tarea de despejar este paréntesis del lenguaje que es el concepto de persona jurídica conduce a problemas más auténticos que dejan casi sin importancia a dicha diferencia. De la misma manera hay que explicar, dentro de nuestro mismo sistema jurídico, la diferencia de efectos que se atribuyen a las distintas clases de sociedades, todas ellas con personalidad jurídica sobre el papel.

Tratándose de sociedades cuyo capital es objeto de una delimitación jurídica rigurosa en el momento de su constitución (anónimas y limitadas), solo excepcionalmente puede discutirse si los socios responden directamente de las deudas de la sociedad. Veamos, a tal efecto, cómo razona una decisión del Tribunal Supremo de Puerto Rico.

En el caso *Roberto Colón Machinery & Manufacturing Co., Inc., v. Secretario de Hacienda,* resuelto el 21 de febrero de 1956 por el Tribunal Supremo de Puerto Rico,[70] se trataba de si el accionista principal de una corporación era responsable —ya personalmente, ya como síndico liquidador— del pago de una deficiencia de contribuciones sobre los ingresos. Roberto Colón era dueño de más del 95 por ciento de las acciones y la persona que había ejercido una influencia decisiva sobre todas las operaciones de la sociedad. Con fecha primero de abril de 1945 fue disuelta por acuerdo unánime de sus accionistas y todo el activo fue adjudicado al mismo Sr. Colón. La opinión de la mayoría del Tribunal Supremo, redactada por el Juez Presidente Sr. SNYDER, afirma que el hecho de ser dueño el Sr. Colón de las 800 acciones emitidas, excepto cuatro, no le impone automáticamente responsabilidad personal por la deficiencia contributiva. «Existen situaciones en que la ficción corporativa se pasa por alto en casos que envuelven contribuciones sobre ingresos cuando una persona es dueña de casi todas las acciones de una corporación. *Higgins*

---

[69] LATTY, en el mismo lugar, pág. 629.

[70] *Decisiones de Puerto Rico,* volumen 78, núm. 8, octubre de 1956, páginas 912 a 934.

v. *Smith,* 308 U.S. 473, 477. 'Pero el ignorar la entidad corporativa todavía sigue siendo la excepción a la regla'. *Delaney* v. *Gardner,* 204 F. 2d 855, 961 y 862 (C.A, 1, 1935) y casos allí citados; *National Carbide Corp.* v. *Comm'r.,* 366 U. S. 422; 10A Mertens, Law of Federal Income Taxation, págs. 233 y seq.; Berger, *Disregarding the Corporate Entity for Stockholders' Benefit,* 55 Columbia Law Review 808 (junio de 1955), y casos allí citados; Cleary, *The Comporate Entity in Tax Cases,* 1 Tax Law Review 3. Véase *Swigget* v. *Swigget, Inc.,* 55 D.P.R. 76. El gobierno no hizo esfuerzo alguno para demostrar que Colón dirigía los asuntos de la corporación en tal forma que en realidad constituía una ficción y por consiguiente era responsable del pago de la misma. Al devolver el caso, el gobierno tendrá una oportunidad, de así elegirlo, para presentar prueba adicional sobre la cuestión de la responsabilidad personal de Colón sobre la teoría de descorrer el velo corporativo».

Con lo dicho hasta ahora puede verse fácilmente que la separación entre la sociedad y los socios es tan cierta como relativa, incluso en las sociedades de capitales. Mejor es apreciar que la diferencia claramente establecida en tal clase de sociedades es la que media entre el patrimonio de una empresa cuyos beneficios representan aumento de la producción de bienes y los patrimonios particulares de los socios en los cuales el ingreso de aquellos beneficios representa aumento del poder de consumo.[71] Decimos que en esta clase de sociedades (anónimas y limitadas) está claramente establecida la separación, pero asimismo ha de poder señalarse en las demás sociedades, no tanto por ser «personas» jurídicas, como por asentarse esta personalidad sobre una actividad o empresa siempre susceptible de producir beneficios.[72] Hasta tal punto este substrato real es independiente de la personalidad, que existe igualmente en las llamadas sociedades irregulares. Por eso tiene interés dedicarles alguna atención.

Dos fuerzas que descansan en supuestos diferentes configuran el problema de las llamadas sociedades irregulares. Por un lado se trata de la aplicación de las

71 La diferencia apuntada es una realidad económica que se ha tenido en cuenta en la ley de reforma fiscal de 26 de diciembre de 1957, al intentar estimular la productividad convirtiendo en proporcional el tipo del impuesto sobre las rentas de las empresas, mientras que las rentas que se perciben como rendimientos del capital están sometidas a un gravamen progresivo. Es decir, las sociedades y empresas no son gravadas progresivamente porque su rendimiento es un signo de producción: bienes en el mercado; en cambio, la persona individual soporta un gravamen progresivo porque su renta es un signo de poder de consumo: demanda en el mercado.

72 Como se ha hecho notar, la tendencia a gravar por Tarifa III de Utilidades (ahora impuesto sobre las rentas de sociedades y entes jurídicos), no solo a las sociedades de capitales, sino también a las personalistas, a las irregulares y civiles, a las comunidades de bienes en ciertos casos, y, finalmente, a los comerciantes e industriales individuales, pone de relieve el factor empresa, como algo real, tangible y unitario, con independencia de que corresponda a una persona jurídica. En todos estos casos hay que delimitar un capital a efectos fiscales, hay que reconocer que sobre el mismo gozan de preferencia ciertos acreedores, hay que regular la transmisión y gravamen de la empresa como una unidad, etc. Véase ROCA SASTRE y MUNCUNILI, *Tratado de la Contribución de Utilidades,* 2.ª edición, Barcelona 1956, pág. 253 y ss. Adolf A. BERLE, Jr., en el trabajo antes citado en nuestra nota 66, examina las decisiones norteamericanas y demuestra que *los efectos* de la personalidad jurídica tienden a atribuirse a todo supuesto de hecho en el que *de facto* exista una empresa: *the entity commonly known as «corporate entity» takes its being from the reality of the underlying enterprise, formed or in formation.* Sobre el concepto de empresa es fundamental el estudio que A. POLO ha escrito como introducción a sus *Leyes Mercantiles y Económicas,* tomo I, Madrid 1956, págs. VII a LXXVI.

ideas generales sobre la celebración de los contratos, por lo que se dice que la falta de escritura e inscripción, si puede privar de personalidad a una sociedad, no puede impedir que se trate de un contrato válido entre quienes lo han celebrado. En este sentido suele afirmarse, de manera no muy exacta, que la sociedad irregular tiene validez entre las partes y no frente a terceros.[73]

Por otro lado, resulta que el amparo debido a terceros que de buena fe han contratado con una sociedad no constituida debidamente, pero que de hecho actúa como tal, precisamente exige que la apariencia de sociedad sea mantenida como una realidad frente a ellos. Hasta tal punto es así, que GIRÓN TENA cree que la mejor manera de explicar —o de asegurar— este efecto es reconocer que la sociedad irregular también tiene personalidad jurídica. Según dice: «al negar la personalidad jurídica, se producen unos efectos derechamente contrarios a los que el legislador ha deseado: si, en efecto, negamos esa personalidad, resultará que no podremos construir la existencia de un patrimonio separado del de los otros, que es justamente una de las garantías de los acreedores, a los cuales, los defectos de constitución, ha querido la ley que no perjudiquen».[74] Este parecer señala unos efectos ciertos, aunque los atribuye al concepto de persona jurídica que, a nuestro juicio, con ello revela una vez más su inutilidad en muchos casos. Si la certeza de tales efectos derivara de la personalidad jurídica de la sociedad irregular, resultaría que tal personalidad brotaría aunque la sociedad no quedara debidamente constituida. Pero, en realidad, tales efectos lo son de algo más sustancial, como vamos a ver. Por ahora señalemos que la mayoría de los autores estiman que la sociedad de hecho es un caso de sociedad sin personalidad.[75]

Ahora no debe interesarnos el problema de la validez del contrato entre quienes forman parte de una sociedad irregular. Repetimos que este problema es distin-

---

73 Véase POLO, obra citada en la nota precedente, tomo I, Apartado 2, página 603 y ss.; apéndice I, pág. 74; adición al apéndice I, pág. 20 y ss.

74 José GIRÓN TENA, *Estudios de Derecho Mercantil,* Madrid 1955, pág. 179.

75 Sigue mucho a GIRÓN TENA, José M.ª GONZÁLEZ ORDÓÑEZ, obra citada en nuestra anterior nota 50, en su pág. 140 y ss. Puntualizando una cuestión de terminología y de concepto, afirma este último autor (pág. 156): «La expresión sociedad de hecho designa una relación entre varias personas que, a virtud de hechos o datos concluyentes, permite afirmar la existencia entre ellas de un pacto de sociedad, aunque no se haya formalizado o aunque sea nulo, porque dichas personas actúan en el tráfico realizando una empresa o negocio social, manifestándose en sociedad y contratando, como tal sociedad, con terceras personas. Dentro de este concepto caben sociedades basadas en pactos tácitos, así como sociedades basadas en pactos nulos por vicios de fondo o por otro defecto que la legislación positiva sancione con la nulidad. — Sociedades irregulares son las que actúan en el tráfico en base de pactos explícitos concertados entre los socios, pero que no están debidamente formalizados con todos los requisitos y solemnidades de forma y publicidad prescritos por la ley —. Los autores italianos y españoles, en general, hacen uso de la expresión sociedad irregular en el sentido expuesto, para designar a la que no está debidamente formalizada». Sobre la misma cuestión afirma G. J. ORTEGA PARDO, *Sociedad Civil Irregular* (Comentario a las sentencias de 12 y 28 de junio de 1950), Anuario de Derecho Civil, enero-marzo 1951, pág. 313: «...consideramos que se debe reservar la denominación de sociedad irregular para aquélla en la que, existiendo un contrato creador, no se observaron todas las formalidades legales necesarias para su constitución. Y se reservará el nombre de sociedad de hecho para aquélla en que no existe convenio entre los socios, sino que, simplemente, se reúnen en vista de un fin común sin necesidad de más requisitos». Acerca del criterio de GARRIGUES, véase la nota siguiente.

to del de la eficacia de sus actos como creadores de una apariencia en la que los terceros han podido confiar.[76] Pero conviene advertir que en varias ocasiones la afirmación de la jurisprudencia (por ejemplo, en las sentencias de 12 y de 28 de junio de 1950) de que la sociedad irregular carece de existencia jurídica y de efectos con relación a terceros, es mero *obiter dictum,* una afirmación general no decisiva para la solución del caso, por tratarse de litigios exclusivamente relativos a los efectos del contrato entre quienes lo celebraron. Gomo observa ORTEGA PARDO, los terceros que contratan con la sociedad irregular no pueden después incumplir impunemente lo convenido. A tal efecto invoca las declaraciones de la sentencia de 3 de enero de 1906: el recurrente alegaba la falta de personalidad de una sociedad por no estar inscrita en el Registro mercantil y el Tribunal Supremo afirma que «apareciendo que la acción ejercitada contra don U. R. dimana de actos y vínculos establecidos libre y espontáneamente por éste con la referida sociedad, no le es lícito ahora negar la personalidad de la misma, ya que el precepto del art. 24 del Código de comercio no puede entenderse en el sentido de considerar como tercero a quien contrata directamente con una sociedad aun cuando no esté registrada».[77]

Como subraya el mismo autor últimamente citado, para que se produzca tal efecto es preciso que los terceros conozcan la existencia de esa sociedad por medio de pruebas que, de manera indudable y objetiva, hagan nacer en ellos la fundada presunción de haber contratado con una sociedad. Como afirma, «el valor y eficacia de la sociedad irregular respecto a terceros viene marcado por la *notoriedad,* por la

---

76 Conviene advertir que GARRIGUES, *Comentario a la ley de sociedades anónimas,* Madrid 1952, t. I, pág. 149 y ss., entiende que, en virtud del art. 6 de la ley de 17 de julio de 1951, ya no pueden existir sociedades anónimas irregulares. (Véase también el art. 5 de la ley de 17 de julio de 1953 sobre las sociedades de responsabilidad limitada.) «Después de publicada la nueva ley —dice— todo tercero tiene que saber que los contratos celebrados en nombre de una sociedad anónima no inscrita solo serán válidos si la sociedad se inscribe y son aceptados por ella (art. 7.°), cosa que supone que no lo serán si la sociedad no llega a inscribirse. Nadie podrá, pues invocar en este punto una ignorancia que la ley no permite». Pero este criterio nos parece dudoso y por lo pronto lleva al distinguido autor a sentar una comparación inexacta, hasta el punto de que tal vez demuestra lo contrario de lo que pretende. Dice: «Las consecuencias jurídicas son aquí similares a las que se deducen de los arts. 1.875 del Código civil y 145 de la Ley Hipotecaria, que imponen la escritura y la inscripción en el Registro de la propiedad para que toda hipoteca quede válidamente constituida. En un caso se trata de la constitución válida de un derecho real; en otros se trata de la constitución válida de una sociedad anónima». Nos parece que, en la hipoteca, el carácter constitutivo de la inscripción viene impuesto por tratarse de un derecho real cuya esencia requiere que pueda *perjudicar* a terceros, por lo que éstos lo desconocerán si no está inscrito. Por el contrario, tendría poco sentido discutir si quien ha contratado con una sociedad anónima aparente puede desconocerla. La situación de los intereses en juego es inversa que en el caso de la hipoteca y plantea el problema en el sentido de saber si puede pedir protección por su buena fe quien cree que ha contratado con una sociedad. Cabe preguntar en beneficio de quién redundaría la solución negativa de este problema. Creemos que solo favorecería a los que no deben derivar de la situación ningún beneficio: a los creadores de la apariencia de sociedad, que son los que han dejado de cumplir lo que dispone dicho art. 6. Resulta que ahora nos encontramos con lo que es el fundamento de la doctrina del *estoppel;* concretamente, de la *Corporation by estoppel.* Fundamento que seguramente también es el de la interpretación dada por la jurisprudencia española al art. 24 de nuestro Código de comercio. Véase en las citadas *Leyes* de Polo, tomo I, pág. 240 y ss. Véase también lo que, con referencia a BERLE, decimos en la nota 78.

77 ORTEGA PARDO, pág. 317 del lugar citado en nuestra anterior nota 75.

apariencia de sociedad». De este modo la apariencia produce los efectos que persiguen las normas que organizan la publicidad registral.

De la misma manera, respondiendo también a las razones de política jurídica atendidas en Derecho angloamericano por el concepto de *estoppel* e incluso con una técnica bastante afín, señala ORTEGA PARDO que los terceros pueden, por su parte, exigir de la sociedad irregular el cumplimiento de lo que con ella pactaron. Solo hace falta «que tales pactos se hayan hecho conociendo el tercero la existencia de la sociedad (que en virtud de su *notoriedad* aparece de modo objetivo a quienes con ella quieren contratar), sin faltar a la buena fe contractual y dentro de los límites que el objetivo social impone».[78]

Estas afirmaciones las estimamos exactas. Pero es curioso que se formulen con motivo de comentar las sentencias de 12 y de 28 de junio de 1950, según las cuales la sociedad irregular produce plenos efectos entre los socios, pero no frente a terceros. Tal afirmación solo tiene, en dichas sentencias, un valor de *obiter dictum,* por lo que no puede ser considerada decisiva para resolver el problema de los efectos de la sociedad irregular frente a terceros. Lo decisivo es lo que, sobre la base de auténticos criterios de política jurídica, deja razonado el mismo autor, según acabamos de ver. Lo de menos es que, además, dicho autor siga afirmando y razonando que tal sociedad carece de personalidad jurídica. Cuando advertimos que GIRÓN TENA trata de fundar los mismos resultados a base de reconocer la personalidad jurídica de la sociedad irregular, nos damos cuenta de cuál es el auténtico problema y de cuáles son las razones advenedizas que en uno y otro caso tratan de explicarlo. En realidad, el concepto de la personalidad jurídica de las sociedades manifiesta una vez más su fragilidad y versatilidad para servir de base a soluciones que siempre deberían fundarse en criterios de política jurídica. Además, aunque nos decidiéramos en uno u otro sentido a base del concepto de persona jurídica, éste nuevamente nos dejaría en la estacada al tratar de resolver otra cuestión decisiva, como vamos a ver.

Los acreedores pueden demandar a la sociedad irregular si concurren las circunstancias expresadas. Pero, ¿qué preferencia puede serles reconocida sobre el patrimonio social? Además, ¿qué debe entenderse por patrimonio social de una

[78] ORTEGA PARDO, págs. 318 y 319. Adolf A. BERLE, Jr., en su citado artículo (véase *supra* nota 66) habla (págs. 345 y 346) de que uno de los supuestos en que los tribunales americanos prescindieron de la teoría de que la persona jurídica es una creación del Estado, es el que sirve de fundamento a la doctrina de las *'de facto' corporations.* Por ejemplo: cuando la empresa contrata con un extraño, el cual, después, ejercita una acción contra aquélla como si verdaderamente fuese una sociedad y los tribunales la consideran responsable como tal. Para ello invocan la doctrina de *estoppel 'in pais':* la empresa ha creado la apariencia de ser una sociedad, de manera que la persona ajena a la misma ha obrado sobre la base de tal confianza, por lo que no puede permitirse que la misma empresa ahora lo niegue. Dice BERLE: «esto es, o por lo menos puede ser, verdadero *estoppel*». Otro ejemplo: cuando la empresa que igualmente ha contratado con un extraño, es la que acciona contra el tercero como si fuese una sociedad regularmente constituida. Los tribunales lo admiten y con frecuencia afirman que el contratante demandado está también impedido *(estopped)* de negar que la sociedad *de jacto* que le demanda no es una verdadera sociedad. BERLE señala que en este caso el *estoppel* se invoca más como una fórmula verbal que por existir todas las circunstancias que justifican esta doctrina. Creemos que para comprender lo que afirma basta que consideremos en cuál de los dos casos estaría justificada nuestra doctrina de los actos propios: *venire contra factum proprium non valet.* Véase lo que decimos sobre el particular en los lugares citados en la anterior nota 52.

sociedad que solo queda vinculada frente a terceros por lo que ha aparentado? La manera habitual de estudiar las sentencias en España, descuidando la clara exposición de los hechos que han suscitado el litigio y el valor ejemplar de la solución en vista de las circunstancias concurrentes, impide responder claramente a estas preguntas. Por eso hemos dicho que la discusión de si la sociedad irregular tiene personalidad jurídica, si puede tenerla como sociedad civil, etc., solo plantea el problema de manera distante e indirecta.

Obsérvese, pues, lo que verdaderamente sucede con independencia de si se trata de agrupaciones de las que pueda afirmarse que tienen o que no tienen personalidad jurídica. En las sociedades anónimas y limitadas regularmente constituidas, la incomunicación entre el patrimonio social y el de los socios es rigurosa, por lo menos si la estructura corporativa, la *Rechtsform* de que habla SERICK, corresponde de hecho a la base social y económica para la que fue ideada. En las sociedades colectivas, los socios responden de las deudas sociales de manera personal, solidaria e ilimitada (art. 127 del Código de comercio). Por ello cabe preguntar si en el caso de tratarse de una sociedad de esta clase de carácter irregular, será justo que los socios sean de mejor condición que en el caso de haber constituido la sociedad regularmente. La discusión abierta de este problema tiene más sentido que la discusión indirecta y a ciegas, que es lo que se hace cuando se discute si una sociedad de tal clase tiene personalidad como sociedad civil.[79] En las sociedades civiles, los socios quedan obligados por las deudas de la sociedad, pero no solidariamente (cf. art. 1.698 del Código civil).[80] Los acreedores de la sociedad son preferentes a los acreedores de los socios sobre los bienes sociales (art. 1.699 del mismo Código).[81] Si por no haber actuado la sociedad civil de manera ostensible frente a terceros, ha de regirse por las reglas de la comunidad (art. 1.669 del mismo Código), sin duda se tratará de una comunidad cuyo objeto desmerecería con la división, en el sentido de que ya no podría producir las ganancias para cuya obtención las partes contrataron

[79] Como ha recordado hace poco la resolución del Tribunal Económico Administrativo Central de 15 de marzo de 1957, la doctrina del Tribunal Supremo sentada en varias sentencias, y entre otras en la de 31 de mayo de 1912, tiene declarado que se consideran sociedades puramente civiles las de objeto comercial que no se hayan otorgado en escritura pública y con las solemnidades establecidas en el Código de comercio, y reitera que, según el mismo Tribunal Supremo, el defecto de alguno de dichos requisitos formales no afecta al de la existencia y reconocimiento para tercero de la sociedad. Contra semejante criterio se pronuncia César ALBIÑANA, al comentar unas resoluciones del mismo TEAC de 16 de febrero y de 28 de septiembre de 1951, en la Revista de Derecho Financiero y de Hacienda Pública, diciembre de 1951, págs. 621-632, concretamente en la página 630 nota 8, donde dice que le parece poco acertado que una sociedad mercantil que no cumple lo que dispone el art. 119 del Código de comercio pueda tener personalidad jurídica conforme al Código civil. «El orden jurídico mercantil ha de ser más exigente en este aspecto que el jurídico civil y este último no puede ser una fórmula de incumplimiento de los requisitos impuestos por aquél». Sin duda tiene razón este distinguido comentarista y solo nos gustaría ver planteado el problema más directamente, esto es, a base de juzgar la procedencia de que en tal supuesto se produzcan los efectos que ahora quedan aludidos mediante el lenguaje cifrado que consiste en hablar de personalidad jurídica.

[80] Puede verse lo que decimos en nuestros *Fundamentos de Derecho Civil, II-2,* Barcelona 1956, págs. 426 a 428, sobre este art. 1.698 del Código civil.

[81] Véase en la misma obra citada en la nota anterior, pág. 431, lo que expelemos sobre el art. 1.699. Siguiendo a ROCA SASTRE, y en vista del art. 1.696, sostenemos que la cuota del socio que puede ser embargada y rematada es la de liquidación. Pero téngase en cuenta lo que sigue en el texto. Véase la nota 83.

(art. 1.665 del mismo Código). Como dice ALBIÑANA, «la sociedad, con o sin personalidad jurídica, y la llamada comunidad societaria, son situaciones dinámicas, queridas, perdurables, voluntarias que nacieron con una aportación —comunicación de bienes según ROCA SASTRE— y que viven a impulsos de la obtención de un lucro superior a la suma de lo que esfuerzos individuales aislados pudieron proporcionar».[82] Resulta, por tanto, que la aplicación de las reglas de la comunidad a la sociedad civil sin personalidad seguramente no dará a los acreedores de los partícipes más derechos que los propios de los acreedores de los socios en la sociedad civil, pues, por lo dicho, aunque a consecuencia del embargo, subasta, remate y adjudicación a su favor de la cuota del deudor tuvieran la facultad de pedir la división (art. 400 del Código civil), ello solo podría ocasionar que la empresa cambiara de titular (arts. 401 y 404), como veremos dentro de poco.[83]

Es posible, además, que la sociedad civil sin personalidad jurídica tampoco pueda regirse plenamente por las normas de la comunidad de bienes, si se trata de un caso como el resuelto por sentencia de 24 de marzo de 1952, en el que una parte había aportado bienes y la otra solo industria.[84] Lo de menos es discutir en tal supuesto si la sociedad tiene o no personalidad; lo importante es que existe una situación *contractual* de comunidad, pues, en virtud del párrafo segundo del art. 392, lo convenido entre las partes regirá con preferencia a las disposiciones legales relativas a la comunidad de bienes. Según la sentencia de 29 de noviembre de 1955, aunque el art. 1.669 dispone que no tendrán personalidad jurídica las sociedades cuyos pactos se mantengan ocultos a terceros, del art. 392 resulta que solo a falta de contrato la comunidad deberá regirse por las disposiciones del título III del libro 2.° del Código civil.

La sentencia de 28 de febrero de 1955 hace la extraña afirmación de que la sociedad civil de que se trata no tiene personalidad jurídica por no haberse otorgado en escritura pública ni inscrito en ningún registro. Con razón se hace notar en el Anuario de Derecho Civil[85] que no existe registro de sociedades civiles y, en todo caso, lo que produce el efecto de remitir a las normas de la comunidad de bienes

---

[82] César ALBIÑANA, en el lugar citado en la nota 79. Recordemos a Jerónimo GONZÁLEZ cuando afirma que «es inútil que la técnica jurídica se niegue a admitir entre la persona jurídica formada por varios individuos, y la comunidad *pro indiviso,* ningún otro tipo que participe, según los supuestos, de unas u otras características». Véanse sus *Estudios de Derecho Hipotecario y Derecho civil,* Madrid 1948, tomo III, pág. 362.

[83] Podrá alegarse que en todo caso habrá la diferencia de que, en la sociedad, la cuota del socio que puede ser embargada y rematada es la de liquidación (véase la anterior nota 81), mientras que en la comunidad el remate y adjudicación producen el efecto de que el adjudicatario ingresa en la comunidad, en cuyo caso puede ejercitar la acción de división. Pero resulta que precisamente esta deducción a base de lo que parece resultar de un Derecho deficientemente constituido, ha de permitir que se tengan en cuenta las razones de Derecho constituyente, en cuyo caso se percibirá claramente que la razón de que se prohíba que por la sola voluntad de un socio ingrese otro en la sociedad (art. 1.696 del Código civil), ha de enlazarse, no tanto con la existencia de una sociedad con personalidad jurídica, como con la existencia de una empresa dedicada a la obtención de beneficios en un régimen que exija mutua confianza entre los empresarios. Por tanto, es una razón que también existiría en el caso de una comunidad cuyo objeto fuese indivisible por tal causa.

[84] Véase en Anuario de Derecho Civil, enero-marzo de 1953, págs. 284-286, una interesante anotación a esta sentencia.

[85] Anuario de Derecho Civil, julio-septiembre de 1955, págs. 1.013 y 1.014, observación de L. D. P.

(art. 1.669) es el secreto de los pactos y la conducta de los socios frente a terceros, contratando en nombre propio. Como se afirma, la personalidad de la sociedad civil (nosotros diríamos: la exclusión de las normas de la comunidad) depende de que aparezca como tal sociedad frente a terceros. Este modo de actuar es lo que el Derecho valora, hasta el punto de que creemos poder afirmar que la sociedad civil siempre lo es de hecho.

Veamos ahora brevemente lo que sucede con la comunidad. Suele afirmarse que en ésta no hay acreedores que lo sean de una personalidad distinta de la que corresponde a los partícipes. Pero nos parece que lo que tiene sentido no es, nuevamente, la referencia a la personalidad, sino la comprobación de si los terceros pueden tener derechos de crédito garantizados por el patrimonio común, como unidad distinta de la disgregación de las cuotas de la comunidad en los patrimonios de los partícipes. Que es así, resulta de la última regla contenida en el art. 405 del Código civil: «Conservarán igualmente su fuerza, no obstante la división, los derechos personales que pertenezcan a un tercero contra la comunidad». Es cierto que algunas veces afirman destacados autores, como BELTRAN DE HEREDIA,[86] que en la comunidad no existe un patrimonio autónomo, ni una insensibilidad recíproca de los patrimonios, como parece que resulta de los arts. 399 y 403. Esto aclara poca cosa en un sistema que declara persona jurídica a la sociedad mercantil colectiva o a la sociedad civil, a pesar de que tampoco se manifiesta en ellas esa insensibilidad recíproca (cfr. arts. 127 del Código de comercio y 1.698 del Código civil). Además, el mismo autor señala, al final del importante libro dedicado a esta materia, la peculiar regla del art. 405, que hemos transcrito, diciendo: «con esto, la ley parece referirse a toda clase de acreedores, y no solamente a aquellos que lo sean a título de derecho real».[87]

Los acreedores particulares de los partícipes, aparte del derecho que les reconoce el art. 403, solo pueden embargar, subastar y posiblemente adjudicarse la cuota de su deudor, y, en cuanto a la facultad de pedir la división, podrán encontrarse — como ya hemos señalado — con la limitación resultante de los art. 401 y 404. Según la sentencia de 28 de noviembre de 1957, «lo mismo cuando la división material sea simplemente perjudicial que cuando sea imposible, existe el derecho de pedir la división de la comunidad mediante la adjudicación o venta, de conformidad con el principio básico del art. 400 de que ningún copropietario está obligado a permanecer en la comunidad». Sin embargo, precisamente por ello se mantendrá la unidad del patrimonio destinado a una explotación en régimen de comunidad.

Por otra parte, el acreedor aludido en la transcrita regla del artículo 405: el que tenga *un derecho personal contra la comunidad,* sin duda tratará de una manera unitaria lo que es objeto de los derechos comunes de los deudores. En tal caso puede presentarse el problema de que un tercero haya ingresado en la comunidad por cesión o adjudicación de la cuota de un anterior partícipe y lo haya hecho después de haber nacido el derecho del acreedor de la comunidad. Parece que entonces no podrá hablarse del derecho personal de un tercero contra la comunidad, como hace el repetido art. 405, sino que será procedente referirse al derecho del acreedor contra los comuneros, excepto el nuevamente ingresado. Aparte de este supuesto, que es bastante anómalo, en los demás casos es fácil percibir que la

---

[86] J. BELTRÁN DE HEREDIA, *La comunidad de bienes en Derecho español»,* Madrid 1954, pág. 74.

[87] En la misma obra, pág. 369.

situación de hecho aproxima en gran manera las reglas de la comunidad a las de la sociedad civil. Pero, sobre todo, sucede que la posibilidad de percibir claramente todas sus afinidades y diferencias, exige proceder a un examen minucioso que no puede quedar suplido con el recurso de argumentar en términos abstractos a base de si se trata o no de una persona jurídica.

No creemos muy aventurado suponer que todo lo dicho permite ver que la personalidad jurídica de las sociedades explica muy poca cosa por sí sola y que difícilmente puede mantenerse como un concepto uniforme. La resolución del Tribunal Económico Administrativo Central de 13 de julio de 1951, afirma que no debe establecerse ninguna distinción entre una sociedad mercantil colectiva y una sociedad civil que haya adoptado la misma forma (cf. art. 1.670 del Código civil), a los efectos del trato de favor que dispensa a las primeras la tarifa II de Utilidades, n° 2, B, en atención al rasgo común de la responsabilidad solidaria, personal e ilimitada de sus socios, y señala que «en las demás sociedades la personalidad del ente jurídico se destaca vigorosamente por encima de la personalidad de los socios que la integran, la cual, en las sociedades regulares colectivas, ya sean civiles o mercantiles, se acusa reciamente por encima de la personalidad de la entidad social como consecuencia lógica de esa ilimitada responsabilidad personal de los socios, que es sin duda la que el legislador pretende compensar con el régimen de desgravación fiscal de sus utilidades fruto de capital». El Derecho fiscal, que es el gran observador de la realidad económica que se halla en el fondo de las formas jurídicas, advierte claramente la relatividad del concepto de persona jurídica en las distintas clases de sociedades.[88]

El peligro de lo que LATTY llama *epithetical jurisprudence,*[89] que consiste en discutir acerca del calificativo que merezca determinada situación o problema en lugar de prestar detenida atención a lo que tiene de peculiar, también se manifiesta en el conocido problema suscitado por la copropiedad de un buque. Según el primer párrafo del art. 589 del Código de comercio, «si dos o más personas fueren partícipes en la propiedad de un buque mercante, se presumirá constituida una compañía por los copropietarios». En este caso no suele estar implicada una cuestión de personalidad jurídica, pues no pretenden que la tenga ni los que sostienen que se trata de una verdadera compañía o sociedad. Pero, más que por tratarse de una comunidad o de una verdadera sociedad que tenga negada la personalidad jurídica, la discusión acerca de ésta resulta superflua por la existencia de normas que regulan detalladamente los derechos de los acreedores de la nave. Como afirma JORDANO, «la personalidad no es un requisito esencial de la sociedad»[90] y lo que importa, podemos añadir, es que se trata de un patrimonio claramente delimitado por una actividad mercantil. Los acreedores del buque siempre tendrán preferencia sobre éste, como bien común de los obligados, porque los acreedores particulares de los socios se encontrarán con que el buque será cosa que no pertenecerá al obliga-

---

[88] Sobre el carácter progresivo del Derecho fiscal, en el sentido expresado en el texto, puede verse lo que afirman Pío BALLESTEROS, *Las sociedades de inversión y la reforma de las leyes fiscales,* Revista de Derecho Privado, septiembre de 1952, págs. 697 a 703; Rodrigo URIA, *Derecho fiscal y Derecho mercantil, sus influencias recíprocas,* Anales de la Academia Matritense del Notariado, Madrid 1946, págs. 261 a 279; PALÁ MEDIANO, lugar citado en la anterior nota 47, en su pág. 130; ASCARELLI, *Personalità giuridica e problemi delle società,* Rivista delle Società, noviembre-diciembre de 1957, págs. 1.024-1.025 nota 38.

[89] LATTY, lugar citado en la anterior nota 67, pág. 626.

[90] JORDANO, *Comunidad y sociedad entre los propietarios de un buque,* Anuario de Derecho Civil, abril-junio de 1957, págs. 447 a 470, concretamente páginas 460-461.

do aparte de la cuota que en la nave corresponda a éste. Precisamente, como señala el mismo JORDANO, los arts. 580 y 584 del Código de comercio, 32 y siguientes de la Ley de Hipoteca Naval y el art. 14 de la Ley de Protección y Renovación de la Flota Mercante Española, al fijar la prelación y preferencia de ciertos acreedores del buque, demuestran que es posible conseguir el mismo resultado que se obtendría a base del concepto de persona jurídica, sin necesidad de recurrir para nada al mismo.[91]

Muy diáfano parece el criterio de ASCARELLI para distinguir la sociedad de la comunidad.[92] La disciplina del condominio, nos dice, se dirige al disfrute de unos bienes perfectamente individualizados. En cambio, en la sociedad los bienes están simplemente considerados como instrumentos de una actividad y, una vez la sociedad constituida, su determinación tiene lugar indirectamente a través de la disciplina de los actos imputables a la sociedad, porque, al ser instrumento de una actividad los bienes inicialmente conferidos, resulta que están destinados a mudar continuamente en relación con el ejercicio de la actividad. Pero la copropiedad de un buque mercante tal vez sometería a dura prueba esta clara concepción porque en tal caso la cosa ya no es base de una simple administración, sino de una explotación en régimen de empresa. Es cierto que la permanencia e inalterabilidad de la nave permiten afirmar, como hace la sentencia de la Sala tercera del Tribunal Supremo de 21 de marzo de 1950, que «conforme a las genuinas normas de Derecho español, es incuestionable que la propiedad de los bienes respecto de los cuales se constituye una comunidad, continúa perteneciendo íntegra y privativamente a los comuneros en armonía con el espíritu romanista inspirador del Código civil vigente en nuestra Patria; y también es obvio que el beneficio susceptible de surgir a través de una enajenación tan solo puede ser atribuido a quienes, como enajenantes, intervengan en el negocio jurídico de que se trate, y no a la comunidad que, al no ser propietaria, carece de motivo para hacer figurar como ingreso suyo algo que no dimana de un acto de gestión sino de disposición».

Esta doctrina fue proclamada en un caso de aportación de un buque a una sociedad y el recurso fue debido a la pretensión del Fisco de someter a tributación por tarifa III de Utilidades la diferencia entre el precio de adquisición del buque por los condueños y el recibido por la aportación, contabilizado como beneficio de la comunidad. Y lo interesante es que, a pesar de la declaración transcrita, esta pretensión fiscal prosperó, aunque en dicha sentencia el resultado parece fundarse en que, al actuar de pleno acuerdo en todo instante los copropietarios, «incluso hasta después de consumar la aportación, con semejante proceder dieron lugar a que ante una contabilidad inexacta se atribuyese a la gestión misma de la gerencia la sobrevaloración de la nave en que apoya el Fisco su pretensión»; afirmando también que, «a través de tal conducta, no enmendada por el recurrente, fue cómo llegó la Inspección de Hacienda a verse en el caso de extraer las consecuencias fiscales combatidas de una afirmación contable que acaso en el fondo cupiera estimar divergente de lo que parecía norma usual».[93]

---

91 JORDANO, en el mismo lugar, págs. 462 y 463.

92 ASCARELLI, *Saggi di Diritto Commerciale,* Milán 1955, pág. 136, nota.

93 Véase el comentario de AZCONA, Revista de Derecho Privado, mayo de 1950, págs. 457 y 458. Como advierte, el Derecho fiscal ha venido a insinuar una aproximación entre comunidad y sociedad. Las comunidades quedaron sujetas a tributación por tarifa III a partir de 1922 y los comuneros quedaron sujetos «como accionistas cuyo título es *ad rem* y no *in re*», con relación al objeto propiedad social, al pago de cuotas de utilidades por tarifa II a partir de la ley de 11 de marzo de 1932, art. 4.°. También, ROCA SASTRE y MUNCUNILL, obra citada en la anterior nota 72, pág. 267.

Con todo ello quizá no sería exagerado afirmar que la distinción entre comunidad y sociedad no estriba en que la última posea personalidad jurídica independiente de los que la componen, sino en el hecho de que, incluso descartando esta personalidad jurídica, queda al descubierto una empresa mercantil o en todo caso destinada a obtener ganancias, en régimen de explotación colectiva, en lugar de una simple administración de bienes en régimen de comunidad. No es la existencia de la personalidad la causa de la diferencia, sino que la calificación de persona jurídica es el resultado de una *epithetical jurisprudente* que a veces logra mantenerse en equilibrio sobre lo que de hecho es una empresa colectiva.[94]

Más difícil resultaba librarse de la obsesión de la personalidad jurídica de la sociedad en el caso resuelto por la Sala tercera del Tribunal Supremo, de fecha 24 de febrero de 1956. El recurrente sostenía que la aportación de un inmueble a una sociedad no debía dar ocasión a la exacción del arbitrio municipal de plus valía porque la aportación lo fue a una comunidad. Al efecto invocaba el art. 104 del Decreto de 25 de enero de 1946 sobre Haciendas locales, que disponía lo mismo que en la actualidad ordena el art. 515, 2, *a,* de la ley del Régimen Local: «...no se considerarán transmisiones de dominio: *a)* las aportaciones de bienes a una comunidad, ni las adjudicaciones a los comuneros, en los casos de la división total o parcial de la comunidad». El recurso fue rechazado porque, según se afirma, la constitución de la sociedad presupone la creación de una nueva personalidad jurídica independiente de las participaciones que en ella puedan tener sus socios. Como se trataba de aportación a una sociedad anónima, la afirmación del Tribunal Supremo era casi inevitable, a menos que pudiera estar justificada la desestimación o *disregard* de la personalidad jurídica. Pero estamos convencidos de que también en este caso la referencia a la personalidad no es más que la manera de referirse con lenguaje cifrado al verdadero problema que podemos anunciar de esta manera: lo decisivo sería reconocer si por efecto de la aportación se atribuye en contrapartida a los aportantes algún bien o título susceptible de negociación con el margen de beneficio que resulta del incremento de valor del terreno.

5. La incongruencia entre la estructura jurídica y la base económica de las sociedades

La rapidez de la evolución económica deja siempre en posición rezagada a las previsiones normativas. La creación jurídica no dispone de ninguna fuente que posea la agilidad necesaria para que el contenido de las normas proporcione una solución consciente y adecuada a cada problema. Como ya hemos señalado alguna vez, la vida del Derecho está dominada por la falta de correspondencia entre los problemas económicos y las soluciones jurídicas.[95] La desconcertante facihdad con que las estructuras jurídicas nacidas para servir a determinados fines pueden poner-

---

[94] Conviene en este punto recordar una vez más la afirmación de BERLE que hemos transcrito en la anterior nota 72. Pero véase el caso de una comunidad que nuestro Tribunal Económico Administrativo Central sigue calificando de tal en su resolución de 12 de julio de 1957, a pesar de tratarse de una pluralidad de cosas productoras de especiales beneficios (unas salinas), de la existencia de una comisión ejecutiva o administrativa formada por condueños y de la formación incluso de reservas. Pero también este caso debería ser objeto de examen por lo que tiene de peculiar, sin que nos sea posible hacerlo en este instante.

[95] Puede verse nuestro prólogo a la versión española del ensayo de K. N. LLEWELLYN, *Belleza y estilo en el Derecho,* Barcelona 1953.

se al servicio de finalidades diferentes, es un tema que la sociología del Derecho todavía no ha abordado como merece.[96] Para observar este fenómeno también ha de prestarse mucha atención a las soluciones del Derecho fiscal, siempre sensible a la realidad económica y, por lo mismo, anticipándose y señalando muchas veces el camino que debe seguir el Derecho sustantivo.[97]

a) Sociedades matrices y filiales.— Unas palabras de W. SCHTLLING permiten vislumbrar un posible y amplio campo de aplicación de la *disregard doctrine:* «la sede secundaria como forma del primer capitalismo ha sido sustituida por la sociedad filial como forma del capitalismo culminante». Y añade: «la reacción del Estado ante esta evolución no ha tardado en llegar. En muchos aspectos rasgó el velo de la persona jurídica».[98]

Uno de los grandes temas de nuestros días es el que nos ofrecen estas sociedades jurídicamente independientes y económicamente dominadas. Esta dominación sobreviene porque el accionista persona física en muchos casos ha quedado desplazado por otra sociedad. Observa VISENTINI que es frecuente la división de los accionistas en dos grandes grupos: por un lado, un accionista o un grupo limitado de accionistas que son sociedades anónimas que participan en el capital de otra de una manera que con frecuencia solo es minoritaria, a pesar de lo cual, por la eficacia de su organización y dirección, dominan efectivamente a la sociedad de que forman parte; por otro lado, aparecen los accionistas que constituyen cuantitativamente la

---

96 El autor de un interesante artículo sobre la nacionalidad de las empresas internacionales, Heinrich KRONSTEIN, *The Nationality of International Enterprises.* Columbia Law Review, diciembre de 1952, págs. 983-1.002, afirma: «El tiempo y el cambio separan sin cesar la forma de la sustancia y al Derecho le incumbe la tarea de no quedar rezagado en relación con ésta». El problema, visto en términos generales desde el punto de vista de la sociología, lo encontramos expuesto, por ejemplo, en el libro de Robert BIERSTEDT, *The Social Order,* Nueva York 1957, capítulo 16.

97 Véase antes nota 88. Ejemplos de cómo el Derecho fiscal percibe claramente que el factor relevante está en ciertas unidades económicas manifestadas a través de personas jurídicas diferentes, pueden citarse con facilidad: el R. D. ley de 7 de junio de 1927, sobre nacionalización de empresas extranjeras, establece en su art. 5.°: «No se otorgarán los beneficios de este Decreto ley en los casos en que la empresa española quede en comunidad permanente de intereses con la extranjera de que adquiera el negocio objeto de la nacionalización, ni con ninguna otra, tenga o no la nacionalidad española, que represente intereses principalmente extranjeros. La decisión sobre la existencia de tal comunidad compete al Jurado de Utilidades...»; la ley de 10 de noviembre de 1942, relativa a ampliaciones de capital y participación en otras empresas, en el párrafo tercero del art. 5.°, se refiere a que el Ministerio de Hacienda queda autorizado «para liquidar la contribución sobre beneficios, considerando como unidad económica a la entidad que ejerza el control y a las que estén sometidas al mismo, mediante la consolidación o integración de sus respectivos balances y cuentas de resultados...»; el Decreto ley de 17 de julio de 1947, en su art. 4.°, dispone: «A todos los efectos, se podrá considerar como unidad económica la agrupación de entidades, cualquiera que sea su nacionalidad, que dependan directa o indirectamente de una entidad española a quien corresponda la administración superior de la agrupación, por disponer del control de la misma a través de la posesión mayoritaria de todas las acciones». Y añade en el segundo párrafo: «En el domicilio de las sociedades españolas, que, en las formas previstas u otras diferentes, ejerzan el control de otras entidades, se llevará contabilidad suficiente para que se pueda conocer y fiscalizar normalmente el funcionamiento de las filiales o controladas extranjeras y de las residentes en el extranjero».

98 W. SCHELLING, *Sede secondarie e società figlie nel diritto tedesco,* Nuova Rivista di Diritto Commerciale, 1955, págs. 151 y 152.

mayoría, generalmente procedentes del mundo del ahorro, los cuales, a pesar de representar la gran mayoría del capital social, no ejercen ninguna influencia sobre la sociedad debido a la poca cuantía de la participación de cada uno y por su falta de unión y de dirección.[99]

De todo ello resulta que la sociedad muchas veces está dirigida de una manera bastante diferente de la prevista por la ley. El mismo autor señala que de hecho están en decadencia los órganos sociales previstos por el Derecho: la asamblea general de accionistas y el mismo consejo de administración. En España, aunque el gran capitalismo no haya llegado a las formas extremas con que se manifiesta en otras partes, también podemos hablar, lo mismo que VISENTINI, de la necesidad de forjar una disciplina que responda plenamente a los nuevos problemas.[100] Pero el cambio de mentalidad que se necesita para proceder a una nueva calificación jurídica de la realidad, solo se produce muy lentamente.

La resolución de la Dirección General de los Registros de 6 de diciembre de 1954 afirmó que «el objeto o fin de una sociedad constituye su razón de ser y concreta y delimita las atribuciones del órgano representativo, pero no puede calificarse con criterio estrecho que impida a una sociedad, sin tener que modificar sus estatutos, a través de una nueva sociedad que a tales fines se crea, la explotación de subproductos, materias primas necesarias u otras análogas relacionadas con sus fines, todo lo cual no ha de confundirse con la ampliación de operaciones reguladas en el art. 86 de la ley».

Como tantas veces sucede con las declaraciones contenidas en una resolución o sentencia, en vista de la anterior doctrina podemos exclamar: ¡demasiado general! Lo expresado podrá ser verdad dentro de las circunstancias del caso que motivó la resolución; pero no cabe desconocer la posibilidad de que también sean afirmadas en otro caso en el que provocarían un resultado irregular. Bastará repetir unas palabras de ASCARELLI: «podrá existir una violación de las normas sobre el objeto social si invirtiendo la mayor parte de su patrimonio en acciones de otra sociedad con objeto diverso, la sociedad acaba en realidad por destinar su propio patrimonio a un objeto que no es el determinado en los estatutos».[101]

En el caso *South Porto Rico Sugar Company v. Sol Luis Descartes, Secretario de Hacienda,* resuelto por el Tribunal Supremo de Puerto Rico con fecha 10 de marzo de 1955,[102] se trataba de un litigio en el que, según se dice en la opinión del Juez Asociado Sr. BELAVAL, «entran en juego tres entidades corporativas, cada una presumiblemente con una función corporativa distinta, mientras no se le pruebe lo contrario... Para descorrer el velo corporativo... no basta alegar la existencia de tres entidades corporativas y deducir de dicha existencia el control directo o indirecto, a menos que así no lo provea expresamente el estatuto, determinando que basta que se pruebe el control directo o indirecto para que la indeducibilidad quede establecida. Cuando el estatuto no tiene una declaración expresa sobre el particular, es necesario probar que, independientemente de la existencia de las diversas entidades corporativas, determinado fondo o partida se ha manipulado en tal forma que

[99] VISENTINI, *Osservazioni sulla nominatività delle azioni in relazione all'articolo 2.373 del Codice civile,* Rivista delle società, julio-octubre 1957, pág. 638 y ss.

[100] VISENTINI, lugar citado, págs. 648 y 649.

[101] ASCARELLI, *Saggi di Diritto Commerciale,* Milán 1955, pág. 219 y ss.

[102] *Decisiones de Puerto Rico,* vol. 78, págs. 58 a 69.

demuestra una reducción en el ingreso tributable para el organismo corporativo al cual resulte más oneroso y un aumento en el ingreso tributable para el organismo corporativo al cual resulte menos oneroso. No existe tal prueba en este caso, y en ausencia de ella no podemos descorrer el velo corporativo, ni siquiera para especular sobre sus posibles efectos en cuanto a la distribución contributiva».

Pasemos ahora a un caso resuelto por la jurisprudencia española. La sentencia de la Sala tercera del Tribunal Supremo, de fecha 27 de febrero de 1951 (lo mismo que las sentencias de 13 de junio de 1942, 1° de febrero y 30 de junio de 1943 y 13 de junio de 1946) giraba en torno a dos problemas fundamentales: si la *International Telephone and Telegraph Company* española era filial de la norteamericana del mismo nombre o era entidad independiente, y, en el segundo caso, si determinadas partidas de gastos eran o no deducibles para formar la base tributaria a los fines de la tarifa III de Utilidades. Las sentencias se pronuncian en el sentido unánime de reconocer a la primera de dichas sociedades el carácter español, para lo cual recurren a la tradicional y formalmente indudable distinción entre la dependencia o vinculación jurídica y la económica. Pero, a pesar de ello, en dicha sentencia de 1951 aparece un dato que obliga al Tribunal a adoptar una decisión más en consonancia con la realidad económica. Después de señalar, en el considerando octavo, los fuertes indicios de «enlace económico entre la sociedad actora y la de igual nombre norteamericana», y de afirmar que «ni ello, ni la identidad de cometido de ambas empresas en sus prestaciones a la Compañía Telefónica Nacional de España, e incluso la inicial coincidencia de importantes elementos directivos, se ofrecieron como causa suficiente para autorizar una declaración jurídica denegatoria de la condición de independencia con relación a la Empresa actora», en el considerando noveno señala que, a pesar de ello, queda por resolver si la entrega de 890.124,74 ptas. justifica que esa cantidad sea deducible de la base fiscal, y, en el siguiente, dice: «no puede olvidarse a cuanto ascendía el capital de la sociedad actora según los datos y documentos aportados, y es muy singular que una entidad cuyo nominal es de cincuenta millones pero en que el efectivo desembolsado no alcanza a representar la mitad del escriturado, haya llegado a contraer en normal gestión del negocio una deuda tal que solo por Vía de interés se cifre en cerca de novecientas mil pesetas, las que al tipo de interés usual del dinero significan un caudal debido de tal entidad que es a primera vista difícilmente conciliable con esa nota de normalidad señalada por la regla 2.ª, apartado f), de la mencionada ley de Utilidades». Por tal razón se estimó que dicha cifra no debía deducirse de la base del impuesto.

La cantidad calificada como intereses de un préstamo puede ser la manera, según vemos, de lograr que desaparezcan los beneficios de una sociedad económicamente dependiente. En relación con este mismo problema cabe citar unas palabras de AZCONA, al comentar en la «Revista de Derecho Privado» otras resoluciones, en las que recordó que «para evitar filtraciones contrarias al interés fiscal, los préstamos de los socios a las sociedades colectivas y comanditarias simples, fueron conceptuados como integradores del capital, pues a tanto equivalía decir que los intereses de semejantes préstamos no se deducirían nunca de los beneficios».[103]

---

103 Revista de Derecho Privado, 1948, pág. 258, comentario a la resolución del Tribunal Económico Administrativo Central de 2 de julio de 1946, y la misma revista, 1950, págs. 937 y 938, comentario a la sentencia de la Sala tercera del Tribunal Supremo de fecha primero de junio de 1950.

Incluso cabe enlazar o relacionar la *ratio* de aquella sentencia y de estas previsiones de la legislación fiscal con el posible caso de fraude a la ley que —como hemos visto en las páginas de SERICK—[104] consistiría en fundar una sociedad anónima o limitada con capital insuficiente para la clase de empresa que ha de acometer o para el objeto de su actividad y suplir esta deficiencia con capital aportado a título de préstamo. En caso de fracasar la empresa y de quebrar la sociedad, aparecerían como acreedores, en concurrencia con los auténticos, quienes en realidad deberían ser tratados como socios y no como prestamistas. El fraude solo podría evitarse a base de una decisión judicial tan enérgica que se atreviera a calificar los hechos en correspondencia con la verdadera realidad económica, para darles el tratamiento jurídico adecuado. Tal es el problema planteado por la sociedad que la doctrina norteamericana califica de *ihin Corporation.*[105]

La dominación económica que una sociedad puede ejercer sobre otra no está prevista en Derecho español, si se prescinde de ciertos atisbos del Derecho fiscal.[106] Sin embargo, las circunstancias pueden exigir que se adopte una decisión adecuada. En este sentido, tiene mucho interés la sentencia de la Sala primera del Tribunal Supremo de 8 de julio de 1946 que reconoció la responsabilidad de la empresa dominante por los daños causados a la dominada. La sociedad dominante y recurrente alegaba que las dos entidades «eran autónomas y gozaban de vida jurídica independiente, por lo que no son imputables a aquélla las pérdidas que haya podido sufrir ésta, y con ella, los demandados, solidariamente responsables de las deudas contraídas» por la sociedad dominada frente a la dominante. Es decir, esta sociedad dominante había demandado a la dominada para obtener el pago de determinados créditos, y la sociedad demandada, por medio de reconvención, ejercitó contra la empresa dominante la acción de responsabilidad que determinó la condena contra la cual esta sociedad interpuso el recurso de casación. Al rechazarlo el Tribunal Supremo, hace constar que aquella diversidad jurídica no impide la condena ante la realidad de los hechos probados: «*a)* que la Sociedad *A* absorbió hasta tal punto la administración y contabilidad de la *B* que ésta perdió totalmente su independencia, y *b)* que la A no se atuvo a los dictados de la buena fe en el cumplimiento del pacto con *B,* sino que abusó de las facultades de confianza que el pacto le confería, con el propósito de causar, como causó, la ruina de *B* y agravar la responsabilidad de los demandados, especialmente negándose a rectificar, según lo acordado, el pedido de maquinaria agrícola a C para la campaña de 1926, que se ofrecía próspera, lo que determinó la pérdida de la representación de aquella casa comercial, eje del negocio comercial de *B,* y la ruina de esta sociedad, con el consiguiente perjuicio para los demandados, que habían asumido una deuda de *B,* y perdieron las esperanzas que abrigaban de satisfacerla dentro de un desenvolvimiento normal de la sociedad».

Esta sentencia nos obliga a reflexionar en más de un sentido; por ejemplo, podía haberse dado el caso de que la dominación no solo hubiese ocasionado el

---

104 Véase *supra* pág. 73.

105 Angelo PIERO SERENI, *Studi di Diritto Compárato: I. Diritto degli Stati Uniti,* Milán 1956, pág. 211: «...cuando el capital de que ha sido dotada la compañía subsidiaria sea insuficiente, el financiamiento por parte de la sociedad matriz no puede obtener un tratamiento más favorable que los créditos quirografarios de los terceros de buena fe, aunque esté garantizado con prenda o hipoteca.

106 Véase la anterior nota 97.

perjuicio sufrido por la sociedad dominada por actos de la dominante, sino que, por su especial intensidad y características, hubiese podido suceder que esta sociedad tuviera manera de imponer silencio a la perjudicada. Basta pensar en el caso de que la mayoría de las acciones de una sociedad estén en poder de otra sociedad.[107] Para ésta podrá tener escasa o ninguna importancia el hecho de que las acciones de la sociedad dominada no produzcan beneficios, pues, en definitiva, solo son un medio de dominación que repercute en que los beneficios aparezcan como dividendos incrementados en las acciones de la sociedad dominante. En tal caso el perjuicio lo soportan exclusivamente los accionistas que están en minoría en la sociedad dominada. Por ello cabría tener en cuenta la posibilidad de admitir en España una acción directa de esos accionistas perjudicados, de manera parecida a la que en Derecho angloamericano es calificada de *derivative stockholders suit,* que precisamente representa una excepción al principio de la personalidad jurídica independiente de la sociedad.[108] Adviértase que no preconizamos la introducción de un remedio extranjero solo por el gusto de la novedad o por mimetismo doctrinal. Lo proponemos como objeto de examen en atención a que tal vez puede ser el remedio adecuado a un mal que indudablemente puede darse —incluso podemos decir: que probablemente se da— entre nosotros. Y lo decimos porque muchas veces sucede que nadie se escandaliza ante lo que nos llega de fuera hasta que alguien se preocupa de los posibles remedios para males que ya han penetrado. En definitiva, la citada acción es muy parecida a la que en Francia se conoce con la frase de *action sociale uti singuli.*[109] Por lo demás, se trata de una cuestión sumamente compleja sobre la cual ahora solo nos hemos propuesto llamar la atención.

También en este punto solo nos proporciona una claridad aparente el recurso al concepto de persona jurídica. El hecho de que una sociedad esté económicamente dominada por otra sociedad —supongamos que por el medio más corriente de tener ésta en su poder todas o la mayoría de las acciones de aquélla— no impide que se siga hablando de la existencia de dos personas jurídicas diferentes. Pero, como antes ya hemos dicho, esto es permitir una vez más que el concepto de persona jurídica deje un vacío en nuestro pensamiento. Convendría recordar que, como ha dicho ASCARELLI, la diversa personalidad significa, cuando tiene pleno sentido, que cada entidad tiene autonomía patrimonial. Pero, cuando de hecho no existe tal autonomía, la diversa personalidad debe quedar despojada de toda resonancia antropomórfica para que se advierta que entonces solo puede significar una diversidad de preferencia entre varios acreedores en relación con unos mismos bienes. Dice ASCARELLI: «no se trata de que la participación de la sociedad madre en la filial sea 'simulada' y carezca de valor, pues sin duda tiene el que corresponde al valor de los bienes de la sociedad filial deducidas las deudas de ésta *(al netto dai debiti di questa)* y en sustancia indica (lo mismo que sucede con el socio individual) que los acreedores de la sociedad madre han de quedar postergados respecto a los de la filial en relación con los bienes de ésta». Como añade el mismo autor, la

---

[107] Basta pensar en lo que sucede cuando la absorción de una sociedad por otra no produce aumento de capital, circunstancia que revela, naturalmente, que la sociedad absorbente poseía la totalidad de las acciones de la absorbida. Puede suceder, naturalmente, que la absorbente no posea la totalidad de acciones de la absorbida. Véase Miguel MOTOS GUIRAO, *Fusión de sociedades mercantiles,* Madrid 1953, pág. 267.

[108] Maximilian KOESSLER, *The Stockholders Suit: A Comparative View,* Columbia Law Review, marzo de 1946, págs. 238 a 254.

[109] LYON-CAEN et RENAULT, *Traite de Droit Commercial,* tomo II, 5.ª edición de 1929, pág. 276 y ss.

garantía que las acciones de la filial en poder de la sociedad matriz representan para los acreedores de ésta solo queda reducida a cero cuando en el patrimonio de la filial el activo queda completamente absorbido por el pasivo.[110] Estos efectos de la dominación corporativa, no solo han de ser tenidos claramente en cuenta para juzgar y resolver los problemas que se suscitan entre las dos sociedades, la dominante y la dominada, y sus socios respectivos, sino también cuando se trata de acciones ejercitadas por terceros contra la una o la otra. De los daños causados por la sociedad dependiente debe responder con preferencia su patrimonio; pero sin duda también estará pasivamente legitimada la sociedad dominante si ha absorbido indebidamente bienes de la dominada en perjuicio de los acreedores de ésta. No tenemos posibilidad de entrar a discutir ahora si este fue el defecto de planteamiento del célebre caso *Minnie B. Berkey v. Third Avenue Railway Company,* resuelto por el Juez CARDOZO en una de sus célebres sentencias.[111] Solo haremos notar ahora que precisamente en ella formuló su conocida afirmación de que «todo el problema de la relación entre sociedades matriz y filial está todavía envuelto en las nieblas de la metáfora. En Derecho las metáforas han de ser estrechamente vigiladas porque, después de haber surgido como un medio de liberación del pensamiento, muchas veces acaban por esclavizarlo».[112] Ya hemos visto antes que, según palabras de un autor español, Lois ESTÉVEZ, en materia de sociedades con «personalidad jurídica», los tribunales muchas veces se han dejado seducir por el fulgor de una imagen.[113]

b) Sociedades de cartera o de inversión y sociedades *holding.* – Hemos visto que el concepto de accionista queda primeramente matizado cuando aparece como dueño de las acciones otra sociedad en lugar de una persona natural. Después, una realidad distinta vuelve a romper la unidad del concepto jurídico obtenido. Ya no basta hablar de sociedades accionistas porque la diversidad de los fines que persiguen dibuja nuevas figuras. Señalemos ahora a dos que por sus rasgos formales podrían estimarse coincidentes, pero que por su función económica son completamente dispares: sociedades de cartera y sociedades *holding.*

Según una de las más típicas descripciones, una *holding company* se distingue de una *investment company* por la dominación que la primera puede ejercer sobre sus subsidiarias. Esta dominación «puede ejercerse de muchas maneras, algunas veces de una forma laxa y otras con suma rigidez, a veces en forma ostensible y otras completamente oculta. Cuando las acciones con derecho de voto están muy distribuidas, la dominación efectiva puede ejercerse con un porcentaje muy pequeño de las ordinarias; a veces una amplia minoría puede quedar sin posibilidades de ejercer dominación si otro grupo organizado posee un lote mayor. Es relativamente fácil que una compañía acusada de ejercer dominación sobre otra pueda demostrar que de hecho no lo ejercita; pero es sumamente difícil que un organismo que contempla el caso externamente y que conoce los hechos por lo que han declarado

---

110 ASCARELLI, *Studi di Diritto Comparato,* Milán 1952, pág. XVI, nota 11; Saggi *di Diritto Commerciale,* Milán 1955, pág. 243; *Personalità giuridica e problemi della società,* Rivista delle società, noviembre-diciembre de 1957, págs. 1.026 y 1.027.

111 Véase antes pág. 115.

112 F. S. COHEN se ha referido al fenómeno que lleva a los juristas a confundir las ficciones y metáforas de la tradicional teoría del Derecho con las razones que verdaderamente deberían fundar la decisión, en su artículo *Transcendental Nonsense and the Functional Approach,* Columbia Law Review, 1935, pág. 812 y ss.

113 Véase *supra* pág. 267.

testigos poco dispuestos a prestar ayuda, pueda asumir la carga de probar que efectivamente se ejerce dominación. La utilización de *voting trusts* y de mandatarios y delegados que actúan por cuenta de un principal no aparente, puede mantener oculta la verdadera fuerza que ejerce la dominación».[114]

En España, la resolución de la Dirección General de los Registros de 25 de abril de 1951 se refiere a las uniones de empresas que «pretenden activar la totalidad de las fuerzas económicas en determinados espacios nacionales y aun internacionales, y, sin desconocer que han alcanzado formas sociales de gran importancia práctica, exigen un cuidadoso tratamiento jurídico, no solo desde el punto de vista tributario, sino también porque en algunos casos han dado lugar a maniobras y abusos con la creación de *trusts* encaminados a suprimir o limitar la concurrencia comercial merced a diversas fórmulas de tendencias monopolísticas; trayectoria en la que han surgido los denominados *holdings,* sociedades que tienen en cartera todo o parte del capital de otras que controlan, y los *investment trusts,* empresas de gestión de valores». Aunque en esta resolución se mezclan conceptos muy diversos, también señala la diferencia que ahora nos interesa y que en la actualidad está reconocida, de manera implícita, por la ley de 15 de julio de 1952.[115] Antes de esta ley de 1952, reguladora de las sociedades de inversión mobiliaria, podía darse un caso de fraude de ley que exigía ser combatido a base de «rasgar el velo corporativo», para emplear una expresión del Tribunal Supremo de Puerto Rico. La Ley de 24 de noviembre de 1939 sobre ordenación y defensa de la industria y de la producción nacionales, dispuso, en su artículo 6.°, que tres cuartas partes de las acciones de las sociedades anónimas nacionales no podrían transferirse a extranjeros. Sin embargo, como hizo notar LARRAZ, era posible que una sociedad de inversión o de cartera acumulara en su activo títulos intransmisibles a extranjeros y que luego atribuyera las acciones representativas de su propio capital a extranjeros por encima de la cuarta parte. Cuando LARBAZ escribió su interesante artículo, las sociedades de cartera no estaban afectadas por las disposiciones de dicha ley de 1939. Por ello, con el fin de evitar dicho posible fraude de ley, aconsejaba que la intransmisibilidad a extranjeros fuera extendida a las acciones de tales sociedades.[116]

En la actualidad, así lo establece la ley de 15 de julio de 1952, sobre régimen jurídico fiscal de las sociedades de inversión mobiliaria. En su art. 3.°, núm. 1.°, dispone: «Las acciones de estas sociedades no podrán ser poseídas por extranjeros». Además, esta ley trata de evitar que se desnaturalice la finalidad que persigue de proteger la inversión y el ahorro, y que se convierta en «órgano de influencia para el gobierno de las empresas participadas o en poderoso auxilio financiero de algunas de ellas», para lo cual, como también dice el preámbulo de la ley, «se impone una limitación a la cuantía del capital propio que la inversora podría suscribir en una sola empresa, y otro límite a la participación que estas Sociedades de Cartera pueden cubrir en relación con el capital de cada entidad participada».

---

114 *Securities and Exchange Commission v. Electric Bond and Share Company,* 18 Federal Sup. 131. Citado en el libro de Th. ARNOLD, *The Folklore of Capitalism,* págs. 194 y 195. También puede verse: *SEC Interpretation of «Holding Company» and «Affiliate» under the Public Utility Holding Company Act,* The Yale Law Journal, abril 1942, págs. 1.018 a 1.027. En España, especialmente, Antonio POLO y Manuel BALLBÉ, *La quiebra de «Barcelona Traction»,* Barcelona 1951, págs. 491 a 539.

115 Pío BALLESTEROS, *Las sociedades de inversión y la reforma de las leyes fiscales,* Revista de Derecho Privado, septiembre de 1952, págs. 697 a 703.

116 J. LARRAZ, *Las sociedades de inversión mobiliaria,* Revista de Derecho Privado, 1947, pág. 921 y ss.

Según el art. 1°. de esta ley de 15 de julio de 1952: «Tendrán la consideración de Sociedades de Inversión Mobiliaria, a los efectos de esta Ley, las Compañías anónimas que, teniendo un capital desembolsado no inferior a veinticinco millones de pesetas, tengan por exclusivo objeto la adquisición, tenencia, disfrute, administración en general y enajenación de valores mobiliarios, para compensar, por una adecuada composición de sus activos, los riesgos y los tipos de rendimiento, sin participación mayoritaria económica o política en otras sociedades». Y en el art. 3.°, núm. 6.°, dispone: «No invertirán más del 10 por ciento de su activo social en valores emitidos por una misma entidad o empresa, ya se trate de acciones, obligaciones u otros títulos cualesquiera. Tampoco podrán participar, en más del 10 por ciento en cada uno de los capitales propios de las sociedades en que están interesadas, ni poseer obligaciones por un importe que, sumado al valor nominal de las acciones, hiciera exceder el total de las inversiones en la misma cantidad del 10 por ciento de su capital».

c) La actividad estatal en forma de empresa mercantil.— Entre los muchos problemas examinados por SERICK que llaman poderosamente la atención figura el de la posible equiparación entre el *Reich* y las empresas creadas por el mismo para atender a fines industriales o económicos.[117] Por supuesto que sin duda fueron las especiales circunstancias provocadas por el final de la guerra y la liquidación de todo un régimen político y económico las que provocaron el problema de si debían identificarse a los efectos de la compensación. Hubiese sido más difícil que se oyeran voces favorables a la compensación entre créditos del *Reich* contra particulares y créditos de éstos contra sociedades creadas por el *Reich,* durante una etapa de vida más o menos normal. Precisamente la forma mercantil autónoma de tales sociedades parece que implica la aceptación de su independencia material. Pero si para ello se busca apoyo en el concepto de persona jurídica, éste quiebra una vez más en el momento decisivo de ponerlo a prueba ante superiores razones de política jurídica.

Por todo ello, la materia tratada en este punto por el autor alemán ha de servirnos preferentemente de punto de partida para hacer breve referencia a este problema de la existencia de una actividad industrial, dentro de la economía de un país, debida a entidades detrás de las cuales, si se aplicara la doctrina *disregard,* aparecería otra entidad superior desprendida directamente de la soberanía estatal o incluso el mismo Estado.

El Estado moderno no es el simple arbitro soberano de las disputas que surjan entre particulares,[118] sino el principal planeador de la producción de los medios de vida y de técnicas de convivencia que necesita la sociedad.[119] Su labor le obliga, no solo a multiplicar su actividad, sino a multiplicar su propio organismo en entidades de Derecho público autónomas. Para fijarnos en una de las más importantes y de relevante función social, veamos cómo está definido el Instituto Nacional de Previsión en los Estatutos aprobados por Orden de 24 de enero 1958: «El Instituto Nacional de Previsión, órgano gestor y asesor de la Seguridad Social

---

[117] Véase *supra* pág. 32.

[118] En la Edad Media pudo sostenerse que el soberano era primordialmente juez y no legislador porque mediaba en las disputas que surgían aplicando el Derecho que ya se suponía existente y que solo hacía falta descubrir. Puede verse el prólogo de HAZELTINE al libro de Walter ULLMANN, *The Medieval Idea of Law,* Londres 1946, pág. XXXVI.

[119] H. KOONTZ y R. W. GABLE, *Public Control of Economic Enterprise,* Nueva York 1956, especialmente págs. 708 a 711.

española, es una *entidad autónoma de Derecho público,* dependiente del Ministerio de Trabajo y *creada por el Estado español* para difundir e inculcar la previsión popular en todas sus formas, preparar el desarrollo y aplicación de las Declaraciones III, párrafo segundo, y X del Fuero del Trabajo, y la formulada en el art. 28 del Fuero de los Españoles, y asumir la gestión de los servicios que el régimen de seguridad social le encomiende» (art. l.°, en el que subrayamos el concepto que ahora nos interesa). Una resolución del Tribunal Económico Administrativo Central de 20 de abril de 1955 declaró —refiriéndose a otra resolución del mismo Tribunal de 3 de abril de 1951— lo siguiente: «aunque el Instituto Nacional de Previsión, en materia de Seguros Sociales, representa al Ministerio de Trabajo, *no es el Estado mismo,* y por ello no hace variar la regla general respecto a la persona obligada al pago del impuesto...».[120]

En realidad, este problema de equiparación o diversidad con el Estado tampoco depende de un ser sustancial que obligue a reconocer una cosa u otra para todos los aspectos y de una vez y para siempre. Por el contrario, es una cuestión de orientación finalista y de conveniencia pública. Así, otros organismos que también son entidades autónomas de Derecho público creadas por el Estado se identifican con éste *para ciertos fines.* Del Instituto de Crédito para la Reconstrucción Nacional ha dicho la resolución del Tribunal Económico Administrativo Central de 17 de mayo de 1955 que, a los efectos fiscales y en cuanto a los tributos que comprende la norma legal, *está equiparado al Estado.*[121]

Mucho más importan los casos en que las entidades autónomas han surgido por estar dirigido el planeamiento estatal a una actividad económica igual a la que es propia de las sociedades mercantiles. Para ello ha creado organismos encarnados en una *Rechtsform* o estructura jurídica de sociedad mercantil dotada de personalidad jurídica independiente, con todas las ventajas que tiene el recurso a este concepto para indicar muchas cosas, pero asimismo con todos los inconvenientes que ofrece cuando se intenta detallarlas y precisarlas.

Ha observado ASCARELLI que el Estado necesita precisamente recurrir a entidades disciplinadas *ad instar* de las sociedades mercantiles cuando quiere ejercitar una actividad económica porque solo en relación a estas sociedades está disciplinada tal actividad. El régimen tradicional de la actividad pública solo tenía en cuenta el cumplimiento de actos económicos de manera ocasional, mientras que la actividad sistemática de tal índole está referida a las estructuras de Derecho privado.[122] Por ello, cuando el Estado español ha creado el Instituto Nacional de Industria, median-

---

120 Véase Revista de Derecho Privado, julio-agosto 1956, pág. 733. Además, en la misma Revista, noviembre de 1952, pág. 943, sobre la resolución del mismo TEAC de 13 de diciembre de 1949, declarativa de que la exención solo procede cuando el Instituto Nacional de Previsión es la persona obligada al pago del impuesto. Acerca de la Red Nacional de los Ferrocarriles Españoles, puede verse la resolución de 19 de mayo de 1953, aplicando la exención concedida por Decreto-ley de 24 de marzo de 1950. Especial interés ofrece un problema que plantea el Dr. AZCONA, Revista de Derecho Privado, junio de 1951, págs. 541 y 542, al comentar una sentencia de la Sala tercera del Tribunal Supremo de fecha 21 de mayo de 1951, relativo a si la Hacienda podría conceptuar que los organismos autónomos creados por el Estado realizan pagos a costas de los caudales públicos a los efectos de la aplicación del impuesto de pagos al Estado.

121 Véase Revista de Derecho Privado, octubre de 1955, pág. 922.

122 ASCARELLI, *Saggi* (véase la anterior nota 110), pág. 136, nota 3.

te la ley de 25 de septiembre de 1941, ha resultado una entidad de Derecho público que tiene por finalidad propulsar y financiar en servicio de la Nación la creación y resurgimiento de nuestras industrias, utilizando los métodos de las sociedades anónimas privadas para sus fines estatales, pero conservando siempre en la gestión y administración la dirección del Gobierno. Como ha dicho AMORÓS RICA, se trata de unas empresas, las creadas por el INI, que adoptan la forma de sociedades anónimas, pero que no son más que un medio para el cumplimiento de fines estatales. Señala el mismo autor que la adopción de una forma mercantil es verdaderamente una cuestión de mera forma; lo decisivo es que no se trata de sociedades surgidas en virtud de un fenómeno asociacional, sino puramente económico.[123]

En relación con cuanto llevamos dicho acerca de las sociedades en situación de dependencia, conviene hacer notar que cuando el Estado ha perseguido una finalidad tan justa y de trascendencia social como es la de elevar el nivel de vida de toda la nación, ha tenido que recurrir a una *Rechtsform* o estructura jurídica propia del más alto capitalismo.

Las acciones de las empresas del INI solo llegan o llegarán —a partir de la ley de 26 de diciembre de 1957— a poder de los particulares cuando necesiten el apoyo financiero del ahorro, pues, precisamente en la etapa de formación y consolidación, los accionistas no eran personas físicas sino jurídicas. Con ello precisamente se producía el mismo fenómeno que BERLE y MEANS[124] han señalado en relación con la gran *Corporation* norteamericana: la separación entre propiedad y dirección. Según ASCARELLI, en los *enti pubblici economici* el contribuyente está en una posición semejante a la del accionista en minoría en la *big Corporation* de Derecho angloamericano. Según el mismo autor, como no hay que pensar en volver a la época *nella quale Berta filava,* el jurista se encuentra ante el grave problema de tener que elaborar una normativa que tenga en cuenta la separación entre riesgo y poder en el ejercicio de una actividad económica, pues en el Derecho privado tradicional siempre había sido un freno el hecho de que la situación normal era que el máximo poder lo tenía también quien asumía el máximo riesgo, mientras que ahora el riesgo es de los contribuyentes y de los pequeños accionistas, que nada dirigen ni pueden decidir.[125]

Aunque sea dar a estas páginas un poco el cariz de un *case book,* vamos a examinar la sentencia de la Sala tercera del Tribunal Supremo de 22 de marzo de 1956, relativa a la aplicación del impuesto sobre negociación de valores mobiliarios a una de las empresas del Instituto Nacional de Industria.

La Empresa Nacional Bazán sostenía que dicho impuesto no debía gravar las acciones que eran intransferibles en absoluto según los Estatutos sociales. La sentencia hace notar que, en efecto, la ley de 11 de mayo de 1942 creó la empresa recurrente como sociedad anónima dependiente del Instituto Nacional de Industria, al que facultó para ceder en su oportunidad, y previa explícita aprobación del Gobierno, parte del capital constituyente, representado por acciones nominativas, al interés privado español, disponiendo dicho organismo en todo caso y momento de la mayoría del capital de acciones y, como consecuencia, del control absoluto de las

---

[123] Narciso AMORÓS RICA, *Los beneficios fiscales de las empresas del Instituto Nacional de Industrias,* Revista de Derecho Privado, julio-agosto de 1950, págs. 624 a 628.

[124] BERLE y MEANS, *The Modern Corporation and Private Property,* 1932, *passim.* También, SERENÍ, obra citada en la anterior nota 105, pág. 209.

[125] ASCARELLI, en el mismo lugar citado *supra* nota 122, pág. 137, último párrafo de la nota.

decisiones del Consejo de Administración; pero, todas estas trabas puestas a la negociación de las acciones no relevan a las de esta Empresa Nacional Bazán de quedar sujetas al impuesto de negociación porque son acciones mobiliarias por naturaleza intrínseca, negociables y transmisibles por los medios del Código de comercio; tampoco son participaciones en el capital de una sociedad anónima personalista; por otra parte, las limitaciones en orden a su transmisibilidad no desvirtúan las características que son inherentes a tales acciones como títulos negociables, objetivamente considerados; finalmente, por gozar la Empresa Nacional Bazán, como de interés nacional y por Decreto de 4 de enero de 1950, del beneficio de reducción de un 50 por ciento en las cuotas del impuesto de negociación de valores mobiliarios, en cuanto afectan a las acciones propiedad del INI, se demuestra que están sujetas a dicho impuesto por el resto.[126]

d) La sociedad de poco capital y la *close Corporation*.— Después de haber visto cómo lo que debe ser el contenido normal de la sociedad mercantil desaparece por la exageración de su desarrollo capitalista, vamos a observar cómo también puede desaparecer cuando, en sentido opuesto, existe tal intimidad entre los socios que, de hecho, no media diferencia entre ellos y dicha estructura social.

Hemos visto perfectamente expresado lo que queremos decir en la Exposición de Motivos de la reciente ley de Presupuestos del Estado y de Reforma Fiscal de 26 de diciembre de 1957. «En el ámbito de la exacción —nos dice— hay a veces una contraposición de intereses entre el que abona la utilidad y quien la percibe, por lo que la Administración conoce, en esos casos, con bastante exactitud, las verdaderas bases impositivas. Son excepción a lo dicho los supuestos en los cuales no se da aquella contraposición, como ocurre en las sociedades de capital integradas por un reducido número de socios que conjuntamente las dirigen. En esta clase de compañías mercantiles es corriente y habitual que, a pesar de su marcha próspera, pasen lustros sin repartir dividendo alguno».

Una vez más, la agudeza de la visión del Fisco por los hechos, nos señala una falta de correspondencia entre la *Rechtsform* o estructura jurídica y su contenido sustancial.

El Derecho español padece en este punto un defecto que también vemos denunciado en relación con el Derecho norteamericano: «la palabra *corporation* —nos dice G. D. HORNSTEIN— no queda, sin embargo, limitada a la sociedad de gigantescas proporciones con sus cientos de miles de accionistas. La misma palabra también se aplica a la sociedad de un solo hombre y a la de reducidas proporciones con solo pocos participantes, aunque sus problemas son completamente diferentes de los que tiene la gran sociedad».[127]

Solo el embotamiento de la sensibilidad que produce la rutina que impera dentro de todo sistema jurídico cuando la manera de tratar sus problemas no se

---

126 Puede verse también el muy interesante comentario de BAS Y RIVAS a la resolución del Tribunal Económico Administrativo Central de 12 de febrero de 1952, relativa a problemas fiscales suscitados por un aumento de capital de la Empresa Nacional Calvo Sotelo de Combustibles Líquidos y Lubricantes, S. A.

127 G. D. HORNSTEIN, *Stockholders Agreements in the Closely Held Corporation,* The Yaye Law Journal, mayo de 1950, pág. 1.049. Véase el artículo de SOLÁ CAÑIZARES, *La critère de la dimension dans les sociétés commerciales,* Revue Trimestrielle de Droit Commercial, julio-septiembre de 1950, págs. 364-374.

confronta con el estilo peculiar de otra tradición jurídica, puede explicar que no llame la atención este hecho de estar dispuestas unas mismas previsiones normativas, tanto para la sociedad que es un simple instrumento de una empresa personal, como para la que rige una empresa poderosa y compleja, con miles de accionistas y complicados órganos de gestión. Unas páginas de BERLE y MEANS también pueden proyectar luz sobre sectores de nuestra vida jurídica.[128]

Estos autores afirman que los problemas auténticos del Derecho de sociedades aparecen cuando la *close corporation,* la sociedad de reducidas proporciones que casi es un mero *alter ego* del empresario individual, deja paso a la gran sociedad, a la que llaman *quasi public corporation:* cuando el gran número de socios ha provocado una escisión de hecho entre la titularidad jurídica y el poder de efectiva dirección. «La separación entre propiedad y poder de dirección llega a ser casi completa cuando no existe ni una minoría sustancial, como en el caso de la *American Telegraph and Telephone Company,* cuyo mayor accionista se afirma que tiene menos del uno por ciento del capital de la compañía. En tales circunstancias, los directores o *managers* pueden tener la efectiva dirección y convertirse en un cuerpo que se perpetúa mediante la utilización de las delegaciones para votar *(the proxy machinery),* aunque como grupo solo posean una pequeña fracción de las acciones».

Reaparece aquí el problema ya señalado, cuando nos hemos referido a que el Derecho parece contemplar a través del mismo concepto de limitación de responsabilidad realidades tan diferentes como la limitación que en este sentido buscan los comerciantes e industriales que dirigen sus propias empresas y la que es inherente al fenómeno de la participación del ahorro en la formación del capital de las grandes empresas.[129] Como ha dicho también Rudolf SCHLESINGER, es frecuente que el Derecho proporcione el mismo medio de limitar la responsabilidad al tendero de la esquina que a la gran empresa con cientos de miles de accionistas. Pero sería excesivamente ingenuo suponer que una diferencia tan importante en la realidad no deja de tener repercusiones jurídicas aunque la legislación no las haya previsto.[130]

Tiene interés observar lo que ha sucedido en España en relación con este problema. El Anteproyecto de ley sobre el régimen jurídico de las sociedades anónimas redactado por el Instituto de Estudios Políticos atendía a esta realidad de la sociedad de reducidas proporciones. A tal efecto, como dice GARRIGUES, «siguiendo el ejemplo de las legislaciones extranjeras más modernas (entre otras la alemana, la suiza, la italiana, la francesa, etc.), creyó conveniente limitar la forma anónima a las sociedades llamadas a regir empresas de cierta envergadura económica, impulsando así a las más modestas hacia otros tipos sociales, como el de la sociedad comanditaria por acciones o el de la sociedad de responsabilidad limitada. En su consecuencia, se redactó el art. 4.° de manera que prohibía la fundación de sociedades anónimas cuyo capital fuese inferior a cinco millones de pesetas».[131]

Este criterio, que en principio nos parece acertado, no prosperó porque los resultados de la información pública le fueron adversos. Se hizo notar que no podía prescindirse de lo que era la realidad española, con la existencia de gran número de sociedades con capital inferior a cinco millones de pesetas y con la práctica arraigada

[128] BERLE y MEANS, obra citada *(supra* nota 124), págs. 1 a 5.
[129] Véase *supra* pág. 289.
[130] Rudolf SCHLESINGER, *Comparative Law - Cases and Materials,* Brooklyn 1950, pág. 429.
[131] GARRIGUES y URIA, *Comentarios a la ley de sociedades anónimas,* tomo I, Madrid 1952, pág. 125.

en alguna región, como Cataluña, de utilizar la *Rechtsform* o estructura jurídica de la sociedad anónima para negocios o empresas de tipo familiar o de escasa trascendencia económica. Por eso se permitió que este tipo de sociedad pudiera ser adoptado sin limitación y solo se exige, en el art. 4.° de la ley de 17 de julio de 1951, que la forma de sociedad anónima sea la que deben necesariamente revestir las «sociedades que limiten en cualquier forma la responsabilidad de sus socios y tengan un capital superior a cinco millones de pesetas», con excepción de las sociedades comanditarias simples. De manera correlativa, el art. 3.° de la ley de 17 de julio de 1953 sobre el régimen jurídico de las sociedades de responsabilidad limitada, dispone que el capital social «no podrá ser superior a cinco millones de pesetas».

Pero esta regulación no resuelve, por supuesto, el auténtico problema de las sociedades que, desde el punto de vista económico y social, podrían encajar en el concepto de *close Corporation.* En definitiva, esta expresión es una etiqueta puesta a un fenómeno que también se da entre nosotros.[132]

Conviene tener en cuenta una advertencia de ASCARELLI, cuando dice que el negocio indirecto encuentra un particular campo de aplicación en la sociedad anónima porque ésta proporciona el medio de aplicar una forma jurídica a una función diferente de la que es típica del negocio adoptado. Por supuesto que no hay que entender que el solo hecho de que así se haga implique un fraude de ley; pero tampoco hay que olvidar que las posibilidades de semejante técnica predisponen a que el fraude efectivamente exista. Como también afirma ASCARELLI, los problemas de adecuación entre la estructura jurídica y el contenido social no pueden juzgarse a la ligera. El jurista debe preocuparse de investigar las relaciones entre el Derecho y la vida social para resolver los problemas sometidos a su examen.[133]

Especial atención merece la siguiente circunstancia que ya nos ha salido al paso en más de una ocasión en el curso de este comentario: la concentración en pocas manos del poder que el Derecho de sociedades anónimas ha previsto como medio de regir una gran empresa, permite que, de hecho, la sociedad sea utilizada para transmitir bienes bajo la apariencia o en forma de una transmisión de acciones.[134] Por

---

[132] El número de julio-agosto de 1957 de la Northwestern University Law Review, págs. 345 a 397, está dedicado al estudio de esas sociedades que el Derecho en acción nos presenta con un perfil característico: *The Close Corporation: A Symposium.*

[133] ASCARELLI, *Studi in tema di società,* págs. 71 y 81.

[134] Véase *supra* pág. 296. Puede verse, en Revista de Derecho Privado de noviembre de 1955, págs. 1.029 a 1.031, un comentario de BAS Y RIVAS a la resolución del Tribunal Económico Administrativo Central de 3 de mayo de 1955, en el que nos parece que el distinguido escritor en realidad encuentra a faltar lo que de hecho es la doctrina *disregard.* Dos sociedades habían convenido que una de ellas conseguiría que todos los accionistas vendieran a la otra la totalidad de sus acciones por un precio determinado. Ante la afirmación de la resolución de que el objeto del contrato no fueron las concesiones mineras, propiedad de la sociedad que había asumido dicha obligación, sino las acciones de la sociedad, representativas del capital, dicho comentarista afirma: «hay dos convenciones expresas: el contrato de opción a la compra de concesiones, bienes y derechos, sujeto al impuesto, y el de negociación de las acciones, exento de tributar; pero quizá también hay un acto que, con arreglo a los principios de Derecho, lógica y legalmente se deduce de esas convenciones, y ese acto no es otro que *la compraventa de las concesiones, derechos, y acciones de que se entiende consumado por la negociación de las acciones ...si ambas sociedades entienden que estas concesiones y derechos se transmiten a ... solo por el hecho de que ésta adquiera las acciones,* ¿dónde está la razón para que la Hacienda entienda todo lo contrario?». Hemos subrayado las palabras que nos parece que revelan que los mismos criterios de política jurídica que inspiran la doctrina *disregard* impulsan a BAS Y RIVAS a escribirlas.

ello el concepto de fraude a la ley siempre ha de actuar como un riguroso fiscalizador de lo que aparece como una práctica corriente, hasta el punto de que tal vez podrá sustituirse dicho concepto —que parece implicar el recurso a un medio excepcional— por una meticulosa y enérgica técnica de examinar la función que de hecho desempeñan las formas jurídicas, para que, en vista de ello, sean sometidas a una más exacta calificación. Sin duda constituirá un fraude de ley que una sociedad anónima arrendataria intente burlar los derechos que la ley de arrendamientos urbanos concede al arrendador, en caso de traspaso de local de negocio, a base de transmitir todas las acciones a un extraño;[135] pero no puede calificarse de la misma manera lo que, con técnica muy parecida, se hace para facilitar la transmisión de una empresa a los fines de darle estabilidad dentro de una familia, a pesar de que, frente al Fisco, la transmisión de las acciones en este caso evita que se tenga que tributar por el concepto de adjudicación para pago de deudas.[136] En este caso habrá que atender al relieve que tiene el hecho de no tratarse de una práctica esporádica, ni constituir una manifestación fraudulenta, sino de una práctica que ha alcanzado gran difusión y es, por tanto, un factor social que ha de ser respetado en atención a consideraciones de política jurídica. El límite de este respeto seguramente se encontrará en el momento en que pasen ya a ser preponderantes las razones que justificarían la aplicación de la doctrina *disregard*.

No solo frente a terceros puede suscitar problemas peculiares la sociedad de reducidas dimensiones en forma anónima. Entre los *insiders* también pueden plantearse con algún especial matiz. No todos los accionistas de esas sociedades son *insiders:* personas que dirigen efectivamente la sociedad o, por lo menos, que están al corriente de los detalles e interioridades de su dirección.[137] Debido a esto, algunos pueden realizar un beneficio de la clase que, en la práctica angloamericana, ha sido calificado de *shortswing projit,* expresión bastante significativa para poner de relieve que se trata de un provecho que, con un gesto rápido, ha podido obtener quien estaba de hecho en posición de privilegio para lograrlo, aunque una concepción escrupulosa de la situación obligaría a calificarlo como un quebrantamiento del deber de lealtad debido a los demás socios.[138] Por supuesto que se trata de un problema que no solo aparece también en las grandes sociedades, sino que incluso es en éstas donde existen mejores oportunidades para que se obtenga tal beneficio.

---

135 Véase antes págs. 269 y 284.

136 Puede verse, por ejemplo, la sentencia de la Sala tercera del Tribunal Supremo de fecha primero de febrero de 1957, en el sentido de que, en la transmisión hereditaria de empresas, el adquirente, además de tributar por el concepto de herencia sobre el importe del haber líquido, también debe tributar por el concepto de adjudicación para pago de deudas por el importe de las que figuren en el pasivo, descontando la cantidad que en metálico figure en el activo.

137 El concepto a que nos referimos puede verse claramente expuesto en un comentario publicado en Iowa Law Review, vol. 43, pág. 109: «La palabra *insider* ha sido empleada como una expresión abreviada para describir la posición de cualquier individuo que, en virtud de la relación que mantiene con la sociedad, posee información de la que corrientemente no disponen los accionistas y que puede ser usada en desventaja de un accionista que no la posea». En general, acerca del conflicto de intereses que puede existir entre el administrador y la sociedad, véase GARRIGUES, obra citada en la anterior nota 131, tomo II, pág. 99 y ss.

138 Puede verse Michigan Law Review, 1957 (voi. 55), pág. 593: *Parent Corporation as Insider Realizing Shortswing Profit.* También, en The Yale Law Journal, 1942 (voi. 51), pág. 1.038, el comentario al caso *Overfield v. Pennroad Corporation.*

Pero lo que queremos señalar claramente es que hemos visto también situaciones que podrían calificarse de la misma manera en el Derecho vivido en lugares donde la sociedad anónima de reducidas proporciones existe en abundancia.

Existe también el inconveniente que ahora vemos señalado por un autor italiano. Dice NOBILI que el sobreprecio en la emisión de nuevas acciones para evitar el *annaquamento,* esto es, que se diluya el valor de las acciones viejas que se cotizan por encima de su valor nominal, favorece en principio a los antiguos accionistas, pero que no siempre sucede así. Si los socios no hacen uso del derecho a suscribirlas con preferencia y el derecho de opción es difícilmente cedible, como en el caso de acciones que no se negocian en Bolsa, el sobreprecio o prima de emisión podrá impedir totalmente la venta de dicho derecho de opción. Esto es lo que vemos que sucede en la práctica de las pequeñas sociedades anónimas en España, concretamente en Cataluña. El mismo autor italiano señala que, en el caso de emisión con prima o sobreprecio, el socio puede verse obligado a vender sus acciones para obtener rápidamente una suma de dinero; es decir, desprenderse de unos bienes que hubiese podido conservar si el derecho de opción hubiese sido transferible de hecho.[139]

Señalemos también, y hemos de limitamos a una breve referencia, a pesar de que la importancia del problema justificaría que se le dedicaran extensas consideraciones, que la sociedad anónima de reducidas proporciones favorece situaciones como las que, en otros ordenamientos jurídicos, han dado lugar a que se rasgue el velo de la persona jurídica en caso de quiebra de ésta, para hacerla extensiva al empresario oculto.[140]

Para terminar esta cuestión vamos a intentar que lo dicho quede en parte ilustrado con una interesante sentencia dictada por la Audiencia de Burgos con fecha 20 de febrero de 1957, en virtud de un recurso de apelación interpuesto en autos de juicio ejecutivo sobre reclamación de cantidad.[141] Un industrial aparecía

---

139 Raffaele NOBILI, *Il diritto d'opzione degli azionisti e i suoi limiti,* Rivista delle Società, julio-octubre 1957, pág. 656 y ss. *Annaquamento* en italiano es tanto como *watered stock* en norteamericano; y no nos referimos tanto a la igualdad lingüística como a la de concepto jurídico y de realidad económica y social. Sobre esta cuestión es muy luminoso el artículo de J. GORDON GOSE, *Legal Significance of Capital Stock.* Washington Law Review and State Bar Journal, voi. 32 (primavera de 1957), págs. 1 a 29. En España, a partir de la ley de 31 de diciembre de 1946, art. 8, se exige prima de emisión de cuantía proporcional a la parte de las reservas imputables a cada título, con la finalidad de encauzar hacia la economía productiva de las empresas las plusvalías de los títulos representativos de su capital. Véase además el Decreto-ley de 2 de febrero de 1951 y la Orden de 19 de enero de 1952. Sobre *watered stocks,* téngase en cuenta lo dicho por SERICK, *supra* pág. 87.

140 Véase R. HOUIN, *Las consecuencias de la quiebra de una sociedad anónima o de una sociedad de responsabilidad limitada sobre sus dirigentes en Derecho francés,* Revista Jurídica de Cataluña, enero y febrero de 1956, págs. 3 a 15; R. LEGEAIS, *L'extension de la faillite sociale. Une mesure contre les abus de la personnalité moróle des sociétés,* Revue Trimestrielle de Droit Commercial, 1957, pág. 289; Renato MICCIO, *La sentenza di «estensione» del fallimento al socio occulto e la sua irretroattività,* Rivista del Diritto Commerciale e del Diritto Generale delle Obligazioni, septiembre y octubre de 1956, pág. 395 y ss.; Giuseppe FERRI, *Socio sovrano, imprenditore occulto e fallimento del socio nelle società per azioni,* Nuova Rivista di Diritto Commerciale (Mossa), 1955, págs. 13 a 18; TORRES DE CRUELLS, *La suspensión de pagos,* pág. 137, Barcelona, 1957.

141 Nuestro compañero CASALS COLLDECARRERA nos ha llamado la atención sobre el interés de la sentencia de la Audiencia de Burgos comentada en el texto.

como librado en una letra de cambio que fue aceptada por una sociedad anónima. Esta sociedad fue demandada en el juicio ejecutivo correspondiente y formuló oposición alegando que no figuraba como librado y que solo debido a un error extendió la aceptación. La oposición fue rechazada por razones que, en el considerando tercero de la citada sentencia de la Audiencia de Burgos, se hacen constar así: «...lejos de haberlo demostrado [el error], ha quedado patentizada la íntima conexión existente entre C.A.S.A. y G.M., aceptante y librado, respectivamente, de la letra en cuestión, que aun cuando tengan distinta personalidad, están constituidos por los mismos interesados, desarrollan sus actividades negociales en el mismo local y son las mismas personas las que realizan las tareas administrativas de ambas entidades, de lo que se infiere una relación de hecho determinante de una comunidad de intereses que es lo que al gerente de la entidad demandada determinó a aceptar la cambial con plena conciencia de asumir la obligación de pago en que por su condición de aceptante se constituyó, toda vez que no cabe suponer inadvertencia o descuido...».

Creemos que puede advertirse fácilmente que las mismas razones de política jurídica que en otros ordenamientos inspiran a la doctrina *disregard,* llevan al juzgador español en este caso a aplicarla sustancialmente, aunque sea a través del concepto de comunidad de intereses a que se refiere.

6. «Disregard» y doctrina de terceros

Tal vez el más interesante fenómeno que nos brinda el Derecho comparado es el de poder observar que figuras jurídicas analíticamente diferentes pueden desempeñar la misma función.[142]

En unas importantes páginas de su importantísimo libro ha señalado ESSER que todo comparatista ha de evitar el inconveniente que resulta de proyectar inconscientemente el mundo conceptual de su propia *lex fori* en la estructura de un Derecho extranjero. Para ello es menester recurrir a una comparación, no entre estructuras jurídicas, sino entre funciones desempeñadas por las figuras que se ofrecen como diferentes. Lo que importa es localizar la coincidencia de soluciones alcanzadas con medios diferentes. Es la unidad del problema y no la categoría del concepto lo que proporciona el ángulo de visión adecuado para la comparación. Hay que buscar la íntima afinidad de las figuras en la equivalencia de la función.[143]

Por nuestra parte hemos intentado aplicar ideas algo afines a las que tan brillantemente desarrolla ESSER. Nos preocupa bastante menos comparar preceptos legislativos que indagar esas situaciones equivalentes, previstas defectuosamente o mal reguladas en cada sistema, pero que permiten comprobar las razones de política jurídica en que se inspiran las soluciones y sumar lo que ofrezcan de más racional. El mismo autor citado ha expuesto bellamente el drama que se desarrolla en cada ordenamiento jurídico al tener que forzar las estructuras jurídicas que resultan de la tradición histórica para que puedan desempeñar sus funciones en relación con

---

[142] Puede verse lo que ya dijimos en nuestros *Estudios de Derecho Comparado – La doctrina de los actos propios,* Barcelona 1951, especialmente pág. 19 y siguientes; también, en nuestro comentario final a la traducción del trabajo de Jerome FRANK, *La influencia del Derecho europeo continental en el «common law»,* Barcelona 1957.

[143] Josef ESSER, *Grundsatz und Norm in der richterlichen Fortbildung des Privatrechts,* Tubinga 1956, especialmente págs. 341 a 370.

una realidad siempre compleja y mudable. Por lo mismo hemos afirmado en otra ocasión que la técnica jurídica siempre se halla en fase de ensayo y que la introducción en nuestro propio sistema de conceptos procedentes de otro nos interesa en cuanto es una manera de estudiar toda la complejidad de ciertas situaciones de hecho que se dan en uno y otro lugar. Repetimos que nos interesa la comparación cuando nuestro conocimiento de los hechos y de sus problemas aumenta al verlos condicionados por los conceptos jurídicos propios de cada sistema.[144]

Por las razones apuntadas creemos que alguna luz se ha desprendido de la introducción entre nuestros propios problemas de conceptos como el de *disregard*. Como también hemos dicho en alguna ocasión, entendemos que el derecho estriba en la minuciosa exposición de situaciones de hecho y en el desarrollo de criterios de política jurídica para resolver los conflictos que de ellas resultan.[145] Por eso, lo que nos interesa son los criterios de tal índole contenidos en el concepto *disregard y* desarrollados, como exposición de una doctrina, en relación con situaciones de hecho que también se dan entre nosotros. Lo de menos es la imagen con que se resumen sus efectos: rasgar el velo corporativo.

Precisamente hemos de salir al paso de una posible objeción. Durante el curso de este comentario hemos censurado, como en otras ocasiones, el excesivo uso de metáforas a que recurre el lenguaje del Derecho. Lo que condenamos es que la imagen sirva de punto de apoyo para una deducción, como si se tratara de algo inevitable y para muchos, ingenuamente, de una actividad «científica».[146] Ha de tenerse muy presente que el hombre de Derecho no se enfrenta con un mundo de sustancias físicas que sea preciso comprobar para sacar de ellas deducciones inevitables. Es cierto que una concepción sociológica del Derecho —que nos parece muy plausible— recurre a la observación de los fenómenos sociales condicionados por las normas y deduce de ello ciertas consecuencias.[147] Pero se trata de cuestiones completamente diferentes. Trataremos de expresarlo con una sencilla comparación: si se comprueba que cierto mineral contiene determinada substancia de efectos asimismo comprobados, estos efectos han de ser tenidos en cuenta necesariamente para saber los resultados de la explotación del mineral o las consecuencias de su

---

144 Véase nuestro comentario final a la traducción del trabajo de Jerome FRANK, *La influencia del Derecho europeo continental en el «common law»,* Barcelona 1957, págs. 105 a 131.

145 En un pasaje de nuestro comentario final a la traducción de la obra de FULLER y PERDUE, *Indemnización de los daños contractuales y protección de la confianza,* Barcelona 1957, hemos escrito (pág. 159 nota 22): «... No debe prescindirse de la estructura jurídica propia de cada situación, pero tampoco debe olvidarse que para dotar a los estudios de Derecho comparado de la máxima eficacia debe distinguirse entre los problemas que se refieren a la estructura peculiar del Derecho de cada sistema y los criterios de política jurídica a que responden. El Derecho consiste, primordialmente, en observación de hechos y ordenación de soluciones según criterios de política jurídica. Lo demás es técnica cristalizada y, en ocasiones, completamente petrificada».

146 Puede verse nuestro artículo *El lenguaje del Derecho,* Revista de Derecho Privado, diciembre de 1952, págs. 977 a 995; igualmente, sobre este fenómeno de que la reducción de un problema al esquema de un concepto favorece que la argumentación ignore las razones de política jurídica que pueden justificar el resultado, nuestro artículo *Importancia de las decisiones de Puerto Rico para una crítica del Derecho civil,* Revista de Derecho español y americano, noviembre y diciembre de 1956, págs. 3 a 13. Véase lo dicho en la precedente nota 112 acerca de un trabajo de F. S. COHEN.

147 Puede verse lo que expone Edwin PATTERSON, *Jurisprudence – Men and Ideas of the Law,* Brooklyn 1953, págs. 50 y 240.

utilización. Pero si se comprueba que una sociedad está formada por las mismas personas que antes de constituirla habían asumido determinada obligación, que luego la sociedad no quiere reconocer, este hecho ha de ser juzgado, no con conceptos que imiten la fatalidad de los fenómenos de la naturaleza, sino con los criterios que aconsejen una solución racional y justa en vista de los hechos y circunstancias concurrentes, especialmente con la valoración de los intereses en pugna y de la situación que haya provocado el conflicto. Por tanto, en Derecho los conceptos no tienen una naturaleza fatal e invariable que pueda describirse recurriendo a la figuración de un fenómeno físico. No son más que la manera de dejar cifrada en una expresión abreviada los criterios de política jurídica adecuados a cada situación de pugna de intereses.

Viene todo ello a cuenta de lo siguiente: los criterios normativos que en Derecho alemán quedan resumidos con la expresión de *Missachtung der Rechtsform der juristische Prrson* y que en Derecho angloamericano también se resumen en la expresión *disregarding the corporate entity* u otras semejantes, no coinciden con el complejo de criterios normativos que en Derecho español quedan resumidos con lo que podemos denominar abreviadamente «doctrina de terceros»; mas, a pesar de ello, en ciertos casos no cabe desconocer que problemas resueltos en Derecho angloamericano, pongamos por caso, por la doctrina *disregard,* quedan resueltos en Derecho español con dicha doctrina de terceros. Vamos a verlo con algunos ejemplos, aunque antes ya hemos encontrado algún caso.[148]

La sentencia de 8 de octubre de 1929, en el caso de una tercería ejercitada por una sociedad, declaró: «no está demostrado la existencia en esta litis de la sociedad C. M. C. y Compañía, como persona distinta del ejecutado, por estimar que es un contrato simulado el de su constitución en sociedad y que falta, por ello, la distinción jurídico procesal entre ambas partes contendientes, distinción que ha sido negada por la Abogacía del Estado; por dicha razón, es obvio que la entidad actora no es tercera a los efectos del procedimiento, y, en consecuencia carece de la acción que ejercita, y falta también la buena fe exigida por el art. 464 del Código civil para que exista a favor de dicha sociedad actora el dominio que pretende ostentar y que sirve de base a su demanda».

Vemos que en este caso se afirma: (1) que la sociedad tercerista no existe porque es un contrato simulado el de su constitución; (2) que por ello la sociedad no es tercero; (3) que falta también la buena fe que exige el art. 464 del Código civil. Como puede advertirse fácilmente, se acumulan los argumentos en apoyo de la razón del fallo, aunque no sean perfectamente congruentes. Si la sociedad no existe, es claro que no habrá terceros; pero si no hay terceros huelga hablar de si son de buena o mala fe. Pero, si en definitiva el Tribunal reacciona ante la tentativa de que las personas cuyos bienes están embargados intenten reivindicarlos como si fuesen de otra persona, de una «persona jurídica», la solución debería fundarse, o bien en la consideración de que ha sido un fraude de ley la constitución de la sociedad, o bien en que lo es el hecho de ampararse en la forma de sociedad, aunque sea eficaz para otros efectos, si se pretende que los socios que exclusivamente la constituyen dejen burlada cierta responsabilidad. En este segundo supuesto se trataría de una clara aplicación de la doctrina *disregard.*

---

148 Véase *supra* págs. 277 y 293.

La sentencia de 7 de julio de 1927 afirmó que el condenado a pagar una cantidad no puede válidamente «constituir tres días más tarde... con varios de sus familiares, la Sociedad Inmobiliaria de España, aportando a ella todos sus bienes, al intento de crear una figura de tercero para ampararse en las inmunidades de la ley, toda vez que no puede alegar ignorancia acerca de los motivos y fundamentos de embargo de sus bienes».

Afirma también: «aunque no existieran en las actuaciones motivos para estimar la constitución de la Sociedad Inmobiliaria de España como una aparente transformación económica de la persona del condenado, había que reconocer que dicha sociedad no se halla con relación a los bienes aportados por aquél y embargados para la ejecución del laudo, en el concepto de tercero, como es indispensable para comprenderlo en la definición del art. 27 de la Ley Hipotecaria».[149]

Claramente puede verse en esta interesante sentencia la afinidad entre las dos doctrinas que ahora comparamos; y repetimos que con ello queremos decir: la afinidad entre criterios de política jurídica que cada sistema de Derecho ha desarrollado con su propio estilo en relación con situaciones de hecho coincidentes. Lo importante es que las dos sirven para frustrar una maniobra que el Derecho no puede admitir y esta coincidencia doctrinal refuerza la convicción de que la solución es acertada. Lo de menos es que, además, pudiera llegarse a la conclusión de que es mejor o peor la doctrina cristalizada en uno u otro sistema jurídico. En Derecho comparado cabe afirmar que «lo mejor» puede todavía aprender de «lo peor».

En el caso resuelto por la sentencia de 12 de diciembre de 1950, una sociedad limitada integrada por cuatro hermanos se adjudicó un inmueble hipotecado a favor de ellos mismos, y al disolverse la sociedad, el inmueble fue adjudicado a uno de los mismos socios. Se afirma que no son terceros de buena fe ni la sociedad ni el posterior adjudicatario. La sentencia razona de la siguiente manera: en el considerando cuarto se dice que «no sería contraria a las reglas de la sana crítica la deducción por la Sala sentenciadora de que los cuatro socios componentes de aquélla conocían los defectos y vicios de que adolecía el procedimiento, y que, necesariamente, tenían que afectar a la validez de sus respectivos títulos adquisitivos, por lo que el juzgador de instancia, al afirmarlo así, no incidió en infracción alguna de las que el motivo cita...»; y en el considerando quinto añade que «además de no ser tercero, con arreglo al art. 27 de la citada Ley, respecto al título adquisitivo de la sociedad, que al disolverse le adjudicó la finca del demandante y hoy recurrido, puesto que era uno de sus componentes, tenía que conocer por esta misma razón,

149 La resolución de la Dirección General de los Registros de 25 de marzo de 1930 fue motivada por la misma cuestión litigiosa que resolvió la sentencia a que nos acabamos de referir en el texto, pero afirma que «los arts. 24 y 41 de la Ley Hipotecaria se oponen a que la Sociedad ... y D ... sean reputados como una misma persona mientras los Tribunales de justicia no hagan formales pronunciamientos sobre esta identidad o sobre la ficción de reputarse los inmuebles como incluidos en el patrimonio de este último para que puedan los acreedores defraudados ejercitar sus respectivos derechos». Semejante afirmación se funda en ciertas peculiaridades procesales españolas que, como señalamos en otro lugar (*Fundamentos de Derecho Civil,* tomo I), complican y oscurecen el problema del valor de la jurisprudencia en Derecho español. Lo que dicha resolución pretende que declaren formalmente los Tribunales es lo que precisamente se ha tenido en cuenta en los considerandos de la sentencia de 7 de julio de 1927, aunque no se refleja en ningún pronunciamiento formal del fallo o parte dispositiva.

los defectos que hacían anulable el procedimiento en el que la sociedad limitada fue rematente, y, consiguientemente el título por el que le hizo transferencia que inscribió en el Registro, es indudable que en ella no se da la buena fe necesaria para el efecto de obtener la protección registral que invoca».

Repetimos lo dicho en cuanto a la confrontación entre doctrina *disregar &* y doctrina de terceros, como medios de presentar en forma razonada los criterios de política jurídica adecuados para resolver los problemas planteados. En la afirmación de que se rasga el velo corporativo, esta imagen no sirve de base para deducciones maquinales, sino que simplemente es la descripción del efecto que se logra con la aplicación de una política jurídica que persiga y frustre toda combinación fraudulenta. En cambio, creemos que sucede lo contrario cuando un esclarecido maestro, ROCA SASTRE, trata de apoyarse en algunas de las sentencias que hemos citado para sostener su punto de vista de que en la aportación de bienes a un fondo social no hay más que un proceso de comunicación de bienes. Esta idea de la comunicación, que no pasa de ser una imagen, no la utiliza como manera de describir unos efectos considerados justos con arreglo a los criterios que son lo esencial en Derecho, los criterios de política jurídica, sino que la pone como premisa de un razonamiento, como punto de partida del mismo. Dice así: «De prevalecer la tesis de la comunicación, como así lo entendemos, la sociedad no podrá considerarse como tercero protegido por la fe pública registral respecto de la aportación de un inmueble o derecho real cuyo aportante sepa plenamente que no le pertenece».[150] Entendemos que esto es utilizar los conceptos en forma invertida. No hay ninguna razón que justifique que el Derecho deba ser esta imaginación de fenómenos físicos — esta comunicación de bienes en el caso de ahora — para deducir de ello normas de conducta. Lo justo es todo lo contrario: solo podrá hablarse de que no hay auténtica enajenación al observarse, a través de la estructura de la sociedad, que no hay en juego intereses de adquirentes dignos de protección.

De comunicación de bienes, como un auténtico fenómeno físico que el Derecho tiene en cuenta para dictar la regulación adecuada, puede hablarse cuando «por voluntad de sus dueños se mezclan dos cosas de igual o diferente especie», como dice el art. 381 del Código civil, en cuyo caso queda efectivamente establecida una copropiedad en la que cada parte tiene un derecho proporcional al valor de las cosas mezcladas o confundidas. Pero, en el caso de una empresa mercantil, es insólito que materialmente suceda nada parecido, y, a pesar de ello, pueden concurrir razones que justifiquen que solo se preste atención a las personas de los socios en aplicación de la doctrina *disregard.* Recuérdese el criterio antes expuesto de ASCARELLI acerca de la distinción entre comunidad y sociedad.[151] Las normas que regulan la situación de comunidad están dirigidas a la conservación de unos bienes determinados y a la obtención del rendimiento que, en su caso, puedan producir. Las normas que regulan las sociedades se refieren a la diversa posición de socios y de terceros en relación con unos bienes que serán simples medios para alcanzar el objeto social, para lo cual sin duda estarán sometidos a un incesante proceso de transformación. La tesis de la simple comunicación de bienes olvida que, en la sociedad, los socios aportantes se desprenden de la posesión y propiedad de los

---

150 ROCA SASTRE, en la conferencia dada en Valencia el 26 de mayo de 1945, sobre el tema *Naturaleza jurídica de la aportación social.* Véase del mismo autor, *Derecho Hipotecario,* tomo II, Barcelona 1954 (5.ª edición), pág. 251.

151 Véase antes nuestra nota 92 y el texto correspondiente.

bienes aportados, por tratarse de bienes fungibles, como el dinero, o de bienes no fungibles entregados a cambio de tener simplemente reconocido un derecho cifrado en su estimación (cfr. arts. 172 del Código de comercio y 98, regla 7.ª, 99, regla 2.ª, 100, regla 2.ª, y 120, regla 7ª, del Reglamento del Registro Mercantil de 14 de diciembre de 1956). Y este efecto incluso es independiente de que la sociedad tenga verdaderamente personalidad jurídica, pues, en todo caso, la naturaleza de las aportaciones y los requisitos de la entrega, producirían la transmisión de su propiedad a los gestores de la empresa.

7. La nacionalidad de las sociedades mercantiles

Hemos visto que las circunstancias de la vida económica moderna aconsejan tener especialmente en cuenta el carácter relativo del concepto de persona jurídica. La pretensión de encontrar la esencia de este concepto, como si fuese una realidad unitaria y objetiva que pudiera descubrirse de la misma manera que un fenómeno de la naturaleza, es una manifestación de la utópica ilusión de poder resolver cien problemas con una sola idea, que tantas veces padecen los hombres de Derecho.

De la misma manera, el problema de la nacionalidad de la persona jurídica en realidad consiste en una serie de cuestiones diferentes. Como expone SERICK[152], las bases naturales de la personalidad (la participación en los sentimientos de una colectividad, el lenguaje, el amor a la patria, etc.) solo pueden referirse a personas de carne y huesos. En relación con las sociedades, existe una pluralidad de relaciones que necesitan encauzamiento con independencia de que puedan imputarse al concepto de persona jurídica. Lo que aparece como factor decisivo es la realidad de una empresa, la ley según la cual se haya organizado y las posibilidades de actuación en determinado territorio.

Los principales problemas que en tal sentido se presentan pueden quedar ordenados en los siguientes grupos: *a)* sociedades constituidas en el extranjero que tratan de establecerse o de actuar en España para desarrollar la actividad propia de su empresa; *b)* sociedades constituidas y operantes en España, pero con capital o participación del extranjero; c) sociedades extranjeras que ejercitan acciones o son demandadas ante los tribunales españoles.

a) El art. 15 del Código de comercio trata de cómo los extranjeros y las *Compañías constituidas en el extranjero* podrán ejercer el comercio en España. Dispone que estarán sujetas a la legislación de su país por lo que se refiere a su capacidad para contratar, pero que estarán sometidas al Código de comercio español «en todo cuanto concierna a la creación de sus establecimientos dentro del territorio español, a sus operaciones mercantiles y a la jurisdicción de los Tribunales de la Nación», sin perjuicio de lo que en casos particulares resulte de los Tratados internacionales.

El último párrafo del art. 21 del mismo Código dispone: «Las sociedades extranjeras que quieran establecerse o crear sucursales en España presentarán y anotarán en el Registro, además de sus Estatutos y de los documentos que se fijan para los españoles, el certificado expedido por el Cónsul español de estar constituidas y autorizadas con arreglo a las leyes del país respectivo».

Interesa también tener en cuenta lo que establece el vigente Reglamento del Registro mercantil de fecha 14 de diciembre de 1956: «Las sociedades extranjeras que

---

[152] Véase antes pág. 156.

quieran establecer o crear sucursales en España, según lo dispuesto en los artículos 15 y 21 del Código de comercio», han de inscribirse en los libros de Sociedades (art. 84, núm. 2.°). Para la inscripción deberán presentar debidamente legalizados: sus Estatutos, las escrituras o actos de constitución social y el certificado expedido por el Cónsul español de estar constituidas y autorizadas con arreglo a las leyes del país respectivo. Lo dispone el art. 88 de dicho Reglamento, que en su segundo párrafo también detalla las circunstancias que deberán constar en la inscripción. Nos interesa destacar la siguiente: en la inscripción primera se hará constar «el capital que destinen a las operaciones que realicen en esta Nación en la moneda nacional de su país respectivo y su equivalencia en pesetas al tipo de cotización oficial».[153]

Por tanto, son sociedades extranjeras para el Derecho español las constituidas fuera de España con arreglo al Derecho del país respectivo.[154] Como tales, solo podrán actuar en España por medio de agencias o sucursales establecidas en conformidad con lo dispuesto en las disposiciones citadas y en parte transcritas.[155] Entendemos que tales agencias o sucursales solo pueden subsistir en España mientras subsista en el extranjero la sociedad de la que dependan. Pero seguramente es preciso que se formule alguna reserva. Podría objetarse que el criterio que antes hemos mantenido, en el sentido de que la calificación jurídica ha de tener en cuenta la realidad económica de la empresa, no se aviene con la exigencia de que siempre se considere en situación de dependencia al establecimiento permanente que en España tenga una sociedad extranjera. No negaremos que, en casos especiales, puede considerarse que dicho establecimiento permanente, cuando está muy ligado a la economía española, puede ser considerado como una empresa independiente.[156] Ya insistiremos en esta cuestión.

En alguna ocasión se ha dicho que «el legislador español considera a veces como sociedades nacionales aquellas cuyo domicilio social se encuentra en España, aunque se hayan constituido en el extranjero».[157] A tal efecto ha sido citada la anti-

---

[153] Para advertir la importancia de este precepto, puede verse, con relación al Impuesto de Derechos Reales, la obra de BAS Y RIVAS, *Derechos Reales en las Sociedades y Valores mobiliarios,* Madrid, 1955, págs. 261 y ss. y 267 y ss.

[154] Según el art. 87 del Reglamento del Registro Mercantil de 14 de diciembre de 1956, «La constitución, modificación o extinción de las Sociedades domiciliadas en territorio español y, en general, todos los actos inscribibles relativos a las mismas serán calificados con arreglo a la legislación española, cualquiera que sea la intervención o participación que en ellos tengan personas naturales o jurídicas extranjeras. No obstante, la personalidad y la capacidad de los otorgantes extranjeros se regirá por su Ley nacional respectiva».

[155] El art. 89 del Reglamento del Registro Mercantil dicta reglas que han de observarse cuando, según dice, «una sociedad extranjera adquiera nacionalidad española». Tampoco en este caso creemos que se trate de un fenómeno jurídico que pueda equipararse al cambio de nacionalidad de una persona física. El «acuerdo de cambio de nacionalidad», de que habla el mismo precepto, es bastante significativo para que se advierta que se trata de la voluntaria organización de la misma empresa industrial o mercantil con total sujeción a la legislación española.

[156] Tiene sumo interés, en este sentido, el artículo de H. KRONSTEIN, *The Nationality of International Enterprises,* Columbia Law Review, diciembre de 1952, pág. 983 y ss., en el que subraya que la trascendencia del hecho económico que representa una empresa contrasta con la circunstancia fortuita de la calificación de su personalidad como nacional o extranjera, como si el Derecho obligara a considerar que se trata de una dependencia de la persona extranjera, mientras que los hechos aconsejan todo lo contrario.

[157] Joaquín GARRIGUES, en el *Comentario a la Ley de Sociedades Anónimas,* de GARRIGUES y URIA, Madrid, 1952, tomo I, pág. 131.

gua ley de Seguros de 14 de mayo de 1908, cuyo art. 1.°, párrafo segundo, decía que, a los efectos de solicitar del Ministerio de Hacienda la inscripción en el Registro correspondiente, «serán consideradas como nacionales las sociedades o entidades cuyo domicilio social se halle en España, y que no sean filiales o sucursales de otra extranjera». Puede parecer que este precepto considera como nacionales a sociedades domiciliadas pero no creadas en España. Sin embargo, no creemos que sea así. El Reglamento de 2 de febrero de 1912 en su art. 2.° establece: «Tendrán la denominación de nacionales las sociedades o entidades con domicilio social en España, y que no siendo filiales o sucursales de otra extranjera *se hallen constituidas con arreglo a las leyes que en España rijan en la materia,* aun cuando su capital o parte del mismo lo posean extranjeros...» En el párrafo segundo añade: «No se considerará filial de sociedad extranjera la que se constituya en España con capital propio, aun cuando este capital proceda, en todo o en parte, de personas o entidades extranjeras, siempre que su nacimiento se ajuste a las prescripciones legales vigentes en España». Y dice finalmente su último párrafo: «No concurriendo todas las circunstancias de los párrafos anteriores, se reputarán extranjeras a los efectos de la ley». Parece, pues, que la sociedad constituida fuera de España, en conformidad con el Derecho del país respectivo, será siempre extranjera y no podrá tener su sede en España con carácter principal. En realidad, los transcritos preceptos tratan de excluir la posibilidad de que una sociedad constituida en España deje de considerarse española por la procedencia extranjera del capital.[158] Para los fines que entonces se perseguían, tal declaración general era acertada. Pero como tales fines eran más concretos que la declaración general empleada, ésta tal vez podría amparar consecuencias imprevistas.[159]

Veamos ahora la vigente ley de Seguros de 16 de diciembre de 1945. Su art. 1.° dispone que las operaciones de seguro y reaseguro «solo podrán realizarse por Sociedades Anónimas o Asociaciones Mutuas, que se hallen constituidas legalmente, sean españolas o extranjeras». El art. 5.° de la misma ley señala los documentos que, además de los exigidos a las sociedades españolas, deberán presentar las sociedades extranjeras que deseen ser autorizadas e inscritas en España. Nos interesa llamar la atención sobre el siguiente: «Certificación oficial acreditativa de hallarse funcionando legalmente en el país de origen, y de los ramos en que operan, únicos en los que podrán ser autorizados en España».

De todo ello, sin duda, resulta con claridad que las sociedades constituidas en el extranjero solo pueden actuar en España cumpliendo los requisitos exigidos para establecer agencias o sucursales. No cabe imaginar una sociedad extranjera exclusivamente domiciliada en España. Incluso por lo que se refiere a las compañías de seguros extranjeras, vemos que les es preciso acreditar que se hallan legalmente funcionando en su país de origen, según establece la vigente ley de 1954. Del Reglamento de 1912 sin duda ya resultaba que no podían calificarse de extranjeras las sociedades constituidas y domiciliadas en España, sin que pudiera privarles de tal calificación la procedencia del capital. Por tanto, cabe afirmar que una empresa podrá actuar en España como extranjera si acredita que se halla funcio-

---

158 Véase también el art. 87 del Reglamento del Registro Mercantil, citado en la anterior nota 154.

159 Véase la Orden de 23 de julio de 1948 (de la que en el texto hablamos más adelante), cuyo art. 4.°, para asegurar otros efectos, establece que «serán asimiladas a extranjeras las sociedades en que participe, cualquiera que sea su cuantía, el capital de extranjeros o de sociedades con participación de capital extranjero».

nando en su país de origen y, entre otros requisitos, determina el capital destinado a operar en España.

b) Si la conjunción de los requisitos de la constitución y del domicilio permite determinar qué sociedades son extranjeras, el mismo criterio ha de servir para señalar que solo son españolas las sociedades constituidas y domiciliadas en España.[160]

El art. 28 del Código civil dispone: «Las corporaciones, fundaciones y asociaciones reconocidas por la ley y domiciliadas en España gozarán de la nacionalidad española siempre que tengan el concepto de personas jurídicas con arreglo a las disposiciones del presente Código. Las asociaciones domiciliadas en el extranjero tendrán en España la consideración y los derechos que determinen los Tratados o leyes especiales». Poca duda ofrece el hecho de que la organización jurídica de una empresa colectiva y su constitución como tal en España ha de ajustarse a la ley española. Además, el art. 5.° de la ley de 17 de julio de 1951, por lo que atañe a las sociedades anónimas, y el art. 4.° de la ley de 17 de julio de 1953, por cuanto se refiere a las sociedades limitadas, disponen que las de nacionalidad española deberán tener necesariamente su domicilio en territorio español, como ya había anticipado, para las sociedades en general, el art. 1.° del Decreto-ley de 17 de jubo de 1947.

Pero ya sabemos que una sociedad puede ser jurídicamente independiente y estar económicamente dominada por otra. En este punto los conceptos jurídicos necesitan demostrar la máxima flexibilidad. Las agencias o sucursales de sociedades extranjeras establecidas en España estarán dominadas, de hecho y de derecho, por la empresa radicada en el extranjero. Sin embargo, cabe que la sucursal tenga hasta tal punto el carácter de establecimiento permanente ligado con la economía española, que para ciertos fines sea preciso considerarla como una empresa española.[161] Por otra parte, la participación del capital extranjero en las sociedades españolas no priva a estas de la cualidad de tales, pero puede dar lugar a una dominación desde el extranjero no menos efectiva, hasta el punto de tenerse que adoptar las medidas adecuadas.

Ante esta posibilidad, la reacción del legislador ha sido la siguiente:

La ley de 24 de noviembre de 1939, de Ordenación y Defensa de la Industria y de la Producción Nacional, después de referirse en su preámbulo a la necesidad de «crear una economía industrial española grande y próspera, liberada de la dependencia extranjera», en su art. 1.° declara: «La industria, que, como instrumento de la producción, se considera parte integrante del Patrimonio Nacional y subordinada al interés supremo de la Nación, se regirá por esta Ley».

Nos interesa enlazar este precepto con lo antes apuntado al hablar de que el establecimiento en España de una empresa extranjera puede formar parte integrante de la economía española. Tal vez dicha declaración ofrecería base, a una jurisprudencia nada pusilánime, para resolver ciertos problemas con el criterio que preconiza un autor extranjero, H. KRONSTEIN, en un interesante trabajo sobre la nacionalidad de las empresas internacionales, y que resume así: las consecuencias de la

---

160 Véase F. GIMÉNEZ ARTIGUES, *La nacionalidad de las sociedades mercantiles,* Barcelona, 1949, págs. 125-131.

161 Véase, especialmente, el artículo de KRONSTEIN citado en la anterior nota 156, en el que habla de que 'las peregrinaciones de las modernas grandes empresas superan las de Ulises, aunque, por desgracia, la nobleza y el heroísmo brillan por su ausencia».

nacionalidad de una empresa deberían producirse teniendo primordialmente en cuenta si forma parte integrante de la economía del país.[162]

El art. 5.° de la misma ley de 1939 impone a las nuevas industrias diversas condiciones, de las que subrayamos la restricción de la participación extranjera a una cuarta parte, como máximo, del capital social activo (apartado *a),* de los votos que puedan decidir asuntos sociales (apartado c), de los consejeros y del personal técnico y administrativo especializado; y esto último solo durante el período de iniciación de la industria y por un plazo máximo de tres años, transcurrido el cual la proporción descenderá a la décima parte. En todo caso, la Presidencia del Consejo de Administración y los cargos directivos han de recaer en españoles.

Por supuesto que, además, en las industrias para la defensa nacional el capital será íntegramente español (arts. 3.°, grupo A, y 6.°, letra *b,* de la misma ley). Tampoco podrá transferirse la propiedad de estas industrias a las personas naturales o jurídicas extranjeras (art. 6.°, primer párrafo). En cuanto a las demás industrias, si no están jurídicamente organizadas como sociedades por acciones, los extranjeros solo podrán adquirir hasta la cuarta parte en propiedad; si están organizadas como sociedades por acciones, «cualquiera emisión de títulos de soberanía que se realice en lo sucesivo se dividirá en dos partes: una, igual a los tres cuartos de la emisión, que no podrá ser transferible a extranjeros; otra, igual al cuarto de la emisión, que estará exenta de la expresada limitación (art. 6.°, párrafos segundo y tercero de la misma ley de 1939).

El art. 3.° del Reglamento aprobado por Decreto de 10 de febrero de 1940, para la aplicación de la Ley de protección y fomento de las industrias de interés nacional de 24 de octubre de 1939, dispone que pueden aspirar a los beneficios de esta ley «las personas naturales o jurídicas de nacionalidad española y cuyo capital social se ajuste a lo preceptuado en el art. 5.° de la Ley de 24 de noviembre de 1939, que proyecten industrias de marcado interés nacional...».

El Decreto-ley de 17 de julio de 1947, aparte de otros aspectos de interés antes referidos,[163] en su art. 3.° exige autorización del Ministerio de Hacienda para: «... *h)* Transferir, gravar o sustituir, por cualquiera de los medios admitidos en Derecho, los bienes, valores o derechos de todas clases que formen parte de su activo social, con independencia del territorio en que se hallen situados, siempre que tales actos o contratos se convengan con personas, físicas o jurídicas, de nacionalidad extranjera o residentes fuera del territorio español, c) Transferir de algún modo los títulos representativos de su propio capital, que tengan en cartera, a favor de las personas físicas o jurídicas de nacionalidad extranjera o residentes fuera del territorio español, cuando al hacerlo resulte en poder de no nacionales o residentes fuera del territorio español un porcentaje del capital total de la empresa superior al autorizado, según la naturaleza de la misma, por las disposiciones en vigor, *d)* Entregar en cualquier

---

[162] KRONSTEIN, lugar citado, pág. 991, llama especialmente la atención sobre el caso *Moscow Fire Insurance,* en el que el juez LEHMAN, de Nueva York, estimó que la sucursal neoyorquina de una compañía de seguros rusa era, de hecho, una persona jurídica *sui generis,* con el resultado de quedar al margen de la expropiación decretada en Rusia. Estima KRONSTEIN que esta tendencia se acentuará a medida que la integración de una rama de una sociedad extranjera en la economía nacional sea más intensa y convenga mantener la integridad de la explotación.

[163] Véase antes pág. 318, nota 97.

concepto los títulos representativos de las ampliaciones de capital a personas físicas o jurídicas de nacionalidad extranjera o residentes fuera del territorio español, cuando al hacerlo se produzca el resultado previsto en el apartado precedente».[164]

La Resolución de la Dirección General de los Registros de 17 de abril de 1953 se ha ocupado del problema de la nacionalidad de las sociedades en relación con las disposiciones que acabamos de citar. Expresa que «la nacionalidad de las sociedades en general se determina en nuestro Derecho conforme a la norma fundamental del art. 28 del Código civil, por el criterio del domicilio-constitución, ... si bien a los especiales efectos de la Ley de Protección y Fomento de la Industria Nacional, de 24 de noviembre de 1939, y a partir de su vigencia, se condiciona tal *status* al doble hecho de que el capital social sea propiedad de españoles en sus tres cuartas partes como mínimo, y al carácter nacional de los directores, gerentes y administradores, o solamente al primero, como parece desprenderse del art. 3.° del Decreto de 10 de febrero de 1940, en relación con el art. 5.° de la citada Ley...». Se refiere luego a que la Ley de 24 de noviembre de 1939 no tiene carácter retroactivo; sin embargo, dice: «no puede admitirse que a partir de su vigencia y a través de enajenaciones o actos modificativos, venga a recibir la sociedad cuestionada una configuración, nueva o no, pero ya contradictoria con las normas imperantes, las cuales, evidentemente, harían imposible hoy su constitución con estructura semejante a la que adquiriría o mantendría con la pretendida transferencia de títulos». Alude después a cierta contradicción entre dicha disposición de la ley de 1939 y la de 17 de julio de 1947, al permitir ésta que con autorización ministerial pueda realizarse una transferencia de títulos a extranjeros en proporción a la señalada, y que en todo caso dicha autorización es posible solicitarla y obtenerla con posterioridad al otorgamiento de la escritura, en virtud de lo que permite la Orden del Ministerio de Hacienda de 26 de marzo de 1952.

Pero especialmente nos interesa llamar la atención sobre la Orden de 23 de julio de 1948 (B. O. del 13 de agosto).[165] En el art. 1.° dispone: «No podrán establecerse o crearse en nuestros territorios de Guinea sociedades extranjeras o con capital total o parcialmente extranjero. La misma prohibición regirá para las empresas individuales extranjeras. Las transmisiones totales o parciales de propiedad u otros derechos, o de las actividades mercantiles en favor de nuevas sociedades, o empresas individuales extranjeras, se estimarán creación de nuevos establecimientos a los efectos del párrafo anterior. Exceptúanse las transmisiones *mor-tis causa* a favor de extranjeros». Y en el art. 4». establece: «A los efectos de esta disposición *serán asimiladas a extranjeras las sociedades en las que participe, cualquiera que sea su cuantía, el capitad de extranjeros o de sociedades con participación de capital extranjero»*.

Por supuesto que no cabe desconocer que, con tal precepto, dicha orden solo trata de evitar el establecimiento en Guinea de sociedades extranjeras; o de manera más concreta y precisa: trata de evitar el establecimiento en Guinea no solo de sucursales o agencias de sociedades constituidas y domiciliadas en el extranjero, sino incluso de sociedades constituidas en España con arreglo a las leyes españolas y con sede en territorio español, pero dominadas total o parcialmente por intereses extranjeros.

---

164 Interesa tener en cuenta el llamado Decreto de vigencias de 14 de diciembre de 1951.

165 Nuestro distinguido compañero J. PINTÓ RUIZ nos llamó la atención sobre la importancia de esta disposición para nuestro estudio.

c) Como expresa SCHLESINGER, incumbe a la legislación de cada país determinar bajo qué condiciones la existencia legal de una sociedad creada en el extranjero puede ser reconocida a los efectos de permitirle acceso a los tribunales del país y a los de permitirle desarrollar su actividad mercantil en el territorio nacional.[166] Hemos examinado este último aspecto y falta hacer referencia a la posibilidad de que las sociedades extranjeras ejerciten acciones y sean demandadas ante los Tribunales españoles.

Respecto a la posibilidad de ejercitar acciones ante los tribunales españoles, hay que tener en cuenta lo que dispone el art. 534 de la Ley de Enjuiciamiento civil: «Si el demandante fuere extranjero, será también excepción dilatoria la del arraigo del juicio, en los casos y en la forma que en la nación a que pertenezca se exigiera a los españoles». Como dice GUASP, «hay, por lo tanto, para la determinación de esta *cautio judicatum solvi,* una referencia absoluta al principio de la reciprocidad, que la jurisprudencia del Tribunal Supremo ha reiterado, pero con la certera orientación de exigir la carga de la alegación y de la prueba correspondientes a la persona que pretenda la caución». Añade el mismo autor: «El arraigo del juicio exigido a los extranjeros es, pues, la única muestra, arcaica y censurable, desde luego, de una caución exigida, en procesos ordinarios, frente al sujeto activo que los promueve».[167]

En cuanto a la posibilidad de ser demandadas en España, no cabe en principio la menor duda. La jurisdicción ordinaria será competente en su caso (art. 51 de la Ley de Enjuiciamiento civil) y para la notificación de la demanda y debido emplazamiento deberá tenerse en cuenta lo establecido en el Convenio de 17 de julio de 1905, cuando la sociedad demandada no pueda ser citada y emplazada en España. Pero con esto no queda resuelto el problema de fondo consistente en saber cuándo los tribunales españoles tienen jurisdicción sobre una sociedad extranjera.[168] El art. 70 de la misma ley dispone que los preceptos relativos a la determinación de la competencia «comprenderán a los extranjeros que acudieren a los Juzgados españoles promoviendo actos de jurisdicción voluntaria, interviniendo en ellos o compareciendo en juicios como demandantes o como demandados, contra españoles o contra otros extranjeros, cuando proceda que conozca la jurisdicción española con arreglo a las Leyes del Reino o a los Tratados con otras potencias». Como señala GUASP, en virtud de esta disposición, «para saber si puede intervenir la jurisdicción civil en un litigio en el que figuran extranjeros, habrá que indagar si se da en España el elemento normalmente determinador de la competencia judicial, según las disposiciones generales (domicilio del demandado, situación de la cosa, lugar del acto) y resolver, en consecuencia, afirmativa o negativamente, la cuestión».[169] Por supuesto que si, en lugar de ser demandado, el extranjero es demandante, la cuestión queda extraordinariamente simplificada porque la competencia de los tribunales españoles tendrá por base la sumisión resultante del propio acto del actor.

---

166 Rudolf SCHLESINGER, *Comparative Law – Cases and Materials,* Brooklyn, 1950, págs. 439 y 440.

167 Jaime GUASP, *Derecho Procesal Civil,* Madrid, 1956, pág. 1.352.

168 Un sugestivo planteamiento y discusión del problema de «jurisdicción» en Derecho Internacional Privado, desde el punto de vista norteamericano, puede verse en A. EHRENZWEIG, *The Historical and Functional Bases of the Conflict of Laws – Five Lectures on «Jurisdiction»,* publicado en el volumen V de los «Cursos Monográficos» de la Academia Interamericana de Derecho Comparado e Internacional, La Habana, Cuba, 1956, págs. 267 a 312.

169 GUASP, obra citada, pág. 118.

Incluso cabe estimar que hay sumisión tácita (arts. 58 y 75 de la misma ley procesal) si la sociedad demandada comparece ante el Tribunal español sin alegar la falta de jurisdicción.

En el caso resuelto por sentencia del Tribunal Supremo de 15 de noviembre de 1898, una sociedad inglesa demandó en España a los socios de una sociedad colectiva que estaba declarada en quiebra en Londres, y ante la alegación de los demandados de que solo era competente para conocer de la cuestión el tribunal inglés que conocía la quiebra, la parte actora opuso que existía sumisión tácita por haber comparecido los demandados sin proponer en forma la declinatoria. Véase también el interesante caso resuelto por sentencia de 17 de enero de 1912.[170]

Cabe preguntar, en vista de todo lo expuesto, si puede estimarse que radica en España una sociedad extranjera que domine completamente a otra sociedad con sede en nuestro territorio. Sin duda, este caso de *Durchgriff* procesal resulta sumamente dudoso. Pero si se tratara de una demanda que precisamente pidiera de los tribunales españoles la declaración de identidad sustancial entre la sociedad radicada en el extranjero y la establecida en territorio español, las cuestiones previas relativas a la competencia y a la citación sin duda deberían quedar involucradas con la de fondo, pues, en caso de prosperar la demanda, quedaría automáticamente afirmada la competencia y la regularidad de la citación y emplazamiento. Pero, por supuesto, que entonces solo quedarían resueltas las dificultades si se tratara de sentencia que exclusivamente debiera ejecutarse en España.

En cuanto a la posibilidad de que en España sea declarada en quiebra una sociedad extranjera, la respuesta afirmativa sin duda es procedente siempre que se trate de sociedad que efectivamente haya ejercido el comercio en España. El art. 15 del Código de comercio hemos visto que somete a las compañías extranjeras que ejerzan el comercio en España «a la jurisdicción de los Tribunales de la nación». Del artículo 874 del mismo Código resulta que el estado de quiebra puede afectar a quien sea comerciante. Igualmente resulta la procedencia de los arts. 51 y 70, ya citados, de la Ley de Enjuiciamiento civil, y del Real Decreto de extranjería de 17 de noviembre de 1852, cuando dispone que los extranjeros domiciliados y transeúntes están sujetos a las leyes de España y a los Tribunales españoles «para el cumplimiento de las obligaciones que contraigan en España o fuera de España, siempre que sean a favor de súbditos españoles» (art. 29), y que la competencia de nuestros Tribunales también queda fundada cuando se procede contra extranjeros y «se trate de evitar un fraude o adoptar medidas urgentes y provisionales para detener a un deudor que intente ausentarse a fin de eludir el pago...» (art. 33).[171]

No hay que insistir en el alcance que pueden tener esos preceptos en casos de *disregard.*

***

[170] El interés y carácter aleccionador de estas sentencias exige que su estudio no se limite a los considerandos; por lo demás, como siempre es aconsejable hacer. El valor aleccionador de un caso para otro caso exige, por ejemplo, que en la sentencia de 1898 se tenga en cuenta que la sociedad inglesa no había podido obtener ejecución en España de una condena proferida en Inglaterra contra los demandados por haber denegado el *exequátur* el Tribunal Supremo español.

[171] Véase Antonio POLO y Manuel BALLBÉ, *La quiebra de «Barcelona Traction»*, Barcelona, 1951, págs. 113 y ss. y 147 y ss.

Para terminar este comentario suscitado por el libro de SERICK, nos permitiremos citar algunas de las afirmaciones con que termina el último estudio que hemos podido leer (uno de los últimos que se habrán publicado) sobre la doctrina *disregard.* Nos referimos al de Mervin WOODS, *Lifting the Corporate Veil in Canadá:*[172] «El concepto de personalidad independiente tiene una finalidad válida pero limitada, y, en definitiva, la naturaleza de la sociedad *(corporation)* no es tan importante como las aplicaciones que se le pueden dar. Trátase de una invención jurídica que exige que se desarrollen y apliquen reglas adecuadas para su uso. Pero tales reglas no deben convertirse en dominadoras *(masters).* No debe permitirse que su empleo destruya valores que en Derecho tienen una jerarquía superior».

[172] Mervin WOODS, *Lifting the Corporate Veil in Canadá,* The Canadian Bar Review, diciembre de 1957, pág. 1.176 y ss., esp. pág. 1.194.

ÍNDICE DE ABREVIATURAS

1. Abreviaturas

ABAJ	= American Bar Association Journal: Diario de la Asociación Americana de Abogados.
ABGB	= Allgemeines Bürgerliches Gesetzbuch (Österreich): Código civil austríaco.
AcP	= Archiv für die civilistische Praxis: Revista de Derecho Civil.
AG	= Aktiengesellschaft/Amtsgericht: Sociedad anónima/ Juzgado de 1.ª instancia.
AGBGB	= Ausführungsgesetz zum Bürgerlichen Gesetzbuch: Ley de ejecución del Código civil.
AHK	= Alliierte Hohe Kommission: Alta Comisión Aliada.
Akt-Ges.	= Aktiengesetz: Ley de sociedades por acciones.
All E.R.	= All England Law Report: Colección de sentencias de Inglaterra.
Am. J. of Comp. Law	= American Journal of Comparative Law: Revista Americana de Derecho Comparado.
Am. J. of Intern. Law	= American Journal of International Law: Revista Americana de Derecho Internacional.
Am. L. Rev.	= American Law Review: Revista Americana de Derecho.
AOK	= Allgemeine Ortskrankenkasse: Caja General de Subsidios.
App.	= Cour d'Appel: Tribunal de Apelación.
Arch.	= Archiv: archivo.
Art.	= Artikel: Artículo.
Aufw. Rspr.	= Rechtsprechung in Aufwertungssachen: Jurisprudencia en materia de revalorización.
Aufw. G.	= Aufwertungsgesetz: Ley de Revalorización.
AVO	= Ausführungsverordnung: Decreto de ejecución.
Az.	= Aktenzeichen: Referencia.
B	= Beschluss: Acuerdo.
BayObLG	= Bayerisches Oberstes Landesgericht: Tribunal Territorial Superior de Baviera.
BB	= Betriebsberater: El asesor de las empresas (publicación).
Betrieb	= Der Betrieb: La empresa (publicación).
BFH	= Bundesfinanzhof: Tribunal Federal de Hacienda.
BGB	= Bürgerliches Gesetzbuch: Código civil alemán.
BGB1	= Bundesgesetzblatt: Diario Oficial de la Federación.
BGE	= Bundesgerichtsentscheidungen (amtl. schweizerische Sammlung): Decisiones del Tribunal Federal Suizo.
BGH	= Bundesgerichtshof: Tribunal Superior Federal alemán.

BGHZ = Bundesgerichtshof, Entscheidungssammlung in Zivilsachen: Colección de Instancias civiles del Tribunal Federal alemán.
BrunsZ = Zeitschrift für ausländisches öffentliches Recht und Völkerrecht: Revista de Derecho público extranjero y Derecho internacional.
BVG = Bundesverfassungsgericht: Tribunal Federal Constitucional.
Calif. L. Rev. = California Law Review: Revista Jurídica de California.
Cambridge L. J. = Cambridge Law Journal: Revista Jurídica de Cambridge.
Cass. civ./reg./comm. = Cour de Cassation civile/des requêtes/de commerce: Tribunal civil de casación.
Ce = Code civil: Código civil.
Clunet = Journal de droit international: Revista de Derecho internacional.
Col. L. Rev. = Columbia Law Review: Revista Jurídica de la Universidad de Columbia (Nueva York).
D. = Recueil Dalloz: Repertorio Dalloz.
D. H. = Dalloz Hebdomadaire: Dalloz semanal.
Diss. = Dissertation: disertación.
DJ = Deutsche Justiz: Justicia alemana (publicación).
DJZ = Deutsche Juristenzeitung: Revista Jurídica Alemana.
DNZ = Deutsche Notar-Zeitschrift: Revista Alemana del Notariado.
D. P. = Dalloz Recueil Périodique: Repertorio periódico Dalloz.
DR = Deutsches Recht: Derecho alemán.
DRiZ = Deutsche Richterzeitung: Revista alemana de la judicatura.
DRpfl. = Deutsche Rechtspflege: Administricación alemana de justicia.
DRZ = Deutsche Rechtszeitschrift: Revista alemana de Derecho.
Dt. Rspr. = Kartei der Deutschen Rechtsprechung: Repertorio de Jurisprudencia alemana.
DVB1 = Deutsche Verwaltungsblatt: Revista de la adrninistración alemana.
ECBGB = Einführungsgesetz zum Bürgerlichen Gesetzbuch: Ley de Introducción al Código civil alemán.
GB1 = Gesetzblatt: Diario Oficial alemán.
Gaz. Pal. = La Gazette du Palais: Diario Oficial francés.
Gaz. ufflc. = Gazzetta ufficiale: Diario Oficial italiano.
GmbH = Gesellschaft mit beschränkter Haftung: Sociedad de responsabilidad limitada.
GmbH-Rdsch. = Rundschau für GmbH: Revista de las sociedades de responsabilidad hmitada.
Gruchot = Beiträge zur Erläuterung des Deutschen Rechts: Revista Gruchot.
GRUR = Gewerblicher Rechtsschutz und Urheberrecht: Derecho de propiedad industrial e intelectual.
GS = Der Gerichtssaal. Zeitschrift für Strafrecht: Revista de Derecho penal.
GVOB1 = Gesetz- und Verordnungsblatt: Gaceta de leyes y decretos.
Hann. Rpfl. = Hannoversche Rechtspflege: Administración de Justicia de Hannover.
HansOLG = Hanseatisches Oberlandesgericht (Hamburg): Tribunal

	Superior de Hamburgo.
HansRGZ	= Hanseatische Rechts- u. Gerichts-Zeitschrift: Revista de Derecho y de la Judicatura hanseática.
Harv. L. Rev.	= Harvard Law Review: Revista Jurídica de la Universidad de Harvard.
HESt	= Höchstrichterliche Entscheidungen in Strafsachen: Sentencias del Tribunal Supremo en asuntos penales.
HEZ	= Höchstrichterliche Entscheidungen in Zivilsachen: Sentencias del Tribunal Supremo en asuntos civiles.
HGB	= Handelsgesetzbuch: Código de comercio alemán.
HICOG	= High International Commission of Germany: Alta Comisión Internacional de Alemania.
HLKO	= Haager Landkriegsordnung: Ordenanza de la Haya para la guerra terrestre.
HRR	= Höchstrichterliche Rechtsprechung: Jurisprudencia del Tribunal Supremo.
Intern. L. Quart.	= International Law Quarterly: Revista trimestral de Derecho Internacional (inglesa).
IPRspr.	= Die deutsche Rechtsprechung auf dem Gebiete des Internationalen Privatrechts: La jurisprudencia alemana en materia de Derecho Internacional Privado.
Jbl	= Justizblatt: Gazeta de la Administración de Justicia.
JFG	= Jahrbuch f. Entscheidungen der freiwilligen Gerichtsbarkeit: Anuario de decisiones de la jurisdicción voluntaria.
JhJ	= Jherings Jahrbücher für die Dogmatik des bürgerlichen Rechts: Anuario de Jhering para la dogmática del Derecho civil.
JMB1	= Justízministerialblatt: Gaceta del Ministerio de Justicia.
JO	= Journal officiel: Diario oficial.
JOGM	= Journal officiel du commandement en chef français en Allemagne: Diario oficial del alto mando francés en Alemania.
JR	= Juristische Rundschau: Revista jurídica alemana.
J. T.	= Journal des Tribunaux (Belgien): Diario de los Tribunales (belga).
JW	= Juristische Wochenschrift: Semanario Jurídico.
JZ	= Juristenzeitung: Periódico jurídico.
Kart. Rdsch.	= Kartell-Rundschau: Revista de los cartels.
KG	= Kammer-Gericht: Tribunal cameral.
KGJ	= Jahrbuch für Entscheidungen des Kammergerichts: Anuario para las decisiones del Tribunal cameral.
KO	= Konkursordnung: Ordenanza de concursos.
KTW	= Konkurs- und Treuhandwesen: Concursos y administraciones fiduciarias.
KUG	= Gesetz betr. das Urheberrecht an Werken der bildenden Künste: Ley sobre el derecho de autor en obras de las artes plásticas.
LAG	= Landesarbeitsgericht: Tribunal Territorial de Trabajo.
Law Quart. Rev.	= Law Quarterly Review: Revista Jurídica Trimestral

	(inglesa).
LG	= Landgericht: Tribunal Territorial.
Louis. L. Rev.	= Louisiana Law Review: Revista Jurídica de la Universidad de Luisiana.
LUG	= Gesetz betr. das Urheberrecht an Werken der Literatur und der Tonkunst: Ley relativa a los derechos de autor en obras de la literatura y musicales.
LZ	= Leipziger Zeitschrift: Revista de Leipzig.
MBDL	= Monatsschrift der Bank Deutscher Länder: Revista mensual del Banco de los territorios alemanes.
MDR	= Monatsschrift für Deutsches Recht: Revista mensual de Derecho alemán.
Mich. L. Rev.	= Michigan Law Review: Revista Jurídica de la Universidad de Michigan.
Minn. L. Rev.	= Minnesota Law Review: Revista Jurídica de la Universidad de Minnesota.
Mitt. d. dtsch. Ges. f. Völkerrecht	= Mitteilungen der Deutschen Gesellschaft für Völkerrecht: Comunicaciones de la Sociedad alemana para el Derecho de gentes.
Mod. L. Rev.	= Modern Law Review: Revista Jurídica Moderna.
Mon. beige	= Moniteur belge: Revista belga de Derecho.
MRG	= Militärregierungsgesetz: Ley del Gobierno militar.
MSchG	= Mieter-Schutzgesetz: Ley de protección de los inquilinos.
N.	= Note: nota.
NdsRpfl.	= Niedersächsische Rechtspflege: Administración de justicia de la Baja Sajonia.
NiemeyersZ	= Niemeyers Zeitschrift für Internationales Recht: Revista de Niemeyer para el Derecho Internacional.
NJW	= Neue Juristische Wochenschrift: Nueva Revista Jurídica semanal.
N.Y.L.J.	= New Lork Law Journal: Diario de Derecho de la Universidad de Nueva York.
ÖJB1	= (österreichische) Juristische Blätter: Revista de Derecho (austríaca).
öRGBl	= (österreichische) Juristen-Zeitung: Diario de los juristas (austríaca).
OGH(b)Z	= (österreichisches) Reichsgesetzblatt: Diario Oficial del Imperio austríaco.
OHG	= Oberster Gerichtshof für die britische Zone, zugleich Sammlung der Entscheidungen: Tribunal Superior para la zona británica y colección de sentencias.
OLG(E)	= Oberlandesgericht, zugleich Entscheidungssammlung der Rechtsprechung der Oberlandesgerichte: Tribunal Territorial Superior y repertorio de sentencias de los Tribunales Superiores.
ORK	= Oberste Rückstellungskommission: Comisión Superior de Restitución.
OVG	= Oberverwaltungsgericht, zugleich amtl. Sammlung der Entscheidungen: Tribunal Administrativo Superior y repertorio oficial de decisiones.

Pas. beige	= Pasicrisie beige: revista belga.
PatG	= Patentgesetz: Ley de patentes.
RabelsZ	= Zeitschrift für ausländisches und internationales Privatrecht: Revista de Rabel para el Derecho privado extranjero e internacional.
RABG	= Reichsautobahngesetz: ley de las autopistas del Reich.
Rec.	= Recueil des décisions des Tribunaux Arbitraux Mixtes: Repertorio de decisiones de los Tribunales arbitrales mixtos.
Recht	= Das Recht: El Derecho (revista alemana).
REG	= Rückerstattungsgesetz: Ley de restitución.
Rev. crit. de jurisprud. belge	= Revue critique de jurisprudence belge.
Rev. crit. dr. int. privé	= Revue critique de droit international privé.
Rev. dr. int. priv.	= Revue de droit international privé.
Rev. dr. int. et dr. comp.	= Revue de droit international et de droit comparé.
Rev. dr. int. et de leg. comp.	= Revue de droit international et de législation comparée.
Rev. intern, dr. comp.	= Revue international de droit comparé.
Rev. prat. soc.	= Revue pratíque des sociétés.
Rev. trim. dr. com.	= Revue trimestrielle de droit commercial.
RFH	= Reichsfinanzhof: Tribunal de Hacienda del Reich.
RG	= Reichsgericht: Tribunal del Reich.
RGB1	= Reichsgesetzblatt: Diario Oficial del Reich.
RGR	= Reichsgerichtsrätekommentar: Comentario de los Consejeros del Tribunal del Reich.
RGSt	= Reichsgericht — Rechtsprechung in Strafsachen: Jurisprudencia del Tribunal del Reich en asuntos penales.
RGZ	= Reichsgericht — Rechtsprechung in Zivilsachen: Jurisprudencia del Tribunal del Reich en asuntos civiles.
RheinZ	= Rheinische Zeitschrift für Zivil- und Prozessrecht: Revista del Rhin para Derecho civil y procesal.
Riv. dir. com.	= Rivista di diritto commerciale.
RJA	= Reichsjustizamt, Entscheidungssammlung in Angelegenheiten der Freiwilligen Gerichtsbarkeit: Repertorio de decisiones en asuntos de la jurisdicción voluntaria.
RJM	= Reichsjustizmimsterium: Ministerio de Justicia del Reich.
RK	= Rückstellungskommission: Comisión de restitución.
Rkv	= Aktenzeichen der Obersten Rückstellungskommission: Actos de la Comisión Superior de restitución.
RSpiegWirtsch.	= Rechtsspiegel der Wirtschaft: Derecho de la Economía.
R Verw. Bl.	= Reichsverwaltungsblatt: Diario administrativo del Reich.
RvglHWB	= Rechtsvergleichendes Handwörterbuch: Diccionario de Derecho Comparado.
RzW	= Rechtsprechung zum Wiedergutmachungsrecht (monatliche Beilage zur NJW): Jurisprudencia sobre el Derecho de reparaciones.
S.	= Sirey.

SA	= Seufferts Archiv f. Entscheidungen oberster Gerichte: Archivo de Seuffert para las Decisiones de los Tribunales Superiores.
Sammelblatt	= Sammelblatt f. Gesetze, Verordnungen u. Bekanntmachungen d. Bundes: Diario de Leyes, Decretos y Proclamaciones de la Federación.
SchlHA	= Schleswig-Holsteinische Anzeigen: Gaceta de Schleswig-Holstein.
Schweiz.AG	= Die Schweizerische Aktiengesellschaft: La sociedad por acciones suiza.
Schweiz. JZ	= Schweizer Juristenzeitung: Revista Jurídica Suiza.
Stat.	= Statute: Ley de los EE. UU.
StGB	= Strafgesetzbuch: Código penal.
Strafr.Abh.	= Strafrechtliche Abhandlungen: Disertaciones de Derecho penal.
StuW	= Steuer und Wirtschaft: Impuestos y Economía.
SüddJZ	= Süddeutsche Juristenzeitung: Revista Jurídica de Alemania del Sud.
Trib. civ./comm.	= Tribunal civil/de commerce.
Tulane L. Rev.	= Tulane Law Review: Revista Jurídica de la Universidad de Tulane (New Orleans).
Ufita	= Archiv für Urheber-, Film- und Theaterrecht: Archivo para el Derecho de autor y sobre obras cinematográficas y teatrales.
UmstG	= Umstellungsgesetz: Ley de conversión.
UNDoc.	= Documents of the United Nations: Documentos de las Naciones Unidas.
Univ. of Chic. L. Rev.	= University of Chicago Law Review: Revista Jurídica de la Universidad de Chicago.
Univ. of Penns. L. Rev.	= University of Pennsylvania Law Review: Revista Jurídica de la Universidad de Pennsylvania.
USCA	= United States Codes Annotated: Códigos de los Estados Unidos anotados.
VO	= Verordnung: Decreto.
VOB1	= Verordnungsblatt: Hoja oficial.
VOBIBrZ	= Verordnungsblatt f. d. Britische Zone: Hoja oficial para la zona británica.
VVG	= VersicherungsVertragsgesetz: Ley del Contrato de Seguro.
Warn. Rechtspr.	= Warneyer, Die Rechtsprechung des Reichsgerichts auf dem Gebiete des Zivihechts: La jurisprudencia del Tribunal del Reich en asuntos civiles, colección de Warneyer.
WiGBl	= Gesetzblatt der Verwaltung des Vereinigten Wirtschaftsgebietes: Gaceta de la administración de los territorios de economía unida.
WK	= Wiedergutmachungskammer: Cámara de reparaciones.
Yale L. J.	= Yale Law Journal: Revista Jurídica de la Universidad de Yale (New Haven).
ZAkDR	= Zeitschrift der Akademie für deutsches Recht: Revista de la Academia para el Derecho alemán.
ZfH	= Zeitschrift für das gesamte Handels- und Konkursrecht:

		Revista de Derecho mercantil y concursal.
Z. f. osteurop. Recht	=	Zeitschrift für osteuropäisches Recht: Revista para el Derecho de Europa oriental.
ZGB	=	Zivilgesetzbuch (schweizerisches): Código civil suizo.
ZHR	=	Zentralblatt für Handelsrecht: Revista (hoja central) de Derecho mercantil.
ZJBIBr.	=	Zentraljustizblatt für die Britische Zone: Diario de la Administración de Justicia en la zona británica.
ZPO	=	Zivilprozessordnung: Ordenanza procesal civil.
Ztschr. Schw. R.	=	Zeitschrift für Schweizerisches Recht: Revista de Derecho suizo.
ZStW	=	Zeitschrift für die Gesamte Strafrechtswissenschaft: Revista para la ciencia del Derecho penal.
ZZP	=	Zeitschrift für Zivilprozess: Revista de Derecho procesal.

2. OBRAS CITADAS ABREVIADAMENTE

ABBOT-SPRINGER-GILMORE	=	HOWARD S. ABBOTT-FRANCIS M. SPRINGER-EUGEN A. GILMORE, Corporation Law. Chicago 1913.
ANDERSON	=	WALTER H. ANDERSON, Limitations of the corporate entity. St. Louis 1931.
BALLANTTNE, Manual	=	HENRY W. BALLANTINE, Manual of corporation law and practice. Chicago 1930.
BALLANTTNE, On Corporations	=	HENRY W. BALLANTINE, On Corporations. Chicago 1946.
BAUMBACH-HUECK, Aktiengesetz	=	ADOLF BAUMBACH-ALFRED HUECK, Aktiengesetz. 7.ª ed. Munich y Berlin 1951.
BAUMBACH-HUECK, GmbH	=	ADOLF BAUMBACH-ALFRED HUECK, Gesetz betr. die Gesellschaften mit beschränkter Haftung. 6.ª ed. Munich y Berlin 1953.
ARMTNTON-NOLDE-WOLFF	=	PIERRE ARMINJON-Baron BORIS NOLDE-MARTTN WOLFF, Traite de droit compare. Paris 1950-52.
BAUR	=	FRITZ BAUR, Zum Begriff der Wirtschaftsfähigkeit im neueren Landwirtschaftsrecht, DRZ 1950, 222.
BEITZKE	=	GÜNTHER BEITZKE, Juristische Personen im Internationalprivatrecht und Fremdenrecht. Munich y Berlin 1938.
DE BOR	=	HANS OTTO DE BOOR, Die Übertragbarkeit des Droit moral des Urhebers an den Werken der Literatur, Tonkunst oder bildenden Künste. Deutsche Landesreferate zum III. Internationalen Kongress f. Rechtsvergleichung in London 1950. Berlin y Tubinga 1950, 692.
BRODMAN, Aktienrecht	=	ERICH BRODMAN, Aktienrecht. Berlin y Leipzig 1928.
BRODMAN, GmbH	=	ERICH BRODMAN, Gesetz betrifft die Gesellschaften mit beschränkter Haftung. 2ª ed. Berlin y Leipzig 1930.
COOK, On Corporations	=	WILLIAM W. COOK, A treatise on the law of corporations

having a capital stock. Nueva York 1923.

COOK, Principles = WILLIAM W. COOK, The principles of corporations law. Michigan 1925.

DAUM = GEORGE DAHM, Der Ehrenschutz der Gemeinschaft, Festschrift f. Graf Gleispach. Berlín y Leipzig 1936, 1 y ss.

DÖLLE-Z WEIGERT = HANS DÖLLE-KONRAD ZWEIGERT, Gesetz Nr. 52 über Sperre und Beaufsichtigung von Vermögen. Stuttgart 1947.

DOMKE = MARTIN DOMKE, Der Freindbegriff in der Behandlung deutschen Privateigentums in USA. 9. Beiheft zur DRZ (1949) 3 y s.

DOUGLAS-SHANKS = WILLIAM O. DOUGLAS-CARROL M. SHANKS, Insulation from Liability through Subsidiary Corporations. 39 Yale L. J. (1929/30) 193.

ELSTER = ALEXANDER ELSTER, Juristische Personen als Berechtigte des Urheberrechts, JR 1932, 163 y s.

ENNECCERUS-NTJPPERDEY = LUDWIG ENNECCERUS-HANS C. NIPPERDEY, Lehrbuch des Bürgerlichen Rechts I. Allgemeiner Teil. Tubinga 1952.

ENNECCERUS-WOLFF = LUDWIG ENNECCERUS-MARTTN WOLFF, Lehrbuch des Bürgerlichen Rechts III. Das Sachenrecht. Marburgo 1932.

EPPING = EPPING, Die Aufwertungsrechtsprechung und der öffentliche Glaube des Grundbuchs. DRiZ 1931, 171 y siguiente.

FECHNER = ERICH FECHNER, Die Treubindungen des Aktionärs, Weimar 1942.

FEINE = HANS ERICH FEINE, Die Gesellschaft mit beschränkter Haftung, en: Ehrenbergs Handbuch des Gesamten Handelsrechts III, 3.ª parte. Leipzig 1929.

FLECHTHEIM = JULIUS FLECHTHEIM, Zur Stimmenthaltung des Vertragsgegners bei Gesellschaftsbeschlüssen, JW 1925, 564.

FLETCHER = WILLIAM M. FLETCHER, Cyclopedia of the law of private corporations. Chicago 1931-1953.

FRANKENSTEIN = ERNST FRANKENSTEIN, Internationales Privatrecht (Grenzrecht) I. Berlín 1926.

FRIEDLANDER = HEINRICH FRIEDLÄNDER, Die Einmanngesellschaft, ZHR 1926, 22 y ss.

FULLER = FULLER, The Incorporated Individual. A Study of the One-man-company, 51 Harv. L. Rev. (1938) 1373.

GADOW = WILHELM GADOW U. a., Aktiengesetz. Berlín 1939.

GIERKE = JULIUS V. GIERKE, Handels- und Schiffahrtsrecht. 6.ª edición. Berlín 1949.

GLENN = GARRARD GLENN, The Law of Fraudulent Conveyances. New York 1931.

GODIN-WTLHELMI = REINHARD, V. GODIN-HANS WILHELMI, Gesetz über Aktiengesellschaften und Kommanditgesellschaften auf Aktien (Aktiengesetz). 2.ª ed. Berlin 1950.

GRIEBEL = HUGO GRTEBEL, Die Einmanngesellschaft. Berlin 1933.

HACHENBURG = MAX HACHENBURG, Kommentar zum Gesetz betreffend die Gesellschaften mit beschränkter Haftung. 5ª edición.

Berlín y Leipzig 1926.

HACHENBURG-SCHILLING = MAX HACHENBURG-WOLFGANG SCHTLLTNG, Kommentar zum Gesetz betreffend die Gesellschaften mit beschränkter Haftung. 6.ª ed. Berlin 1953.

HAMBURGER = GEORG M. HAMBURGER, Artikel Aktiengesellschaft, in: Rechtsvergleichendes Handwörterbuch für das Zivil- und Handelsrecht des In- und Auslandes. II. Berlin 1929, 59 y ss.

HAUSSMANN = FRITZ HAUSSMANN, Die Tochtergesellschaft. Berlin 1923.

HEINSHEIMER = RUDOLF HEINSHEIMER, Die Anwendung des § 892 BGB auf Rechtsgeschäfte zwischen denselben natürlichen Personen und mit Verbänden. Gruchot 72 (1932) 174 y s.

KEGEL = GERHARD KEGEL, Rohstoff- und Rüstungskredite, JZ 1951, 387 y ss.

KEGEL-RUPP-ZWEIGERT = GERHARD KEGEL - HANS RUPP - KONRAD ZWEIGERT, Die Einwirkung des Krieges auf Verträge. Berlin 1941.

KLAUSS = HERBERT KLAUSS, Abzahlungsgeschäfte. Gesetz betreffend die Abzahlungsgeschäfte vom 16. Mai 1894. Stuttgart y Colonia 1950.

KRONSTEIN = HEINRICH KRONSTEIN, Die abhängige juristische Person. Munich, Berlin y Leipzig 1931.

LATTY = ELVTN R. LATTY, Subsidiaries and affiliated corporations. Chicago 1936.

LEHMANN = HEINRICH LEHMANN, Allgemeiner Teil des Bürgerlichen Gesetzbuchs. 8.ª ed. Berlin 1953.

MAMELOK = ARTUR MAMELOK, Die Staatsangehörigkeit der juristischen Personen. Zürich 1918.

MARBURG = ERNST MARBURG, Staatsangehörigkeit und feindlicher Charakter juristischer Personen unter besonderer Berücksichtigung der Rechtsprechung der Gemischten Schiedsgerichte. Berlin 1927.

MCNATR = ARNOLD D. MCNAIR, Legal Effects of War. 3.ª ed. Cambridge 1948.

MARTINDALE-HUBBELL = MARTTNDALE-HUBBELL, Law Directory. 85.ª ed. Summit, Nueva Jersey 1953.

MEISE = AGNES MEISE, Zivilrechthche Probleme der Organgesellschaft. Berlin 1935.

MEZ = A. MEZ, Das Recht der amerikanischen Aktiengesellschaft (stock-corporations) I. Teil. Marburgo 1913.

MÖHRING = PHILIPP MÖHRING, Das Urheber- und Erfinderrecht der juristischen Person, in: Deutsche Landesreferate zum III. Internationalen Kongress für Rechtsvergleichung in London 1950. Berlin y Tubinga 1950, 673 y siguientes.

MÜLLER = HELMUT MÜLLER, Aufrechnung mit Forderungen gegen das Reich, NJW 1950, 494.

NÜBELL = F. NÜBELL, Der Rückerstattungsanspruch der handelsrechtlichen Gesellschaften (II), JR 1951, 163.

NUSSBAUM = ARTUR NUSSBAUM, Deutsches internationales Privatrecht.

	Tubinga 1932.
OLSHAUSEN	= J. v. OLSHAUSEN, Kommentar zum Strafgesetzbuch für das Deutsche Reich. 12.ª ed. Berlin 1944.
PALANDT	= OTTO PALANDT, Bürgerliches Gesetzbuch (Kurz-Kommentar) 12.ª ed. Munich y Berlin 1954.
RAAPE	= LEO RAAPE, Internationales Privatrecht. 3.ª ed. Berlin y Francfort 1950.
RABEL	= ERNST RABEL, The Conflict of Laws. II. Chicago 1947.
REIMER	= EDUARD REIMER, Vergleichende Darstellung der geltenden deutschen Gesetzestexte und früherer Gesetzesentwürfe zum deutschen Urheberrecht als Grundlage für die Wiederaufnahme der Reformarbeit. Weinheim 1950.
RHODE	= HEINZ RHODE, Juristische Person und Treuhand. Berlin 1932.
RÜHL	= HELMUT RÖHL, Eigentumsvorbehalt und Abzahlungsgeschäft. Berlin 1930.
RUNGE	= KURT RUNGE, Urheber- und Verlagsrecht. Bonn 1948 a 1953.
RUPP	= HANS RUPP, Die Behandlung des ausländischen Vermögens in den Vereinigten Staaten von Amerika im Kriege, RabelsZ 14 (1942) 227.
SCHLEGELBERGER	= FRANZ SCHLEGELBERGER - LEO QUASSOWSKI U. a., Aktiengesetz. 3.ª ed. Berlin 1939.
SCHMEY	= RITZ E. SCHMEY, Aktie und Aktionär im Recht der Vereinigten Staaten, mit besonderer Berücksichtigung der Trustbildung. Marburgo 1930.
SCHÖNKE	= ADOLF SCHÖNKE, Strafgesetzbuch, für das Deutsche Reich. Kommentar. 2.ª ed. Munich y Berlin 1944.
SCHOLZ	= FRANZ SCHOLZ, Kleinkommentar zum GmbH-Gesetz. Colonia 1947.
SCHUMACHER	= KURT SCHUMACHER, Die Gleichstellung der GmbH mit ihren Gesellschaftern, JW 1937, 2249.
STAUDINGER	= JULIUS V. STAUDINGER, Kommentar zum Bürgerlichen Gesetzbuch und dem Einführungsgesetz. 9.ª-11.ª ed. Berlin y Leipzig 1931-1954.
STEVENS	= ROBERT S. STEVENS, Handbook on the Law of Private Corporations. 2.ª ed. St. Paul 1949.
THE CORPORATION MANUAL	= The Corporation Manual with Forms and Precedents. Nueva York 1935.
THOMPSON	= JOSEPH W. THOMPSON-SEYMOUR D. Thompson, Commentaries on the law of corporations. 3.ª ed. Indianapolis 1927.
SOERGEL	= HANS THEODOR SOERGEL, Bürgerliches Gesetzbuch nebst Einführungsgesetz. 8.ª ed. Stuttgart y Colonia 1952.
TRUMPLER	= HANS TRUMPLER, Die Aktiengesellschaft nach dem Gesellschafts-, Bilanz- und Steuerrecht der Vereinigten Staaten von Amerika. Basilea 1942.
DE VAREILLES-SOMMIERES	= DE VAREILIJES-SOMMIERES, Les personnes morales. Paris

	1902.
VOGEL	= HERMANN VOGEL, GmbH-Gesetz. Kommentar. Berlin y Francfort 1950.
WARNEYER	= OTTO WAKNEYER - HEINRICH BOHNENBERG, Das Bürgerliche Gesetzbuch für das Deutsche Reich. Detmold-Munich-Berlin 1950.
WOLFF, IPR	= MARTIN WOLFF, Das internationale Privatrecht Deutschlands. 4.ª ed. Berlin-Gotinga-Heidelberg 1954.
WOLFF, Legal Persons	= MARTIN WOLFF, On the Nature of Legal Persons, 54 Law Quart. Rev. (1938) 494.
WOLFF, Priv. Int. Law	= MARTIN WOLFF, Private International Law. 2.ª ed. Oxford 1950.
WORMSER	= J. MAURICE WORMSER, Disregard of the Corporate Fiction and Allied Corporation Problems. Nueva York 1927.

APARIENCIA Y REALIDAD EN LAS SOCIEDADES MERCANTILES.
EL ABUSO DE DERECHO POR MEDIO DE LA PERSONA JURÍDICA,
de ROLF SERICK, se imprimió en febrero de 2020.

Made in the USA
Monee, IL
21 October 2026

66393211R00162